煙台三十里堡漢墓

烟台市博物馆　编著

闫勇　赵娟　张帅　陈梅　著

文物出版社

图书在版编目（CIP）数据

烟台三十里堡汉墓 / 烟台市博物馆编著；闫勇等著.
北京：文物出版社，2024.10.--ISBN 978-7-5010-8468-5

Ⅰ. K878.84

中国国家版本馆CIP数据核字2024BM4679号

烟 台 三 十 里 堡 汉 墓

编　　著：烟台市博物馆

著　　者：闫勇　赵娟　张帅　陈梅

封面题字：潘英琪
封面设计：秦　彧
责任编辑：秦　彧
责任印制：张　丽

出版发行：文物出版社
社　　址：北京市东城区东直门内北小街 2 号楼
邮　　编：100007
网　　址：http://www.wenwu.com
邮　　箱：wenwu1957@126.com
经　　销：新华书店
印　　刷：北京荣宝艺品印刷有限公司
开　　本：889mm×1194mm　1/16
印　　张：37　插页：1
版　　次：2024 年 10 月第 1 版
印　　次：2024 年 10 月第 1 次印刷
书　　号：ISBN 978-7-5010-8468-5
定　　价：520.00 元

编　委　会

序

　　山东半岛是我国三大半岛之一，而其东北大部则是以胶莱河谷地为西界的胶东半岛。胶东半岛低山丘陵起伏，短小河流众多，三面由黄海和渤海环绕，唯有西部隔胶莱河与大陆相连，构成一个相对独立的自然地理单元。

　　胶东半岛人类活动的历史悠久，历史文化底蕴深厚，形成了一个具有特色的人文地理单元。考古发现表明，至少距今1万年左右开始，就有先民在这片土地上生息繁衍，并创造了丰富而具有地域特色的文化，如大约从7000年前开始的史前时代先后相继的白石村一期文化、邱家庄一期文化、北庄一期文化、北庄二期文化、龙山文化（杨家圈类型），夏商时期的岳石文化（照格庄类型），商代西周时期的土著文化——珍珠门文化等。伴随着西周初年周王朝在鲁北地区的封邦建国——齐国的建立以及周王朝"征东夷"，周文化经由齐地不断东渐，生活在这里的东夷族群中的莱夷和嵎夷等部族逐渐受到周文化的影响，先后出现了莱子国、己国、夜国等诸多区域性政治文化中心。黄县（今龙口市）归城——莱国都城遗址（西周至春秋）及其附近的西周春秋墓群、蓬莱村里集周代墓群、烟台市芝罘区上夼西周晚期的己国贵族墓、栖霞大北庄西周墓等的发现表明，西周中期之后，周文化逐渐成为胶东半岛——主要是其中西部地区的主流文化。当然，以珍珠门文化和乳山南黄庄石椁墓为代表的夷人文化依然生存于沿海一隅。春秋中期的齐灵公十五年（公元前567年）齐国灭莱之后，胶东半岛全境纳入东周齐国的疆域，留下了海阳嘴子前春秋齐国田氏贵族墓、长岛王沟东周墓、莱州朱郎埠战国墓等文化遗存。秦始皇统一六国建立秦王朝之后，这里设胶东郡（一说为"即墨郡"），成为秦帝国的一部分。秦亡汉兴，胶东半岛在两汉时期先后属胶东国、胶东郡、东莱郡以及北海郡的一部分，汉郡国治城和县城散布各地，留下了丰富的汉代文化遗存，尤其是汉代墓葬更是数量众多，遍布各地。

　　胶东半岛的考古活动可以上溯到1930年日本学者对黄县龙口附近新石器时代贝丘遗址的调查，以及福山三十里堡汉代城址的调查，但秦汉时期文化遗存的考古发掘和研究则是从20世纪50年代才开始的——1953年福山县东留公村砖石混筑画像石墓的清理，此后则不断有重要发现，如龙口市莱山庙周家秦汉行宫遗址及月主祠祭祀遗址、福山东留公西汉墓群、威海市嵩泊大天东村西汉墓和梁南庄汉代木椁墓、文登汉代木椁墓、莱西岱墅西汉木椁墓、莱州市朱郎埠西汉墓群、平度界山西汉墓等。胶东半岛迄今发掘的汉代墓葬数以百计，而烟台三十里堡汉墓群就是其中之一。

　　烟台三十里堡汉墓群位于烟台市福山区（今烟台开发区）古现办事处三十里堡及岗嵛村南一线黄海海滨丘陵地带的一片山冈上，北距海岸线约1千米，分布范围东西长7.5千米、南北宽3.5千米。该墓群的发掘始于1974年，当时清理被毁墓葬3座；1998～2003年间，先后多次发掘墓葬计 20 座；2006 年，先后两次清理墓葬计 31 座；2013 年春，集中发掘墓葬 151 座；总计发掘墓葬 202 座。《烟台三十里堡汉墓》（以下简称《三十里堡》）就是近 25 年间先后多次发掘的汉墓的考古报告集。三十里堡这批汉代墓葬，虽然都是中小型墓，并且也没有世人瞩目的所谓"惊人"发现，但我们还是可以从多个方面来看其学术价值和意义。

其一，三十里堡汉墓在很大程度上展现了胶东半岛汉代墓葬的类型及其演变。就墓葬形制结构来说，这批墓葬以长方形竖穴土圹墓为主，约占总数的 90% 左右，其中还可细分为竖穴土坑墓、竖穴土圹木棺墓和竖穴土圹木椁墓等，原来均有封土且较大；另有少量的砖室墓和"瓦棺墓"——实际上是由筒瓦和盆、罐等陶容器构成葬具的一种未成年人瓮棺葬。这些都是胶东各地常见的汉代墓葬类型。据有的学者统计，迄今胶东半岛已经发掘并见诸报道的汉墓有 600 余座，而三十里堡汉墓就有 200 余座，约占总数的三分之一，其代表性显而易见。同时，《三十里堡》认为，西汉时期流行各种竖穴土圹墓，新莽时期开始出现砖室墓并成为东汉时期流行的墓葬类型，也同样反映了整个胶东半岛汉代墓葬类型的演变轨迹。

其二，三十里堡汉墓以实证材料揭示了这一地区两汉时期的物质文明、精神文明和社会生活的诸多侧面及其变迁。从墓葬结构上说，竖穴墓圹的挖掘——普遍使用铁器、木质棺椁的制作——从林木的砍伐到加工制作、填土的夯打——多使用铁头木夯具、砖室墓墓砖的烧制和墓室的建造等，都是当时物质文化的体现。就精神文化而言，丧葬文化作为人们生死观的一种反映，是精神文化的重要组成部分，而墓葬以及墓葬所见之丧葬礼俗则是丧葬文化的直接体现。譬如，西汉中期开始同一封土下夫妻并穴合葬墓的出现和流行，新莽时期出现、东汉时期流行的砖室墓，不仅仅是墓葬类型的变化，而是丧葬观念变化的反映，尤其是砖室墓在形制结构上的日益"居室化"，实际上是人们"阴宅"观念的一种表现和强化。又如，随葬品组合，西汉早期以鼎、罐、壶、钫等仿铜陶礼器组合为主，从西汉中期开始逐渐演变为以陶罐、壶、盘、钵等生活陶器——有不少并非日常实用的器物加模型明器为主体的器物组合，这是丧葬观念由"尚礼"到"重俗"之转变的一种反映。再如，胶东半岛有些沿海地带发现的积贝墓，如长岛王沟、龙口乾山、莱州朱郎埠、胶州盛家庄等墓地都有所发现，但在三十里堡尚未见到——这里同样是地处黄海沿岸并且邻近海岸线；胶东半岛其他地区有所发现的石椁墓，在三十里堡也未见到，说明当地在丧葬礼俗上具有一定的自身特点，应当与当地居民的丧葬观念和行为直接相关。就社会生活而言，三十里堡墓地规模巨大，主要是中小型墓葬，说明当时这里人口众多——或许与汉代腄县故城有关，或是附近有大型聚落；汉墓中"酒类"遗存（73 号墓陪葬陶器内部提取液）的发现，是当地饮酒生活的实物例证——至于是否为当地酿造则另当别论；随葬品中西汉陶器上的鸟纹或鸟鱼纹以及东汉墓砖上鱼纹的多见、形象逼真的鱼形陶盒、陶炉模型明器等，都可能与当地邻近大海的日常生活有关；西汉墓数量众多而东汉墓数量较少，有可能是东汉时期当地人口有所减少的一种反映。

其三，三十里堡汉墓将进一步推进山东地区汉代墓葬的分区研究走向全面和深入，是汉代文明统一性和多样性特征的又一批实证材料。以往山东地区汉墓的分区研究中，无论是分为鲁北、鲁南和胶东的"三区说"还是分为鲁北、鲁中南、鲁东南和胶东的"四区说"以及后来又增加鲁西南的"五区说"，胶东半岛都被单独划分为一个分布区——实际上经过发掘并公布的墓葬资料相当不足。这次三十里堡 200 余座汉墓资料的整理和刊布，将极大地丰富胶东地区的汉墓资料，全面深化这一地区汉代墓葬总体面貌、地域特色及其演变的认识，从而进一步推动和完善山东地区汉墓的分区研究。譬如，胶东半岛西汉时期流行的竖穴土坑墓、竖穴土圹木棺墓和木椁墓，同样是当时山东各地流行的主要墓葬类型；新莽时期出现尤其是东汉时期流行的砖室墓，同样如是；西汉中小型墓葬的随葬品较少且器物组合比较简单，以及上文所言随葬品组合在西汉中期前后发生变化，胶东与山东其他地区也大致同步。凡此种种，都反映出胶东汉墓与山东其他地区汉墓存在着诸多的一致性——这种一致性的形成至少可以上溯到春秋中期齐国灭莱开始的胶东夷人文化逐渐被齐文化的"同化"，到了汉代又进一步强化。与此同时，胶东半岛汉墓的地域性特色也十分明显。譬如，鲁中南等地流行的石椁墓在胶东半岛虽有发现但为数不多，而三十里堡更是未有发现；鲁北和鲁中南地区多有发现的砖椁墓，在胶东半岛则不多见；西汉时期的未成年人流行使用瓮棺葬这种埋葬方式，尤其是在环渤海地区更是如此，但三十里堡发现的所谓"瓦棺墓"以筒瓦加日用陶容器构成瓮棺，是其他地方少见的一种瓮棺组合；其他地区较为少见的白陶罐、瓮等白陶器，在三十里堡以及整个胶东半岛则常见——当然可能与胶东半岛北部是白陶器的产地直接相关。很显然，综观山东各地的汉墓，其统一性与地域性并存，而山东地区汉墓与其他地区的汉墓之间同样如是，这是汉代文明大一统之下又包含鲜明的地域性和多样性的直接反映。深刻认识汉代文明的这种统一性和多样性，有助于深刻理解和阐释中华文明统一性、包容性等突出特性。

其四，三十里堡汉墓的发掘，为研究汉代区域间的人员往来、文化交流以及中国大陆与朝鲜半岛和日本列岛之间的交往和交流提供了珍贵的实物资料。在自然地理上，胶东半岛与朝鲜半岛和日本列岛隔黄海而相望，而其北部的烟台地区，跨过渤海海峡可直达辽东半岛，既是连接齐鲁大地和辽东地区的桥梁，又是通往朝鲜半岛和日本列岛的门户。齐鲁地区与辽东地区之间的联系，早在史前时代就已经出现，大汶口文化和龙山文化向辽东地区的扩散就是明证；商周时期这种联系仍在延续，甚至在战国时期曾出现过胶东半岛居民北上移民的活动——辽东半岛积贝墓的发生可能就是胶东半岛居民北上移民的产物；秦汉时期，两地同为秦汉王朝的政治版图，其联系进一步加强。齐鲁大地与辽东地区的联系，往往是通过胶东半岛进行的；胶东半岛与辽东半岛的联系，又完全是经由庙岛列岛而跨越渤海海峡实现的。辽东半岛发掘的汉墓数以百计，并出版有《姜屯汉墓》等考古报告，而三十里堡汉墓的发掘及《三十里堡》的出版，将为两地汉墓的比较研究提供更为丰富的资料，从而进一步从考古学上观察和认识两地之间的交往和联系。就中国大陆与朝鲜半岛和日本列岛的交流来说，早在史前时期就已存在，两汉时期更是形成一个高潮，当时的交流线路有辽东陆路和环黄海水路两条——后者更为重要，而胶东半岛沿海近海航路和庙岛列岛航路是其关键的路段之一。因此，三十里堡汉墓的发掘资料，将为中国大陆经由环黄海水路与朝鲜半岛和日本列岛的联系和交流的研究提供珍贵的实物资料。

其五，三十里堡汉墓从一个侧面揭示了胶东半岛区域文明不断融入中华文明洪流之中的历史进程。前面谈到，史前时代和青铜器时代，胶东的先民们创造了丰富多彩的史前文化和青铜文化，形成了一个地域特色鲜明的人文地理单元——一个颇具地方特色的文化区。同时前已述及，三十里铺汉墓乃至胶东半岛汉墓虽然具有鲜明的地域性，但无论是墓葬类型、随葬品组合、丧葬礼俗等已完全"汉化"，其演变轨迹也与汉王朝中心统治区大致同步——尽管胶东半岛地处汉王朝的边陲，反映出胶东半岛的区域文明已完全融入到汉代文明之中，成为中华文明从"多元"走向"一体"的又一考古学例证。

　　上述之外,《三十里堡》在篇章结构上也有可圈可点之处。三十里堡墓地作为一处汉代墓群本来是一个整体,从发掘资料的整理和考古报告的编写来说本来也应该是将其整合为一个整体。但问题在于,三十里堡墓群的发掘先后历时数十年,从 1974 年清理被盗掘墓葬算起近 50 年,从 1998 年的正规发掘算起也有 25 年之久,并且发掘工作断断续续,具体的发掘地点又有所不同,发掘人员也多有变动。在这样的情况下,与其说将数十年的发掘资料整合为一体难以做到,那么按照发掘时间的不同——实际上也是发掘地点的不同分别整理成 3 个发掘报告结集出版,也可能是更符合实际并且可操作的一种做法。与之相配合,以三十里堡汉墓的资料为基础,就胶东地区的汉代墓葬类型、出土酒类遗存等进行专题或综合研究并撰写成论文与发掘报告同时刊布,也未尝不是值得借鉴的一种做法。

　　基于上述,可以说三十里堡汉墓是很有科学价值的考古发现,《三十里堡》的出版也是很有意义的一件事。但毋庸讳言的是,三十里堡汉墓的资料整理和《三十里堡》的编写,也还存在一些缺憾。首先,"考古学是'时间'的科学"——判断考古遗迹和遗物的年代是"最基本的一环"(夏鼐语,1986 年)。《三十里堡》的各篇报告和相关论文中,虽然对这批墓葬从西汉早期、西汉中晚期、新莽时期到东汉时期的时代特点都有所讨论,但缺乏根据叠压打破关系、墓葬形制结构、随葬品组合及器物形制变化等进行详细的、具体的分期和断代——尽管汉代墓葬的分期断代难以做得像史前和夏商时期那样精细。其次,多学科合作尤其是科技考古——现代科学技术应用于考古学研究,是当今考古学的发展趋势之一,尽管三十里堡 73 号汉墓发现的"酒类"遗存(73号墓陪葬陶器内部提取液)进行了科技分析检测,但总体来说,三十里堡汉墓发掘和整理过程中的多学科合作尤其是科技考古,做得远远不够。再者,考古报告最主要的任务当然是发掘资料全面、系统、翔实的科学记述,但基本的综合分析和研究还是需要的。《三十里堡》由于是将发掘资料按发掘时间分别整理并编写报告,尽管各篇报告都在结语中有简单的总结和讨论,另有多篇论文就某些问题进行专题研究可作为补充,但缺乏对三十里铺汉墓群的分区研究——该墓群是由多个墓区组成,况且东、西两墓区相距 2.5 千米,也缺乏对整个墓群的总体研究,以及对其丧葬礼俗和丧葬文化的综合分析。总的说来,欠缺尽管存在,但《三十里堡》将积压多年的发掘资料整理出来并公之于世,为汉代社会历史文化研究提供考古学实物资料,为当地的文化遗产保护利用提供学术支撑,是值得称道的。

　　由此说开去,是关于田野发掘和考古资料整理的关系问题。

　　就考古学来说,考古学的研究对象是古代的各种实物资料,而收集和获取实物资料的主要手段是田野调查和发掘,因此,田野考古是现代考古学的根基,是考古学的原始创新。同时,"考古学研究是一个整体,田野调查发掘和室内整理研究有着密切的联系,不能截然分割"(夏鼐语,1986 年)。换言之,发掘资料的整理在本质上是田野考古的继续,是田野考古的"后半程",是梳理、认识和理解田野考古所获各种实物资料的基本过程和手段。因此,没有对发掘资料全面、系统的整理,便无法将其真正转化为科学研究的实证资料。实际上,我国早在考古学诞生之时,就高度重视发掘出土资料的整理和刊布。1928 年安阳殷墟启动考古发掘,1929 年就开始编辑出版《安阳发掘报告》,李济在《发刊词》中说:"随时公布他们的出土历史,以备大家共同研究,也是我们当然的责任"。

从文化遗产的保护利用上说，田野考古资料整理和刊布的重要性同样不容忽视。20 世纪 50 年代以来，我国考古发掘项目的绝大多数都是抢救性发掘，无论是基本建设过程中的抢救性发掘，还是对遭受盗掘或面临自然和人为破坏的古遗址或古墓葬的发掘无不如是，抢救和保护了一大批历史文化遗产，对我国的文化遗产事业来说功不可没。但毋庸讳言，如果在考古发掘之后不对发掘资料进行科学的整理并公诸于世，而是将其藏之于库房、束之高阁，则达不到至少不能完全达到保护和利用之目的。田野发掘是一种保护，考古资料的整理和刊布同样是一种保护。

考古发掘之后不能及时整理资料并出版考古报告，弊端多多，而其原因又复杂多样，既有历史遗留的问题，也有现实的问题，尤其是 20 世纪 90 年代和 21 世纪初的十多年，全国考古力量几乎倾其全力进行基本建设过程中的抢救性发掘——人员不足、经费不足、精力不足、动力不足等——是田野考古资料整理严重滞后的主要原因所在，但"重发掘、轻整理"的倾向也或多或少是存在的。面对这样的问题，早在 2001 年，国家文物局在南京召开的全国考古工作会议，其主要议题就是部署清理以往发掘资料未整理的"旧账"、新发掘的资料整理力争不欠或少欠"新账"，并采取了一系列强有力的措施。20 多年来，这项工作取得了有目共睹的巨大成绩，一大批"老报告"出版的同时，一大批新的发掘资料及时整理并出版了考古报告。但是，由于"旧账"尚未还清而"新账"又添，考古发掘资料的整理和考古报告的出版，仍然是我们面临的一项重大而紧迫的任务。当前，我国考古学正处于高速发展和空前繁荣的时期，考古队伍迅速壮大，考古规模尤其是主动性考古发掘迅速扩大，考古水平迅速提高。在这样的新形势下，进一步提高认识，加大力度，扎扎实实地推进考古发掘资料的整理和考古报告的编写出版——无论是以往积压的"旧资料"还是近年发掘的"新资料"，不仅是势在必行，而且也是操之可行的。从这个意义上说，《三十里堡》的编写出版也是值得充分肯定的。

我们期待着更多"旧""新"考古资料的整理和刊布——这也是我国现代考古学发展和文化遗产事业发展的必然要求。是为序。

2024 年初春于燕京陋室

目　录

上篇：考古报告

第三章　2013 年三十里堡汉墓发掘 ·························· 139

下篇：考古研究

插图目录

彩版目录

前　言

胶东地区是指胶莱河以东的半岛区域，两汉时期，主要包括胶东国、东莱郡及北海郡的一部分。按现在的行政区域划分，主要包括现在的青岛市、烟台市、威海市三市及所辖市县区。

胶东地区的汉墓发现情况，大致可以分为两个阶段，第一阶段，自20世纪50年代至80年代末，随着大规模的生产建设，陆续发现许多未见经传的古代墓葬。第二阶段，自20世纪90年代至21世纪初，随着国家经济建设的快速发展，在配合大型工程建设和其他一些基本建设中，如铁路、高速路等工程，这些破土工程的实施，使许多未见记载的古墓葬由此而揭露出来，丰富了本地区汉代的墓葬资料。

1953年春，在烟台市原福山县东留公村发现一座砖、石混建的画像石墓，山东省文物管理处派人员清理，这是本地区最早发掘的汉代墓葬。截至目前，胶东地区正式发掘并见诸报道的汉墓主要有蓬莱大迟家村汉墓、烟台毓璜顶汉墓、福山东留公汉墓、莱州朱汉墓地、威海市大天东村汉墓、文登石羊村汉墓、荣成梁南庄汉墓、青岛古庙汉墓、莱西岱墅汉墓、平度界山汉墓、莱州朱郎埠汉墓、栖霞画像石墓、海阳开发区汉墓、招远辛庄画像石墓、栖霞观里汉墓、黄岛唐家汉墓、胶南厥上村汉墓和殷家庄汉墓、青岛城阳后桃林汉墓和文阳路汉墓、胶州盛家庄汉墓和大闹埠汉墓等。据不完全的统计，迄今为止，胶东地区经科学发掘的汉代墓葬600多座，绝大部分属于中小型墓葬，其中在烟台三十里堡墓群附近清理的汉墓数量近200座，为多年来考古发现的汉代墓葬数量之冠。

烟台三十里堡汉墓群位于山东省烟台经济技术开发区（下文简称开发区，行政区划属烟台市福山区）古现办事处三十里堡及岗嵛村南一线南约2.5千米处的黄海海滨的丘陵地带，北距海岸约1千米，分布在东西长7.5、南北宽3.5千米的一片山冈上，是一处范围较大、分布集中、使用有联系性的墓地。这里是一片广阔的海滩平原，海拔仅数米的一处丘陵地带，是古人选择墓地的理想之处。据《福山县志稿》记载："福山县西北去三十里，牟子国城后山冈，有土冢若干。"当地人称"牟城72冢"。当地平整土地，使该区域北部和西部的土冢逐渐被平掉。现存墓群分东、西两大墓区，相距2.5千米，有封土墓约60座。东墓区（岗嵛）位于烟台开发区长江社区岗嵛村南，东起岗嵛山，西至西留沟，主要分布在岗嵛村西山冈上，南北宽约1.5千米，有汉墓23座。西墓区位于烟台开发区古现办事处三十里堡村南，由于西墓区内长江路东西向贯穿而分为南北两部分。

北半部主要分布在邻近三十里堡故城址南城墙的山顶及东南山坡上，约有 20 座；南半部主要分布在长江路以南、陈家村西山顶及大王家村北山顶和东南坡上，南北长约 3000、东西宽约 900 米的范围内，有汉墓 17 座，总体保存基本完好。1977 年 12 月，山东省革命委员会将其公布为山东省第一批文物保护单位。

烟台三十里堡汉墓群经历了以下几次发掘。1974 年，当地村民在东墓区的岗嵛村附近，挖毁 3 座墓葬，文物工作者对墓葬进行了抢救性发掘。自 20 世纪 90 年代至 21 世纪之初，随着烟台开发区内工程建设不断推进，烟台市博物馆组织考古工作队于 1998 年 11 月与 2003 年 3 月，在东墓区先后清理墓葬 9 座。2003 年 6～7 月，为配合长江路西延工程建设，对西墓区编号 Z16 封土墓（当地人一般称封土堆为"冢子"，在以往调查时，对三十里堡汉墓群内现存封土的墓以字母 Z 开头进行了编号）进行考古发掘，清理墓葬 3 座。2006 年 5～7 月和 9～12 月，为配合区内城市工程建设，对工程所占墓群建设控制地带区域进行了考古发掘，共清理墓葬 31 座。2013 年 4～7 月，再次对工程所占墓群建设控制地带区域进行考古发掘，共清理墓葬 151 座。同时，多年来，福山区文物管理部门对三十里堡墓群进行文物调查及村民日常生产活动中发现并上交的陶器，也将在本书中一并进行介绍。

根据考古发掘资料可以了解到，首先，按照墓葬形制可分为土圹竖穴墓、砖室墓和瓦棺墓三类，其中，土圹竖穴墓总数占墓葬总数的 90%；土圹竖穴墓，平面略呈长方形，葬具为木质棺椁，多为单椁单棺，少量的单棺或单椁双棺，在胶东地区，土圹竖穴木椁墓的形式是汉代最为常见的墓葬形制。瓦棺墓，也是这一时期较为常见的墓葬。砖室墓，常见于东汉及魏晋时期，但本墓地清理了 1 座随葬"大泉五十"的砖室墓，说明西汉晚期（新莽时期），胶东地区开始出现砖室墓。其次，从墓地分布排列及墓葬分布情况观察，墓地延续时间长，墓葬数量多，同时，墓葬排列有序，很少有打破关系，如土圹竖穴墓除个别墓葬（如 06Z18、M24）为夫妻同穴合葬外，均分片成组，常见同一封土下两两并排，墓葬形制、随葬器物等均基本相同，时代较为接近，墓主应为夫妻并穴合葬，是一处有所规划、有序使用的汉代墓地。第三，从出土遗物来看，随葬器物多为陶器，个别墓葬有铜器、铁器、漆器等，其中陶器数量最多，种类丰富，以泥质灰陶为主，少量的夹砂灰褐陶等，还有少量的泥质黄陶，器类多轮制，然后，再进行修整，部分小型器类为手制。器类有鼎、瓮、盘口罐、高领罐、直口罐、钫、奁、耳杯及魁等器物，器物组合以罐、盘口罐和钵为主，此外，罐、壶组合，还有少量的罐与瓮、盘口罐与钵或盂等组合。铜器以铜镜为主，少量带钩、印章、铜泡和铜簪等；铁器有铁剑、铁钎等；漆器多腐朽，仅能根据痕迹判断，一般为圆形漆盒，个别有案（或几）。铜钱为五铢。值得注意的是，在个别墓葬中出土陶罐，在肩部刻有文字等，刻字多少不一；砖室墓，随葬品较少，五铢铜钱多见，个别随葬有铜镜，在胶东地区常见于东汉时期。

根据以上分析，土圹竖穴墓的年代应属西汉时期。其中，随葬组合为仿铜礼器的时代相对早一些，应属于西汉前期。砖室墓时代早到西汉晚期（新莽时期），但绝大多数时代属于东汉时期。

烟台三十里堡汉墓的发掘，有助于山东地区中小型汉墓区域性研究的进一步深入，随着汉墓资料的逐步增多，不同区域之间汉墓的统一性和差异性也逐步显现出来，山东境内汉代中小型墓葬的分区研究逐步展开，最初，山东地区汉墓被分为鲁北、鲁南和胶东三个分布区（《山东20世纪的考古发现和研究》第470页），后来，又被划分为四个分布区，即以临淄为中心的鲁北区、以临沂为中心的鲁东南区、以胶莱平原为中心的胶东区、以兖州为中心的鲁中南区（《鲁中南汉墓》第12页），胶东地区汉代墓葬研究，由于墓葬资料发表得较少，存在一定的研究空白，烟台三十里堡汉墓提供新的资料填补了资料不足。

自东周时齐国灭莱统一胶东半岛后，胶东地区的丧葬习俗便逐渐被齐文化同化，但也有所区别。三十里堡竖穴土圹墓，随葬器物无论在组合上还是在器物形制上，基本与山东中西部的同期文化一致，并且这种一致性进一步加强，体现在陶器或漆器的组合运用上，再如三十里堡墓地的仿铜陶礼器组合都是山东中西部地区习用。2001年山东曲阜花山出土的一批汉墓，其中出土的陶壶，不但在形制上，而且器物上的彩绘都与三十里堡汉墓完全一致。同时，并穴合葬墓的出现，这类墓葬在胶东半岛以往的考古发掘中已有多例，如莱州朱郎埠墓地、福山东留公墓地也有多组并穴合葬墓，其年代都不早于西汉中期，这种墓葬形式至西汉晚期已成为主要的丧葬形式，如三十里堡墓地，不但大墓并穴合葬，就连规模较小的一组墓也是并穴合葬形式，足见已成当时风俗之定式。但胶东地区的墓葬也保留本土特征，如墓葬封土下或墓室四角有随葬陶钵的习俗。再是，随着墓室日益居室化，世俗信仰的阴间观念得到了加强，阴宅即死人宅院的观念在民众中被普遍认同，胶东地区在西汉晚期（王莽时期）开始出现少量的砖室墓，至东汉时期，墓葬形制发生了很大变化，砖室墓逐渐取代了土坑墓，并迅速流行起来，成为本地区墓葬的主要形制。这一时期砖室墓的形制以平面呈"凸"字形为主，有斜坡状墓道、墓门和墓室。

我国的酒文化源远流长，最早可以上溯到远古时期，大量文献记载和丰富的考古学证据都表明酒文化的悠久历史。但早期的酒均为酿造酒，与酿造酒相比，蒸馏酒在制造工艺上多了一道蒸馏工序，是通过使用谷物原料酿造之后再进行蒸馏而获得。关于中国蒸馏酒的起源，历来众说纷纭，本次考古发现的酒类遗存，使用陶器盛置，经检测其成分为乙醇、异丁醇、乙酸乙酯和己酸乙酯等，并通过各地考古发现，结合马王堆汉墓简帛有关白酒的记载，特别是江西南昌海昏侯墓出土青铜蒸馏器，早在西汉时期，我国的蒸馏酒技术已出现，至东汉时期，蒸馏酒技术十分成熟，三十里堡汉墓出土的西汉酒类遗存，为研究西汉时期的酒文化提供了实物资料。

从考古学与文化遗产事业的关系来说，人们逐步认识到，考古学与文化遗产保护是一种互为遗存的关系，科学的考古活动为文化遗产保护提供强有力的科学支撑。田野考古来说，一个基本点是，田野考古本身必须科学规范，只有科学的考古发掘才是真正对文化遗产的科学抢救和有效保护；另一个基本点是，田野考古的资料必须科学记录，系统整理并公之于社会，只有这样才能真正实现对文化遗产的科学抢救和有效保护，两者缺一不可，同时，要纠正"重发掘、轻整理"的倾向，让考古学在文化遗产事业中更好地发挥作用并具有良好的示范意义。

为了更好地保护祖国文化遗产，引起社会各界对汉代文化的更多关注，加强本地区的两汉时期墓葬研究，将多年来烟台三十里堡墓地考古发掘资料进行整理，编辑出版《烟台三十里堡汉墓》一书，对于研究胶东地区汉代墓葬的发展演变和两汉时期的社会习俗，都是可靠而珍贵的实物资料，也是为广大文物工作者、历史学者等提供第一手的资料，并期待以此开始，提高胶东地区两汉时期研究的整体水平，也期待更多学者从社会史、信仰史诸方面深入研究，推出一项项价值不低的研究成果。

上篇：考古报告

第一章　烟台开发区、福山区汉墓发掘

烟台开发区地处山东半岛黄海之滨，位于北纬37°32′、东经121°14′，毗连烟台市中心区，区域范围为夹河以西、柳林河以东、柳子河以北、海岸线以南，总面积约360平方千米，1984年10月经中华人民共和国国务院批准设立，是中国首批14个国家级开发区之一。自20世纪90年代至21世纪初，为配合烟台开发区内经济建设，经上级文物管理部门批准，烟台市博物馆先后多次组织考古工作人员，对工程建设区域进行保护性考古发掘，共清理墓葬20座，以三十里堡汉墓群为主，福山区清理汉墓1座（图一）。现将发掘情况简报如下。

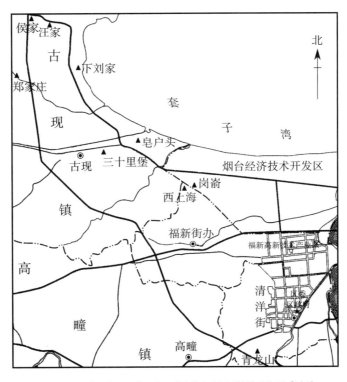

图一　烟台开发区、福山区汉墓位置示意图

第一节　墓地概况

三十里堡汉墓群位于烟台开发区古现办事处三十里堡及岗嵛村一线南部的海滨丘陵地带，北距海岸约1千米，分布在东西长7.5、南北宽3.5千米的一片山冈上，当地人称"牟城72冢"。

随着土地平整活动开展,北部和西部的土冢逐渐被平掉。现存墓群分东、西两大墓区,相距2.5千米,有封土墓60余座。

三十里堡汉墓群东墓区(岗嵛)位于开发区长江社区岗嵛村南,东起岗嵛山,西至西留沟,主要分布在岗嵛村西山冈上,南北宽约1.5千米,有汉墓23座。1998年11月与2003年3月,为配合开发区内工程建设,先后清理墓葬9座,分别编号为98M1~98M3(岗嵛),03M1、M2(岗嵛),03M1、M2(西上海)。此外,1974年,文物部门在岗嵛清理了2座墓葬,由于年代久远,考古资料不完整,仅见部分文字资料和出土遗物,在此一并介绍。

三十里堡汉墓群西墓区位于开发区古现办事处三十里堡村南,长江路横穿西墓区而将其分为南北两部分。北半部主要分布在邻近三十里堡故城址南城墙的山顶及东南山坡上,约有汉墓20座。南半部主要分布在长江路以南、陈家村西山顶及大王家村北山顶和东南坡上,南北长约3000、东西宽约900米的范围内,有汉墓17座,总体保存基本完好。

2003年6~7月,为配合长江路西延工程建设,对封土墓Z16(当地人一般称封土堆为"冢子",在以往调查时,对三十里堡汉墓群内现存封土的墓以字母Z开头进行了编号)进行考古发掘,清理墓葬3座,编号03CJZ16M1~M3。

同时,多年来,福山区文物管理部门在对三十里堡墓群进行文物调查及村民日常生产活动中发现并上交的陶器,本报告也一并进行介绍。

皂户头墓地位于烟台开发区古现街道办事处皂户头村东南部。东邻卡斯特葡萄酒庄园,西为黄金河,南邻三十里堡汉墓群西墓区。2003年7月,为配合烟台开发区路政工程建设,清理汉墓4座,编号03ZHTM1、M3~M5。

汪家墓地位于开发区八角街道办事处汪家村南500米的小山北坡。2003年7月,为配合区内工程建设,清理汉墓1座,编号03WJM1。

侯家墓地位于开发区八角街道办事处侯家村西部,西北距方里刘家约1500米,北距北京中路(G228)约600米,东北方向1500米处为祈雨顶,西至"冢子顶",南至丈老沟北。东西约150、南北约2000米,面积约30万平方米。2005年10月,为配合区内工程建设,清理汉墓2座,编号05HJM1、M2。

郑家庄墓地位于开发区八角街道办事处郑家庄南约200米的一处台地上,当地群众称"小南埝",北距荣乌高速(G18)约14.5米,位于其南面的绿化带中。2005年12月,为配合区内工程建设,清理汉墓1座,编号05ZJM1。

下刘家墓地位于开发区八角街道办事处下刘家村西南约500米处,当地村民称"应家茔",其西约300米为北京中路,处于古现9路南约100米处的丘陵地带。2007年7月,为配合区内工程建设,清理汉墓1座,编号07XLJM1。

青龙山墓地位于福山区清阳街道办事处青龙山南侧坡底台地,内夹河(清阳河)西岸约200米。该墓地东北约4.5千米处的内、外夹河并流后入黄海,为福山区主要河流之一。2014年6月,青龙山广场施工时发现,清理汉代墓葬1座,编号14QLSM1。

第二节　墓葬分述

共清理墓葬20座，根据墓葬形制分为土坑墓和砖室墓。其中，土坑竖穴墓5座，砖室墓15座。土坑竖穴墓皆为长方形；砖室墓，平面略呈"凸"字形或长方形，多数顶部后期已遭破坏。砖室一般先挖土圹，然后砌筑砖室四壁。"凸"字形墓葬由墓道、墓门和墓室组成。墓葬上原有封土，长期以来因地貌变迁，今多已不存，仅侯家墓地的2座墓葬封土仍在。

一　土坑竖穴墓

（一）三十里堡汉墓群西墓区

位于西墓区的中部，现长江路北。封土高约3米，经过夯打，较坚硬。封土下有3座墓葬，东西向并列。编号03CJZ16M1～M3。

1.03CJZ16M1

方向125°。土坑竖穴墓，墓圹平面基本呈长方形，四角圆抹，西端略宽于东端，直壁，平底（图二；彩版一，1）。长3.04、东宽1.92、西宽2.1、深2.56米。墓内填土为较纯净的黄灰土，应是从别处拣选而来，使用木棍分层夯打，结构紧密，质地较坚硬。夯打较随意，夯面不平整，较粗糙。层面之间有褐色水锈。夯层厚8～10厘米。夯棍为圆柱平头，夯窝底部较平，直径6～10、深6～8厘米。有熟土二层台，系挖墓穴时凿出的酥石碎块回填堆砌而成，因棺椁塌陷，二层台向椁室内倾塌，台面不规整。台面宽度不一，东台面宽0.34、西台面宽0.2、南台面宽0.38～0.48、北台面宽0.4、高0.8米。

墓底有葬具一椁一棺，已朽，平面长方形，受外力挤压，并因二层台向内倾塌，不规整。椁长2.48、宽1.2、高0.66米。棺位于椁室中部，髹漆，外黑内红。棺长2.12、宽0.8、高0.4米。棺内人骨架1具，已朽，仅见头、肩及四肢朽痕。可辨头向东，单人仰身直肢葬。

随葬品仅陶罐1件，位于北侧二层台偏东。

陶罐　1件。

标本03CJZ16M1：1，泥质灰陶，方唇，直口，斜折沿，矮束颈，溜肩，鼓腹，下腹内收，小平底。腹上部有数周刮弦纹，中部一道绳纹。口径17.5、腹径29.8、底径10.8、高27.5厘米（图二，1）。

2.03CJZ16M2

方向128°。土坑竖穴墓。墓室顶部有直径约1.4米的圆形盗洞，土质坚硬，在深0.8米处停止盗掘。墓圹平面长方形，圆抹角，直壁，平底（图三；彩版一，2）。长3.8、宽2.7、深4.8米。墓底垫一层熟土，以平整墓底，放置棺椁。其底部偏北，人为挖有一条小沟，东窄西宽，长2.3、宽0.1～0.14米。墓内填五花土，使用木棍分层夯打，结构紧密，质地较坚硬。夯层较平整，层

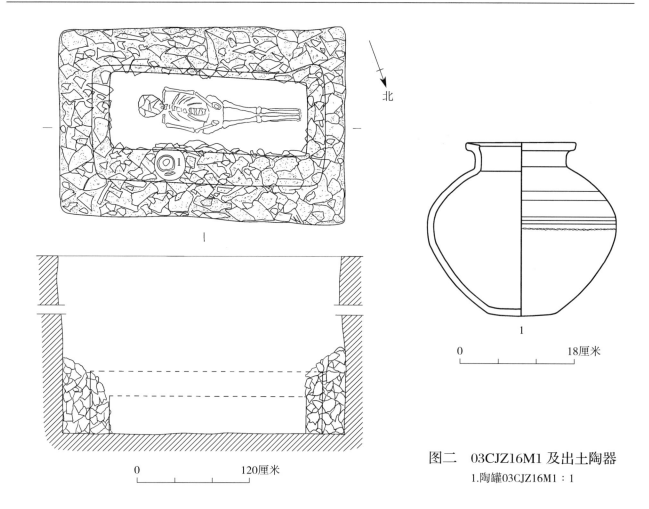

图二　03CJZ16M1 及出土陶器
1.陶罐03CJZ16M1∶1

面之间有褐色水锈。夯层厚约 10 厘米。夯棍为圆柱平头，夯窝底部较平，直径 8 ～ 10、深 6 ～ 8 厘米。有熟土二层台，系挖墓穴时凿出的酥石碎块回填堆砌而成。台面宽度不一，东台面宽 0.48、西台面宽 0.6、南台面宽 0.56、北台面宽 0.5、高 0.9 米。

墓底有葬具一椁二棺（彩版二，1），已朽，平面长方形，受外力挤压，并因二层台向内倾塌不规整。椁室的壁因外力挤压成弧形。椁的西、南挡板较清楚。椁长 2.8、宽 1.76、高 0.9 米。椁盖板南北向，宽约 0.2 米。棺紧靠椁室的南部，双棺制作精致，内外棺界限不十分清晰。棺长 2.36、宽 0.8、残高 0.1 米。外棺上有青铜包角、包边。髹漆。棺顶覆盖有幔，幔上镶有鎏金铜泡。棺内人骨架 1 具，已朽，仅见头骨朽痕。可辨头向西。

随葬品共 62 件，其中陶罐 5、小陶罐 3、高领罐 3、陶壶 2、陶盘 1、铜铺首 2、陶奁腿 1 件，位于椁内棺外北侧器物箱内。陶钵 6 件，4 件位于墓室四角的二层台上，2 件位于器物箱内，其中墓圹东南角的陶钵内残存有炭化粮食遗存。石珩 1、铜带钩 1、铜带扣 1 件，位于棺内墓主头部附近。此外，铜包角 7、铜包边 5、铜泡 20、铜钱 4 枚，位于棺痕内。

陶罐　5 件。

标本 03CJZ16M2∶18，泥质灰陶。侈口，宽方唇，斜折沿，高束颈，斜肩，鼓腹，腹下部内收，最大腹径居中，小平底。肩部刻划有"董"字。口径 18.5、腹径 32.6、底径 8.8、高 34.4 厘米（图

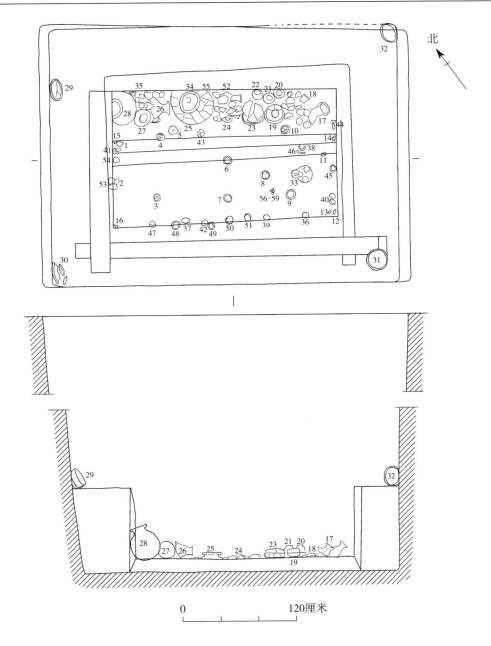

图三　03CJZ16M2 平、剖面图

1、2、37、39、44.铜包边　3~11、36、40、42、43、45、47~51、53、54.铜泡　12~16、41、44.铜包角　17.陶壶（2件）　18、25、27、28、52.陶罐　19.陶盘　20~22.小陶罐　23.陶钵（2件）　29~32.陶钵　24、26、35.高领罐　33.石琀　34.铜铺首（2件）　38.铜带扣　46.铜带钩　55.陶奁腿　56~59.铜钱

四，1；彩版二，2、3）。

标本 03CJZ16M2：25，泥质灰陶。近直口，方唇，卷沿，内斜折沿内凹，矮束颈，溜肩，鼓腹，下腹内收，最大腹径居中，小平底。素面。口径 19、腹径 34.6、底径 10.5、高 34.6 厘米（图四，2；彩版二，4）。

标本 03CJZ16M2：27，泥质黄胎黑皮陶，夹细砂颗粒，黑皮大部剥落。口微敛，圆唇，沿面圆鼓斜折后内凹，矮束颈，溜肩，鼓腹，下腹内收，最大腹径居中，小平底微凸。颈部饰两周

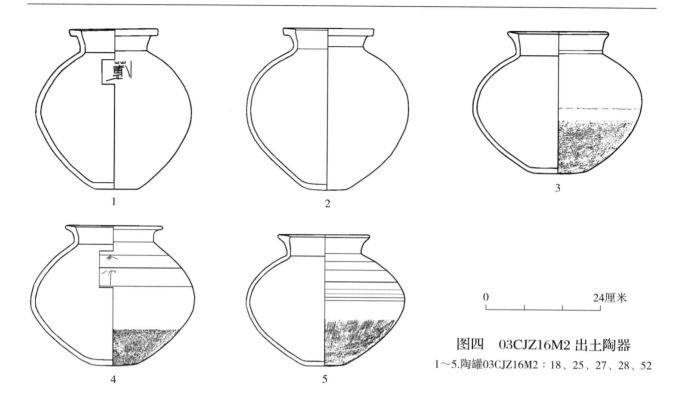

图四　03CJZ16M2 出土陶器

1～5.陶罐03CJZ16M2：18、25、27、28、52

鼓棱，腹中部饰一周断续的细绳纹，下腹部拍印横斜交错的粗绳纹。口径20.8、腹径35.2、底径12.5、高29.6厘米（图四，3；彩版二，5）。

标本 03CJZ16M2：28，泥质灰陶，侈口，圆唇，沿面圆鼓斜折后内凹，矮束颈，溜肩，鼓腹，下腹内收，最大腹径居中，小平底。器形不规则。肩部有刻划纹。口径20、腹径34.6、底径12、高30厘米（图四，4；彩版三，1）。

标本 03CJZ16M2：52，泥质灰褐陶。敛口，圆唇，卷沿，沿面圆鼓斜折后内凹，矮束颈，溜肩，鼓腹，腹下部内收，最大腹径居中，小平底。肩部饰三周凹弦纹，下腹部拍印横斜交错的粗绳纹，腹中部有水平向刮痕。口径19.2、腹径33.6、底径10.5、高28厘米（图四，5；彩版三，2）。

高领罐　3件，均泥质灰陶，平底。

标本 03CJZ16M2：24，直口，圆唇，圆斜折沿，高领，溜肩，圆鼓腹，下腹斜内收，最大腹径居中。颈肩交会部饰一周折棱，腹中部及肩部有刮旋痕。口径11、腹径18、底径7、高20.6厘米（图五，1；彩版三，3）。

标本 03CJZ16M2：26，侈口，圆唇，高领，溜肩，圆鼓腹，最大腹径居中。腹中部及肩部有刮旋痕，素面。口径11.1、腹径18、底径7.2、高21厘米（图五，2；彩版三，4）。

标本 03CJZ16M2：35，磨光。侈口，方唇，圆折沿，高束颈，溜肩，鼓腹，下腹斜内收。颈部饰一周压印绳纹和两周凹弦纹，腹中部及肩部有刮旋痕。口径11.5、腹径20.2、底径8、高22.6厘米（图五，3；彩版三，5）。

小陶罐　3件，均泥质红褐陶，素面。

标本 03CJZ16M2：20，直口，平沿，矮直领，溜肩，鼓腹，小平底内凹。器物表面有轮制刮抹修整痕迹。口径7.8、腹径11.7、底径3.5、高8.6厘米（图六，1；彩版三，6）。

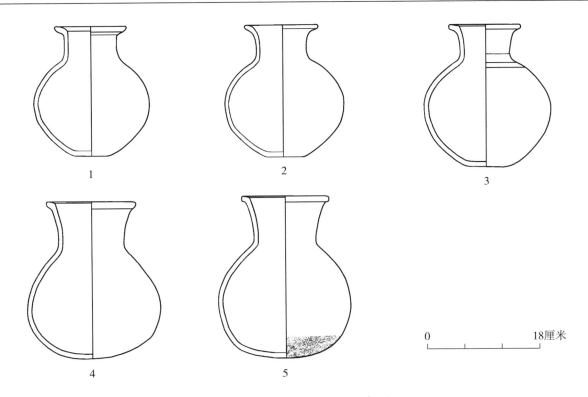

图五　03CJZ16M2 出土陶器

1～3.高领罐03CJZ16M2：24、26、35　4、5.陶壶03CJZ16M2：17-1、17-2

图六　03CJZ16M2 出土陶器

1～3.小陶罐03CJZ16M2：20～22

　　标本 03CJZ16M2：21，直口，圆唇，矮直领，弧肩，鼓腹，小平底略内凹。器物表面有轮制刮抹修整痕迹。口径 6.7、腹径 11.6、底径 5.5、高 8.4 厘米（图六，2；彩版四，1）。

　　标本 03CJZ16M2：22，直口，圆唇，矮直领，溜肩，鼓腹，平底微凹。颈部饰一周凸棱，腹部饰一周鼓棱。器物表面有轮制刮抹修整痕迹。口径 9、腹径 13.8、底径 6、高 9.3 厘米（图六，3；彩版四，2）。

　　陶壶　2件。

　　标本 03CJZ16M2：17-1，泥质灰陶。侈口，平沿，方唇，长颈，溜肩，鼓腹，圜底。素面。口径 13.8、腹径 21、高 25 厘米（图五，4；彩版四，3）。

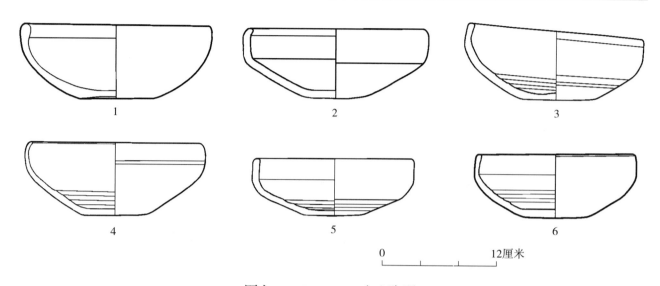

图七　03CJZ16M2 出土陶器
1~6.陶钵03CJZ16M2：23-1、-2、29~32

标本 03CJZ16M2：17-2，泥质灰陶。侈口，平沿，方唇，长颈，溜肩，鼓腹，圜底。近底部饰有压印绳纹。口径 13.5、腹径 21、高 25.8 厘米（图五，5）。

陶钵　6件，均为泥质灰陶，敛口，素面。

标本 03CJZ16M2：23-1，器表通体施黑陶衣。圆唇，弧腹内收，平底内凹。口径 20、底径 8、高 8 厘米（图七，1；彩版五，1）。

标本 03CJZ16M2：23-2，器表通体施黑陶衣。圆唇，折腹，腹下部内收，小平底。口径 19.5、高 7.6 厘米（图七，2；彩版五，2）。

标本 03CJZ16M2：29，器表通体施黑陶衣。平唇，折腹，腹下部内收，小平底，左高右低。器表有刀具刮抹修整痕，内壁有轮制旋痕，凹弦纹。口径 18.3、底径 7.6、高 6 ~ 8 厘米（图七，3；彩版五，3）。

标本 03CJZ16M2：30，圆唇，弧腹，腹下部内收，小平底。上腹一道凹弦纹，器内壁有轮制旋痕，器表有刀具刮抹修整痕。口径 18、底径 6.8、高 7.5 厘米（图七，4；彩版五，4）。

标本 03CJZ16M2：31，圆唇，折腹，腹下部内收，内腹饰数周凹弦纹，小平底。器表有刀具刮抹修整痕。口径 16.8、底径 5.6、高 6 厘米（图七，5；彩版五，5）。

标本 03CJZ16M2：32，圆唇，弧腹，腹下部内收，内腹饰数周凹弦纹，小平底。口径 16.8、底径 6、高 6.6 厘米（图七，6；彩版五，6）。

陶盘　1件。

标本 03CJZ16M2：19，泥质黑陶。残。侈口，方唇，腹较浅，折腹，平底，盆外观素面。在盆内侧有组合阴刻划纹饰，其中内侧口沿饰一周云气纹，腹部及底部饰有鱼、鹤及水草纹。口径 24、高 7.8 厘米（图八，1；彩版四，4、5）。

陶衾腿　1件。

标本 03CJZ16M2：55，残。泥质灰陶，蹄足。残高 4、足厚 1.2 厘米（图八，2）。

石琀　1件。

标本 03CJZ16M2：33，残，略呈长方形，制作粗糙。素面。长 1.8、宽 2.2、厚 0.4 厘米（图九，1；彩版六，1）。

铜带钩　1件。

标本 03CJZ16M2：46，残，钩缺失。形体较小，瘦长。琵琶形。圆钮位于尾部中间，较矮。残长 6.3、厚 0.6～1 厘米（图八，3；彩版六，2）。

铜带扣　1件。

标本 03CJZ16M2：38，呈半环椭圆状，器物残环，锈蚀严重。长 4、径 0.4～0.8 厘米（图九，2）。

铜铺首　2件。

标本 03CJZ16M2：34，兽面衔环状。兽面长 5.2、厚 1.7、环径长 3.8、厚 0.4 厘米（图九，3；彩版六，3）。

铜泡　20件。

标本 03CJZ16M2：36，呈圆形，外侧鼓起，通体鎏金，内凹中部有一环钮。直径 4.7、高 1、厚 0.15 厘米（图九，4；彩版六，4）。

铜包角　7件。

标本 03CJZ16M2：41，呈三边形锥状，外侧通体鎏金，内凹处有一平钮。各边长 4、高 3、厚 0.1 厘米（图九，5；彩版六，5）。

铜包边　5件。

标本 03CJZ16M2：44，形状似铜泡对折 90°，外侧通体鎏金，内凹处有一平钮。长 5、高 2.1、

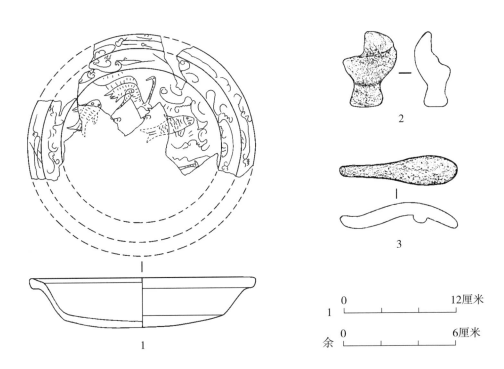

图八　03CJZ16M2 出土遗物

1.陶盘03CJZ16M2：19　2.陶奁腿03CJZ16M2：55　3.铜带钩03CJZ16M2：46

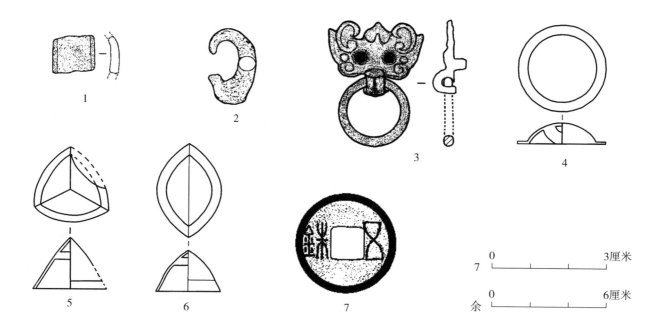

图九　03CJZ16M2 出土遗物

1.石玲03CJZ16M2：33　2.铜带扣03CJZ16M2：38　3.铜铺首03CJZ16M2：34　4.铜泡03CJZ16M2：36　5.铜包角03CJZ16M2：41
6.铜包边03CJZ16M2：44　7.五铢03CJZ16M2：56

厚 0.1 厘米（图九，6；彩版六，6）。

铜钱　4 枚。

标本 03CJZ16M2：56，圆形方孔，均为五珠钱。五铢二字，字体瘦长，"五"字中间两笔弯曲，末端近平行，"铢"字的"金"字头呈三角形，"朱"字头弯折。直径 2.6、穿径 1、厚 0.1 厘米（图九，7）。

3.03CJZ16M3

方向 129°。土坑竖穴墓。墓葬因人为毁坏，北、西壁上部缺失。墓圹呈平面长方形，直壁，壁面较规整，平底（图一〇；彩版七，1），长 3.6、宽 2.7、深 5.05 米。墓内填土为黄褐色，上部夹杂较多酥石块，墓底部酥石块变少，应为原土回填。使用木棍分层夯打，结构紧密，质地较坚硬。夯打较随意，夯面不平整，层面之间有褐色水锈，夯层厚 8～10 厘米。夯棍为圆柱平头，夯窝底部较平，夯窝直径 7～10、深 5～8 厘米。墓内设有熟土二层台，系挖墓穴时凿出的黄褐色土及酥石碎块回填堆砌而成。因棺椁塌陷，二层台向椁室内倾塌，台面不规整，宽度不一，东台面宽 0.48、西台面宽 0.6、南台面宽 0.56、北台面宽 0.64、高 1.34 米。

墓底有葬具一椁一棺，已朽，平面呈长方形，受外力挤压向内倾塌，不规整。椁长 2.62、宽 1.45、高 1.34 米。棺位于椁室中部，长 2.3、宽 0.75 米。根据葬具朽痕判断为红漆棺，棺内人骨架 1 具，已朽，单人葬，葬式及头向不明。

随葬品共 9 件，其中白陶罐 1 件、盘口罐 1 件、彩绘罐 3 件、灰陶罐 3 件。自西向东排列，位于椁内棺外北侧。铜镜 1 枚，位于棺内西侧。

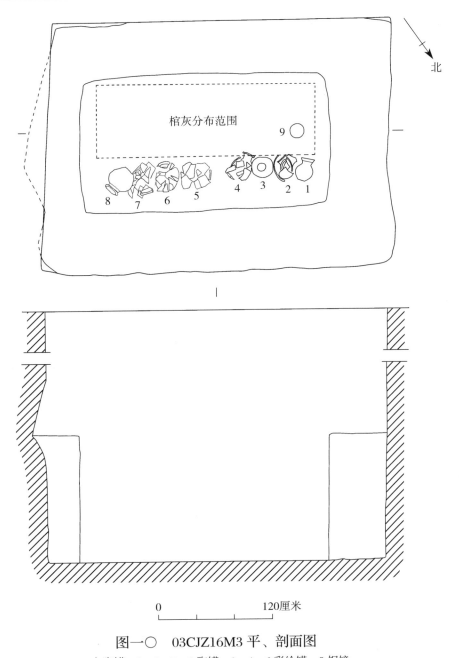

北

图一〇　03CJZ16M3 平、剖面图

1.白陶罐　2、5、7、8.陶罐　3、4、6.彩绘罐　9.铜镜

　　盘口罐　1件。

　　标本 03CJZ16M3：2，泥质灰陶。盘口，圆唇，束颈，溜肩，弧腹，下腹斜内收，最大腹径偏下，圜底。肩部数周刮弦痕，腹中部饰一周绳纹，下腹近底处压印粗绳纹。口径 13、腹径 21.3、底径 6、高 27 厘米（图一一，1；彩版七，2）。

　　陶罐　3件。

　　标本 03CJZ16M3：5，泥质灰陶，方圆唇，平折沿，束颈，溜肩，弧腹，下腹斜内收。肩部有凹弦纹，腹中部一周粗绳纹，下腹部饰细绳纹。口径 14、腹径 23.7、高 24、底径 9 厘米（图一一，2；彩版七，3）。

　　标本 03CJZ16M3：7，泥质灰褐陶，夹少量粗砂颗粒。直口微侈，圆唇，沿面圆鼓斜内折，短束颈，溜肩，弧腹，下腹斜内收，最大腹径偏下，小平底。肩部有三周凹弦纹，腹下中部饰一周弦纹，下腹部饰纵向拍印细条纹和粗绳纹。口径 18.2、腹径 30.8、高 30.1、底径 9.6 厘米（图一一，3；彩版七，4）。

　　标本 03CJZ16M3：8，泥质灰陶。直口微侈，方唇，斜折沿，束颈，溜肩，弧腹，下腹斜内收，最大腹径偏上，小平底微鼓。腹中部饰一周不规则的压印中粗绳纹，口径 17.6、腹径 31.6、高 31 厘米（图一一，4；彩版七，5）。

　　白陶罐　1 件。

　　标本 03CJZ16M3：1，夹砂白陶。侈口，方唇外斜，束颈，圆肩，球形腹，平底。最大腹径居中。腹中部饰一周凹弦纹，下腹近底处压印粗绳纹。口径 17.5、腹径 32、底径 13、高 30 厘米（图一二，1；

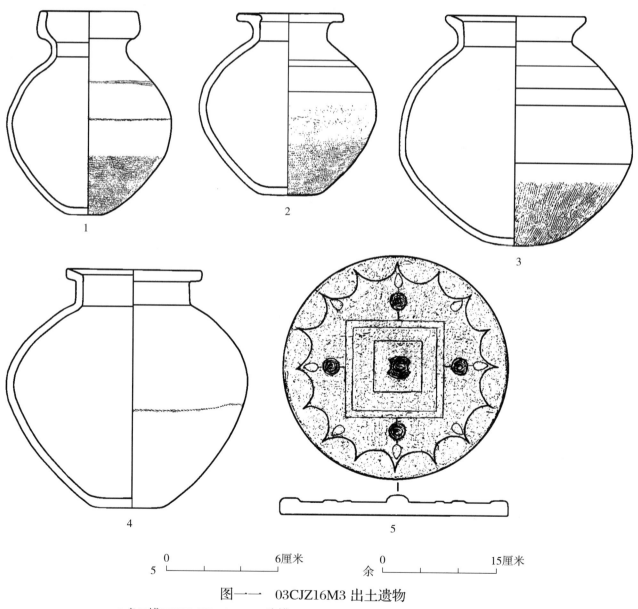

图一一　03CJZ16M3 出土遗物

1.盘口罐03CJZ16M3：2　2～4.陶罐03CJZ16M3：5、7、8　5.铜镜03CJZ16M3：9

彩版八，1）。

彩绘罐　3件，均为泥质灰陶，通体涂白陶衣，部分剥落。

标本03CJZ16M3：3，直口，厚方唇，斜折沿，高束颈，溜肩，鼓腹，下腹斜内收，最大腹径偏下，小平底微凹。腹中、上部饰一组彩绘图案，由四个红色倒三角组成，红色倒三角用黑色双线勾边。两三角之间是黑色彩绘纹，均已模糊不清，无法辨认，颈部填涂红色，有一周黑色横带，有一周不规则的掐印纹。腹内有数周轮制刮抹痕，下腹及底部拍印中粗绳纹。口径15、腹径22.4、底径7.5、高23.5厘米（图一二，2；彩版八，2）。

标本03CJZ16M3：4，直口，厚方唇，斜折沿，沿边有一周凹弦纹，唇面微下垂，束颈，溜肩，鼓腹，下腹斜内收，平底，最大腹径偏下。腹中、上部饰一组彩绘图案，由四个红色倒三角组成，红色倒三角用黑色双线勾边。两三角之间是黑色彩绘纹，颈部填涂红色，有一周黑色横带，有一周凸棱纹，下腹部及底部拍印细绳纹，腹中部有两周不规则的粗掐印纹，腹内有五周轮制刮抹痕。彩绘纹饰不清。口径14.8、腹径22、底径13.2、高25.5厘米（图一二，3；彩版八，3）。

标本03CJZ16M3：6，直口微侈，厚方唇，束颈，溜肩，鼓腹，下腹斜内收，最大腹径偏下，平底微凹。腹中、上部饰一组彩绘图案，由四个红色倒三角组成，红色倒三角用黑色双线勾边。两三角之间是黑色彩绘纹，均已模糊不清，无法辨认，颈部填涂红色，有一周黑色横带，有一周不规则的掐印纹，腹内有数周轮制刮抹痕，下腹及底部拍印中粗绳纹。口径14.8、腹径22.6、底

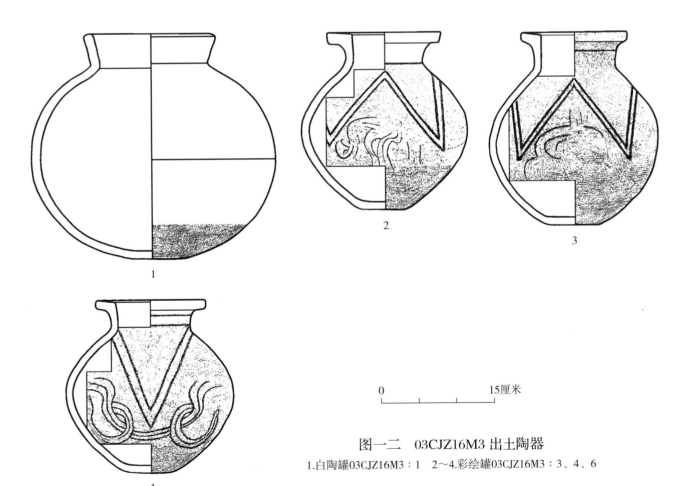

0　　　　　　　　　15厘米

图一二　03CJZ16M3 出土陶器

1.白陶罐03CJZ16M3：1　2～4.彩绘罐03CJZ16M3：3、4、6

径 8.2、高 23.2 厘米（图一二，4；彩版八，4）。

铜镜 1 枚。

标本 03CJZ16M3：9，锈蚀严重，漫漶不清。四乳对称连叠草叶纹镜。圆钮，钮座外围一凹弧面大方格，方格外四枚乳丁。内向十六连弧纹缘。镜面微凸。直径 11.8、厚 0.4 厘米（图一一，5；彩版八，5）。

4. 三十里堡汉墓群采集品

11 件。均为陶器。

陶鼎 1 件。

标本 K.3.131，夹砂灰陶。圆唇，敛口，带器盖，子母口。两侧附耳，腹中偏上一圈出沿。弧腹，圜底，三蹄足，素面。通高 30、口径 19.2、宽沿处径长 32.2、厚 0.8、器盖径长 24、高 4.2、厚 0.6 厘米（图一四，8；彩版九，1）。

陶罐 3 件。

标本 K.3.32，夹砂灰陶。方圆唇，直口，平沿，短颈，溜肩，圆球腹，圜底。素面。口径 13.8、腹径 28.8、高 28.2、厚 1.5 厘米（图一三，1）。

标本 K.3.70，泥质灰陶。方唇，口微侈，平沿，短颈，溜肩，鼓腹，圜底。素面。高 37.5、口径 15.8、腹径 34.8、底径 10 厘米（图一三，2；彩版九，2）。

标本 K.3.7，泥质灰陶。方唇，侈口，平沿，沿面内凹，短颈，溜肩，鼓腹，平底。腹及底部有三周间断性绳纹。高 32、口径 17.4、腹径 30.6、底径 8.4 厘米（图一三，3；彩版九，3）。

陶壶 7 件。

标本 K.3.28，泥质磨光黑陶。方唇，喇叭口，束颈，溜肩，鼓腹，假圈足，圜底，底余厚饼状，腹上部饰三圈多道浅暗弦纹，腹下部饰两圈细绳纹。高 27.6、口径 15、底径 18.6、腹径 18.6、饼

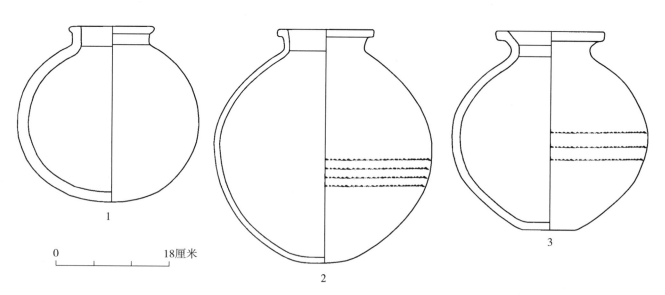

图一三 三十里堡汉墓群采集陶器

1～3.陶罐K.3.32、K.3.70、K.3.7

底高 3、厚 0.8 ～ 1 厘米（图一四，1；彩版九，4）。

标本 K.3.86，夹砂灰陶。口部残，溜肩，鼓腹，较修长，圈足。外撇，素面。残高 29、残口径 11.7、底径 13.2、腹径 26.4、圈足底内凹 1、厚 0.8 厘米（图一四，2）。

标本 K.3.8，夹砂灰陶，素面。方唇，喇叭口，长束颈，溜肩，鼓腹，较修长，圈足外撇。高 31.2、底径 15、腹径 24、厚 1 ～ 1.2 厘米（图一四，3；彩版九，5）。

标本 K.3.91，泥质黑陶。方圆唇，盘口。带器盖。斜弧腹，底残，素面。残高 21.6、口径

0　　　　　　　　　　18厘米

图一四　三十里堡汉墓群采集陶器

1～7.陶壶K.3.28、86、8、91、132、93、94　8.陶鼎K.3.131

10.2、腹径16.8、厚0.8～1、盖径长12.1、高2.8、圈足底内凹1、厚0.8厘米（图一四，4）。

标本K.3.132，泥质灰陶。方唇，喇叭口，长束颈，溜肩，鼓腹，圈足，素面。高38、口径17.5、腹径31、底径12.2、圈足向内凹进1、厚0.8厘米（图一四，5；彩版九，6）。

标本K.3.93，泥质灰陶。方唇，喇叭口，长束颈，溜肩，鼓腹，圈足底内凹，素面。高33.6、口径15.6、腹径25.8、底径13.2、圈足向内凹进1厘米（图一四，6）。

标本K.3.94，泥质灰陶。圆唇，盘口，长颈，溜肩，鼓腹，圜底，素面。高28、口径11.4、腹径20.4、底径16.5、底厚3厘米（图一四，7）。

（二）皂户头墓地

清理墓葬1座，编号03ZHTM1。

03ZHTM1

方向97°。土坑竖穴墓。墓圹平面基本呈长方形，西端略宽于东端，直壁，平底（图一五）。长1.85、东宽1、西宽1.2、深0.38米。墓内填土为黄褐色酥石。有熟土二层台，棺室不规整，台面宽度不一，宽0.16～0.6、高0.18米。

墓底有葬具，已朽，平面呈长方形。棺长1.4、宽0.44米。棺内人骨架1具，已朽，仅见股骨及上肢骨朽痕。可辨头向东，单人仰身直肢葬。

随葬大量五铢钱，诸多成串放置，共计128枚，其中保存完整的有112枚，残16枚，另有1枚货泉。

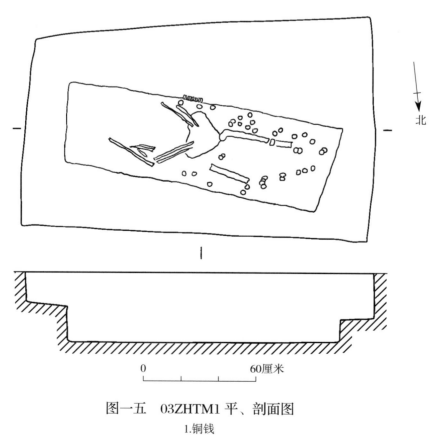

图一五　03ZHTM1平、剖面图

1.铜钱

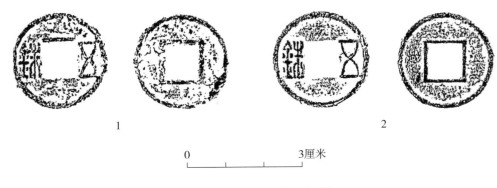

图一六　03ZHTM1 出土铜钱
1、2.五铢03ZHTM1：1、2

货泉　1枚。

标本03ZHTM1：1，钱形规整，有内外郭，面书"货泉"二字，钱文清晰。直径2.1、穿径0.7、厚0.1厘米。

五铢　128枚。

标本03ZHTM1：1，字体瘦长，"五"字中间两笔较直而略弯曲，"铢"字的"金"字头呈三角形，"朱"字头方折。直径2.5、穿径0.9、厚0.1厘米（图一六，1）。

标本03ZHTM1：2，字体瘦长，"五"字中间两笔弯曲、末端近平行，"铢"字的"金"字头呈三角形，"朱"字头方折。直径2.5、穿径0.9、厚0.1厘米（图一六，2）。

（三）青龙山墓地

清理墓葬1座，编号14QLSM1。

14QLSM1

方向320°。土坑竖穴墓，已毁坏，仅存下半部。墓圹平面长方形，直壁，壁面较规整，平底（图一七）。长3.3、宽1.5、残深1.7米。墓内填土黄褐色，应为原土回填。有熟土二层台，台面不规整。台面宽度不一，东台面宽0.16、西台面宽0.2、南台面宽0.48、北台面宽0.24、高0.53米。

墓底有葬具一椁一棺，已朽，平面呈长方形。椁长2.9、宽0.95米。棺内人骨架1具，已朽。单人仰身直肢葬。头向西。

随葬品共10件，其中陶罐1、陶壶4、陶盘1、陶熏炉1件。此外，发现有漆器，已朽，无法提取，内盛有鱼，现仅存鱼骨。自南向北排列，位于西侧熟土二层台上。铜镜、铜方印、铜带扣各1件，位于棺内。

陶罐　1件。

标本14QLSM1：4，泥质灰陶。盖高0.18厘米，罐侈口，方唇，平沿，矮颈，折肩，折腹大圜底。折肩处有一周细绳纹，腹下部斜收。口径16.2、底径17.4、通高23.4厘米（图一八，1；彩版一〇，1）。

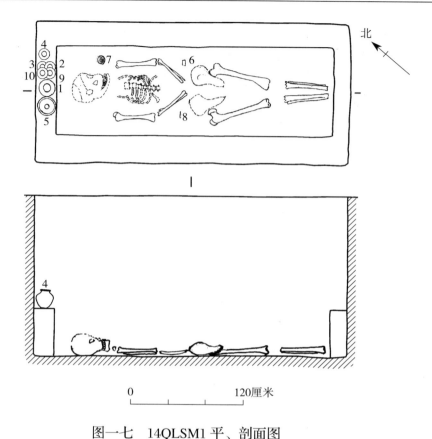

图一七　14QLSM1 平、剖面图

1.陶盘　2、3、9、10.陶壶　4.陶罐　5.博山炉　6.铜印　7.铜镜　8.铜带钩

陶壶　4件。形制基本相同，均为泥质灰陶，方唇，喇叭口。

标本 14QLSM1：2，束颈，斜肩，鼓腹，腹下部内收，平底。素面。口径 15.6、底径 0.96、高 27.5 厘米（图一八，2；彩版一〇，2）。

标本 14QLSM1：3，束颈，斜肩，圆鼓腹，腹下部内收，平底。素面。口径 12.6、底径 7.8、高 25 厘米（图一八，3）。

标本 14QLSM1：9，束颈，溜肩，鼓腹，平底。腹部偏下有两周绳纹。口径 13.8、底径 6、高 26 厘米（图一八，4）。

标本 14QLSM1：10，溜肩，鼓腹，平底。素面。口径 15、底径 6、高 30 厘米（图一八，5）。

陶盘　1件。

标本 14QLSM1：1，厚方唇，侈口，宽平斜折沿，深折腹，圜平底。口径 27、底径 9.6、厚 0.5～1、高 6.4 厘米（图一九，1；彩版一〇，3）。

博山炉　1件。

标本 14QLSM1：5，承盘与炉身。炉身扁圆腹，饰凸弦纹，上覆博山盖，略残。柄较短，承盘方唇折沿，折腹，微圜底。承盘直径 20.4、盘高 4、底径 14.8 厘米；熏炉通高 14、炉身口径 6、腹径 10.2 厘米（图一九，2；彩版一〇，4）。

铜镜　1枚。

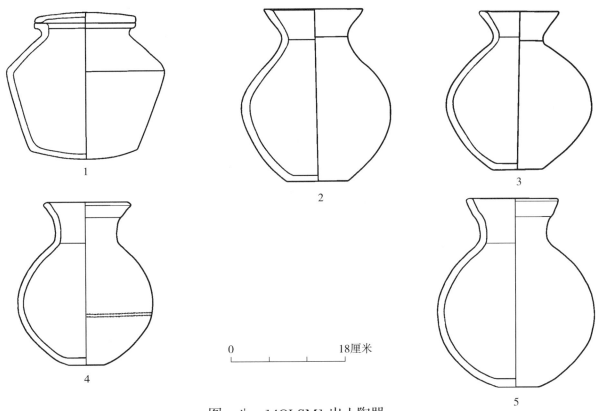

图一八　14QLSM1 出土陶器

1.陶罐14QLSM1：4　　2～5.陶壶14QLSM1：2、3、9、10

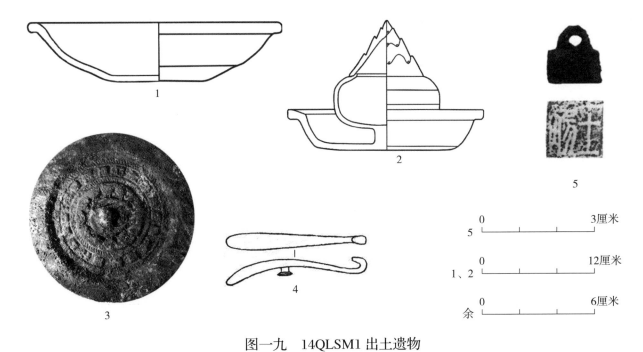

图一九　14QLSM1 出土遗物

1.陶盘14QLSM1：1　2.博山炉14QLSM1：5　3.铜镜14QLSM1：7　4.铜带钩14QLSM1：8　5.铜印14QLSM1：6

标本 14QLSM1：7，昭明连弧铭带镜。圆钮座。座外一周凸线纹和一周内向十二连弧纹。两圈短斜线之间装饰铭文，铭文漫漶不清，仅可辨"㠯"（以）字。宽素缘。宽镜面微凸。直径 9、厚 0.6 厘米（图一九，3）。

铜带钩　1 件。

标本 14QLSM1：8，琵琶状，体瘦长，钩体为弓式，钩钮在中部略偏向钩尾处，素面。长 7.4 厘米（图一九，4）。

铜印　1 方。

标本 14QLSM1：6，方面，阴文篆刻，背部环状鼻钮，印面阴文"王觥"，右上印面有腐蚀，印面长 1.6、印台高 0.8、通高 1.6 厘米（图一九，5）。

（四）三十里堡墓群东墓区（岗嵛）

1974 年，文物工作者在东墓区（岗嵛），抢救清理了 2 座墓葬，编号 74GYM1、M2。均为长方形土坑竖穴墓。

74GYM1

长 4.4、宽 3.9、深 8.7 米。墓道位于墓室西侧，呈阶梯式。

葬具为一椁双棺，墓主骨骼保存较好，同穴合葬；M2，长 5、宽 4、深 6 米。墓葬发掘资料，现仅有部分文字资料及 M1 的部分出土遗物。

M1 的部分出土遗物，共 8 件。均为陶器，器类有陶鼎、壶、奁、洗、盒、砚、炉等。

陶扁壶　1 件。

标本 74GYM1：2，泥质灰陶。小直口，直领，扁圆腹，方形圈足。表面光滑，壶两侧腹部刻划有桃形图案。口径 4.8、腹径 14.5、腹短径 9.1、底径 7.6、高 14 厘米（图二〇，1；彩版

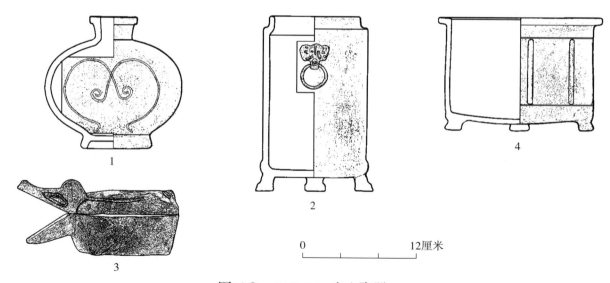

图二〇　74GYM1 出土陶器

1.陶扁壶74GYM1：2　2.陶奁74GYM1：3　3.玳瑁盒74GYM1：4　4.陶圆炉74GYM1：8

一一，1）。

陶奁　1件。

标本74GYM1：3，泥质灰陶。盖失。子母口，奁身呈直筒形，平底，底缘设有三小矮蹄形足，腹部饰一对兽形铺首，衔环。素面。表面光滑。口径10.5、腹径12.2、高18.3厘米（图二〇，2；彩版一一，2）。

博山炉　1件。

标本74GYM1：9，泥质灰黑色。口沿为较细矮的子口，深圆腹，腹部设两只塑形横耳衔环，底座略似喇叭形。器盖堆塑成博山形式，山峦起伏，气孔多不通透。整器手制痕迹较重。口径8、底径8.4、通高19厘米（图二一，4；彩版一一，3）。

陶圆炉　1件。

标本74GYM1：8，泥质灰陶，方唇，外折沿，腹呈较矮的直筒形，平底，腹底均有长条形镂孔，蹄形足，底周缘设三只蹄形小矮足。素面，器表光滑。口径17.2、足高1.2、高12厘米（图二〇，4；彩版一一，4）。

玳瑁盒　1件。

标本74GYM1：4，泥质灰陶。盒体呈椭圆形，壁直而向下收小，大平底。外壁两侧隐起线条为四足。盖顶为圆弧形，一端为兽面塑形，另一端为鳄首形按柄，按动张开的鳄嘴，盒盖便可开启。长17.2、宽10、通高8.1厘米（图二〇，3；彩版一一，5）。

陶鱼形盒　1件。

标本74GYM1：5，泥质黑皮灰陶。通体为扁长的鱼形，分上下两半，扣合而成，中空。下

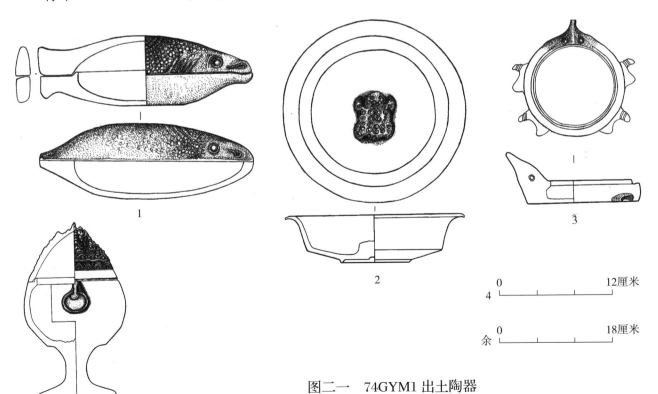

图二一　74GYM1出土陶器

1.陶鱼形盒74GYM1：5　2.陶蟾洗74GYM1：6　3.陶龟形器（砚）74GYM1：7　4.陶博山炉74GYM1：9

半部为平底，上缘起较矮的子母口。前端微呈鱼下颚，末端微置鱼尾，上半部末端残损。前端以凸线条做成鼻、眼、腮等鱼头形。通长 33.6、宽 9.3、高 9.8 厘米（图二一，1；彩版一一，6）。

陶蟾洗　1件。

标本 74GYM1：6，泥质灰陶。大侈口，圆唇，外卷沿，直腹，矮腹斜收，浅圈足，底为双层，外底有一圈极矮的圈足，正中设一圆孔，直径 2 厘米。内底正中为通体遍饰圆圈的蟾形，底部为透孔。素面，器表光滑。口径 28.8、高 7.5 厘米（图二一，2；彩版一二，1）。

陶龟形器（砚）　1件。

标本 74GYM1：7，泥质灰陶。盖失。整体造型为龟形，子母口。器体为圆盘形，直壁，大平底。壁一侧设有一长喙的兽头，底缘设四只矮尖足，若龟形。素面，器表光滑。口径 13.2、盘高 3.6、兽头高 7.8 厘米（图二一，3；彩版一二，2）。

二　砖室墓

共 15 座。其中 2 座地上还有封土。

（一）封土墓

2 座。侯家墓地清理的 2 座墓编号 05HJM1、M2。均为封土墓，由地上封土与地下墓室两部分组成，地下墓室平面略呈“凸”字形，由墓道、墓门和墓室组成，“四隅券进”式穹隆顶，已塌陷。墓砖有各种模印纹饰（图二二）。

1.05HJM1

方向 328°。现存封土较大，呈圆形，底边略成方形，边长 8.7、最高处 1.9 米。封土顶部人为铺砌一层乱石，似为防盗而砌筑。封土经过夯打，十分坚硬，无明显分层。堆积可分为上下两层，上层为灰褐色土层，堆积较厚，夹杂黄褐色土，内含大量粗砂粒，质硬；下层为黄色酥石层，堆积较薄，基本接近封土底部，为挖掘墓圹的垫土。其下为原始地面，顶部西侧有盗洞，墓葬位于封土下西侧中部（图二三）。

墓道位于墓室西侧，长 4.6、宽 1.3、深 0.4～0.8 米。平面呈长条形，底部自南向北呈斜坡状。墓道内有残砖。

墓门开在墓室西壁偏北。宽 0.9、高 0.7、进深 0.3 米。券顶，用砖为楔形砖。门垛，采用单砖东西向平铺，花纹面向内。封门砖采用单砖错缝平铺砌筑方法，现存 10 层。

墓室略呈长方形。墓圹长 2.88、宽 2.3、深 1.18 米。砖室长 2.6、宽 2.24、深 1.2 米。墓室为先挖土圹，后砌砖室。先平铺一层砖作底，再用砖砌筑墓室四壁。除西壁较直外，其余三壁均略外弧。北壁，现存 16～17 层，东壁北侧破坏，南侧现存 17 层，南壁，现存 19 层。单砖错缝平铺循环砌筑。墓室四壁自直壁向上逐渐内收，形成穹隆顶。用砖长侧面纹饰朝向墓室。墓室四壁相交处抹角。墓底较平整，单层，单砖纵列平铺。填土为灰褐色，墓顶砖塌陷于墓室。

葬具已朽，在墓底南侧及北侧偏西发现棺灰痕迹。墓主骨骼已朽，头向、葬式不明。

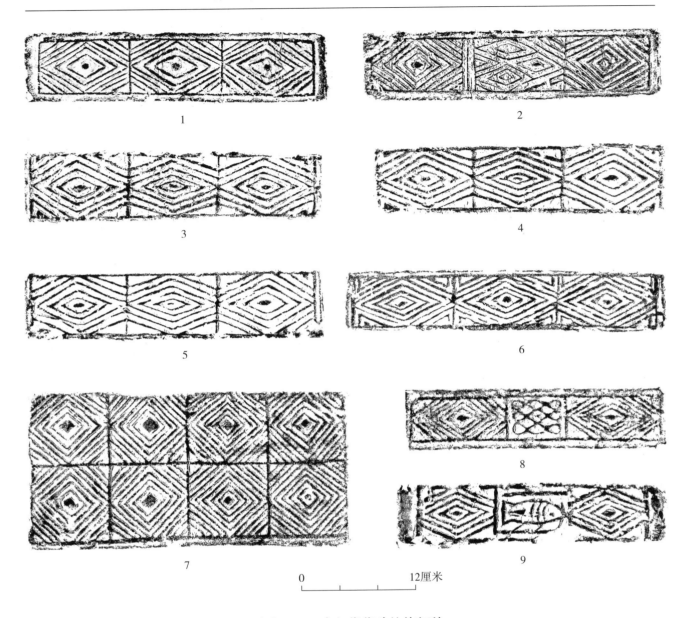

图二二　砖室墓墓砖纹饰拓片

1.侯家（05YTKHM1）　2.侯家（05YTKHM2）　3.岗嵛（98M1）　4.岗嵛（98M2）　5.岗嵛（98M3）　6.西上海（03M2-1）　7.西上海（03M2-2）　8.岗嵛（03M4）　9.岗嵛（03M5）

无随葬品。

墓砖　长侧面模印重菱形花纹，子母口。砖长31.6、宽13、厚7.2厘米（图二二，1）。

2.05HJM2

方向208°。封土顶部长满荆棘，因日常生产活动的蚕食，现存呈长条形，南北长约13、东西宽约12、最高处1.5米。剖面略呈椭圆形。经过夯打，十分坚硬，无明显夯层。堆积可分为上下两层，上层为灰褐色土层，夹杂黄褐土，内含大量粗砂粒，质硬；下层为黄色酥石层，为挖掘墓圹的垫土，其下为原始地面。顶部有3个盗洞。墓葬位于封土东南部（图二四）。

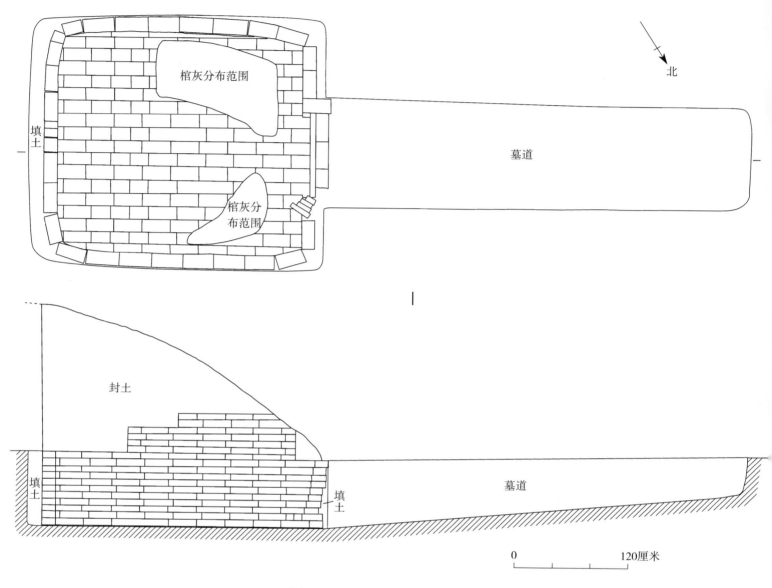

图二三　05HJM1 平、剖面图

　　墓道位于墓室南侧，封土外侧。平面呈长条形，南窄北宽，底部自南向北呈斜坡状，尾端底部抬高。长 3.12、宽 1～1.33、墓门处最深 1 米。壁面及底部均未经过特殊处理，较粗糙。

　　墓门开在墓室南壁中部偏西。宽 0.94、残高 0.36、进深 0.3 米。门垛，采用单砖错缝平铺，花纹向内。

　　墓室略呈长方形。墓圹长 3.2、宽 2.6、深 1.35 米。砖室长 2.48、宽 2.31、深 1.2 米。墓室为先挖土圹，后砌砖室。先平铺一层砖作底，再用砖砌筑墓室四壁。除南壁较直外，其余三壁均略外弧。现存东壁 6 层、西壁 15 层、北壁 12～15 层。单砖错缝平铺循环砌筑。墓室四壁自直壁向上逐渐内收。顶部已毁坏，具体结构不明。根据 M1 的顶部分析，应为穹隆顶。用砖长侧面纹饰朝向墓室。墓室四壁相交处折角明显，采用对头齐缝方式砌筑。墓底较平整，单层，单砖纵列平铺，但墓室底部中间未铺地砖。墓底西北角，采用单砖南北向砌筑砖台。填土为灰褐色，墓顶砖塌陷

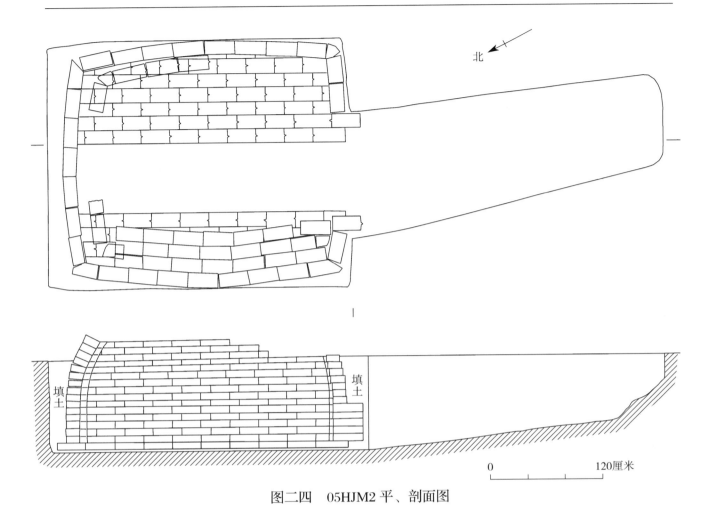

图二四　05HJM2 平、剖面图

于墓室。

葬具已朽，墓底无地砖处北半部发现黑色棺灰痕迹，有少量红色漆。墓主骨骼已朽，头向、葬式不明。

随葬品五铢，少量剪轮五铢，保存很差，无法提取。

墓砖　有两种。一种长侧面模印重菱形花纹，子母口。砖长 31、宽 13.5、厚 7 厘米；一种长侧面模印重菱形与小重菱格花纹相间纹饰，子母口。砖长 31、宽 13.5、厚 7 厘米（图二二，2）。

（二）单室砖室墓

13 座。

1.98GYM1（岗嵛）

方向 200°。平面略呈"凸"字形，由墓道、墓门和墓室组成（图二五）。后期破坏严重，顶部情况不明。

墓道位于墓室南侧，平面呈长条形，底部自南向北呈缓坡状。长 3.9、宽 1.08、深 0～1.35 米。

墓门开在墓室南壁中部偏东。宽 0.8、高 1.12、进深 0.4 米。封门砖砌筑方法不明。

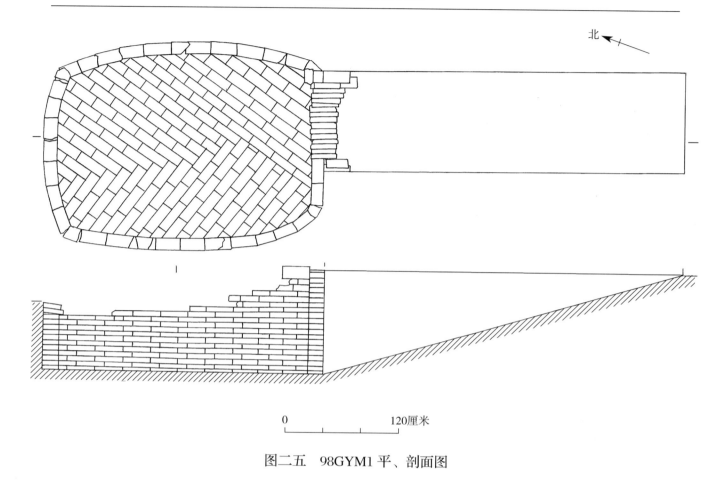

图二五　98GYM1 平、剖面图

墓室略呈长方形。砖室长 3.04、宽 2.26、深 1 米。墓室为先挖土圹，后砌砖室。先平铺一层砖作底，再用砖砌筑墓室四壁。除南壁较直外，其余三壁均略外弧。现存北壁 1 层、东壁 1 层、西壁 1 层。采用单砖错缝平铺循环方式砌筑。用砖长侧面纹饰朝向墓室。墓室四壁相交处折角明显，采用对头齐缝方式砌筑。墓底较平整，单层，单砖错缝平铺循环方式铺设。填土为灰褐色。

未见葬具。墓主骨骼已朽，头向、葬式不明。

无随葬品。

墓砖　长侧面模印菱形纹夹杂乳丁纹饰图案。砖长 31、宽 14、厚 7.5 厘米（图二二，3）。

2.98GYM2（岗嵛）

方向 203°。平面略呈“凸”字形，由墓道、墓门和墓室组成（图二六）。后期破坏严重，顶部情况不明。

墓道位于墓室南侧，土坑竖穴式，残长 0.59、宽 1.02 米。位于墓门附近的东、北两侧用单砖砌筑，已被破坏，具体情况不明。

墓门开在墓室南壁中部。宽 1.02、高 0.64、进深 0.3 米。封门砖采用单砖横向的砌筑方法。

墓室略呈长方形。砖室南北长 2.9、东西残宽 2.4、残深 0.66 米。墓室为先挖土圹，后砌砖室。先平铺一层砖作底，再用砖砌筑墓室四壁。除西壁破坏较严重外，其余三壁保存尚可，现存东壁

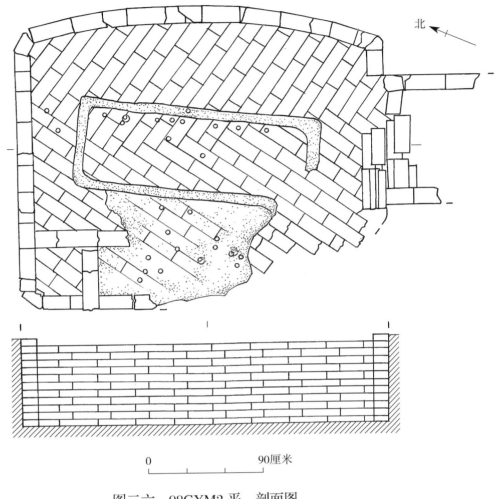

图二六　98GYM2 平、剖面图

10层、西壁和北壁各7层。除南壁较直外,其余三壁均略外弧。自第7层始向上逐渐内收,墓顶可能是穹隆顶。采用单砖错缝平铺循环方式砌筑。用砖长侧面纹饰朝向墓室。墓室四壁相交处折角明显,采用对头齐缝方式砌筑。墓底较平整,单层,单砖交错斜铺呈"人"字形。墓室底部西北角,有整砖与残砖砌筑的曲尺形台,南北长0.52、东西宽0.46米。填土为灰褐色。

　　葬具一棺,已朽,根据灰痕判断,长1.9、宽0.72米。墓主骨骼已朽,仅在墓底北侧见头骨及部分肢骨,较凌乱,可能后期墓葬进水冲散骨架。头向、葬式不明。

　　随葬五铢多枚,已朽,无法提取。

　　墓砖　长侧面模印菱形纹夹杂乳丁纹饰图案,子母口,砖长31、宽14、厚7.5厘米(图二二,4)。

3.98GYM3(岗嵛)

　　方向201°。由于后期破坏,砖室仅存约二分之一,墓顶部情况不明(图二七)。

　　墓室为砖室,长3.22、东西残宽2、残深0.88米。墓室为先挖土圹,后砌砖室。先平铺一层砖作底,再用砖砌筑墓室四壁。墓室遭到严重破坏,东壁与北壁保存较好,现存东壁12~14层、北壁7~14层。墓壁均略外弧。采用单砖错缝平铺循环方式砌筑。用砖长侧面纹饰朝向墓室。

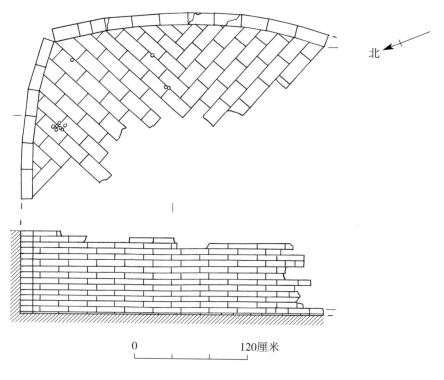

0　　　　　120厘米

图二七　98GYM3 平、剖面图

墓室两壁相交处折角明显，采用对头齐缝方式砌筑。墓底较平整，单层，单砖交错斜铺呈"人"字形。填土为灰褐色。

葬具及墓主骨骼已朽。头向、葬式不明。

随葬五铢铜钱多枚，已朽，无法提取。

墓砖　长侧面模印菱形纹夹杂乳丁纹饰图案，子母口。砖长31、宽14、厚7.5厘米（图二二，5）。

4.03XSHM1（西上海）

方向300°。长方形（图二八）。后期破坏严重，顶部情况不明。

墓葬营建时，先挖出近似长方形的生土圹，后砌砖室。墓圹长2.7、宽1.17～1.29、深0.36米。砖室东部较窄，西部较宽，长2.5、宽1.14～1.26、残深0.28米。先平铺一层砖作底，再用砖砌筑墓室四壁。砖壁与土圹之间用土填实。墓室四壁保存较好，现存4层砖。采用单砖错缝平铺循环方式砌筑。黄泥粘砌。用砖长侧面纹饰朝向墓室。墓室四壁相交处纵横方式砌筑。墓底较平整，单层，采用单砖东西向错缝平铺方式砌筑。填土为黄褐色。

葬具及墓主骨骼已朽，头向、葬式不明。

随葬品主要为陶器，有陶罐2件，放置在墓室中部，另有五铢铜钱，已朽，无法提取。

陶罐　2件，均泥质灰陶，侈口，斜沿，束颈，溜肩，鼓腹，腹下部斜收，平底。素面。

标本03XSHM1：1，叠唇。口径12.4、底径12.5、高16.5厘米（图二九，1）。

标本03XSHM1：2，方唇。口径12、底径11.5、高19.1厘米（图二九，2）。

墓砖　侧面模印菱形纹，子母口。砖长31、宽14、厚6厘米。

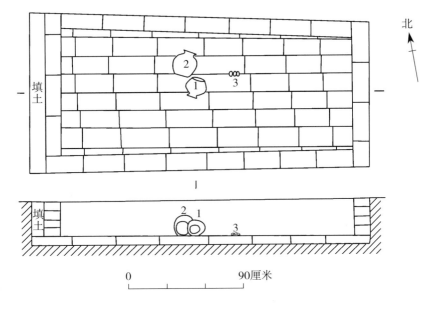

图二八 03XSHM1 平、剖面图

1、2.陶罐 3.铜钱

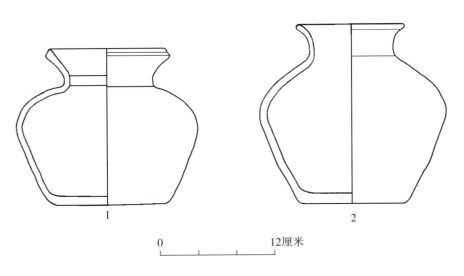

图二九 03XSHM1 出土陶器

1、2.陶罐03XSHM1：1、2

5.03XSHM2（西上海）

方向 295°。长方形（图三〇）。后期破坏严重，顶部情况不明。

墓葬营建时，先挖出近似长方形的生土圹，后砌砖室。砖室长 2.56、宽 1、深 0.44 米。四壁保存较好，现存 4 层砖。在土圹底部直接砌筑砖室四壁，采用一竖一横单砖错缝方式砌筑。黄泥粘砌。墓室四壁交接处纵横方式砌筑。墓底较平整，单层，用单砖铺砌略呈纵横相间平铺。填土为灰褐色。

葬具及墓主骨骸已朽，头向、葬式等不明。

无随葬品。

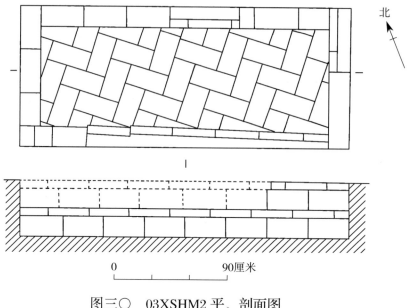

图三〇   03XSHM2 平、剖面图

墓砖   分两种。一种是两长侧面模印菱形纹，一侧为横菱形纹，另一侧为竖菱形纹。子母口。砖长34、宽16、厚6厘米（图二二，6）；另一种为八组菱形纹，花纹面向上，砖长33.5、宽16.5、厚6.4厘米（图二二，7）。

6.03GYM4（岗嵛）

方向290°。平面略呈"凸"字形（图三一）。后期破坏严重，砖室仅存约二分之一，墓顶部情况不明。

墓道位于墓室南侧，土坑竖穴式，已破坏，具体情况不明。

墓门开在墓室南壁，仅存南侧的砖砌门垛，现余10层。采用单砖平铺方式砌筑。封门砖仅余底部1层，砌筑方法不明。

墓室略呈方形。砖室残长3.4、宽1.1、深0.98米。墓室为先挖土圹，后砌砖室。先平铺一层砖作底，再用砖砌筑墓室四壁。现仅余东壁3～15层、部分西壁。墓壁略内弧。采用单砖错缝平铺循环方式砌筑。黄泥粘砌。用砖长侧面纹饰朝向墓室。墓室北壁与东壁相交处折角明显，采用对头齐缝方式砌筑。墓底较平整，单层，用单砖铺砌略呈纵横相间平铺。填土为灰褐色。

葬具及墓主骨骼已朽，头向、葬式不明。

随葬品有五铢多枚，已朽，无法提取。

墓砖   长侧面模印菱形纹与网格纹相间纹饰图案。砖长28、宽13、厚6.4厘米（图二二，8）。

7.03GYM5（岗嵛）

方向291°。平面略呈"凸"字形，由墓道、墓门和墓室组成（图三二）。后期破坏严重，顶部情况不明。

墓道位于墓室北侧，平面呈长条形，底部自西向东呈缓坡状。长3.8、宽1.3、深0.8米。

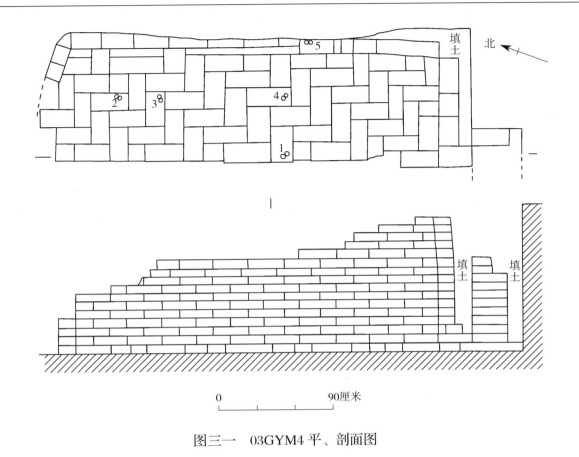

图三一　03GYM4 平、剖面图

墓门开在墓室北壁中部偏西。宽 1.4、高 0.44、进深 0.36 米。砖砌门垛，现余 8 层。采用单砖平铺砌筑方式。封门砖砌筑方式不明。

墓室略呈长方形。墓圹长 3.5、宽 2.8、残深 0.74 米。砖室长 3.2、宽 2.4、残深 0.7 米。墓室为先挖土圹，后砌砖室。先平铺一层砖作底，再用砖砌筑墓室四壁。墓室四壁，仅余南壁保存较好，现存 6～9 层。墓壁均略外弧。采用单砖错缝平铺循环方式砌筑。黄泥粘砌。用砖长侧面纹饰朝向墓室。墓室两壁相交处折角明显，采用对头齐缝方式砌筑。墓底较平整，单层，单砖交错斜铺呈“人”字形。填土为黄褐色土夹杂有碎砖，较硬。

未见葬具。墓主骨骼保存差，仅在墓室内发现一头骨，部分肢骨，葬式不明。

随葬品均为残片，无法复原。可辨别器类为罐。

墓砖　长侧面模印菱形纹与鱼形纹相间的纹饰图案。砖长 28.5、宽 13、厚 6.5 厘米（图二二，9）。

8.03ZHTM3（皂户头）

方向 297°。位于发掘工地中部。基本呈长方形，由墓道、墓门和墓室组成（图三三）。

墓道位于墓室西侧，直接凿在生土上，平面呈箕形，西侧尾端较直。两壁制作规范，自西向东呈斜坡状。长 2.06、东端宽 1.4、距地表深 1.06、西端宽 0.8、距地表深 0.2 米。

墓门设在墓室西壁中部。用残砖齐缝封堵。宽 0.87、进深 0.4、高 1.08 米。

墓室砖砌。墓圹东西长 3.06、南北宽 1.75、残深 1.08 米。砖室东部较宽，西部较窄，长 2.5

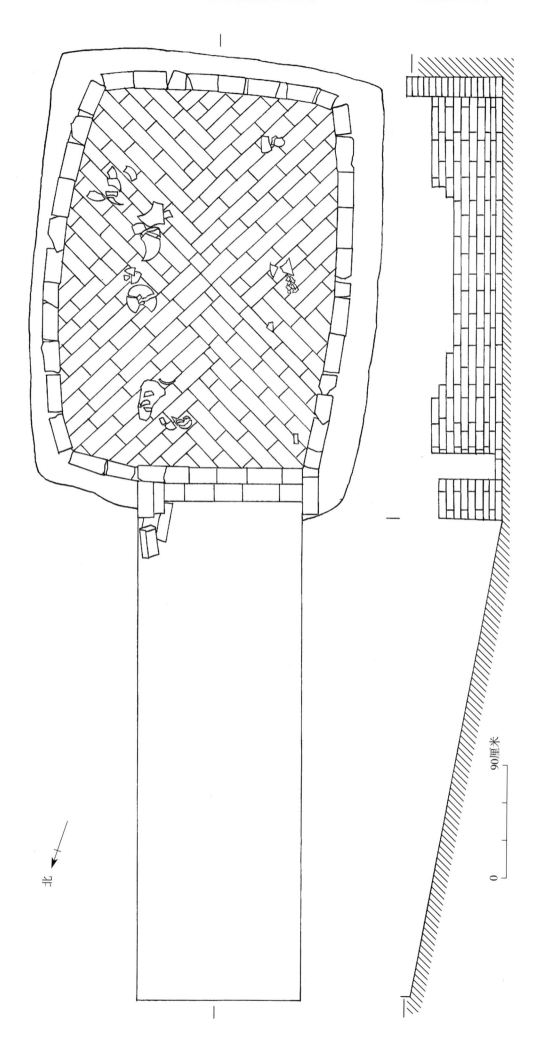

北

90厘米

0

图三二 03GYM5 平、剖面图

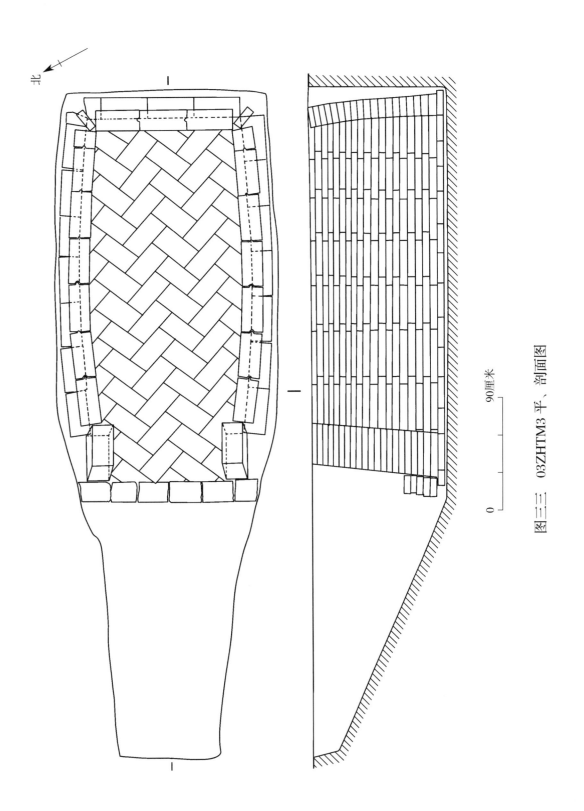

图三三　03ZHTM3 平、剖面图

米，宽度不一，宽 1.2 ～ 1.35、深 1 米。墓葬营建时，先挖出近似长方形的生土圹，然后平铺一层砖作底，再用砖砌筑墓室的四壁。墙壁与土圹之间用土填实。墓室四壁保存较好，现存 21 层砖。采用单砖错缝砌筑方法。用砖长侧面纹饰朝向墓室。墓室顶部已遭到破坏，除东壁较直外，南、北两壁向外略凸。自底部第 6 层开始收分，向上起券，呈穹隆顶。墓底较平整，单层，用砖交错斜铺呈"人"字形。填土为黄褐色。

葬具及墓主骨骼已朽，头向、葬式不明。

无随葬品。

墓砖 一侧为菱形花纹，子母口。长 34.5、宽 15.5 ～ 16、厚 5 ～ 6 厘米。

9.03ZHTM4（皂户头）

方向 113°。长方形（图三四）。位于发掘工地中部。

墓室砖砌。墓圹东西长 2.7、南北宽 1.24、残深 1.46 米。砖室长 2.5、宽 1.2 ～ 1.35、残深 1 米。墓葬营建时，先挖出近似长方形的生土圹，然后平铺一层砖作底，再用砖砌筑墓室的四壁。墙壁与土圹之间用土填实。顶部已破坏。四壁保存较好，现存 3 ～ 6 层砖。壁较直。采用单砖错缝砌筑方法。用砖长侧面纹饰朝向墓室。墓底较平整，用单砖错缝铺砌。填土为黄褐色。

葬具及墓主骨骼已朽，头向、葬式不明。

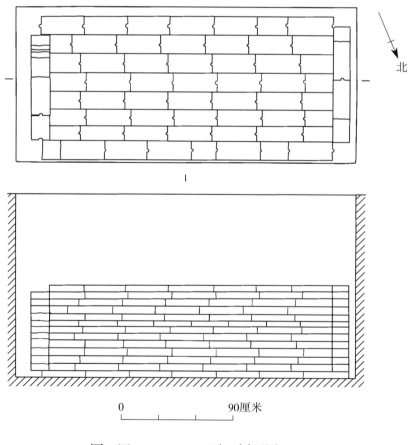

北

0   90厘米

图三四 03ZHTM4 平、剖面图

无随葬品。

墓砖 一侧为菱形花纹，有子母口。长34.5、宽15.5～16、厚5～6厘米。

10.03ZHTM5（皂户头）

方向205°。位于发掘工地中部，仅存墓底（图三五）。

墓葬营建时，先挖出近似长方形的生土圹，长3.18、残宽2.01、残深0.22米。然后平铺一层砖作底，再用砖砌筑墓壁。墓底较平整，单层，用单砖错缝铺砌。填土为黄褐色。

葬具及墓主骨骼已朽，头向、葬式不明。

随葬品为五铢钱，共5枚，均已朽，无法提取。

墓砖 一侧为菱形花纹，有子母口。长34.5、宽15.5～16、厚5～6厘米。

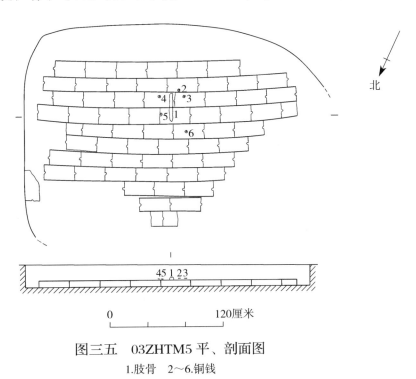

图三五 03ZHTM5平、剖面图

1.肢骨 2～6.铜钱

11.03WJM1（汪家）

方向177°。平面略呈"凸"字形，由墓道、墓门和墓室组成（图三六）。后期破坏严重，顶部情况不明。

墓道位于墓室南侧，土坑竖穴式，已被破坏，长度不明，宽1.13米，呈斜坡状。

墓门开在墓室南壁中部，已破坏，封门砖砌筑方法不明。

墓室略呈长方形。墓圹东西长3.18、南北宽2.54、残深0.26米。砖室东西长3、南北宽2.46、深0.28米。墓室为先挖土圹，后砌砖室。先平铺一层砖作底，再用砖砌筑墓室四壁。东壁保存稍好，现存1～4层，北壁、西壁，现存1～2层。墓壁略外弧，以东、西两壁外弧较甚。单砖错缝平铺循环砌筑。用砖长侧面纹饰朝向墓室，个别砖素面一侧向内。墓室四壁相交处折角明显，采用

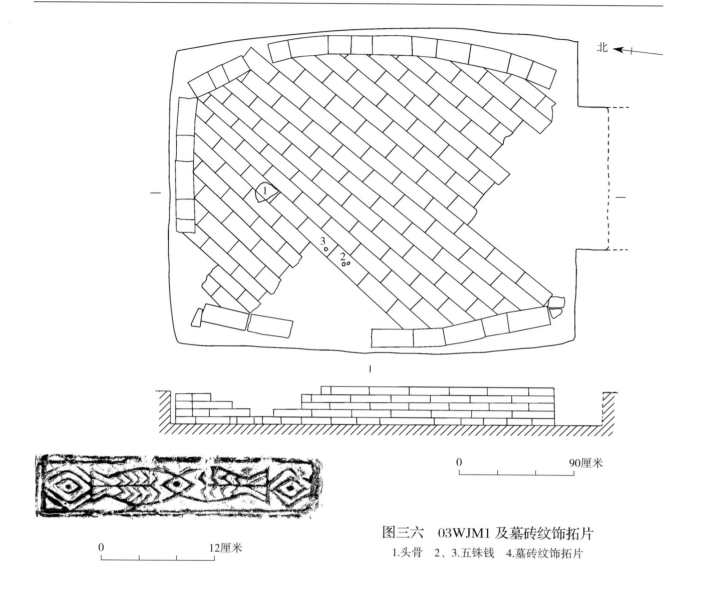

北 ←

图三六　03WJM1及墓砖纹饰拓片
1.头骨　2、3.五铢钱　4.墓砖纹饰拓片

0　　　　　　　　　12厘米

0　　　　　　　　　90厘米

对头齐缝方式砌筑。用砖长侧面纹饰朝向墓室。墓底较平整，单层，单砖斜列平铺。填土为黄褐色砂岩。

　　葬具已朽，在墓底中部偏北处有灰痕，应为木棺。墓主骨骼已朽，头向、葬式不明。

　　随葬五铢铜钱多枚，已朽，无法提取。

　　墓砖　长侧面模印两端重菱纹，中间为交口双鱼。砖长30.2、宽13.8、厚6.2厘米（图三六，4）。

12.05ZJM1（郑家庄）

　　方向291°。平面略呈"凸"字形，由墓道、墓门和墓室组成（图三七）。后期破坏严重，顶部情况不明。

　　墓道位于墓室西侧，直接凿在生土上，长方形，上宽下窄，已破坏，残长1.88、上宽1.8、下宽1.5、深1米。底部呈斜坡状。

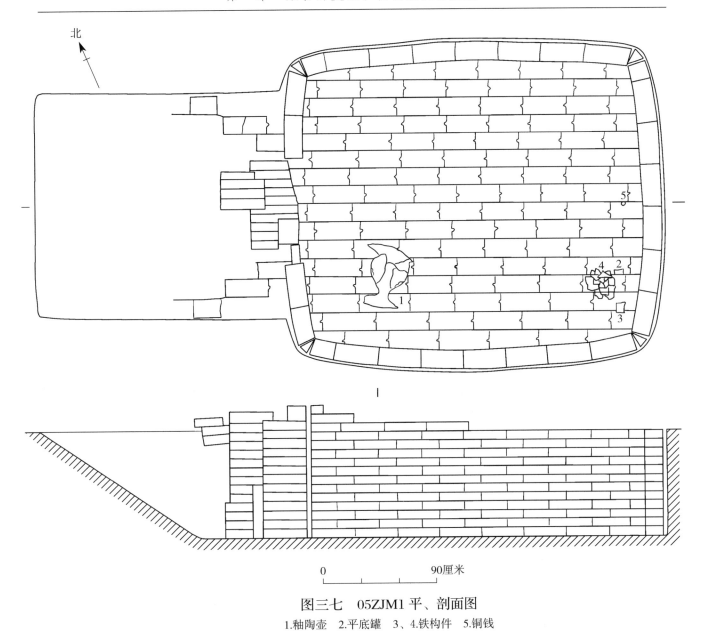

图三七　05ZJM1 平、剖面图
1.釉陶壶　2.平底罐　3、4.铁构件　5.铜钱

　　墓门开在墓室西壁中部。宽 1.17、高 1.05 米。两侧单砖东西向并排平铺砌砖墙，后砌券顶。门垛，采用单砖错缝平铺砌筑方式。券顶为双层，上层券顶外出，下层内收。用砖为楔形砖。采用单砖侧立砌筑而成。封门砖，先整砖南北向顺铺，后用残砖东西向横铺，仅余 4 层。

　　墓室略呈长方形。墓圹东西长 3、南北宽 2.8、残深 1.08 米。砖室东西长 2.7、南北宽 2.35、深 1.05 米。先挖土圹，后砌砖室。先平铺一层砖作底，再用砖砌筑墓室四壁。现仅余 15 层。除西壁较直外，其余三壁均呈外弧形。单砖错缝平铺循环砌筑。用砖长侧面纹饰朝向墓室。墓室四壁相交处折角明显，采用对头齐缝方式砌筑。用砖长侧面纹饰朝向墓室。墓底较平整，单层，单砖纵列平铺。填土为灰褐色，夹杂黄褐土。

　　葬具和墓主骨骸已朽，头向、葬式不明。

　　随葬品，共 6 件。有釉陶壶 1 件，平底罐 1 件。铁构件 2 件，已朽，无法提取，器形不清。

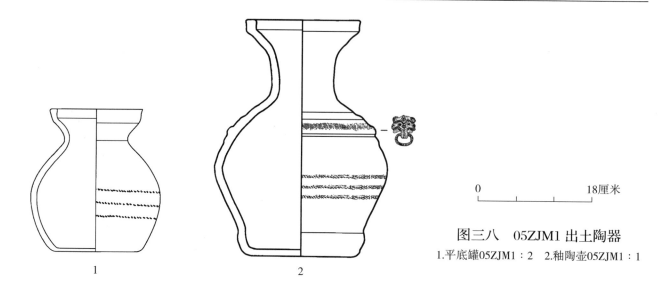

图三八　05ZJM1 出土陶器
1.平底罐05ZJM1：2　2.釉陶壶05ZJM1：1

五铢铜钱 2 枚，已朽，无法提取。位于墓室的南部及东部。

平底罐　1 件。

标本 05ZJM1：2，泥质灰陶。盘口微侈。方唇，短束颈。斜肩，鼓腹，最大腹径居中部，腹下部内收，大平底。腹中部以下饰有三周绳纹。口径 14.5、腹径 20.5、底径 13.5、高 22.6 厘米（图三八，1；彩版一二，3）。

釉陶壶　1 件。

标本 05ZJM1：1　泥质红陶。盘口微侈。方唇，长束颈。斜肩，圆鼓腹，腹下部斜内收，假圈足。器表施有黄釉。肩部饰对称兽面铺首衔环并饰有一周篦花纹，腹中部并偏下饰有三周绳纹。口径 17.8、腹径 27.7、底径 20、高 37.5 厘米（图三八，2；彩版一二，4）。

墓砖　两种，一是长侧面模印重菱形纹，子母口。砖长 34、宽 14、厚 7 厘米；一是楔形砖，子母口。长 32.5、宽 15、厚 6～7 厘米。

13.07XLJM1（下刘家）

方向 0°。墓室呈长方形（图三九）。墓上部已破坏，顶部情况不明。

墓室砖砌。墓圹南北长 3.07、东西宽 2.5、深 0.54 米。砖室长 2.98、宽 2.46、深 0.5 米。墓葬营建时先挖出近似长方形的生土圹，然后平铺一层砖作底，再用砖砌筑墓室的四壁。墙壁与土圹之间用土填实。现存北壁 2 层、南壁 1～3 层、东壁 2 层、西壁单砖侧立 1 层。东、南和北三壁，单砖错缝平铺循环砌筑。西壁，单砖侧立砌筑方式。用砖长侧面纹饰朝向墓室。墓室四壁相交处呈直角，采用单砖错缝平铺方式砌筑。墓底较平整，单层，单砖东西向平行错缝铺砌。填土为灰褐色。

葬具及墓主骨骼已朽，头向、葬式等不明。

无随葬品。

墓砖　长侧面模印菱形纹夹有乳丁纹的花纹砖，有子母口，砖长 30、宽 14.5、厚 7.5 厘米（图四〇）。

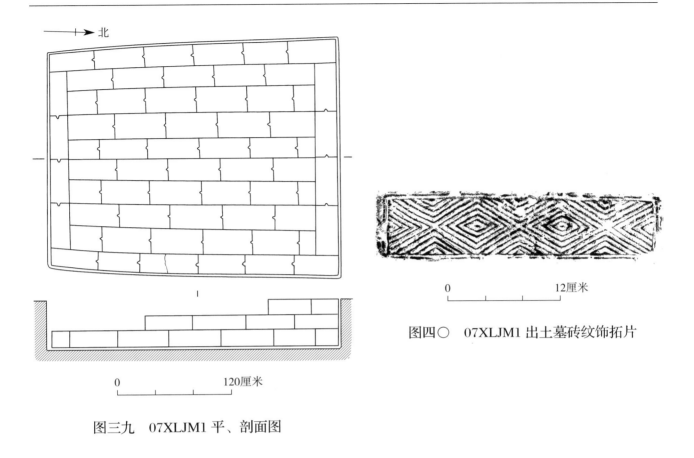

图四○　07XLJM1 出土墓砖纹饰拓片

图三九　07XLJM1 平、剖面图

第三节　结语

　　本次介绍的 20 座汉墓，除青龙山汉墓属福山区外，其他 19 座现属于烟台开发区。自 20 世纪 90 年代至 21 世纪初，烟台开发区区内实施工程建设，这些汉墓被零星发现，也有些汉墓是主动发掘。基本都位于山东省省级文物保护单位——三十里堡汉墓群附近，说明该墓群是一处分布范围较广，并且集中使用时间较长的有联系性的墓地。同时，这里是一片广阔的海滩平原，低海拔丘陵地带是古人选择墓地的理想位置。

　　这些墓葬，均为零星发现，尤其是砖室墓，后期都遭到不同程度的毁坏，大多数出土遗物不算丰富，墓葬的年代，主要依据墓葬的形制结构、墓葬布局及出土遗物的特征作大致推测。

（一）墓葬特征与时代

　　首先，从墓葬形制分析，分土坑竖穴墓、砖室墓两大类，墓室顶部均设置巨大的封土，部分墓葬至今仍然可见封土，但多数墓葬因地貌变迁、人为活动等，以致封土已不复存在。土坑竖穴墓流行木椁形式，在同一封土下，多见两墓并排，根据墓葬形制、随葬器物等分析，时代一般较为接近，多认为墓主为夫妻关系，并穴合葬，这类墓葬在胶东地区，是汉代最为常见的墓葬形制。但也有个别墓葬不是并穴合葬，而是多座墓葬，如此次发现三十里堡汉墓群编号 Z16，在同一封土下并列三座墓葬，墓主可能不是夫妻关系，有待进一步考证。根据以往的考古发现及研究成果，木椁形式的土坑竖穴墓主要流行于西汉时期。砖室墓都是单室，多数有墓道。封土保存的比较少见，此次清理的侯家墓地 2 座墓葬，均设有封土，后期虽遭到毁坏，但是墓室位置并不在封土的中部，而是位于封土的一侧，墓道位于封土堆积的外侧，也是比较特殊的埋葬方式。根据本次发掘墓葬形制，结合以往的考古发现及研究成果，在胶东地区，这类墓葬多见于东汉时期。

其次，从出土遗物来看，绝大多数是陶器，其器类多为各地汉墓中习见，出土铜镜皆为汉镜形式，出土铜钱都属于两汉时期。但不同类型墓葬在随葬品上有较大差别，土坑竖穴墓，随葬品多为陶器，铜器为铜镜等，铜钱多见五铢。墓葬形制较大，随葬品多寡不一；砖室墓，随葬品较少，五铢多见。同时，三十里堡汉墓群随葬器物中的盘口罐、高领罐、直口罐及彩绘罐等器物与山东莱州朱郎埠所出土的盘口壶（M11：1，M22：1）、高领罐（M23：5）、彩绘罐相似，朱郎埠墓地其年代为西汉前期[1]。

由此，可以推断，这些墓葬的时代应为两汉时期，土坑竖穴墓为西汉，砖室墓时代应为东汉。

（二）几点认识

关于当时胶东地区丧葬习俗之变化。

其一，并穴合葬墓的出现。据已知的考古资料，可证并穴合葬墓出现于西汉中期，合葬墓处于同一座封土下，应是夫妻关系。这类墓葬在胶东半岛以往的考古发掘中已有多例，如莱州朱郎埠墓群及福山东留公墓群[2]也有多组并穴合葬墓，其年代都不早于西汉中期。这种墓葬形式至西汉晚期已成为主要的丧葬形式。

其二，丧葬风俗与西方更加趋于一致性。自东周时齐国灭莱统一胶东半岛后，胶东地区的丧葬习俗便渐渐被齐文化同化。开发区土坑竖穴墓，随葬器物无论在组合上还是在器物形制上，基本与山东中西部的同期文化一致，并且这种一致性进一步加强。如陶器或漆器的组合都是山东中西部地区习用的。2001 年山东曲阜花山出土的一批汉墓[3]，其中出土的陶壶，不但在形制上，而且器物上的彩绘都与三十里堡汉墓完全一致。

其三，随着墓室日益居室化，世俗信仰的阴间观念得到了加强，阴宅即死人宅院的观念在民众中普遍认同。墓室的仿居室化出现，说明到东汉时，本地区的墓葬形制发生了很大的变化，砖室墓逐渐取代了土坑墓，并迅速流行起来，成为烟台地区墓葬的主要形制。这一时期的砖室墓的形制以平面呈"凸"字形为主要特点，有斜坡状墓道、墓门和墓室。

附记：参加发掘的工作人员有：烟台市博物馆林仙庭、闫勇、于晓丽、王富强、侯建业、王金定、赵娟、徐明江；福山区文物管理所高崇远；牟平文物管理所张凌波、唐忠诚等同志。

[1]　烟台市博物馆：《山东莱州市朱郎埠墓群发掘报告》，《华夏考古》2009年第1期。

[2]　烟台市博物馆考古发掘资料，现存于本馆文物库房。

[3]　山东省文物考古研究所：《曲阜花山汉墓出土彩绘陶器》，《中国文物报》2001年5月6日第1版。

第二章　2006 年三十里堡汉墓发掘

烟台开发区（行政区划属烟台福山区）位于山东半岛黄海之滨，北纬 37°，东经 121°。东、南、西与芝罘区、福山区、蓬莱区接壤。2006 年 5 ～ 7 月和 9 ～ 12 月，为配合区内城市工程建设，经上级文物主管部门批准，烟台市博物馆组织考古工作队，对三十里堡墓群建设控制地带内工程占压区域进行保护性考古发掘，共清理汉代墓葬 31 座（图四一）。现将发掘情况简报如下。

第一节　墓地概况

烟台三十里堡墓群，位于烟台开发区三十里堡村南及岗嵛村南的丘陵地带山冈上，北距黄海约 2 千米，东西长 7.5、南北宽 3.5 千米，面积约 26.25 平方千米。据《福山县志稿》记载："福山县西北去三十里，牟子国城后山冈，有土冢若干。"当地人称"牟城 72 冢"。1977 年 12 月，山东省革命委员会将其公布为山东省第一批文物保护单位。

20 世纪平整土地，使北、西部的土冢被平掉，现存墓群分东、西两大墓区，相距 2.5 千米，有封土墓约 60 座，均为汉代墓葬。东墓区位于岗嵛村南，东起岗嵛山，西至西留沟，主要分布在岗嵛村西山冈上，南北宽约 1.5 千米，有 23 座。西墓区位于三十里堡村南，因长江路贯穿，西墓区分为南北两部分，北半部主要分布在邻近三十里堡故城址南城墙的山顶及东南山坡上，约有 20 座；南半部主要分布在长江路以南、陈家村西山顶及大王家村北山顶和东南坡上，南北长约 3、东西宽约 0.9 千米，有 17 座，总体保存完好。

第二节　墓葬分述

31 座。其中，竖穴土圹墓 23 座，砖室墓 8 座。

1. 竖穴土圹墓

平面呈长方形。根据墓葬的填埋方式，可分封土墓与单室墓两类。封土墓，大型墓周围残留大面积经过夯打的花土，应为墓葬上原封土遗迹，如 06Z23、06Z26。封土下常见并穴或同穴的合葬墓。同一封土下埋有 2 座墓为夫妻并穴合葬墓，如 06Z24、06Z26 等；同一封土下埋有 1 座墓，内有 2 棺为夫妻同穴合葬，如 06Z18，根据墓室布局、填土及西侧墓壁的打破关系分析，先挖可容纳 2 位墓主人的墓室，在墓室南侧安葬第一位墓主人，在北侧留有第二位墓主人的位置，当第

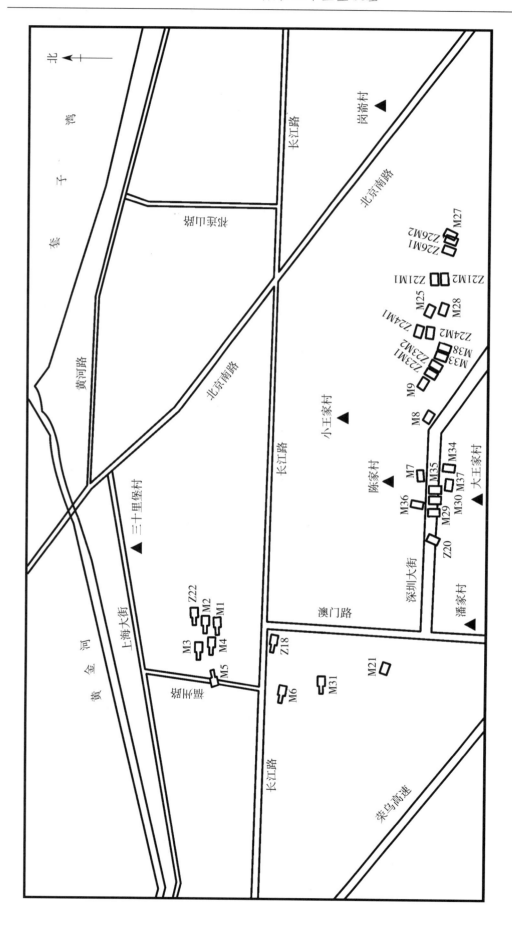

图四一 2006 年三十里堡汉墓发掘平面位置示意图

二墓主人去世后，采用在墓室西侧挖墓道，并紧贴墓室的北侧位置挖破墓室西壁的方式葬入。从墓口遗迹看，有祭祀活动的痕迹。

另一种为单室墓，墓葬上可能也有封土，现均已不存在。

墓葬土圹直接凿在较坚硬的黄褐酥石土上，圹壁直，制作规整。墓壁交界处有脚窝。木质葬具皆朽，根据痕迹判断，多为一椁一棺，少数为一棺，个别为一椁双棺。墓主骨骼大多保存差，少数保存较好。葬式为单人仰身直肢葬，头向多为西向，少数东向或北向。随葬器物多置于椁内棺外的一侧或棺内。墓内填土有别处精挑的纯黄灰土和挖土圹时的原土，填土多使用夯具分层夯打，土质坚硬。夯层较平整，夯打随意，层厚约 8～10 厘米。夯具一般为木棍或铁制的夯具，圆柱平头。夯窝直径 6～10、深 6～8 厘米。墓葬编号 06M7 的填土下层出现大量海蛎壳，仅此 1 座。

随葬品多寡不一。个别封土墓的封土内埋有小陶罐，在填土中发现有镢头等工具。随葬器物多为陶器，个别墓葬有铜器、铁器、漆器等，其中陶器数量最多，种类丰富，以泥质灰陶为主，少量为夹砂、夹滑石灰褐陶等。多为素面，部分有纹饰，主要是绳纹、弦纹，少量刮旋纹、鱼鸟纹。有的罐、钫腹部饰有兽首铺首衔环；少数罐的肩部刻有"文字"。有些陶器表面有彩绘，多为白底红彩，少数不施底彩，个别直接用白色彩绘，彩绘纹饰有卷云纹、三角纹、涡纹、圆点纹等。陶器多轮制，后修整，鼎足、耳等部分则为模制，再粘贴在器身上，少数为手制。器类有鼎、罐、壶、瓮、钫、盆、豆、奁、仓、耳杯、盘、魁、盃、熏炉等十几种，以鼎、罐、壶为主。铜器以铜镜为主，少量带钩、印章、铜泡和铜镜刷等；铁器为铁剑、铁镬等；漆器多腐朽，仅能根据痕迹判断为圆形漆盒，个别有案（或几）。铜钱为五铢。

2. 砖室墓

有平面略呈"凸"字形和长方形两种形制。"凸"字形砖室墓，由墓道、墓门和墓室三部分组成。顶部多被破坏，具体情况不明，仅有一座墓葬（06Z22），其上封土保存较好，墓顶为穹隆顶。墓道，竖穴土圹，呈长条形，斜坡。墓门顶部为单券或双券，用砖封门；砖室，在墓葬营建时，先挖形制相近的土圹，然后用砖砌筑墓底及砖室四壁。采用单砖错缝平铺循环的方式砌筑。长方形砖室墓与"凸"字形砖室墓，除平面形制不同外，其墓葬的营建、砌筑方式等均相同。

葬具使用木质葬具，皆朽，结构不清，个别可以辨别一棺。墓主骨骼均保存差，已朽。单人葬，葬式不明。

随葬器物较少，大多是由于被盗造成的。现存主要器物是陶器，白陶以扁壶为主。少量铜器，主要是铜镜、铜钱，铜钱多五铢，06M31 见铜钱"大泉五十"。墓葬用砖常见长方形灰砖，子母口，长侧面模印花纹图案。

一　竖穴土圹墓

根据埋葬情况，分为并穴合葬墓、同穴合葬墓和单葬墓。

（一）并穴合葬墓

共发现4组8座（06Z23、06Z24、06Z26、06M33和06M38），其中三组封土保存较好，同一封土下两座墓葬，墓向、形制相同，且平行排列，相距较近，随葬器物特征基本相同，时代也接近。另一组的封土毁坏，但符合并穴合葬墓的特征（06M33、06M38），归于此类介绍，具体情况如下。

1.06Z23

位于西墓区的南部。现存封土呈长条状，剖面略呈梯形，平顶，其堆积东西长11、南北宽6、高2.6米。夯土坚硬，夯层不明显。封土下有2座竖穴土圹墓，相距1.7米，编号M1、M2（彩版一三，1）。

（1）06Z23M1

墓向20°。墓圹平面呈长方形，直壁，平底（图四二；彩版一三，2）。长3.2、宽2.2、深5.5米。东、北壁分别有6个脚窝，断面呈半圆形，宽约16～19、高17～20、深6厘米。北壁有镢头痕迹，宽6、高约20厘米。填土坚硬，灰褐土，夯面不平，厚8～10厘米。圆平头木棍夯径6～10、深5～8、圆石夯径8.5厘米。距墓口约1米处填土中，见圆形空柱洞遗迹，四周

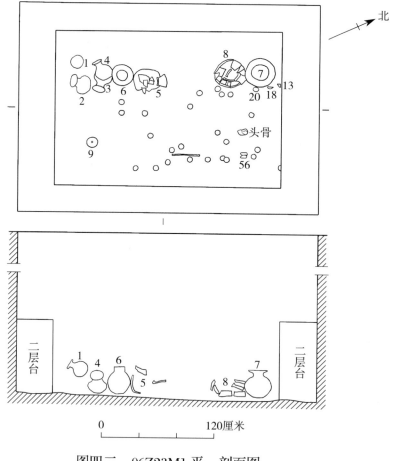

图四二　06Z23M1 平、剖面图

1～3.高领罐　4、5.陶罐　6.直领罐　7.陶壶　8.陶钵　9.铜镜　13.铜包角　18.铜包边　20.铜泡　56.铜钱

均呈水锈黑色，分布无规律，口径6、深约17～20厘米。有熟土二层台，系挖墓穴时凿出的酥石土回填堆砌而成，东西台面宽0.3、南北台面宽0.4、高0.6米。

有边箱，葬具一椁一棺，已朽，平面呈长方形，椁长2.4、宽1.7米，棺长2、宽0.75米。椁室内发现大量铜棺饰，有棺覆布上的铜泡、木棺的包边、包角。墓主骨骸已朽，可辨头向北。单人仰身直肢葬。

随葬品共153件，其中陶罐2件、直领罐1件、高领罐3件、陶壶1件、小陶罐1件，位于椁内棺外西侧。铜镜1枚、木梳1把，位于棺内东南角的漆盒内。五铢100枚，保存较好，对折成两条并排放置，位于棺内东北角；铜包角5个、铜包边2个、铜泡36个，位于棺室内。填土内铁镢1件、铁器1件。此外，漆盒朽，无法提取。在陶罐内有贝壳、动物骨头等，其表面残留有丝织品痕迹。

陶罐　2件。

标本06Z23M1：4，泥质磨光灰褐陶。侈口，圆唇，卷沿，短束颈，斜肩，扁鼓腹，最大腹径居中，下腹斜内收，小平底。肩、腹上部饰四周凹弦纹，腹下近底处有纵横相交绳纹。上腹竖刻划繁文"公孙……"及横刻划"王……"等字样。口径17.6、腹径33、底径9、高29.5厘米（图四三，1；彩版一四，1、2）。

标本06Z23M1：5，泥质红胎黑皮陶，敞口，圆唇，斜折沿，矮束颈，溜肩，鼓腹，最大腹径居中，下腹弧内收，小平底。肩部饰两周凹弦纹，腹下偏上有横纵相交凹弦纹，腹下及底处饰纵向凹弦纹。口径19.5、腹径34、底径9、高30.5厘米（图四三，2；彩版一四，3）。

直领罐　1件。

标本06Z23M1：6，泥质磨光灰陶。直口微侈，方唇，直领外撇，溜肩，鼓腹，最大腹径居中偏上，腹下部斜内收，小平底。周身见轮制旋痕。口径12.2、腹径25.6、底径8、高27厘米（图四三，3；彩版一四，4）。

高领罐　3件，形制基本相近。泥质灰黑陶。敞口，方唇，平折沿，束颈，溜肩，鼓腹，最大腹径居中，腹下部斜内收，小平底。

标本06Z23M1：1，肩、腹上部有轮制痕迹，腹部偏上饰两周戳刺纹及一周粗绳纹，腹下部近底部饰有横向粗绳纹。口径13、腹径20.5、底径6.5、高24厘米（图四三，4）。

标本06Z23M1：2，腹部饰一周戳刺纹及两周交叉波浪形制戳刺纹，腹下近底处饰斜向交叉绳纹。烧造走形。口径13、腹径20.2、底径8、高22.6厘米（图四三，5）。

标本06Z23M1：3，泥质灰陶。腹部饰三周间断横向粗绳纹，腹下部、近底处及底面饰密集横向绳纹。烧造走形。口径13.4、腹径22、底径4.4、高23.5厘米（图四三，6；彩版一四，5）。

陶壶　1件。

标本06Z23M1：7，泥质夹砂灰陶。侈口，尖圆唇，斜沿，长颈，直领外撇，溜肩，弧腹，最大腹径偏下，腹下部弧收，大平底内凹，假矮圈足外撇，周身见轮制旋痕，腹部及以下饰三周绳纹。口径13.8、腹径21.6、底径18、高26厘米（图四三，7；彩版一四，6）。

小陶罐　1件。

标本06Z23M1：8，泥质褐陶。口微侈，圆唇，扁鼓腹，最大腹径偏上，平底。素面。口径6.6、

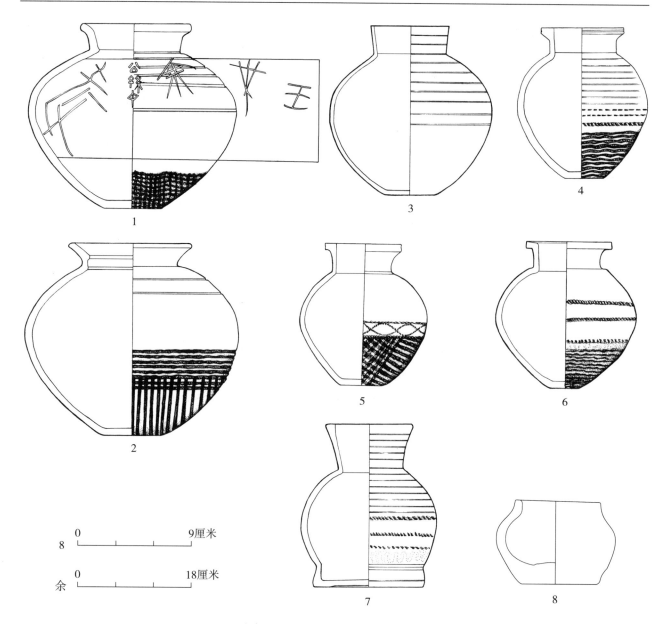

图四三　06Z23M1 出土陶器

1、3.陶罐06Z23M1：4、5　3.直领罐06Z23M1：6　4~6.高领罐06Z23M1：1~3　7.陶壶06Z23M1：7　8.小陶罐06Z23M1：8

腹径 9.2、高 6.7 厘米（图四三，8；彩版一五，1）。

铜镜　1 枚。

标本 06Z23M1：9，桥型钮，内向十六连弧，宽素缘。宽镜面微凸。锈蚀，漫漶不清，无法辨认。直径 11.6、厚 0.2~0.7 厘米（图四四，1；彩版一五，2）。

铜包角　5 个。

标本 06Z23M1：13，呈三边形锥状，外侧通体鎏金，内凹处有一平钮。各边长 5.5、高 2.8、厚 0.2 厘米（图四四，2；彩版一五，3）。

铜包边　2 个。

标本 06Z23M1：18，形状似铜泡对折 90°，外侧通体鎏金，内凹处有一平钮。长 5.1、高 2.1、厚 0.2 厘米（图四四，3；彩版一五，3）。

铜泡　36 个，其中 2 个残，余者均完整。

标本 06Z23M1：20，呈圆形，外侧鼓起通体鎏金，内凹中部有一环钮。直径 4.5、高 1、厚 0.3 厘米（图四四，4；彩版一五，3）。

五铢　100 枚。

标本 06Z23M1：56，字体瘦长，"五"字中间两笔缓曲，"铢"字的"金"字头呈三角形，"朱"字头方折。直径 2.6、穿径 1、厚 0.1 厘米（彩版一五，4）。

铁镢　1 件。

标本 06Z23M1：11，残。锈蚀严重。扁长方体，侧面为三角形，刃部缺失，扁长方楔式銎。表面锈蚀严重。宽 5.5、厚 0.5～2、残高 7 厘米（图四四，5；彩版一五，5）。

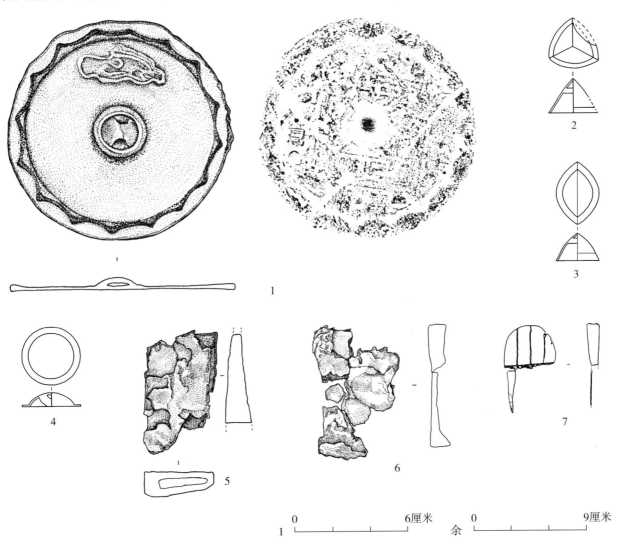

图四四　06Z23M1 出土遗物

1.铜镜06Z23M1：9　2.铜包角06Z23M1：13　3.铜包边06Z23M1：18　4.铜泡06Z23M1：20　5.铁镢06Z23M1：11　6.铁器06Z23M1：12　7.木梳06Z23M1：10

铁器　1件。

标本 06Z23M1：12，残，锈蚀严重，器形不明。残长 9.6、宽 6.9、厚 0.3 ～ 1.5 厘米（图四四，6）。

木梳　1件。

标本 06Z23M1：10，残。半圆形梳头，余 1 根木梳齿。残长 7、宽 2 ～ 4、厚 0.1 ～ 1 厘米（图四四，7；彩版一五，6）。

（2）06Z23M2

墓向 30°。墓圹平面呈方形，墓圹上半部及墓东壁已毁，直壁，较规整，平底（图四五；彩

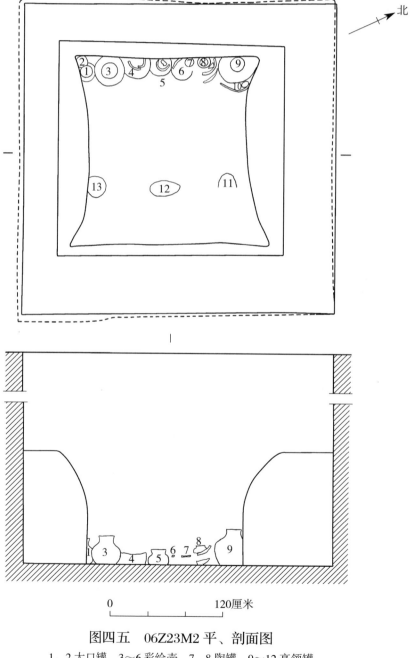

图四五　06Z23M2 平、剖面图
1、2.大口罐　3～6.彩绘壶　7、8.陶罐　9～12.高领罐

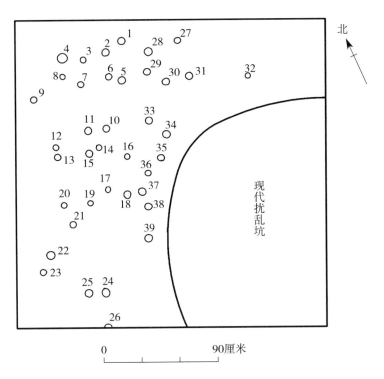

北

现代扰乱坑

0　　　　　90厘米

图四六　06Z23M2 木棍夯洞分布图

版一六，1）。长3.3、宽3.2、深5.1米。填土为坚硬的灰褐夯土，夯层清晰，夯面不平，厚8～10厘米（图四六；彩版一六，2）。圆柱平头木棍夯径8、深4厘米（彩版一六，3）。距墓口约1米处填土中，见空洞迹象，分布无规律，四周均呈水锈黑色，直径6或9、深约25～30厘米。有熟土二层台，系挖墓穴时凿出的酥石土回填堆砌而成，较规整。台面宽0.6、高1.2米。

葬具一椁，棺已朽。椁室四壁均用木板构筑而成，有椁盖板，椁长2.2、宽2.4米。墓主骨骼已朽，可辨头向北。单人仰身直肢葬。

随葬品共13件，其中陶罐2件、高领罐4件、大口罐2件、彩绘壶4件，位于椁内棺外西侧。漆器1件，朽，无法提取，位于椁内棺外东侧。

陶罐　2件。均泥质灰陶，形制部分相似。

标本06Z23M2：7，敞口，方唇，斜折沿，短束颈，溜肩，圆鼓腹，最大腹径居中，腹下部斜内收，小平底。通体磨光。口径18、腹径33、底径10、高31厘米（图四七，1；彩版一六，4）。

标本06Z23M2：8，断口，方唇，斜折沿，束颈，圆肩，鼓腹，腹下部弧内收，平底。腹中偏上饰一周戳刺纹，腹中偏下饰三周粗绳纹。口径17.6、腹径35、底径10、高33.2厘米（图四七，2）。

高领罐　4件，均泥质灰陶，形制基本相同。

标本06Z23M2：9，敞口，方唇，折沿，高领，束颈，溜肩，鼓腹，最大腹径居中偏上，下腹弧内收，平底。肩、上腹部饰有磨光暗纹。腹中偏上饰一周波浪轨迹的戳刺纹，腹下部偏上饰一周戳刺纹。通体磨光。口径17.2、腹径35、底径11、高34.5厘米（图四七，3）。

标本06Z23M2：10，敞口，方唇，斜折沿，高领，束颈，圆溜肩，圆球形腹，下腹弧收，

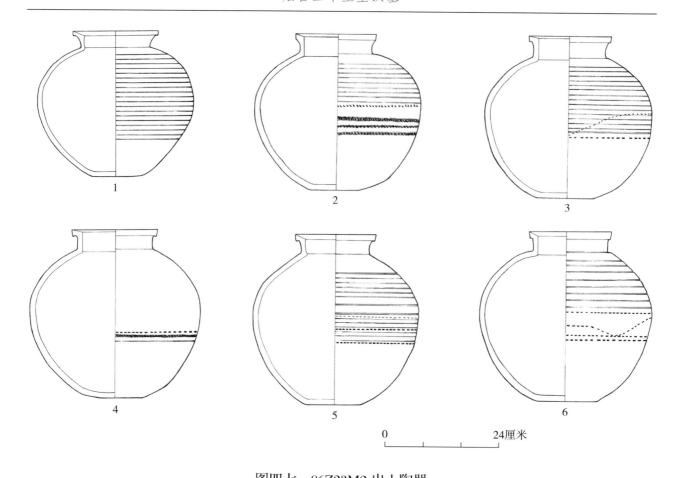

0　　　　　　　　　24厘米

图四七　06Z23M2 出土陶器

1、2.陶罐06Z23M2：7、8　　3～6.高领罐06Z23M2：9～12

最大腹径居中。腹下部饰两周戳刺纹及一周弦纹。口径18、腹径36、底径12、高35.8厘米（图四七，4）。

标本06Z23M2：11，敞口，方唇，斜折沿，高领，束颈，溜肩，鼓腹，下腹弧收，平底。上腹部见轮旋痕，腹部及下腹饰三周戳刺纹。口径17、腹径35、底径12.6、高36.2厘米（图四七，5）。

标本06Z23M2：12，侈口，方唇，斜折沿，高领，束颈，溜肩，球形腹，下腹弧收，平底。最大腹径居中。肩、上腹部见轮制旋痕，腹中部饰一周戳刺纹，腹部偏上饰一周不连续波浪形戳刺纹及两周不连续戳刺纹。通体磨光。口径17.2、腹径36、底径12.4、高37.4厘米（图四七，6；彩版一六，5）。

大口罐　2件。均泥质灰陶，形制相同。侈口，圆唇，斜折沿，矮束颈，斜折肩，直腹，腹底部折内收，圜底。肩部饰三周凹弦纹，肩、腹转折处饰有两周戳刺纹，腹部见轮制旋痕，底部相接处饰一周刀具刮抹修整轮制痕迹，底部饰横纵斜向交叉粗绳纹。通体施黑陶衣。

标本06Z23M2：1，口径20、腹径28.5、高22.6厘米（图四八，1；彩版一七，1）。

标本06Z23M2：2，口径20、腹径29、高22.7厘米（图四八，2；彩版一七，2）。

彩绘壶　4件。形制基本相同。泥质灰陶。敞口，圆唇，长束颈，斜肩，鼓腹，最大腹径居中偏下，

0   18厘米

图四八 06Z23M2 出土陶器

1、2.大口罐06Z23M2：1、2 3～6.彩绘壶06Z23M2：3～6

下腹斜内收，平底。

标本 06Z23M2：3，颈部绘三周紫红横带纹与一周朱红波浪纹带组合图案，肩部及上腹部绘有 4 组紫红正反三角形与弧形组合图案，其三角形中为朱红与黑色组成，颜料多已脱落。肩、上腹部见轮制旋痕，腹中部饰三周绳纹，下腹、底部饰横向绳纹。通体施白陶衣，基本脱落。口径 13.4、腹径 24.4、底径 10、高 30 厘米（图四八，3；彩版一七，3）。

标本 06Z23M2：4，颈部绘有三周紫红横带纹，肩、上腹部绘有紫三角纹带、黑波纹及朱红卷云组合图案，颜料多已脱落。腹中部饰两周掐印纹。其他装饰相同。口径 13.8、腹径 22.8、底径 10、高 30 厘米（图四八，4；彩版一七，4）。

标本 06Z23M2：5，腹中及偏下各饰两周戳刺纹，腹下及底部饰横向绳纹。颈部绘有三周紫红横带纹并相间绘有两周朱红波浪纹组合图案、肩部饰两道弦纹。彩绘图案漫漶不清。口径 13、腹径 22.8、底径 10、高 29 厘米（图四八，5；彩版一七，5）。

标本 06Z23M2：6，腹中部及偏下饰一周戳刺纹，腹下部及底部饰横向绳纹。颈部绘三周紫红色横带纹，肩部饰正反三角形组合纹饰。上腹部饰一周波浪纹，两周紫红色横带纹。彩绘图案漫漶不清。口径 14.6、腹径 22.8、底径 6、高 29 厘米（图四八，6；彩版一七，6）。

2.06Z24

位于西墓区南部。现存封土呈椭圆形，剖面呈"抹顶馒头"状，顶部较平，其堆积东西长 9、南北宽 7.5、高 2.5 米，夯层厚 8 ～ 10 厘米。在封土内埋有小陶罐 1 件、陶钵 1 件。封土下有两座竖穴土圹墓，相距约 1.9 ～ 2.1 米。编号 06Z24M1、M2。

（1）06Z24M1

墓向 115°。墓圹平面呈方形，仅南壁保存较完整，略外弧，其余三壁均残，平底（图四九；彩版一八，1）。边长 3.4、深 4.1 米。西、北壁西北角的交界处，分别有 4 个脚窝，断面呈椭圆形，底平，脚窝长 20、高 15、深 15 厘米。墓内填土，根据土质、土色，可分为南、北两部分，北部夹杂酥石较多，南部多见坚硬黑褐土，夯层清晰、夯面之间有褐色水锈，厚 8 ～ 10 厘米（彩版一八，2），中部夯层因椁室塌陷下沉。见大量圆形平底夯窝，夯径 5 ～ 17、深 5 ～ 8 厘米。填土中有许多圆木柱杇后，形成的空洞遗迹，分布无规律，四周均呈水锈黑色，洞径为 6 ～ 9、深约 25 ～ 35 厘米。有熟土二层台，系挖墓穴时凿出的酥石土回填堆砌而成，较规整。台面均宽 0.6、高 1.1 米。

葬具为一椁一棺，已杇，长方形。椁长 2.3、宽 1.4 米，红漆棺位于椁室北部，棺长 2.1、宽 0.8 米。墓主骨骼已杇，可辨头向东，单人仰身直肢葬。

随葬品共 20 件，其中陶鼎 1 件、陶罐 3 件、高领罐 2 件、陶壶 5 件、陶钫 1 件、陶奁 1 件、熏炉 1 件、折腹盆 1 件，铜饰件 1 件位于椁内棺外南侧。小陶罐 3 件，陶钵 1 件，其中 2 件小陶罐位于墓圹四角高出二层台上填土内，另 1 件小陶罐 1 件陶钵位于封土下。

陶鼎　1 件。

标本 06Z24M1：22，泥质夹砂灰陶。有盖，覆钵形，盖弧顶近平，顶端有 1 桥形钮，略呈长方形，钮座划戳提环。盖面饰有两周凹弦纹。圆唇，侈口，盖径 14.2、高 4 厘米。鼎，子口，方唇，平沿，

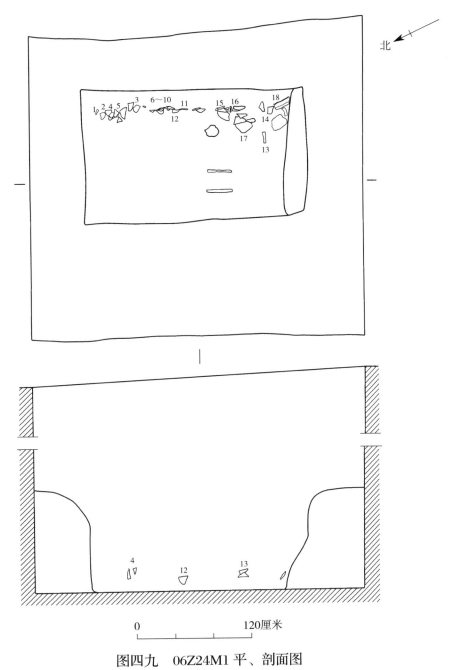

图四九 06Z24M1 平、剖面图

1、4、5.陶罐 2、3.高领罐 6～10.陶壶 11、12.小陶罐 13.铜饰件 14.陶奁 15.陶熏炉 16.陶鼎 17.陶钫 18.折腹盆

溜肩，弧腹。腹中部有一圈宽带凸棱，圈底。肩部两侧饰对称附耳，微外撇，有方形镂孔，附耳上部有一组几何形戳划纹。耳外撇。底有 3 柱形足，较高微外撇。通体施灰陶衣。口径 13.8、腹径 22.6、底径 12、足高 8、通高 23 厘米（图五〇，1；彩版一九，1）。

陶罐 3 件。均泥质灰陶。

标本 06Z24M1：1，直口，尖圆唇，平沿，矮束颈，溜肩，鼓腹，最大腹径居中上，下腹斜收，小平底。肩、腹部饰两道凹弦纹，腹中偏下饰纵向粗绳纹，近底部饰横向绳纹。通体施陶衣，基本脱落。口径 19、腹径 30、底径 6、高 30 厘米（图五〇，2）。

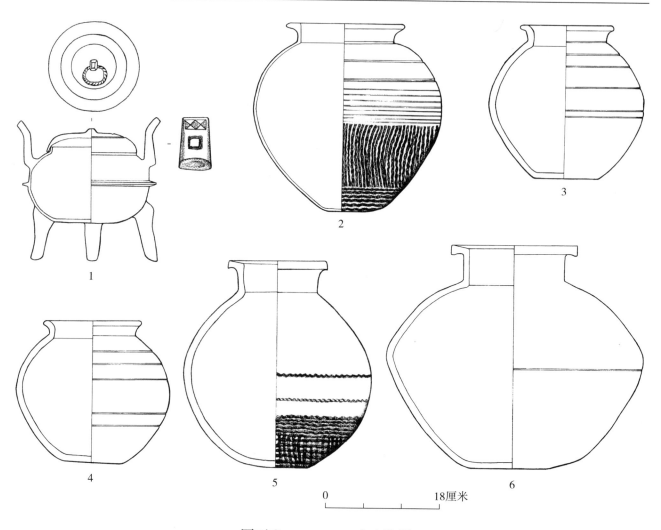

图五〇　06Z24M1 出土陶器

1.陶鼎06Z24M1：22　2～4.陶罐06Z24M1：1、4、5　5、6.高领罐06Z24M1：2、6

标本 06Z24M1：4，侈口，圆唇，卷沿，矮束颈，溜肩，鼓腹，最大腹径居中下，腹下部弧收，平底。肩、腹中部饰五道凹弦纹。通体施陶衣，基本脱落。口径 14.5、腹径 24.5、底径 9.2、高 24.5 厘米（图五〇，3；彩版一八，3）。

标本 06Z24M1：5，侈口，圆唇，卷沿，矮束颈，溜肩，鼓腹，下腹弧收，最大腹径偏下，下腹弧内收，缓底不平。肩、腹下部饰五道凹弦纹。腹中部有轮制及刀具刮抹痕。通体施陶衣，基本脱落。口径 15.8、腹径 24.4、底径 10、高 22.8 厘米（图五〇，4；彩版一八，4）。

高领罐　2件。均泥质灰陶。

标本 06Z24M1：2，敛口，方唇，斜折沿，高领，束颈，溜肩，鼓腹，最大腹径居中偏下，弧腹下垂，腹下部弧内收，圜底近平。腹中、腹下部各饰一周刻划纹，下腹饰横向绳纹，近底部饰横、竖相交绳纹。口径 15.6、腹径 30、底径 10、高 33 厘米（图五〇，5；彩版一九，2）。

标本 06Z24M1：6，直口，方唇，折沿，直颈，斜肩，扁鼓腹，最大腹径居中，腹下部斜直内收，圜平底。腹部有一周不连贯的凹弦纹，腹中部有轮制及刀具刮抹修整痕。器物烧造不规整。口径

20、腹径 39.5、底径 12、高 35.4 厘米（图五〇，6；彩版一九，3）。

陶壶　5 件，均泥质灰陶，盖形制基本相似。

标本 06Z24M1：7，有盖，覆钵形，弧顶近平，方唇。素面，通体施陶衣，部分脱落。盖径 17、高 3 厘米。壶，浅盘形口，尖圆唇，斜沿，束颈，斜肩，鼓腹，腹下部弧内收，矮圈足外撇。腹中部划戳对称的兽面铺首衔环，嘴部为突出的錾耳。通体饰数道凹弦纹。施陶衣，多脱落。口径 17.6、腹径 32、底径 13.6、高 33 厘米（图五一，1）。

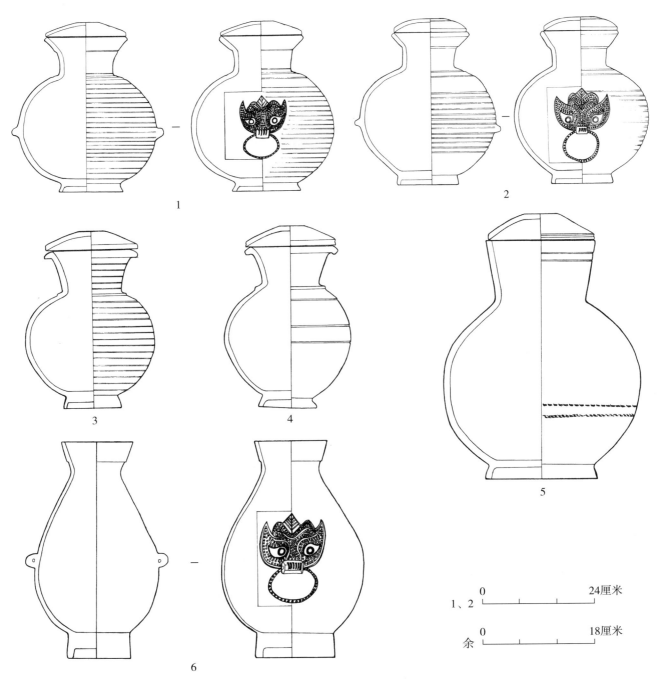

图五一　06Z24M1 出土陶器

1～5.陶壶06Z24M1：7～11　6.陶钫06Z24M1：23

标本 06Z24M1：8，与 06Z24M1：7 形制基本一致。盖口径 11.2、高 3 厘米。壶口径 16.5、腹径 31、底径 13、高 32 厘米（图五一，2；彩版一九，4）。

标本 06Z24M1：9，覆钵形，弧顶近平，方唇，素面，通体施陶衣，部分脱落。盖口径 14.5、高 3 厘米。壶，敞口，尖唇，卷沿，高束颈，圆肩，鼓腹，最大腹径居中，腹下部弧内收，圈足外撇。颈、肩部转折处饰一周凸棱，肩、腹中部偏上饰两周凹弦纹，漫漶不清。口径 15、腹径 20.5、底径 9.2、高 25 厘米（图五一，3）。

标本 06Z24M1：10，盖，覆钵形，弧顶近平，方唇，素面，通体施陶衣，部分脱落。口径 15、高 3.4 厘米。壶，侈口，方唇，外斜折沿，束颈，溜肩，鼓腹，最大腹径居中偏下，腹下部弧内收，平底，圈足外撇。颈、肩部转折处饰一周凸棱纹，肩、上腹部饰三周凹弦纹，有磨光暗纹。口径 15、腹径 30、底径 9.2、高 25.8 厘米（图五一，4；彩版一九，5）。

标本 06Z24M1：11，盖，覆钵形，弧顶近平，方唇，素面，通体施陶衣，部分脱落。口径 16.5、高 3 厘米。壶，侈口，方唇，长束颈，溜肩，鼓腹，最大腹径偏下，腹下垂，腹下部弧内收，圈足外撇。颈部饰有两周凹弦纹，腹部偏下饰有两周戳刺纹，漫漶不清。口径 18、腹径 30.5、底径 18、通高 42 厘米（图五一，5；彩版一九，6）。

陶钫　1 件。

标本 06Z24M1：23，泥质灰褐陶。方形。盘口，方唇，平沿，沿外侧有转折棱，高束颈，溜肩，鼓腹，最大腹径偏下，腹部下垂，腹下部弧内收，方形圈足。腹中部划戳对称的兽面铺首衔环，嘴部为突出的錾耳。口径 11.5、腹径 22.6、圈足径 10、高 34.6 厘米（图五一，6）。

折腹盆　1 件。

标本 06Z24M1：24，泥质褐陶。侈口，方唇，折沿，上腹部斜直，下腹部斜曲内收，矮圈足。素面。通体施陶衣。口径 31、底径 16.2、高 9.5 厘米（图五二，1；彩版二〇，1）。

小陶罐　3 件。其中 2 件形制基本相同。

标本 06Z24M1：12，泥质灰黑陶。有盖，弧顶。圆唇，盖径 10、高 1.5 厘米。钵，侈口，圆唇，矮颈，溜肩，鼓腹，下腹弧内收，最大腹径居中，腹下部弧内收，平底。素面。口径 8.6、腹径 11.4、底径 5、通高 10.9 厘米（图五二，2；彩版二〇，2 左）。

标本 06Z24M1：13，与 M1：12 形制相似，有盖，弧顶近平，方唇，弧顶饰有一周凹弦纹。盖径 10.4、高 1.5 厘米。钵，口径 9、腹径 11.6、底径 4、高 10 厘米（图五二，3；彩版二〇，2 右）。

标本 06Z24M1 封土下 F：1，泥质夹砂灰陶，直口，圆唇，溜肩，弧腹，最大腹径居中偏下，平底。沿下有两周刮旋纹，腹下部接近底部有工具刮抹痕迹。素面，周身饰陶衣。口径 8、腹径 12、底径 6、高 9 厘米（图五二，4；彩版二〇，3）。

陶钵　1 件。

标本 06Z24M1 封土下 F：2，泥质灰陶，敛口，方唇，弧腹，最大腹径偏上，腹下部弧内收，平底。腹中部有一周凸弦纹。口径 15、底径 9、高 6.5 厘米（图五二，5）。

陶奁　1 件。

标本 06Z24M1：20，泥质灰陶。有盖，浅盘形曲折腹，顶近平，顶端有 1 桥形钮，略呈长方形。盖面纹饰分为内侧钮座周围划戳四瓣柿蒂纹，外侧划戳 20 瓣叶纹。圆形，圆唇，折沿，盖

图五二　06Z24M1出土遗物

1.折腹盆06Z24M1：24　2～4.小陶罐06Z24M1：12、13、06Z24M1封上下F：1　5.陶钵06Z24M1封上下F：2　6.陶奁06Z24M1：20　7.陶熏炉06Z24M1：21　8.铜饰件06Z24M1：19

径 19.8、高 3 厘米。盉，方唇，圆柱形，平底，有三矮足，似虎蹄形。盉壁偏上部划戳一对称的兽面铺首衔环，嘴部为突出桥形錾耳。壁表面近口与腹部及近底部饰有四周凹弦纹。通体磨光并施灰陶衣，部分脱落。口径 19.8、通高 14.2 厘米（图五二，6；彩版二〇，4）。

陶熏炉　1 件。

标本 06Z24M1：21，泥质夹砂灰陶。覆钵形镂空炉盖，盖顶置蘑菇状圆钮，炉盖上腹器表雕刻 3 个不规则三角形镂孔图案，并装饰三周凹弦纹间隔 2 组划戳的几何图形纹带。炉形体似盖豆状，下腹内收形成豆盘状，喇叭形矮圈足。器表通体施陶衣。口径 14、足径 9、通高 16.5 厘米（图五二，7；彩版二〇，5）。

铜饰件　1 件。

标本 06Z24M1：19，残。器形不明，锈蚀严重。扁平状。长 4.6、宽 0.9～1.5、厚 0.2～0.5 厘米（图五二，8；彩版二〇，6）。

（2）06Z24M2

墓向 121°。墓圹平面呈长方形，直壁，较规整，平底（图五三；彩版二一，1）。长 3.4、宽 3.1、深 5.2 米。北壁东北角 8 个，东壁 7 个脚窝，断面呈椭圆形，底较平，长 16、高 13、深 15 厘米。墓内上部填土为精选黄褐土，见夯面，土略松，每层夯面上撒有一层草木灰或碎木屑减弱土壤黏性，朽后呈黑色，夯层最厚处达 40 厘米。有些夯棍断裂遗弃在填土中，夯棍为圆柱平头，夯窝填满土，少数为空洞，夯径 5～8、最深达 10 厘米。有熟土二层台，系挖墓穴时凿出的酥石土回填砌成，夹少量青灰土堆。台面较规整，台面均宽 0.6、高 1.1 米。有边箱，其中南边箱长 1.6、宽 0.5、深 0.2 米；北边箱长 2.3、宽 0.7、深 0.4 米。

葬具一椁一棺，保存较好。椁室平面呈"井"字形，椁室四壁用四根方木做成上下两层"井"字形木框，椁壁的下半部较直，上端做成外凸的须弥座形状，因椁室塌陷，现椁室上口大于下口，四壁向外凸出，椁开口长 3.1、宽 2.9 米，椁底长 2.3、宽 2.2、高 1.1 米，椁底板南北向平铺，板宽 0.3 米。棺位于椁室的中部，长 2.2、宽 0.8 米，棺表施红漆。墓主骨骼已朽，可辨头向东，单人仰身直肢葬。

随葬品共 51 件，其中陶鼎 1 件、陶罐 6 件、高领罐 2 件、陶瓮 1 件、陶壶 7 件、陶钫 2 件、陶盉 2 件、陶盆 5 件、陶方炉 2 件、耳杯 2 件、研磨板 1 件、器盖 16 件位于椁内棺外南、北边箱内。小陶罐 4 件，位于墓室的四角高出二层台上。此外，在壶中放置有鱼骨等。

陶鼎　1 件。

标本 06Z24M2：30，泥质灰褐陶。有盖，覆钵形，弧顶近平，顶端有 1 半球形钮，钮座顶部划戳有圆珠纹。盖面饰三周凹弦纹。圆唇，盖径 15.6、高 5.4 厘米。鼎，子口，方唇，平沿，溜肩，鼓腹。腹中部有一圈宽带凸棱，圜底。肩部两侧贴饰竖耳，微外撇，上部外卷，耳头有竖长方形镂孔。有 3 长柱形蹄足，较高微外撇，平底。腹下部饰不连续的戳刺纹。通体磨光并施灰陶衣，部分脱落。口径 14.6、腹径 24.4、足高 8、通高 24.2 厘米（图五四，1；彩版二一，2）。

陶瓮　1 件。

标本 06Z24M2：1，泥质灰褐陶。敛口，圆唇，直领，圆肩，球腹，圆底。领部饰两周不规则凹弦纹，肩部饰四周凹弦纹，腹下部有数周刮旋纹，腹下部偏下及底部拍印横向粗绳纹。通体

图五三 06Z24M2 平、剖面图

1.陶瓮 2、3、5、6、7、9.陶罐 4、8.高领罐 10～13.小陶罐 14～20.陶壶 21、22.陶钫 23、24.陶奁 25、26.陶方炉 27、28.陶耳杯 29.研磨板 30.陶鼎 31～35.陶盆 36～51.陶器盖

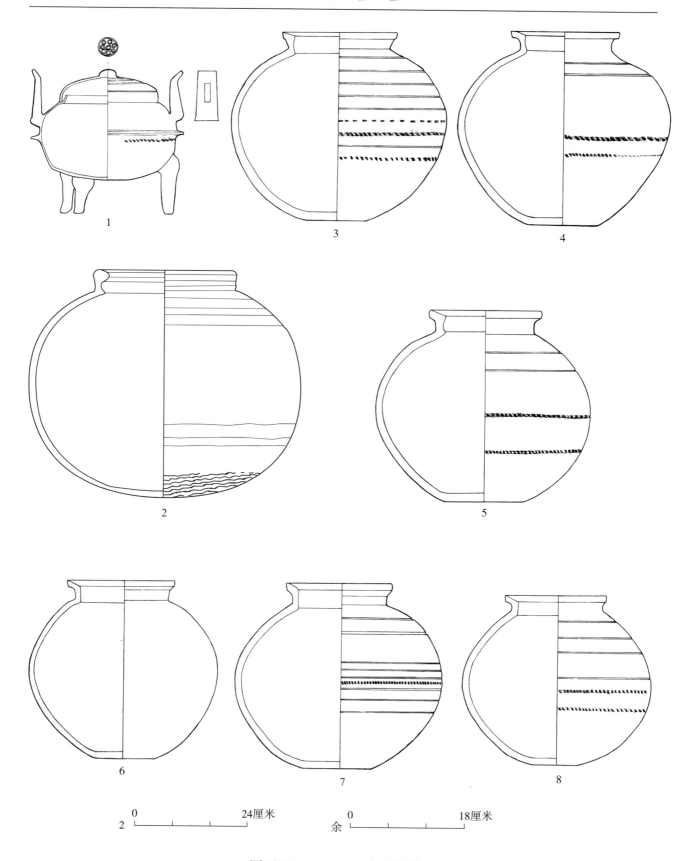

图五四　06Z24M2 出土陶器

1.陶鼎06Z24M2：30　2.陶瓮06Z24M2：1　3～8.陶罐06Z24M2：2、3、5～7、9

施陶衣，基本脱落。口径 30、腹径 56.4、高 48 厘米（图五四，2；彩版二一，3）。

陶罐　6 件。

标本 06Z24M2：2，泥质灰褐陶。敛口，方唇，斜折沿，矮束颈，溜肩，圆鼓腹，最大腹径居中，腹下部弧内收，小平底。肩、腹部各饰三周凹弦纹，腹中部及偏下部饰三周绳纹。通体施陶衣，基本脱落。口径 17.5、腹径 34、底径 10、高 30 厘米（图五四，3；彩版二一，4）。

标本 06Z24M2：3，泥质灰陶。圆唇，鼓腹，腹下部斜内收，平底。肩部饰两周凹弦纹，腹中部偏下部饰两周戳刺纹。通体施陶衣，基本脱落。口径 17.2、腹径 33.6、底径 11、高 30.8 厘米（图五四，4；彩版二一，5）。

标本 06Z24M2：5，与 06Z24M2：3 形制一致。口径 17.4、腹径 34、底径 12、高 30.6 厘米（图五四，5）。

标本 06Z24M2：6，泥质灰陶。直口，鼓腹，平底。通体施陶衣，已脱落。口径 17、腹径 30、底径 10、高 28.4 厘米（图五四，6）。

标本 06Z24M2：7，与标本 06Z24M2：2 形制基本相同，平底。肩部饰两周凹弦纹，腹中部偏下饰一周戳刺纹，漫漶不清。腹中部有轮制及刀具刮抹痕。通体施陶衣，部分脱落。口径 17、腹径 33、底径 11、高 29.6 厘米（图五四，7）。

标本 06Z24M2：9，泥质灰褐陶。侈口，斜肩，鼓腹，最大腹径居中偏下。肩部饰三周凹弦纹，腹中部偏下饰两周戳刺纹。通体施陶衣，部分脱落。口径 16、腹径 30、底径 7.2、高 27 厘米（图五四，8）。

高领罐　2 件，均泥质灰陶。

标本 06Z24M2：4，敛口，方唇，斜折沿，束颈，溜肩，鼓腹，最大腹径居中偏下，腹下部弧内收，平底内凹。肩部饰三周凹弦纹，腹中偏下饰三周戳刺纹。通体施陶衣，基本脱落。口径 15.8、腹径 29、底径 9.8、高 28.2 厘米（图五五，1；彩版二二，1）。

标本 06Z24M2：8，与 06Z24M2：4 形制基本相同，最大腹径居中，大平底。肩、上腹部饰三道凹弦纹，腹中偏下饰一周戳刺纹。口径 16.5、腹径 29、底径 11、高 27.2 厘米（图五五，2；彩版二二，2）。

陶壶　7 件。

标本 06Z24M2：14，泥质灰陶。有盖，弧顶近平，方唇，外折沿，盖面饰有两周凹弦纹。盖径 14.5、高 2.2 厘米。壶，侈口，方唇，外斜折沿，束颈，溜肩，鼓腹，最大腹径居中偏下，腹下部弧内收，平底，矮圈足外撇。颈部与肩部转折处饰有一周凸棱。器表通体施有陶衣。口径 14.5、腹径 21.2、底径 11、通高 28.4 厘米（图五六，1）。

标本 06Z24M2：15，外折沿，盖面饰五周凹弦纹，盖径 14、高 2.2 厘米。壶，最大腹径居中，矮圈足外撇。腹中部各饰有一周戳刺纹与一周凹弦纹，漫漶不清。口径 14、腹径 20.8、底径 9.6、通高 28.6 厘米（图五六，2）。

标本 06Z24M2：16 与 06Z24M2：14 形制基本一致，泥质夹砂灰陶。折沿，盖面饰一周凹弦纹，盖径 13.6、高 2.4 厘米。壶，平折沿，口径 13.6、腹径 20、底径 10、通高 28.4 厘米（图五六，5）。

标本 06Z24M2：17，与 06Z24M2：16 形制基本一致，盖径 14.8、高 2 厘米。壶，最大腹径居中，

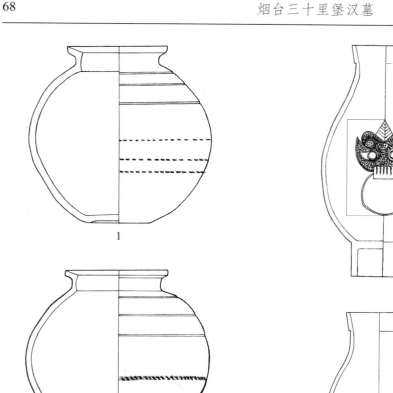

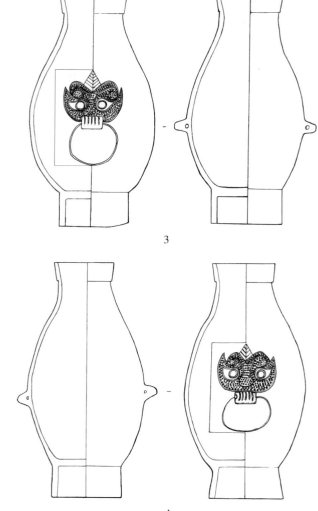

图五五　06Z24M2 出土陶器

1、2.高领罐06Z24M2：4、8　3、4.陶钫06Z24M2：21、22

矮圈足。口径 14.4、腹径 21.8、底径 10、通高 30 厘米（图五六，4）。

标本 06Z24M2：18，泥质灰陶。盖，弧顶近平，圆唇，盖面饰有两周凹弦纹，唇部饰有一周凹槽，口径 15.2、高 3 厘米。壶，浅盘口形，方唇，矮束颈，溜肩，球形腹，最大腹径偏下，下腹弧内收，圈足。腹中部戳饰一对称兽面铺首衔环，嘴部突起为桥形錾耳，中有 1 透孔。颈肩部饰有三周凹弦纹，腹中饰一周凹弦纹与绳纹，漫漶不清。器表通体施有陶衣。口径 17.2、腹径 34、底径 15、通高 41 厘米（图五六，3）。

标本 06Z24M2：19，与 06Z24M2：18 形制基本相同。方唇，盖面饰有三周凹弦纹。盖径 17.6、高 2.5 厘米。壶，斜沿，束颈，最大腹径居中。肩、腹中部各饰有 2 组凹弦纹，腹下部饰有两周戳刺纹。器表通体磨光。口径 17.6、腹径 35、底径 14、通高 40 厘米（图五六，6；彩版二二，3）。

标本 06Z24M2：20，与 06Z24M2：19 形制基本一致，泥质灰褐陶。有盖，弧顶，盖径 17、高 4 厘米，盖面饰两周凹弦纹。壶，颈肩交接处及腹中部各饰有 2 组凹弦纹。口径 17、腹径 35、通高 42 厘米（图五六，7）。

陶钫　2 件，均泥质灰褐陶，形制相同。

标本 06Z24M2：21，方形。盘口，方唇，平沿，高颈，溜肩，瘦长腹，微鼓，最大腹径居中偏下，腹下部斜内收，平底，方形圈足。腹两侧中部划戳有一对称的兽面铺首衔环，嘴部为突出的桥形鋬耳，中有透孔，无盖。通体施灰陶衣，部分脱落。口径 10.5、腹径 22、圈足边长 11.6、高 36.4 厘米（图五五，3；彩版二二，4）。

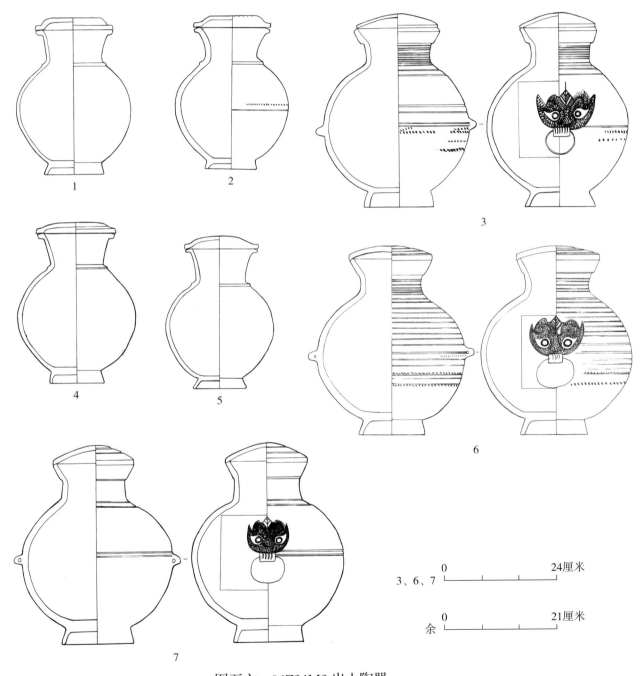

3、6、7 　0 ————————— 24 厘米

余 　0 ————————— 21 厘米

图五六　06Z24M2 出土陶器

1～7.陶壶06Z24M2：14、15、18、17、16、19、20

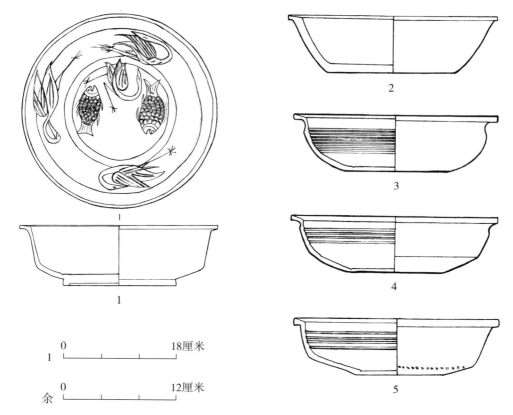

图五七　06Z24M2 出土陶器

1~5.陶盆06Z24M2：31~35

标本 06Z24M2：22，口径 10、腹径 22、圈足边长 11、高 37.4 厘米（图五五，4；彩版二二，5）。

陶盆　5 件。形制基本相同。

标本 06Z24M2：31，泥质灰陶。侈口，方唇，斜折沿，浅折腹，腹下部弧内收，平底，圈足。外表素面。腹内壁饰 3 只鹤，盆内底有一周凹槽，2 条鱼与 1 只鹤组合图案。通体磨光并施陶衣，但部分脱落。口径 31.5、底径 18.2、高 9.6 厘米（图五七，1；彩版二三，1、2）。

标本 06Z24M2：32，泥质灰陶。弧腹内收。素面。口径 22、底径 13.6、高 6 厘米（图五七，2）。

标本 06Z24M2：33，泥质灰褐陶。弧腹内浅折腹。素面，内有凹弦纹。口径 21.5、底径 10、高 6 厘米（图五七，3）。

标本 06Z24M2：34，与 06Z24M2：33 形制基本相同。泥质灰陶。弧腹内浅折腹。口径 21.8、底径 10、高 6 厘米（图五七，4）。

标本 06Z24M2：35，泥质灰褐陶。敛口，方唇，斜折沿，弧腹，腹下部斜折内收，平底。腹下部转折处饰一周戳刺纹。通体施陶衣，部分脱落。口径 21.5、底径 9、高 6 厘米（图五七，5）。

小陶罐　4 件，形制基本相同。

标本 06Z24M2：10，泥质灰褐陶。盖，弧顶近平，方唇，盖面饰有两周凹弦纹。盖径 12、高 1.5 厘米。钵，侈口，方唇，斜折沿，矮束颈，溜肩，鼓腹，最大腹径居中，腹下部弧内收，平底。素面。通体磨光。口径 9.7、腹径 12.8、底径 6、通高 13 厘米（图五八，1）。

标本 06Z24M2：11，泥质灰陶。盖，弧顶，盖径 11.5、高 1.5 厘米。钵，最大腹径居中偏下，

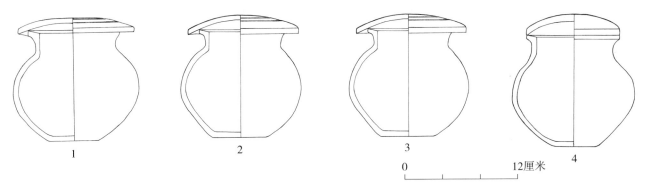

图五八　06Z24M2 出土陶器

1～4.小陶罐06Z24M2：10～13

肩部饰有磨光暗纹。口径 9.3、腹径 12.6、底径 5.5、通高 13 厘米（图五八，2；彩版二二，6）。

标本 06Z24M2：12，与 06Z24M2：11 形制相似，盖，盖径 12、高 1.5 厘米。钵，平折沿，最大腹径居中。口径 10、腹径 12.4、底径 5、高 11.5、通高 13 厘米（图五八，3）。

标本 06Z24M2：13，与 06Z24M2：11 基本相似，泥质灰陶。盖，素面，盖径 9.8、高 2.2 厘米。最大腹径居中。口径 9.8、腹径 13、底径 5、通高 14 厘米（图五八，4）。

陶奁　2 件，均泥质灰褐陶，形制相同。有盖，覆钵形，宽边弧顶近平，顶端有 1 圆形钮。盖面饰三周凹弦纹，宽边外饰一周凹弦纹，钮座周围划戳有圆珠纹，内有 6 条凹弦纹。方唇，斜折沿。奁，方唇，圆柱体，平底，有三矮兽足，似虎蹄形。奁壁偏上部刻划一对称的兽面铺首衔环，除了眼部分，其他用戳点装饰，嘴部为突出桥形錾耳，中有透孔。壁表面其近口与腹部及近底部饰有五周凹弦纹。器表通体磨光并施有灰陶衣，但部分脱落。

标本 06Z24M2：23，盖径 20、高 4.4 厘米。奁口径 20、底径 22.4、通高 22 厘米（图五九，1；彩版二三，3）。

标本 06Z24M2：24，盖径 20、高 5.5 厘米。奁口径 20、底径 22.5、通高 20 厘米（图五九，2；彩版二三，4）。

陶方炉　2 件，均泥质灰褐陶，形制相同。平面呈长方形。敞口，方唇，斜壁，平底。2 个宽面有 2 个对称长方形镂孔，2 个窄面有 1 个对称长方形镂孔，平底底部有两个长方形镂孔。4 个虎蹄形足。口沿内壁有两周刮旋纹。通体施陶衣，部分脱落。

标本 06Z24M2：25，长 25、宽 16、高 14 厘米（图五九，3；彩版二三，5）。

标本 06Z24M2：26，长 22.6、宽 16.8、高 12 厘米（图五九，4；彩版二三，6）。

陶耳杯　2 件。泥质灰黑陶，形制基本相同。平面呈椭圆形。敞口，弧腹，小平底。壁较薄。半圆形耳。通体施灰陶衣，部分脱落。

标本 06Z24M2：27，口长径 12.6、短径 11、高 3.6 厘米（图六〇，1）。

标本 06Z24M2：28，口长径 11.2、短径 8.2、高 3.5 厘米（图六〇，2）。

陶器盖　16 件。形制基本一致。

标本 06Z24M2：36，泥质灰陶。弧顶近平。方唇。素面。通体磨光并施陶衣，部分脱落。盖径 17、高 3 厘米（图六一，1）。

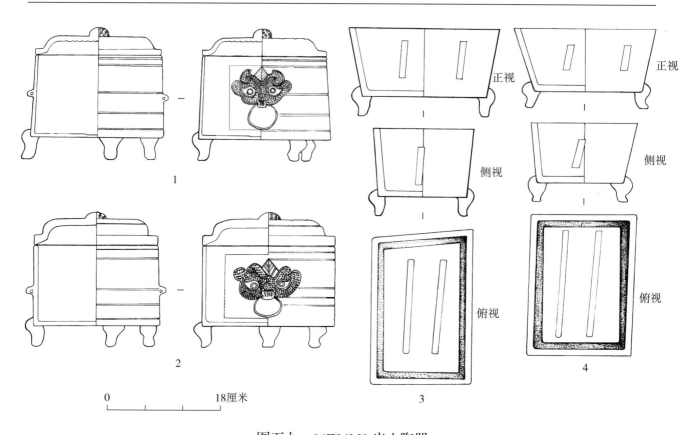

0　　　　　　　　　18厘米

图五九　06Z24M2 出土陶器

1、2.陶奁06Z24M2：23、24　3、4.陶方炉06Z24M2：25、26

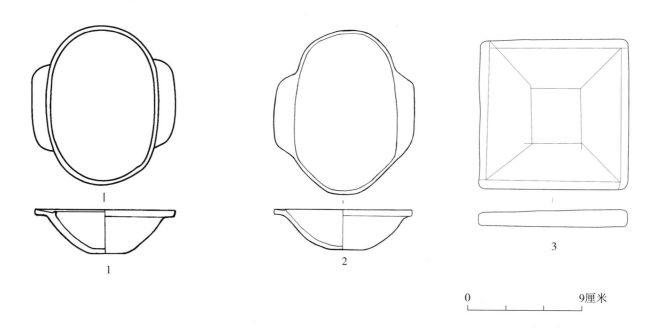

0　　　　　　　　　9厘米

图六〇　06Z24M2 出土陶器

1、2.陶耳杯06Z24M2：27、28　3.研磨板06Z24M2：29

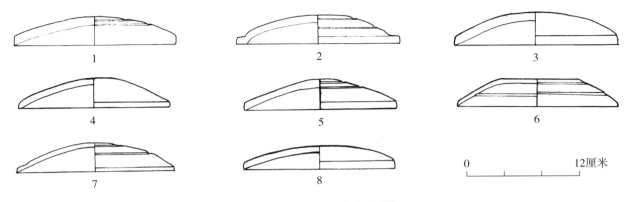

图六一 06Z24M2 出土陶器
1～8.陶器盖06Z24M2：36～43

标本 06Z24M2：37，弧顶，外折沿，盖径 17、高 3 厘米（图六一，2）。

标本 06Z24M2：38，盖径 17、高 3.5 厘米（图六一，3）。

标本 06Z24M2：39，盖径 16、高 2.5 厘米（图六一，4）。

标本 06Z24M2：40，弧顶，盖面饰两周凹弦纹。盖径 16、高 3 厘米（图六一，5）。

标本 06Z24M2：41，尖唇。盖面饰两周凹弦纹。盖径 17、高 3 厘米（图六一，6）。

标本 06Z24M2：42，盖面饰两周凹弦纹。盖内手捏痕迹明显。盖径 16、高 3 厘米（图六一，7）。

标本 06Z24M2：43，盖径 16、高 2.5 厘米（图六一，8）。

标本 06Z24M2：44，弧顶。盖面饰两周凹弦纹。盖径 16、高 3 厘米（图六二，1）。

标本 06Z24M2：45，弧顶，唇部有一道凹槽，盖面饰三周凹弦纹。盖径 15、高 2.6 厘米（图六二，2）。

标本 06Z24M2：46，泥质灰褐陶。弧顶。折沿，盖面饰两周凹弦纹，盖径 14.2、高 2.5 厘米（图六二，3）。

标本 06Z24M2：47，泥质灰褐陶。弧顶。折沿，盖面饰两周凹弦纹。盖径 14.2、高 2.5 厘米（图六二，4）。

标本 06Z24M2：48，折沿，盖面饰两周凹弦纹。盖径 14、高 2.8 厘米（图六二，5）。

标本 06Z24M2：49，泥质灰褐陶。弧顶。折沿，盖面饰两道凹弦纹。盖径 14、高 2.5 厘米（图

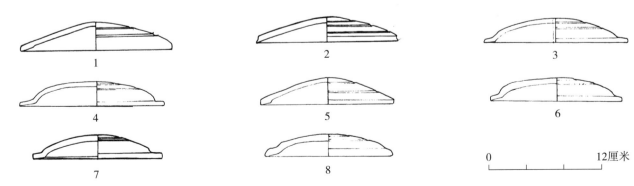

图六二 06Z24M2 出土陶器
1～8.陶器盖06Z24M2：44～51

六二，6）。

　　标本 06Z24M2：50，斜折沿，盖面饰两周凹弦纹。盖径 13.5、高 2.2 厘米（图六二，7）。

　　标本 06Z24M2：51，弧顶。折沿。盖面饰两周凹弦纹。盖径 13.5、高 2.2 厘米（图六二，8）。

　　研磨板　1件。

　　标本 06Z24M2：29，泥质灰陶。棋盘纹。正面施陶衣。边长 11.7 ～ 11.9、厚 1.35 厘米（图六〇，3）。

3.06Z26

　　位于西墓区的东部。现存封土呈圆形，剖面略呈半圆形，其堆积平面直径约 6 米。封土下有两座竖穴土圹墓，相距约 1.6 米。编号 06Z26M1、M2。

　　（1）06Z26M1

　　墓向 20°。墓圹平面呈方形，东壁稍内弧，余三壁均平整，平底（图六三）。长 3.0、宽 3.0、深 2.9 米。墓内填土为灰褐土，夯面粗糙，夯窝为圆平底，直径 9、深 10 厘米。有熟土二层台，

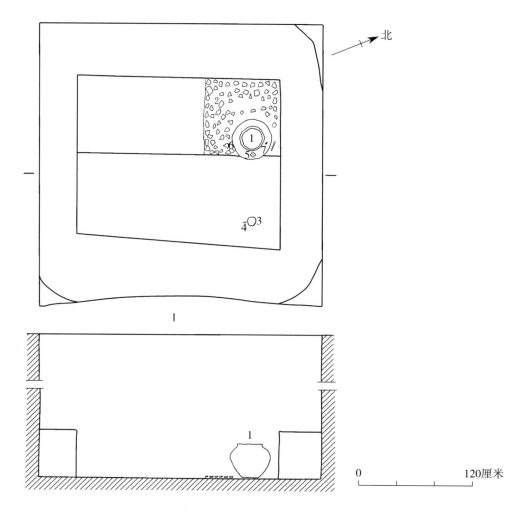

图六三　06Z26M1 平、剖面图

1.陶瓮　2.陶罐　3.铜镜　4.铜刷柄　5、6.铜饰件　7.铜蹄足

系挖墓穴时凿出的黄褐土及酥石回填堆砌而成，较规整。台面均宽 0.4、高 0.5 米。

葬具一椁一棺，已朽，长方形。椁长 2.16、宽 1.68 米。在椁室东南角二层台上，发现树皮，应为椁原木皮。棺位于椁室东部，棺长 2.16、宽 0.8 米。

墓主骨骼已朽。仅在棺南部有部分肢骨朽痕。可辨头向北。单人仰身直肢葬。从随葬遗物分析，墓主为女性。

随葬品共 7 件，其中陶瓮 1 件、陶罐 1 件、铜饰件 2 件、蹄足 1 件，位于椁内棺外西北角。此外，漆奁，朽，无法提取。铜镜 1 枚、铜刷柄 1 件，位于棺内。

陶瓮 1 件。

标本 06Z26M1：1，泥质灰陶。敛口，口内壁凹，圆唇，宽沿，矮颈，圆肩，球腹，最大腹径居中，腹下部弧腹内收，圜底。器底饰有绳纹。通体磨光并施陶衣，部分脱落。口径 28、腹径 44、底径 10、高 36 厘米（图六四，1；彩版二四，1）。

陶罐 1 件。

标本 06Z26M1：2，泥质灰陶。残。口、颈部无。斜肩，鼓腹，最大腹径居中，腹下部弧内收，

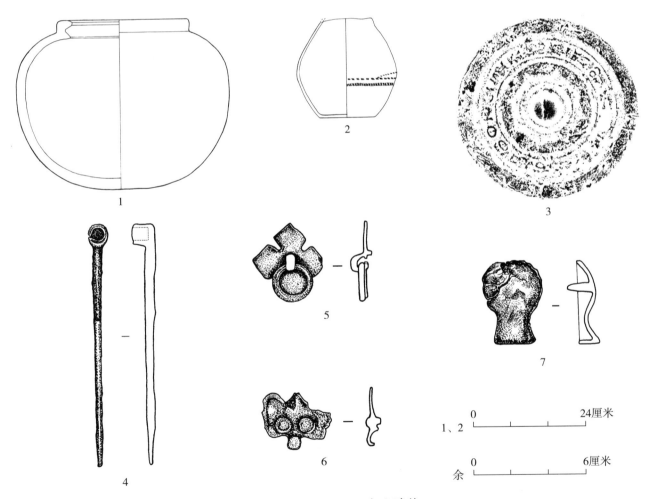

图六四 06Z26M1 出土遗物

1.陶瓮06Z26M1：1 2.陶罐06Z26M1：2 3.铜镜06Z26M1：3 4.铜刷柄06Z26M1：4 5、6.铜饰件06Z26M1：5、6 7.铜蹄足
06Z26M1：7

大平底。腹中部偏下饰有戳刺波浪纹与两周戳刺纹组合图案。器表有轮制及刀具刮抹痕。同时，通体施陶衣，部分脱落。腹径 21、底径 12、残高 20.4 厘米（图六四，2；彩版二四，2）。

铜镜　1 枚。

标本 06Z26M1：3，较完整。昭明莲弧纹铭带镜，圆钮，钮外两周凸弦纹，外一周凸弦纹和一周内向八连弧纹。素平宽缘，宽缘与连弧纹之间饰两周凸弦纹，凸弦纹之间饰铭文："内清质以昭明光辉象夫明心忽扬而忠"。铜镜锈蚀严重、文字漫漶不清。直径 9.6、镜身厚约 0.3、边厚 0.5、钮径 1、钮高 1 厘米（图六四，3；彩版二四，3）。

铜刷柄　1 件。

标本 06Z26M1：4，整体鎏金，锈蚀严重，残。细长烟头状，刷头呈中空圆筒形，柄近圆柱形，尾端逐渐变细，尾端做成近鸭首形。通长 12.8、厚 0.2 ～ 1.2 厘米（图六四，4；彩版二四，4）。

铜饰件　2 件。

标本 06Z26M1：5，柿蒂形。扁平四瓣柿蒂形状，四瓣大小一致，整体近方形，中部一桥形钮，衔圆形环。边长 3.6 ～ 4.2、厚 0.1 ～ 0.6 厘米（图六四，5；彩版二四，5 右）。

标本 06Z26M1：6，残。铺首衔环。兽面衔环状。兽面长 2.4、宽 3.5、厚 0.1 ～ 0.6 厘米（图六四，6；彩版二四，5 左）。

铜蹄足　1 件。

标本 06Z26M1：7，正面上部近圆形鼓起，下部亚腰形外弧，平底。背部内空，外缘上部较下部内收，上部中央出一锥形插榫。高 4.4、宽 3.2、厚 0.2 厘米（图六四，7；彩版二四，6）。

（2）06Z26M2

墓向 46°。打破 M27。墓圹平面呈近方形，直壁，平底（图六五；彩版二五，1）。长 3.3、宽 3.1、深 3.6 米。南、西壁西南角的交界处各有 3 个脚窝，断面呈椭圆形，底平，脚窝长 18、高 12、深 10 厘米。墓内填土为灰白土，夯面粗糙，圆形夯窝，平底，夯径 9、深 10 厘米。仅东侧有一熟土二层台，系挖墓穴时凿出的酥石土回填堆砌而成。台面宽 0.4、高 1 米。边箱长 2.4、宽 0.5、高 1 米。

葬具一椁一棺，已朽，长方形。椁长 2.4、宽 1.9 米。椁底板下发现白灰。红漆棺位于椁室的东部，长 2.4、宽 1.4 米。墓主骨骼已朽，可辨头向北。单人仰身直肢葬。由随葬遗物分析，墓主为男性。

随葬品共 20 件，其中陶瓮 1 件、陶罐 2 件、大口罐 1 件、陶壶 4 件、陶板 1 件、铁剑 1 件、铜镜 1 件、铁环首刀 1 件、铜带钩 1 件、铜构件 1 组 3 件，包括两件铜铺首，1 件铜蹄足，应为漆奁的构件。木器 1 件、木条 1 件，位于椁内棺外西边箱。小陶罐 4 件，位于墓室的四角高出二层台上。此外，瓮内放置带壳的粮食，已朽。

陶瓮　1 件。

标本 06Z26M2：1，泥质灰陶。敛口，圆唇，外斜折宽沿，矮颈，圆肩，球腹，最大腹径居中，腹下部弧腹内收，圜底。腹中部及近底部饰有横向绳纹。陶质较差，器表脱落。口径 24、腹径 52、底径 20、高 46 厘米（图六六，1）。

陶罐　2 件。均泥质灰陶。

标本 06Z26M2：2，直口，方唇，折沿，束颈，溜肩，鼓腹，最大腹径居中，腹下部弧腹内收，

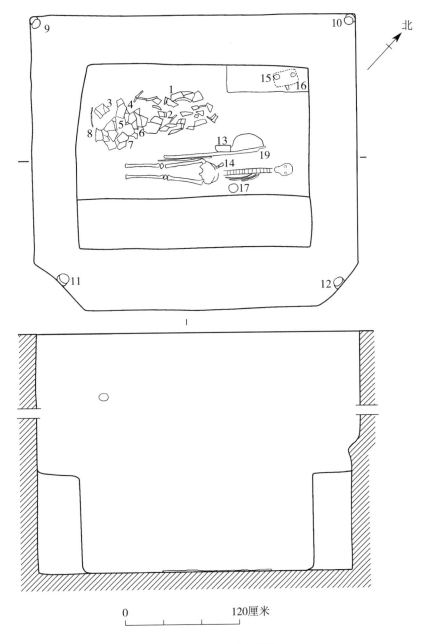

图六五 06Z26M2 平、剖面图

1.陶瓮 2、3.罐 4.大口罐 5～8.彩绘壶 9～12.小陶罐 13.陶板 14.铜带钩 15.铜饰件 16.铜蹄足 17.铜镜 19.铜环首刀

平底。素面。口径 19.2、腹径 36.8、底径 12、高 36.8 厘米（图六六，2）。

标本 06Z26M2：3，敛口，圆唇，宽折沿，肩、上腹部有磨光暗纹，腹中部饰一周戳刺纹，腹下部及底饰横向绳纹。通体施陶衣，基本脱落。因烧制原因造成，口、颈及肩变形，口呈椭圆形。口长径 19.2、短径 14.4、腹径 30.8、高 32 厘米（图六六，3；彩版二五，2）。

大口罐 1件。

标本 06Z26M2：4，泥质灰陶。敛口，尖圆唇，斜折沿，矮束颈，圆折肩，直腹，腹下部近底部折内收，圜底。素面。通体施黑陶衣。口径 19.2、上腹径 28、下腹径 24、高 24 厘米（图

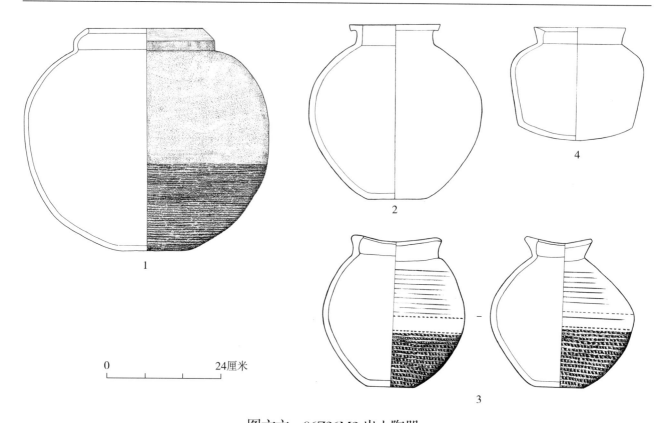

0　　　　　　　　24厘米

图六六　　06Z26M2 出土陶器

1.陶瓮06Z26M2：1　　2、3.陶罐06Z26M2：2、3　　4.大口罐06Z26M2：4

六六，4）。

　　彩绘壶　4件。均为泥质灰陶，形制基本相同。

　　标本 06Z26M2：5，整体施白陶衣，陶前剥落。颈部绘红、黑彩相间三角纹，漫漶不清。腹中部饰两周戳刺纹，腹下部及底饰横向绳纹。通体施白陶衣，大部分脱落。口径 14.7、腹径 21.2、底径 8、高 27 厘米（图六七，1）。

　　标本 06Z26M2：6，颈部绘红、黑相间三角纹，漫漶不清。肩部有轮制痕迹，腹下部及底饰横向绳纹。口径 14、腹径 22、底径 9、高 25 厘米（图六七，2；彩版二五，3）。

　　标本 06Z26M2：7，颈上部近口处饰一周凹弦纹，腹部饰两周凹弦纹，下饰两周交错刺纹，近底部饰横向粗绳纹。口径 14.8、腹径 22.4、底径 11、高 25.5 厘米（图六七，3；彩版二五，4）。

　　标本 06Z26M2：8，叠唇。颈部绘红、黑彩相间三角纹，肩及上腹部绘卷云纹，腹中部偏下及底饰横、纵向绳纹。颈部饰三周凹弦纹，近底部饰横向粗绳纹。口径 13、腹径 21.8、底径 9、高 28.5 厘米（图六七，4；彩版二五，5）。

　　小陶罐　4件。均为泥质灰陶，形制基本相同。敛口，方唇，矮领，溜肩，鼓腹，最大腹径居中，腹下部弧腹内收，平底。素面，近底部有刮痕。通体施白陶衣，基本脱落。

　　标本 06Z26M2：9，口径 7.8、腹径 10.3、底径 5、高 7 厘米（图六八，1；彩版二六，1 右 2）。

　　标本 06Z26M2：10，口径 8、腹径 11、底径 6、高 8 厘米（图六八，2；彩版二六，1 左 2）。

　　标本 06Z26M2：11，泥质灰陶。直口，方唇，矮领，斜肩，鼓腹，最大腹径居中，腹下部弧

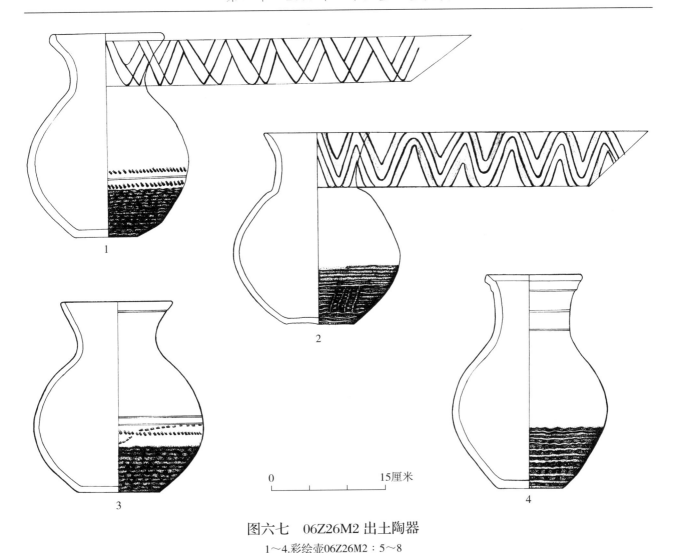

图六七 06Z26M2 出土陶器

1～4.彩绘壶06Z26M2：5～8

腹内收，平底。素面。口径 7、腹径 10、底径 4、高 8 厘米（图六八，3；彩版二六，1 左 1）。

标本 06Z26M2：12，敛口，圆唇，矮领，斜肩，弧腹，最大腹径居中，腹下部近底部折收，平底。器表有刀具刮抹痕形成的瓦棱纹。通体施白陶衣，部分脱落。口径 7、腹径 10.5、底径 5、高 7 厘米（图六八，4；彩版二六，1 右 1）。

陶板　1件。

标本 06Z26M2：13，长方形，陶质。左上角残。长 13.2、宽 6.2、厚 0.6～1.5 厘米（图六八，5；彩版二六，2）。

铜镜　1枚。

标本 06Z26M2：17，较完整。星云纹镜。连峰钮，圆钮座，座外一周内向十六连弧纹。两周短斜线圈内为四枚圆底座的乳丁，分为四区，每区内各有 5 枚弧线相连的乳丁，内向十六连弧纹缘。锈蚀严重，纹饰漫漶不清。直径 7.1、边厚 0.5 厘米（图六九，1；彩版二六，3）。

铜带钩　1件。

标本 06Z26M2：14，锈蚀严重。整体呈琵琶形，钩首近兽首状，体较细，鼓腹，断面近半圆形，

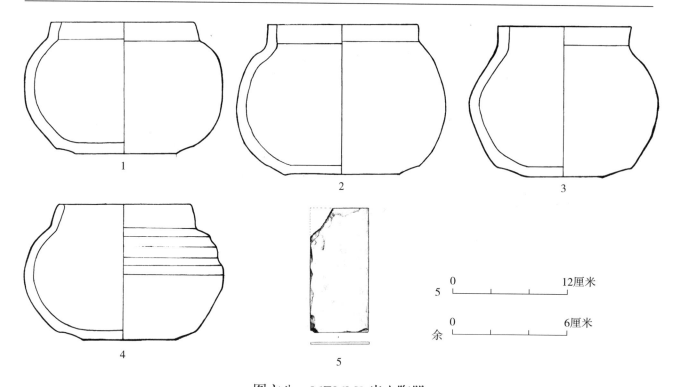

图六八　06Z26M2 出土陶器

1～4.陶钵06Z26M2：9～12　5.陶板06Z26M2：13

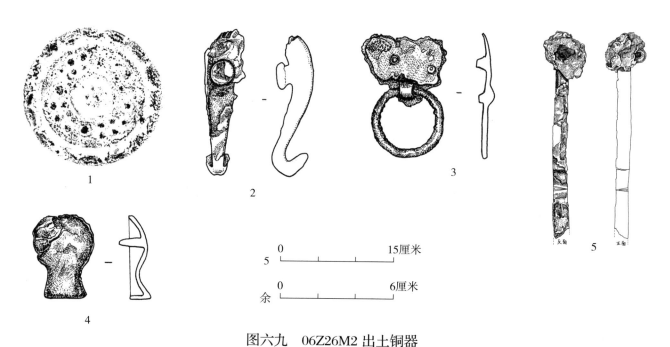

图六九　06Z26M2 出土铜器

1.铜镜06Z26M2：17　2.铜带钩06Z26M2：14　3.铜饰件06Z26M2：15　4.铜蹄足06Z26M2：16　5.铁环首刀06Z26M2：19

圆钮位于背面的近中部偏上。长7.8、宽0.5～2、厚0.6～1.5厘米（图六九，2；彩版二六，4）。

铜铺首　2件。

标本 06Z26M2：15，铺首衔环，整体呈倒置梯形的变体兽面纹，兽面双目突出圆睁，双眉宽大并上扬后内卷，头顶两侧各一短尖耳，均残，中部一尖角，残。鼻下垂后卷呈中环形内衔一圆环，背面平整，背部二近锥形插榫。长 6.5、宽 4.5、厚 0.2、环径 3.8 厘米（图六九，3；彩版二六，5 右）。

铜蹄足　1 件。

标本 06Z26M2：16，正面上部近圆形鼓起，下部亚腰形外弧，平底。背部内空，外缘上部较下部内收。上部中央出一锥形插榫。高 4.4、宽 3.2、厚 0.2 厘米（图六九，4；彩版二六，5 左）。

铁环首刀　1 件。

标本 06Z26M2：19，锈蚀严重。环首，直背，单面刃，刃口为直刀，横面呈三角形。刀锋残。长 27.5、环首宽约 5、刀身宽 2 厘米（图六九，5；彩版二六，6）。

4.06M33

位于西墓区南部，墓向 21°。墓圹平面呈长方形，直壁，平底（图七〇）。长 3.4、宽 2.3、深 2.44 米。墓内填土为黄褐色土，夯面粗糙，圆形夯窝，平底，夯径 9、深 6 厘米。有熟土二层台，

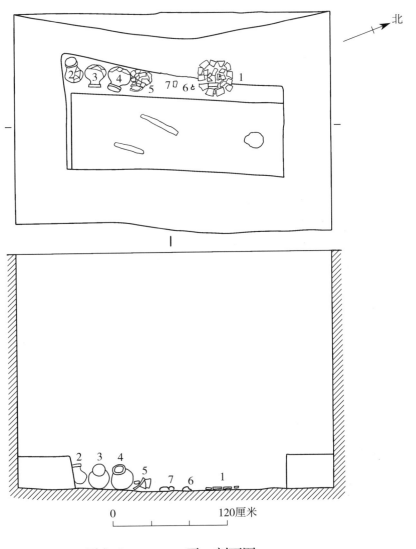

图七〇　06M33 平、剖面图

1.陶罐　2～5.盘口罐　6.环状削柄　7.漆案

系挖墓穴时凿出的黄褐土及酥石回填堆砌而成，较规整，台面宽 0.34～0.45、高 0.36 米。

葬具一红漆棺，已朽，长 2.32、宽 0.8 米。墓主骨骼已朽。仅存头骨及部分肢骨朽痕。可辨头向北。单人仰身直肢葬。

随葬品共 7 件，其中陶罐 1 件、盘口罐 4 件，环状削柄 1 件，位于棺室西侧，同时，位于棺室西侧内的漆案 1 件，长方形，长 55、宽 23 厘米，朽，无法提取。铁镢 1 件，位于填土内。

陶罐　1 件。

标本 06M33：1，泥质灰陶。敛口，尖唇，折沿，束颈，溜肩，扁鼓腹，最大腹径居中，腹下部弧内收，小平底。腹下部饰纵向绳纹偏下饰纵横交错绳纹，近底部饰横向绳纹，漫漶不清。烧造原因造成器形不规整。口径 17.5、腹径 33.5、底径 11.2、高 27.8 厘米（图七一，1）。

盘口罐　4 件。均泥质灰陶，形制基本相同。盘口，尖圆唇，矮束颈，斜肩，鼓腹，最大腹径居中，腹下部弧内收，小平底。

标本 06M33：2，肩部饰一周凹弦纹，腹中部及偏下饰三周戳刺纹，腹下部及近底部饰斜纵向绳纹。口径 13、腹径 22.6、底径 5.5、高 26.4 厘米（图七一，2）。

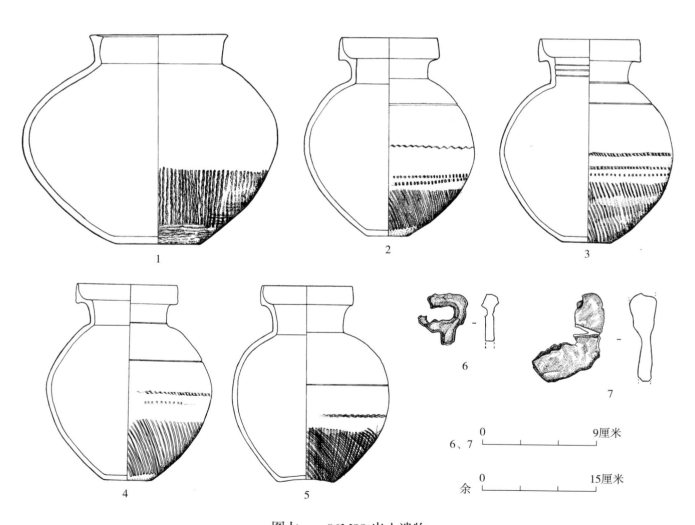

图七一　06M33 出土遗物

1.陶罐06M33：1　2～5.陶盘口罐06M33：2～5　6.环状削柄06M33：6　7.铁镢06M33：7

标本 06M33：3，圆唇，溜肩。颈刻转接处有一周凹弦纹，上肩饰一周凹弦纹，腹部饰三周戳刺纹，下腹部饰斜纵向绳纹，漫漶不清。口径 13.5、腹径 23、底径 6、高 27 厘米（图七一，3）。

标本 06M33：4，与 06M33：2 形制一致，颈肩转接处有一周凹弦纹，腹中部及偏下饰两周戳刺纹，漫漶不清。口径 13.5、腹径 22、底径 6、高 26 厘米（图七一，4）。

标本 06M33：5，底内凹，腹中部饰一周凹弦纹，偏下饰一周戳刺纹，腹下部及近底部饰交错绳纹。口径 12.5、腹径 21、底径 7.5、高 26 厘米（图七一，5）。

环状削柄　1 件。

标本 06M33：6，柄端呈环状，应为削刀残柄。残长 3.9、宽 3.9、厚 0.7～1 厘米（图七一，6）。

铁镢　1 件。

标本 06M33：7，残。锈蚀严重。呈长方形，空心，一端为刃部，另一端扁状空心装套木柄。残长 7、宽 5.1、厚 1～2 厘米（图七一，7）。

5.06M38

位于西墓区南部，墓向 22°。墓圹平面呈长方形，直壁，平底（图七二）。长 3.32、宽 1.48、深 2.08 米。墓内填土为灰褐色土夹杂碎石块。有熟土二层台，系挖墓穴时凿出的黄褐色土及酥石回填堆砌而成，较规整，东、西台面宽 0.34、南台面宽 0.48、北台面宽 0.92、高 0.28 米。

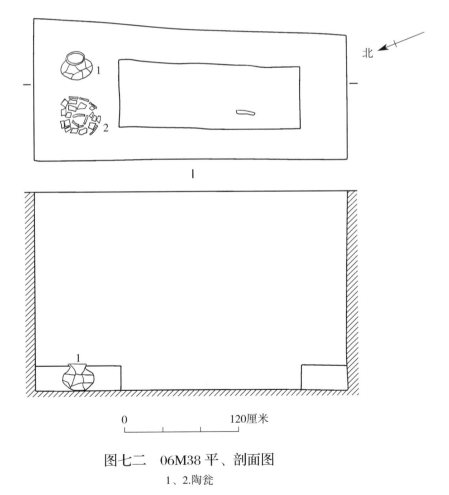

图七二　06M38 平、剖面图

1、2.陶瓮

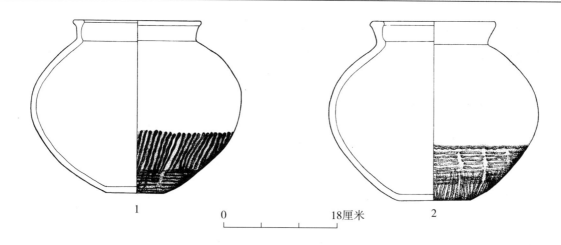

图七三　06Z26M38 出土陶器
1、2.陶瓮06M38：1、2

　　葬具一棺，已朽，长方形。长1.94、宽0.68米。墓主骨骼已朽，仅存部分下肢骨朽痕。可辨头向北。单人仰身直肢葬。

　　随葬品共2件。陶瓮2件，位于棺外北侧二层台内。

　　陶瓮　2件。形制基本相同。

　　标本06M38：1，泥质灰陶。敛口，圆唇，平折沿，束颈，溜肩，扁鼓腹，最大腹径居中，腹下部斜内收，小平底。肩部刻划一"目"字。腹下部饰斜纵向绳纹，近底部饰横向粗绳纹。口径20.4、腹径33、底径9、高27.6厘米（图七三，1）。

　　标本06M38：2，泥质灰褐陶。口径19.8、腹径33、底径11.5、高28.6厘米（图七三，2）。

6.06Z20

　　位于西墓区南部，封土墓，未经正式发掘，系墓葬被盗。

　　采集的器物均为陶器，共13件器物，陶鼎1件、陶罐2件、陶壶2件、陶盆1件、陶钫1件、陶仓1件、陶钵1件和器盖4件。

　　陶鼎　1件。

　　标本06Z20采：4，泥质灰陶。有盖，弧顶，圆唇，盖面上有3个异形捉手，中间各有1穿透圆孔，捉手的外沿有一圈凹弦纹，口径16.2、通高5.2、提手高2.4厘米。鼎，子口，方唇，平沿，溜肩，弧腹。腹中部有一圈宽带凸棱，圜底。肩部两侧饰有附耳，附耳微外撇，有长方形镂孔。三马蹄状足，肥硕，平底。口径14、腹径21.2、通高20.1厘米（图七四，1）。

　　陶罐　2件。均泥质灰陶。

　　标本06Z20采：12，敛口，厚方唇，斜折沿，矮束颈，溜肩，鼓腹，最大腹径居中，腹下部斜内收，小平底。腹中部饰有一周戳刺纹，腹下部及底部饰纵横向绳纹。口径17.4、腹径32、底径6、高31.6厘米（图七四，2）。

　　标本06Z20采：13，侈口，厚方唇，斜沿，高领，束颈，溜肩，鼓腹，下腹弧收，平底。腹下部饰三周横向绳纹。口径14.5、腹径30、底径10、高31.8厘米（图七四，3）。

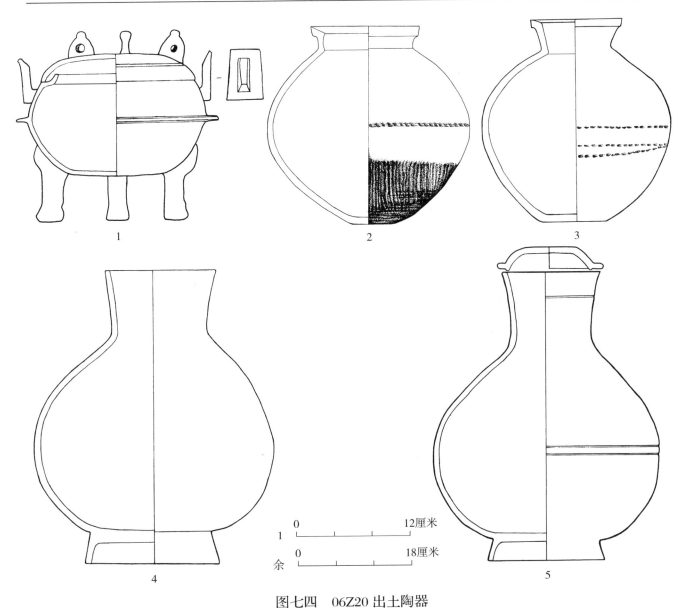

图七四　06Z20 出土陶器

1.陶鼎06Z20采：4　2、3.陶罐06Z20采：12、13　4、5.陶壶06Z20采：1、11

陶壶　2件。均泥质灰陶。

标本 06Z20 采：1，敞口，方唇，长束颈，斜肩，圆鼓腹，最大腹径偏下，腹下部弧内收，平底，圈足外撇。器形不规则。素面。口径 17.4、腹径 37.8、足底径 21、高 46.8 厘米（图七四，4）。

标本 06Z20 采：11，有盖，泥质灰陶，覆钵形，圆唇，平折沿，盖径 17、底径 8.4、高 3.7 厘米。壶，泥质灰褐陶。侈口，方唇，长颈，溜肩，圆鼓腹，最大腹径偏下，腹下部弧内收，圈足外撇。肩部有对称的透孔。颈上部饰一周凹弦纹，腹中部饰两周凹弦纹。口径 15.6、腹径 36.6、足底径 18.9、壶高 46.2、通高 49.9 厘米（图七四，5）。

陶钫　1件。

标本 06Z20 采：14，泥质灰陶。方形，盘口，方唇，平沿，沿外侧有转折棱，高束颈，溜肩，瘦长腹，微鼓，最大腹径居中偏下，腹下部斜内收，方形圈足。腹两侧中部划戳有一对称的兽面铺首衔环，嘴部为突出的桥形錾耳，无盖。口径 15、腰径 24.6、桥形錾耳厚 0.9 ～ 2.4、长 2.4、圈足径 13.2、高 42.6 厘米（图七五，1）。

陶盆　1件。

标本 06Z20 采：3，泥质灰陶。侈口，厚方唇，平折沿，腹较浅，弧腹，假圈足，素面。盘内底减薄一层陶胎，形成凹底。外底部有一周弦纹槽。口径 18.4、底径 8.4、高 5.2 厘米（图七五，2）。

陶钵　1件。

标本 06Z20 采：15，泥质灰陶。直口，方唇，矮领，圆肩，鼓腹，最大腹径居中，腹下部弧腹内收，平底。腹中部有一周凸棱纹。素面。口径 15.6、腹径 24、底径 8.8、高 18 厘米（图七五，3）。

陶器盖　4件，均泥质灰陶，后 3 件形制基本相同。

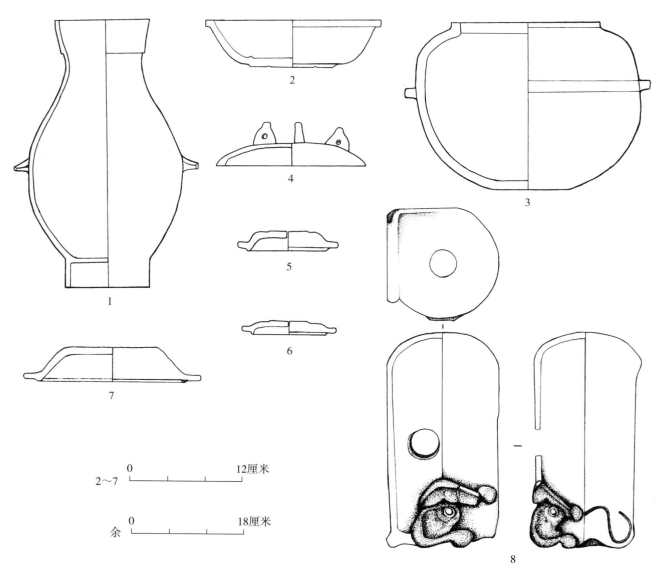

图七五　06Z20 出土陶器

1.陶钫06Z20采：14　2.陶盆06Z20采：3　3.陶钵06Z20采：15　4～7.陶器盖06Z20采：5～8　8.陶仓06Z20采：2

标本 06Z20 采：5，泥质灰陶，弧顶，圆唇，盖面上有 3 个异形捉手，中间各有 1 穿透圆孔，捉手的外沿有一圈凹弦纹。盖径 16、高 4.6 厘米（图七五，4）。

标本 06Z20 采：6，覆钵形，圆唇，折沿，平底，盖顶部有 1 长方形孔口。盖径 10.5、高 2 厘米（图七五，5）。

标本 06Z20 采：7，盖径 10、高 1.5 厘米（图七五，6）。

标本 06Z20 采：8，平折沿。盖径 19、底径 10、高 3.8 厘米（图七五，7）。

陶仓　1 件。

标本 06Z20 采：2，泥质灰褐陶，夹滑石。上圆下方，筒形，顶部及腹部各有 1 圆孔，有三矮蹄足，底部一侧贴塑羊头铺首。器身饰有凹弦纹及几何图案。口径 17.4、腹径 18、底径 8.8、高 33 厘米（图七五，8）。

（二）夫妻同穴合葬墓

06Z18

位于西墓区的中部，墓向 297°。长方形竖穴土圹墓（图七六；彩版二七，1、2）。

墓葬由地上封土与地下墓室两部分组成。现存封土面积大，平面略呈圆角方形，剖面呈"馒头状"，顶部较为平坦，其堆积底边，东西长 16.6、南北宽 13.5、高约 2.9 米。封土的堆积自上向下可分为三层：第一层为红褐硬土，厚约 2.2 米（以中部为准）；第二层为灰褐硬土层，厚约 0.5 米；第三层为酥石层，堆积随意，未见夯层，厚薄不匀，约 0.2 米。封土顶部有 2 个现代盗洞，东西并列，均为长方形，长 1.8～2、宽 0.5、深 3.5 米，均未挖到墓室。封土底部地面有一层黄褐酥石层，此层下为灰褐土层，厚约 0.5 米，应为汉代文化层，06M18 打破此层。墓口的周围地面较坚硬，有人为平整夯打的痕迹，推测下葬前人们举行过祭祀活动。封土下有墓葬 1 座。

墓室呈"凸"字形，由墓道、墓室两部分组成。

墓道位于墓室的西侧，打破封土，平面呈长条形，东西向，土坑竖穴式，上口宽下口窄，底部自西向东呈斜坡状，斜坡墓底东部尾端带竖井，墓道西端被毁，西部斜坡部分水平残长 4.7 米，上口宽约 1.5、下口宽约 1.2 米，深约 1～6.8 米，斜坡部分的东侧与竖井交接处，南、北两壁各有 2 个脚窝。靠近墓室处有一长方形竖井，平面为东宽西窄，底部不规整，东长 2.6、西宽 1.6～2.5 米。墓道内填土上半部，为黄褐土夹杂大量酥石块，应为原土回填，下半部的填土酥石较少，为纯净的黄褐土，靠近墓道底部的填土为红褐色，发现有少量的灰褐陶片。在墓道竖井的底部发现残铜环 1 件，靠近墓门处发现器盖 1 件。

墓室开口于封土下，墓圹平面呈圆角长方形，西壁因修墓道塌方致下半部分不规整，东、南和北三壁均直。距开口 0.7 米处起，墓室为较规整的长方形，东西长 4.4～4.5、南北宽 3.3、深 5 米。墓室内填土上部分为黄褐土夹杂大量酥石块，应为原土回填，较疏松；下半部填土是灰褐土与酥石层相间，见夯窝，靠近墓室中部的填土较疏松，夯层不明显，夯面粗糙，夯窝略呈椭圆形，直径约 7～8 厘米。有熟土二层台，为黄褐土及酥石堆砌而成，较规整，台面宽 0.2～0.5、高 1.3 米。为放置棺椁，用酥石铺墓底，底不平。

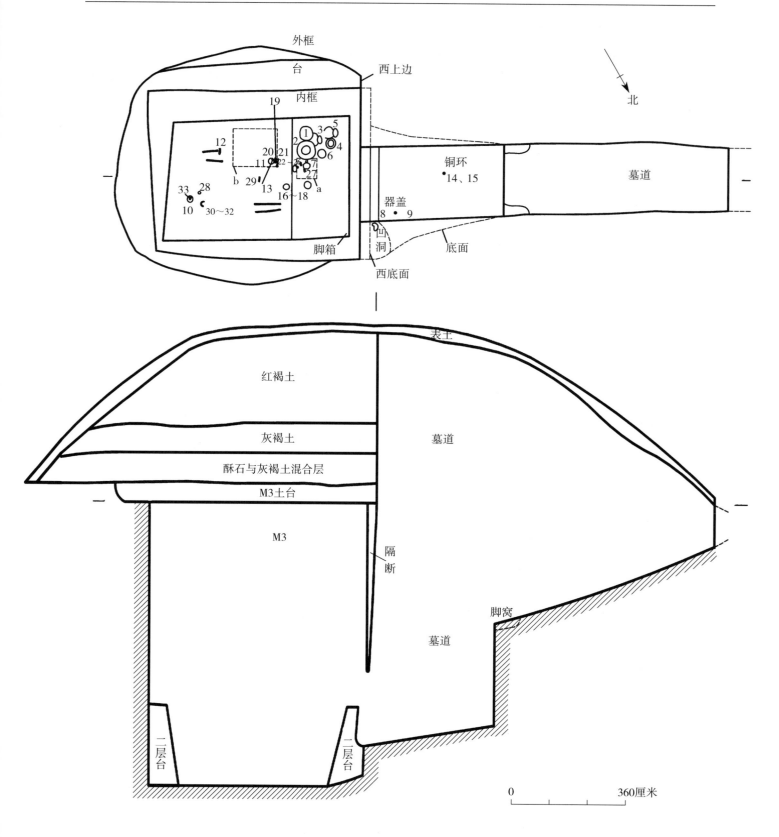

图七六 06Z18 平、剖面图

1、2、4、5.白陶罐 3、6.陶罐 7～9.陶器盖 10、11.铜镜 12.铜带钩 13.铜印章 14、15.铜环 16～18、20、22～26.铜饰件 19.铁剪 21.铜刷柄 27.铜蹄足 28.铜纽扣 29.铁器 30～32.动物牙 33、34.五铢钱 a、b.漆器范围

葬具一椁二棺，已朽，平面呈长方形。椁长5.76、宽3.72米，双棺南北并排平行放置在椁室内。南侧棺长3.7、宽1.8米，北侧棺长3.8、宽1.8米。椁室西侧放一边箱，墓主骨骼已朽，根据朽痕分析，应为夫妻同穴合葬墓。根据随葬品的不同，推测南侧为男性，头向西，北侧为女性，头向东，保留有头骨、牙齿及部分肢骨。根据埋葬情况，夫妻二人不是同时下葬，位于椁室北侧的墓主（应为妻子）晚于南侧的墓主（丈夫），墓道是为北侧墓主而设置。

随葬品位于椁室的西侧、南侧及棺室内，根据质地可分为陶器、铜器、木器和漆器等。随葬品约80余件，其中白陶罐4件、陶罐2件、器盖3件，位于椁内棺外西侧和南侧。铜镜2枚、铜带钩1件、铜印1方、铜刷柄2件、铜环2件、铜饰件9件、蹄足1件、铜纽扣1件、铁剪1件、铁器1件、铜钱52枚和动物牙3枚，位于棺室内；漆器已朽，可辨器形为漆盒、漆奁等，也位于棺室内。木器主要位于椁室的南侧，已腐朽，根据灰痕分析是案（几），呈窗格形，东西长约0.7、南北宽约1.1米，各格之间间距约2厘米。

陶罐 2件。均为夹砂灰陶。

标本06Z18：3，敛口，圆唇，斜折沿，束颈，溜肩，鼓腹，最大腹径居中偏下，腹下部弧内收，小平底。肩部及腹下部偏上饰有三周横向绳纹。口径18、腹径34、底径8、高34厘米（图七七，1）。

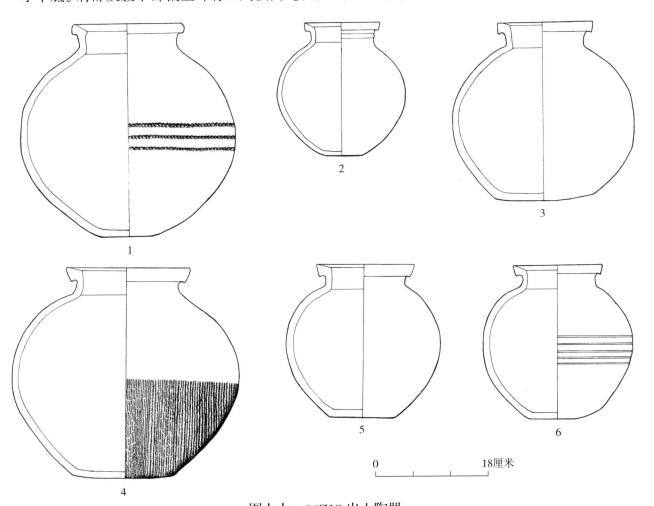

图七七 06Z18 出土陶器

1、2.陶罐06Z18：3、6 3~6.白陶罐06Z18：1、2、4、5

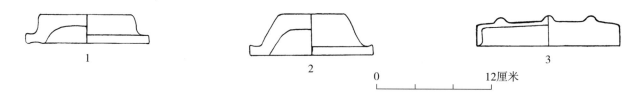

图七八　06Z18 出土陶器
1~3.陶器盖06Z18：7~9

标本 06Z18：6，侈口，方唇，斜折沿，束颈，溜肩，鼓腹，最大腹径居中，腹下部弧内收，小平底。素面。颈部有一宽凸棱。口径 12.2、腹径 20.4、底径 6、高 21.2 厘米（图七七，2）。

白陶罐　4 件。均为夹砂白陶，形制基本一致，侈口，方唇，斜弧沿，矮束颈，溜肩，圆鼓腹，最大腹径居中，腹下部弧内收，小平底，器表涂有白陶衣。

标本 06Z18：1，口径 15、腹径 29、底径 16、高 28.2 厘米（图七七，3）。

标本 06Z18：2，腹下部及底部饰有纵向绳纹。口径 19.6、腹径 36、底径 16、高 34.2 厘米（图七七，4；彩版二七，3）。

标本 06Z18：4，素面，口径 15.4、腹径 24.4、底径 10、高 24.4 厘米（图七七，5）。

标本 06Z18：5，腹中部及下腹部偏上饰五周凹弦纹，漫漶不清。口径 14.4、腹径 24、底径 8、高 24.5 厘米（图七七，6；彩版二七，4）。

陶器盖　3 件。

标本 06Z18：7，泥质夹砂灰褐陶，覆钵形，略呈盘形，平顶内凹，方唇，厚折沿，素面。口径 12.8、高 2.8 厘米（图七八，1）。

标本 06Z18：8，泥质灰褐陶。方唇，宽卷沿，斜腹，平底。素面。器物通体磨光，内外部饰有不规则朱砂红。口径 13、高 4 厘米（图七八，2）。

标本 06Z18：9（墓道竖井），残。平沿方唇，折腹，顶部微弧，有 3 乳丁。素面。盖径 15、高 3 厘米（图七八，3）。

铜镜　2 枚。

标本 06Z18：10，日光连弧铭带镜，锈蚀较重。圆形，圆钮，联珠纹钮座，座外一周凸面圈带，其外一周内向连弧纹圈带，再外为两周凸弦纹圈带所夹的铭文带，因锈蚀严重只能辨认"……之……光……"等字。宽素平缘。直径 10、厚 1 厘米（图七九，1；彩版二八，1）。

标本 06Z18：11（小），昭明连弧铭带镜，锈蚀较重。圆形，圆钮，圆钮座，座外一周凸面圈带，其外一周内向八连弧纹圈带，再外为两周凸弦纹圈带所夹的铭文带，因锈蚀严重只能辨认"内清质以昭明，光辉象夫日月，心忽扬而忠"等字。素宽平缘。直径 9.4、厚 0.5 厘米（图七九，2；彩版二八，2）。

铜刷柄　2 件。

标本 06Z18：20，细长斗状，刷头呈中空圆筒形，柄近圆柱形，向尾端逐渐变细，尾端残。通体鎏金。通长 10.1 厘米（图七九，3）。

标本 06Z18：21，残。仅存柄部，柄近圆柱形，向尾端逐渐变细，尾端较细尖。通体鎏金。

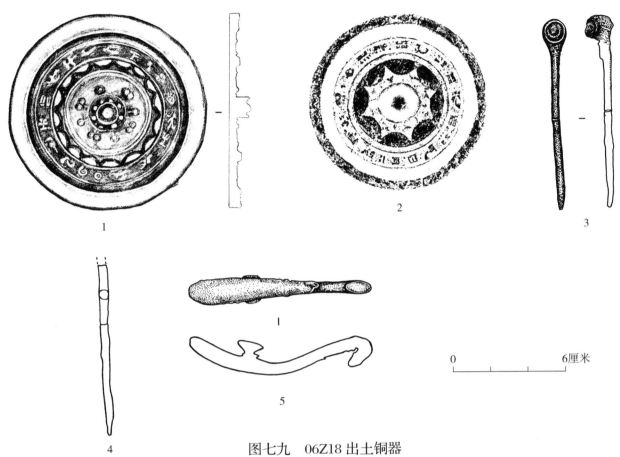

图七九　06Z18 出土铜器

1、2.铜镜06Z18：10、11　3、4.铜刷柄06Z18：20、21　5.铜带钩06Z18：12

长 9 厘米（图七九，4）。

　　铜带钩　1 件。

　　标本 06Z18：12，整体呈琵琶形，钩首近兽首状，体较粗，鼓腹，断面近半圆形，圆钮位于背面的近中部。长 9.6、宽 0.6～1.4、厚 0.6～1.6 厘米（图七九，5；彩版二八，3）。

　　铜环　2 件。

　　标本 06Z18：14，墓道竖井出土。环形，横断面呈圆形。直径 3.2、厚 0.3 厘米（图八〇，1）。

　　标本 06Z18：15，墓道竖井出土。残，环形，仅余一半环，横断面呈圆形。直径约 3.4、厚约 0.3 厘米（图八〇，2）。

　　铜纽扣　1 件。

　　标本 06Z18：28，平面呈圆形，正面中部有桥形钮，背部正对桥形钮有一锥形插榫。直径 2.2、厚 0.1～0.9 厘米（图八〇，3）。

　　铜饰件　9 件。

　　标本 06Z18：16，铺首衔环，残。整体呈倒梯形的兽面纹，兽面双目突出圆睁，双眉宽大并上扬后内卷，头顶两侧各一短尖耳，鼻下垂后内卷成半环形，内衔一圆环，背平，插榫残失。残高 5.5、宽 4.5、厚 0.1～0.5 厘米（图八一，1）。

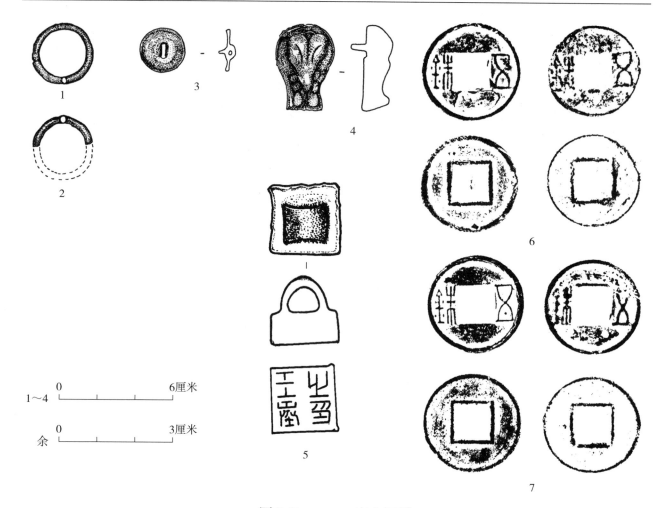

图八〇　06Z18 出土铜器

1、2.铜环06Z18：14、15　3.铜纽扣06Z18：28　4.铜蹄足06Z18：27　5.铜印章06Z18：13　6、7.五铢06Z18：33、34

标本 06Z18：17，铺首衔环，残。整体呈倒梯形的变体兽面纹，兽面双目突出圆睁，外凸，双眉宽大并上扬后内卷，头顶两侧各一短尖耳，中部一尖角，鼻下垂后内卷成半环形，内衔一圆环，背平，插榫残失。残高 5.5、宽 4.3、厚 0.1 ～ 0.6 厘米（图八一，2；彩版二八，4）。

标本 06Z18：18，残。扁平四瓣柿蒂状，四瓣大小一致，整体近方形，中部一长方形孔，内置较长桥形钮，正面钮内衔一圆环，穿过柿蒂背面皆有插榫作用。长 4、宽 4、厚 0.1 ～ 1.5 厘米。环径 1.8 厘米（图八一，3）。

标本 06Z18：20，完整。扁平四瓣柿蒂状，四瓣大小一致，整体近十字形，较薄。长 6.5、宽 6、厚 0.1 厘米（图八一，4）。

标本 06Z18：22，基本完整。扁平四瓣柿蒂状，四瓣大小不同，上下两瓣略大于左右两瓣。整体近长方形，中部一长方形孔，内置较长桥形钮。长 7.6、宽 4.9、厚 0.1 厘米（图八一，5）。

标本 06Z18：23，残，扁平四瓣柿蒂状，四瓣大小不同，上下两瓣略大于左右两瓣。整体近长方形，中部一长方形孔，内置较长桥形钮。残长 7、残宽 4.5、厚 0.1 ～ 2 厘米（图八一，6）。

标本 06Z18：24，基本完整。扁平四瓣柿蒂状，四瓣大小不同，上下两瓣略大于左右两瓣。

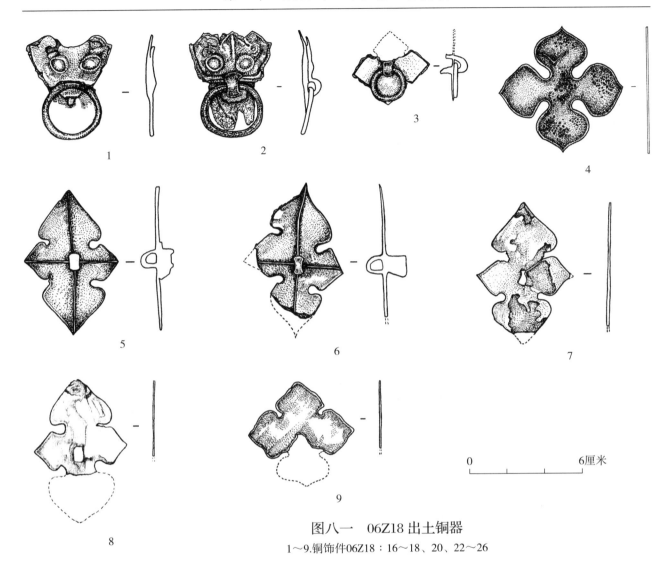

图八一　06Z18 出土铜器

1～9.铜饰件06Z18：16～18、20、22～26

整体近长方形。较薄。残长 6.8、宽 5.2、厚 0.1 厘米（图八一，7）

标本 06Z18：25，残。扁平四瓣柿蒂状，四瓣大小不同，上下两瓣略大于左右两瓣。整体近长方形，仅存 3 片，较薄。残长 5、宽 4.7、厚 0.1 厘米（图八一，8）。

标本 06Z18：26，残。扁平四瓣柿蒂状，四瓣大小一致，整体近方形，仅存 3 片，较薄。残长 5.5、厚 0.1 ～ 1.5 厘米（图八一，9）。

铜蹄足　1 件。

标本 06Z18：27，正面上部鼓起，下部亚腰形，兽面蹄足，平底。背部内空，外缘上部较下部内收，皆平整，上部中央出一锥形插榫。高 4.5、宽 3、厚 1.6 厘米（图八〇，4）。

铜印章　1 件。

标本 06Z18：13，方面，阴文篆刻，背部环状鼻钮，印面阴文篆书"王奉之印"。印面边长 1.7、印台高 0.8、通高 1.7 厘米（图八〇，5；彩版二八，5、6）。

五铢　52 枚。

标本 06Z18：33，字体较宽，"五"字中间两笔弯曲，末端近平行。"铢"字的"金"字头

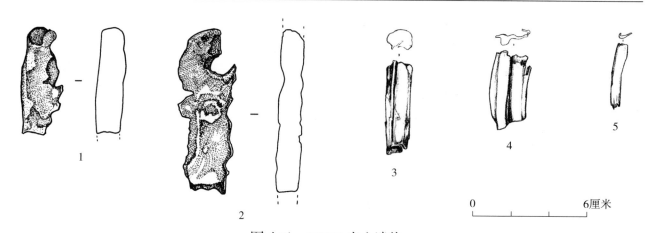

图八二　06Z18 出土遗物

1.铁剪06Z18：19　2.铁器06Z18：29　3～5.动物牙06Z18：30～32

呈三角形。"朱"字头方折。直径 2.5、穿径 1 厘米（图八〇，6）。

标本 06Z18：34，字体瘦长，"五"字偏小，中间两笔较直，近底部略弯，"铢"字的"金"字头呈三角形，"朱"字头方折。直径 2.5、穿径 1 厘米（图八〇，7）。

铁剪　1 件。

标本 06Z18：19，残，锈蚀严重，仅余部分。残长 5.7、宽 2、厚 1.2～1.6 厘米（图八二，1）。

铁器　1 件。

标本 06Z18：29，残，锈蚀严重，器形无法辨别。头部呈环状。长条状。残长 8.6、宽 2.8、厚 1 厘米（图八二，2）。

动物牙　3 件。

标本 06Z18：30，残。长 5、宽 1.2 厘米（图八二，3）。

标本 06Z18：31，残。长 4、宽约 2 厘米（图八二，4）。

标本 06Z18：32，残。长 3、宽 0.5 厘米（图八二，5）。

（三）单葬墓

共发现 12 座，均为竖穴土圹墓。

1.06M7

位于西墓区的南部，墓向 270°。墓圹呈平面长方形，直壁，平底（图八三）。长 3.1、宽 1.8、深 1.4 米。仅墓室西部保存较好，墓内上部分填土为黄褐酥石，下部分为海蛎子壳，夯面粗糙。夯层及夯窝不明显，厚约 0.7 米。

木质葬具已朽，具体结构不明。

墓主骨骼已朽，葬式及头向不明。随葬品共 2 件，铜镜 2 枚，位于墓室内。此外，在铜镜周围发现有木器痕迹，朽，无法提取。

铜镜　2 枚。

标本 06M7：1，昭明连弧铭带镜。锈蚀较重。圆形，桥形钮，圆钮座，座外一周凸面圈带，

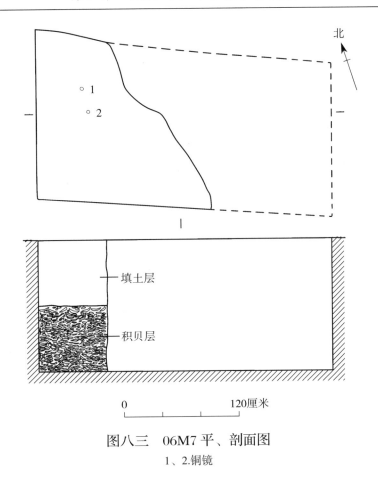

图八三　06M7 平、剖面图
1、2.铜镜

填土层

积贝层

0　　　　　　120厘米

其外一周内向连弧纹圈带，再外为两周凸弦纹圈带所夹的铭文带，因锈蚀严重只能辨认"内清质……"等字。其外侧为一周短斜线纹带。素宽平缘。基本完好。直径 9、厚 0.5 厘米（图八四，1）。

标本 06M7：2，四乳龙虎镜。圆形，圆钮，并蒂连珠纹钮座，座外一周凸圈带，再外为一周凸圈带，两周弦纹之间为四乳与龙虎相间的环绕。素宽平缘。基本完好。直径 17.4、厚 0.5 厘米（图八四，2）。

2.06M8

位于西墓区的南部，墓向 115°。墓圹平面呈长方形，直壁，平底（图八五）。长 3、宽 1.6、残深 1 米。仅墓室东半部保存较好，墓内填土为黄褐酥石。

葬具一棺，已朽，长方形，残长 1.1、宽 0.8 米。墓主骨骼已朽。葬式及头向不明。

随葬品共 1 件，其中铜镜 1 枚，位于墓室内。

铜镜　1 枚。

标本 06M8：1　残，锈蚀较重。圆形，圆钮座，素宽平缘。

3.06M9

位于西墓区的南部，墓向 110°。墓圹平面呈长方形，直壁，平底（图八六）。长 2.7、宽 1.6、深 1.3 米。墓中部已毁，墓内填土为黄褐酥石。

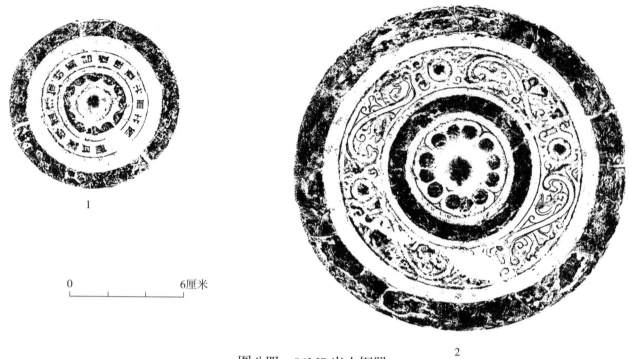

0   6厘米

图八四　06M7 出土铜器

1、2.铜镜06M7：1、2

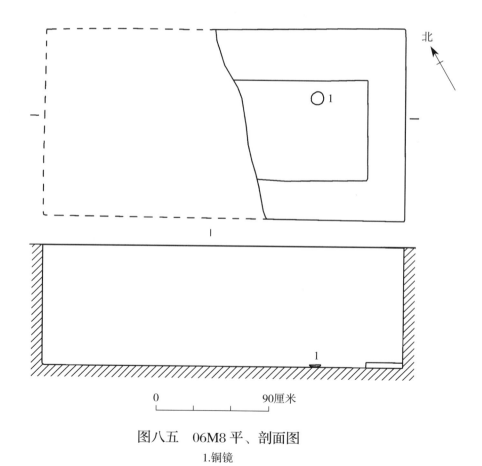

北

0   90厘米

图八五　06M8 平、剖面图

1.铜镜

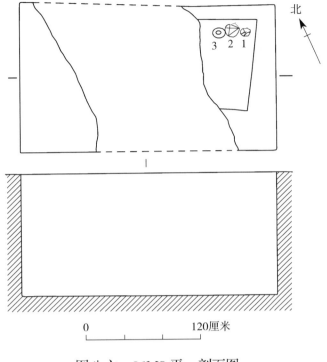

图八六　06M9 平、剖面图

1、2.陶罐　3.陶壶

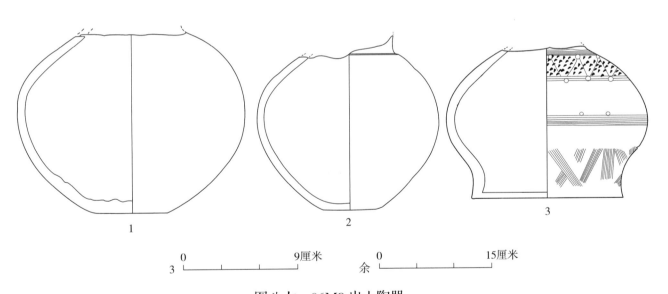

图八七　06M9 出土陶器

1、2.陶罐06M9：1、2　3.陶壶06M9：3

葬具一棺，已朽，长方形，残长 0.7、宽 1.1 米。墓主骨骼已朽。葬式及头向不明。

随葬品共 3 件，其中陶罐 2 件、陶壶 1 件，位于墓室内。五铢钱锈蚀严重，无法提取。

陶罐　2 件。均为夹砂红褐陶，口、颈部残缺。溜肩，鼓腹，最大腹径居中，小平底。

标本 06M9：1，素面。腹径 30、底径 10、残高 24 厘米（图八七，1）。

标本 06M9：2，素面。腹径 23.5、底径 6.4、残高 23 厘米（图八七，2）。

陶壶　1件。

标本 06M9：3，夹砂红褐陶。口、颈部残。溜肩，鼓腹，大平底。肩部有七道横向凹纹、不太规则的圆圈和三角组成的几何图形及戳印的三角形纹带。腹部有横向的七道凹纹与圆圈的组合纹带，底部是七道篦纹组成的三角几何图形纹带。腹径16.2、底径12、残高11.7厘米（图八七，3）。

4.06M21

位于西墓区的西部，墓向123°。墓葬由地上封土与地下墓室两部分组成。封土下有墓葬1座。墓圹平面略呈方形，直壁，墓壁向墓室内凸出。墓室四壁上部较规整，下部粗糙，壁面向内凹进，平底（图八八）。长3.3、宽3.2、深3.8米。墓内填土为原挖墓圹的黄褐土夹酥石碎块，夯面粗糙，

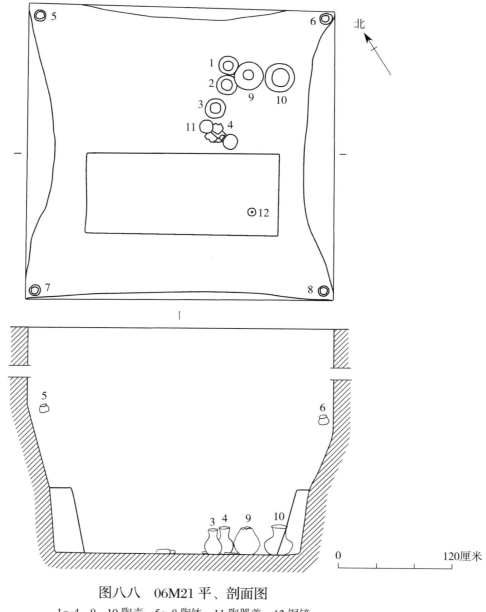

图八八　06M21 平、剖面图

1～4、9、10.陶壶　5～8.陶钵　11.陶器盖　12.铜镜

夯层不明显，圆形平底夯窝，直径 8～11、深 8 厘米。有熟土二层台，东、西台面宽 0.32、南台面宽 0.6、北台面宽 0.3、高 0.7 米。

葬具一椁一棺，已朽，长方形。椁长 2.64、宽 2.2 米。髹漆棺位于椁的南部，棺外黑内红，表面有纹饰，长 2.08、宽 0.84 米。墓主骨骼已朽。可辨头向东。单人葬，葬式不明。

随葬品共 12 件，其中陶壶 6 件、器盖 1 件，位于椁内棺外北侧。铜镜 1 枚，位于棺内。陶钵 4 件，位于墓室四角，高出二层台。

陶壶 6 件。形制基本相同。

标本 06M21：1，夹砂灰褐陶。有盖，折腹，覆钵形，盖顶近平，尖唇，素面。盖径 14.4、高 2.4 厘米。壶，微盘口，尖唇，长束颈，溜肩，圆鼓腹，最大腹径居中偏下，腹下部弧内收，厚底内凹，素面。通体施陶衣，基本脱落。口径 12、腹径 20、底径 18、通高 24.5 厘米（图八九，1；彩版二九，1）。

标本 06M21：2，与标本 06M21：1 形制一致。夹砂灰陶。盖径 14、高 1.8 厘米。壶，微盘口，方唇内凹，腹下部近底处饰有一周绳纹。口径 12、腹径 20.4、底径 15、通高 24 厘米（图八九，2）。

标本 06M21：3，夹砂灰褐陶。有盖，覆钵形，方唇，平折沿，盖径 19、高 2.8 厘米。壶，

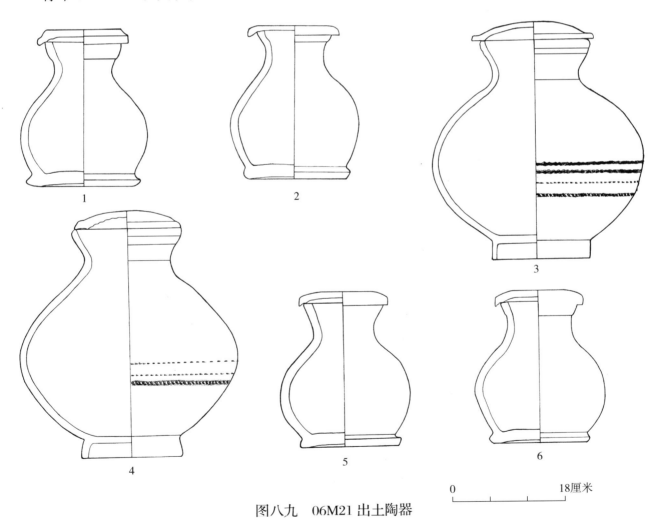

图八九 06M21 出土陶器

1～6.陶壶06M21：1～4、9、10

侈口，尖唇，长束颈，溜肩，球腹，最大腹径居中偏下，腹下部弧内收，圈足。腹中部偏下及腹下部偏上饰三周横向绳纹，一周戳刺纹。通体磨光并施陶衣，基本脱落。口径 17、腹径 33.2、底径 15.2、壶高 34.6、通高 37.4 厘米（图八九，3；彩版二九，2）。

标本 06M21：4，与 06M21：3 形制基本一致，盖顶中部内凹。盖内饰有瓦棱纹。盖径 17.2、高 2.8 厘米。壶，扁球腹，腹下部饰两周戳刺纹与一周绳纹，口径 16.8、腹径 34.2、底径 16.2、壶高 36.6、通高 39.4 厘米（图八九，4；彩版二九，3）。

标本 06M21：9，与 06M21：2 形制基本一致，夹砂灰陶。有盖，盖径 14、高 2.2 厘米。壶，侈口，口径 12.6、腹径 20.8、底径 15.8、通高 24.6 厘米（图八九，5；彩版二九，4）。

标本 06M21：10，与 06M21：1 形制基本一致，夹砂灰陶。有盖，弧顶近平，尖唇，盖径 14、高 2.6 厘米。壶口径 12.6、腹径 20.8、底径 16.2、通高 24 厘米（图八九，6）。

陶钵　4 件。形制基本一致。敛口，方唇，斜肩，弧腹，平底。器表陶色不均，有刮抹痕。

标本 06M21：5，夹砂黑陶。口径 5.7、腹径 7.5、底径 7、高 6.2 厘米（图九〇，1；彩版二九，6）。

标本 06M21：6，夹砂灰褐陶。口径 8、腹径 10.6、底径 8、高 7.5 厘米（图九〇，2；彩版二九，5）。

标本 06M21：7，夹砂灰褐陶。立领，弧腹。器表有瓦棱纹。口径 9.3、腹径 11.4、底径 8.4、高 7.8 厘米（图九〇，3）。

标本 06M21：8，夹砂灰陶。圆唇，器表有瓦棱纹。口径 8.2、腹径 10、底径 7.6、高 6.9 厘米（图九〇，4）。

陶器盖　1 件。

标本 06M21：11，夹砂灰褐陶。覆钵形，方唇，折沿内凹。素面。盖径 17、高 2.5 厘米（图九〇，5）。

铜镜　1 枚。

标本 06M21：12，残。昭明连弧铭带镜，锈蚀较重。圆形，圆钮座，座外一周凸面圈带，其

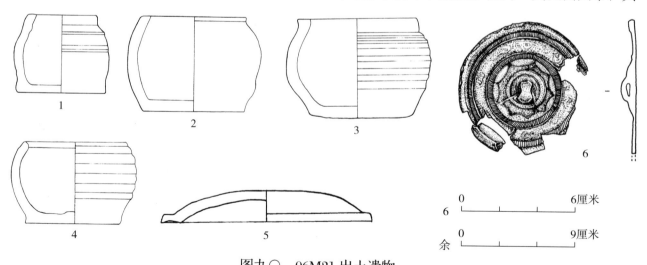

图九〇　06M21 出土遗物

1～4.陶钵 06M21：5～8　5.陶器盖 06M21：11　6.铜镜 06M21：12

外一周内向八连弧纹圈带，再外为两周凸弦纹圈带所夹的铭文带，因锈蚀严重，无法辨认。素宽平缘。残径7.2、厚0.5厘米（图九〇，6）。

5.06M25

位于西墓区的东部，墓向310°。墓圹平面呈长方形，凹凸壁，平底（图九一；彩版三〇，1）。

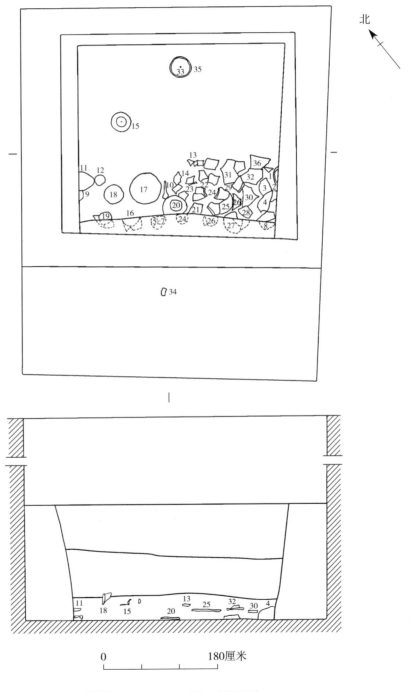

图九一 06M25平、剖面图

1~4.陶耳杯 5~7.陶器盖 8.陶魁 9.陶研磨板 10.陶勺 11、12.陶瓷 13、14.陶方炉 15.陶盃 16.陶鼎 17.陶盆 18.陶熏炉 19~24.陶壶 25~30.陶罐 31.陶瓮 32、36.陶钫 33.铜钱 34.铁夯具 35.铜镜

长 5.82、宽 4.8、深 3.8 米。墓内填土为黄褐色土夹杂酥石碎块，较硬，近墓底为灰褐色土，较软。夯面粗糙，填土疏松，圆形平底夯窝，分布无规律，夯径 8～11、深 8 厘米。墓室南部有一个生土二层台，台宽 1.68～1.8、高 1.8 米。东、西和北侧为熟土二层台，系挖墓时凿出的酥石碎块回填堆砌而成，土少，较规整。台面宽度不一，西侧台面宽约 0.3、北侧台面宽约 0.8、东侧台面宽 0.18～0.36、高 1.86 米。

葬具一椁一棺，朽，长方形。椁长 2、宽 1.8 米。红漆棺位于椁室西北处。长 1.8、宽 1 米。墓主骨骼，可辨头向西。单人葬，葬式不明。

随葬品共 36 件，其中陶鼎 1 件、陶瓮 1 件、陶罐 6 件、陶壶 6 件、陶盆 1 件、陶钫 2 件、陶奁 2 件、熏炉 1 件、方炉 2 件、陶魁 1 件、陶盉 1 件、耳杯 4 件、器盖 3 件、陶勺 1 件、研磨板 1 件，位于椁内棺外南侧边箱内。铜镜 1 枚，位于棺内。铁夯具 1 件，位于生土二层台上。铜钱 3 枚，位于墓室填土内。

陶鼎　1 件。

标本 06M25：16，泥质灰陶。有盖，覆钵形，子口，圆唇，盖面顶部有 1 小蘑菇钮。盖径 13.5、高 4 厘米。鼎，母口，方唇，立沿，内有凹槽，溜肩，鼓腹，腹中部有一圈宽带凸棱，圜底。肩部两侧贴饰竖耳，竖耳微内收，有长方形镂孔。底贴 3 柱形足，较高微外撇，平足。圜底。器表有轮制及刮抹痕并通体施有灰陶衣。口径 13.8、腹径 24.5、通高 26 厘米（图九二，1；彩版三〇，2）。

陶瓮　1 件。

标本 06M25：31，泥质灰陶，敛口，圆唇微凸，内卷沿，矮颈，球形腹，圜底。肩部饰 4 组凹弦纹。器表局部饰纵向绳纹，漫漶不清。口径 28.5、腹径 58、高 53.6 厘米（图九二，2；彩版三〇，3）。

陶罐　6 件。均泥质灰陶。

标本 06M25：25，敛口，圆唇，斜沿，沿内有凹弦纹，矮束颈，溜肩，鼓腹，最大腹径居中，腹下部弧内收，小平底。器表有轮制及刮抹痕，通体磨光并施有灰陶衣，陶衣基本脱落。口径 17、腹径 33、底径 10.2、高 34.4 厘米（图九二，3）。

标本 06M25：26，与 06M25：25 形制一致。口径 18、腹径 33、底径 9、高 33.8 厘米（图九二，4）。

标本 06M25：27，侈口，方唇，斜沿，矮厚束颈，斜肩，鼓腹，最大腹径居中偏下，腹下部弧内收，平底。腹中部饰一周戳刺纹，腹下部及底饰纵向绳纹，漫漶不清。器表有轮制及刀具刮抹痕，通体磨光并施灰陶衣，基本脱落。口径 18.8、腹径 34.6、底径 11、高 33.4 厘米（图九二，5）。

标本 06M25：28，敛口，口部有对称的豁口，方唇，斜沿，矮束颈，溜肩，鼓腹，最大腹径居中，腹下部弧内收，平底。器表有轮制及刮抹痕，通体磨光并施有灰陶衣，陶衣基本脱落。近底部饰有横向绳纹，漫漶不清。口径 21.6、腹径 34.2、底径 11.4、高 33.9 厘米（图九二，6）。

标本 06M25：29，敛口，圆唇，斜折沿，束颈，溜肩，鼓腹，最大腹径居中，腹下部斜内收，小平底。颈、肩交接处饰数周凹弦纹，肩、腹部饰有五周凹弦纹，下腹饰六周粗绳纹，往下再饰纵向粗绳纹及一周凹弦纹和纵横相交粗绳纹。口径 20.4、腹径 34.2、底径 10.2、高 34.2 厘米（图九二，7）。

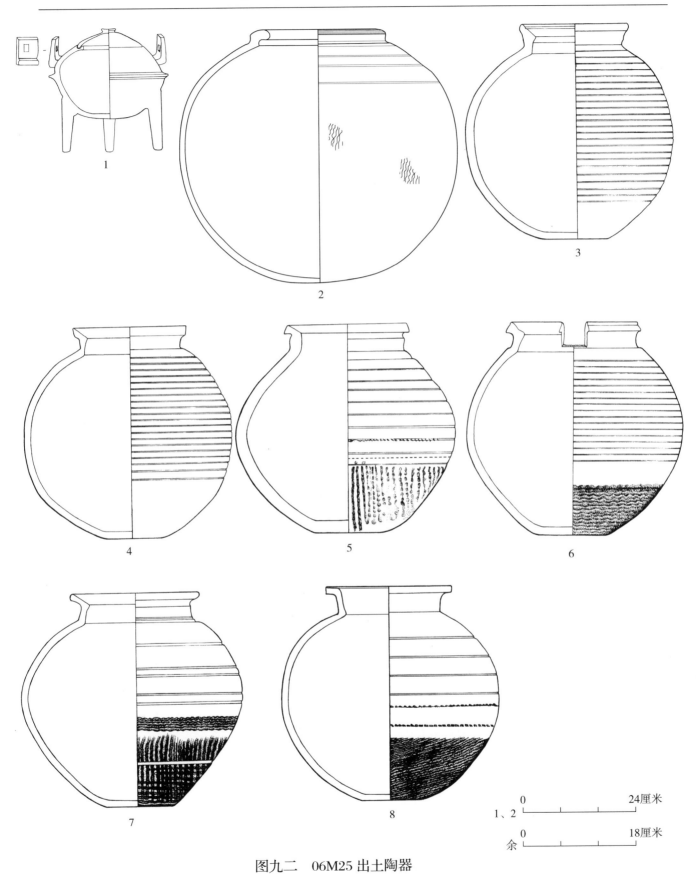

图九二　06M25 出土陶器

1.陶鼎06M25：16　　2.陶瓮06M25：31　　3～8.陶罐06M25：25～30

　　标本 06M25：30，侈口，方唇，平折沿，束颈，圆溜肩，球形腹，最大腹径居中，腹下部弧内收，小平底。肩部和上腹部饰四周凹弦纹，腹部偏下饰两周戳刺纹，腹下部及底部饰斜横向绳纹。通体施陶衣，基本脱落。口径 20、腹径 34、底径 9、高 34 厘米（图九二，8）。

　　陶壶　6 件。均泥质灰陶，前四件壶形制基本相同。侈口，方唇内凹，长束颈，溜肩，大鼓腹，最大腹径居中偏下，腹下部弧内收，平底，圈足外敞。素面。通体磨光并施陶衣，基本脱落。

　　标本 06M25：19，口径 13.8、腹径 20、底径 10、高 27.6 厘米（图九三，1）。

　　标本 06M25：20，方唇。口径 13.8、腹径 20.4、底径 11、高 27.6 厘米（图九三，2）。

　　标本 06M25：21，方唇。口径 14、腹径 21、底径 10.8、高 27.6 厘米（图九三，3）。

　　标本 06M25：22，口径 14、腹径 20、底径 11、高 27.1 厘米（图九三，4；彩版三〇，4）。

　　标本 06M25：23，盘口，圆唇，束颈，溜肩，圆鼓腹，最大腹径居中偏下，腹下部弧内收，平底，圈足外敞。颈部偏上饰有数道凹弦纹。颈、肩与腹上部有磨光暗纹，腹部偏下饰有一周绳纹。口径 19.2、腹径 30.6、底径 14.5、高 38 厘米（图九三，5）。

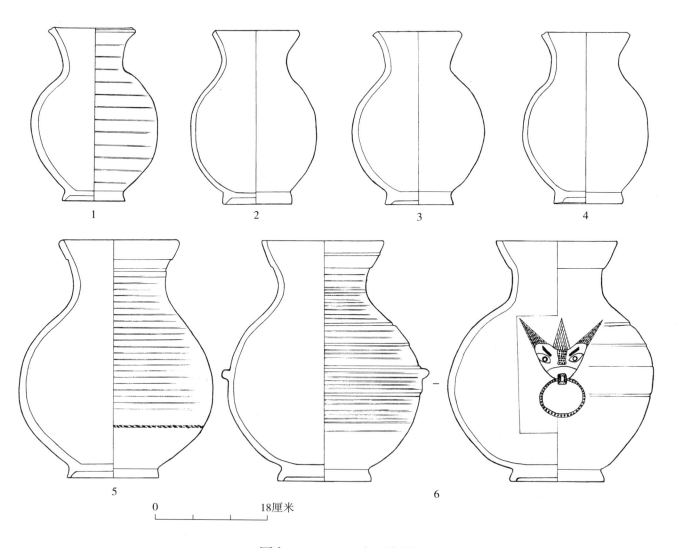

0 ────────── 18厘米

图九三　06M25 出土陶器
1～6.陶壶06M25：19～24

标本 06M25：24，与 06M25：23 形制基本相同。方唇，矮束颈，球形腹，圈足弧收，腹中部饰一对称划戳兽面铺首衔环，嘴部突起为桥形錾耳。肩、腹部饰四周凹弦纹。通体磨光暗纹并施陶衣，部分脱落。口径 19、腹径 33、底径 15、高 38.4 厘米（图九三，6）。

陶钫　1 件。

标本 06M25：32，泥质红胎黑皮陶，方形，盘口，方唇，平沿，沿外侧有转折棱，高束颈，斜肩，瘦长体，鼓腹，最大腹径居中偏下，腹下部弧内收，平底，方形直圈足。腹两侧中部划戳有一对称的兽面铺首衔环，嘴部为突出的桥形錾耳，无盖。口径 12.2、腹径 19、底径 11、高 29.6 厘米（图九四，1；彩版三〇，5）。

陶盉　1 件。

标本 06M25：15，泥质灰陶。有盖，平顶，圆唇，子口，折沿，曲腹，素面。盖径 15、高 1.3 厘米。盉，母口，圆唇，圆肩，鼓腹，最大腹径居中，腹下部弧内收。圜底，有 3 个圆柱形高足。腹部有兽嘴状流，兽头状长把手。器表有轮制及刮抹痕。通体施黑陶衣。把长 13.8、流嘴长 6.2、口径 13.8、腹径 24、足高 7.2、通高 24 厘米（图九四，2；彩版三一，1）。

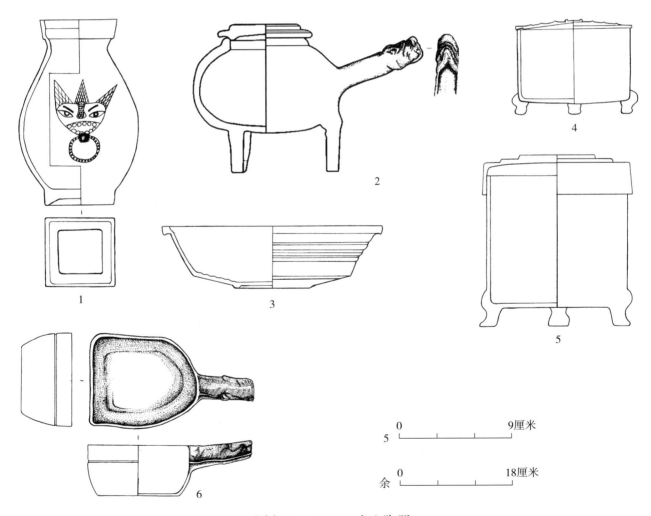

图九四　06M25 出土陶器

1.陶钫06M25：32　2.陶盉06M25：15　3.陶盆06M25：17　4、5.陶奁06M25：11、12　6.陶魁06M25：8

陶盆　1件。

标本 06M25：17，泥质灰陶，侈口，方唇，平沿，浅折腹，腹下部斜直内收，平底，矮圈足，腹部有三周凸弦纹。器表有轮制及刮抹痕。口径 34.6、底径 12.6、高 10 厘米（图九四，3；彩版三一，2）。

陶奁　2件。均泥质灰陶。

标本 06M25：11，有盖，盖顶近平，子母口。顶部有突出的环形（假）钮。盖面饰有瓦棱纹。盖径 18.6、高 2 厘米。奁，直口，方唇，直壁，圆柱形，有 3 虎蹄形矮足，小圜底。素面。器表有磨光暗纹。器表通体磨光并施有陶衣，但部分脱落。口径 18、足高 1.8、通高 15 厘米（图九四，4；彩版三一，3）。

标本 06M25：12，有盖，盖顶近平，方唇，直壁。盖面饰有两周凸棱。盖径 12、高 3 厘米。奁，与 06M25：11 器身基本一致。口径 11、通高 13.6 厘米（图九四，5；彩版三一，4）。

陶魁　1件。

标本 06M25：8，泥质灰陶。勺身略呈方形，敛口，圆唇，直壁。把首为一兽首，勺身直壁偏上饰一周凹弦纹。通体磨光并施陶衣，基本脱落。长 26、宽 13.2～15、高 7.8 厘米（图九四，6；彩版三一，5）。

陶耳杯　3件。均泥质灰黑陶，形制基本相同。平面呈椭圆形，敞口，方唇，折沿，斜腹，小平底，壁较薄，半月形耳上翘。通体施陶衣。

标本 06M25：1，口长径 14.8、短径 12、高 4.5 厘米（图九五，1）。

标本 06M25：2，口长径 14.8、短径 12、高 4.5 厘米（图九五，2）。

标本 06M25：4，口长径 12、短径 9、高 3.5 厘米（图九五，3）。

陶勺　1件。

标本 06M25：10，泥质黑陶，敞口，方唇，弧腹，圜底，柱形把，断面平面呈圆三角形。口径 5.6、长 16.8、通高 9.4 厘米（图九五，4）。

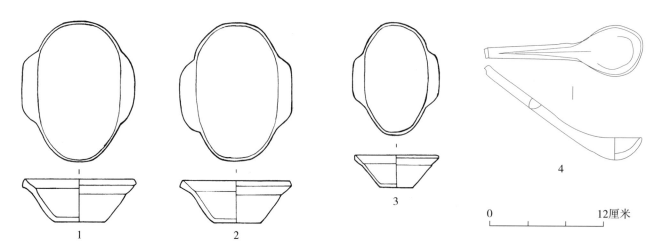

0　　　　　　　　　　12厘米

图九五　06M25 出土陶器

1～3.陶耳杯06M25：1、2、4　4.陶勺06M25：10

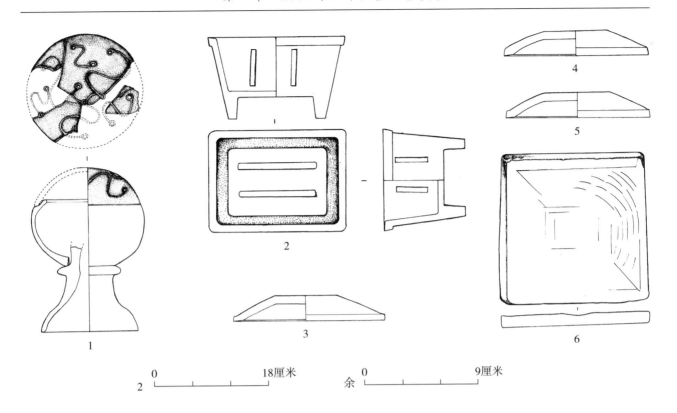

图九六   06M25 出土陶器

1.陶熏炉06M25：18   2.陶方炉06M25：14   3～5.陶器盖06M25：5～7   6.陶研磨板06M25：9

陶熏炉   1 件。

标本 06M25：18，泥质红胎黑皮陶。有盖，弧形顶，子口，盖面有大小不一的圆孔，由 "S" 形刻划纹连接。盖径 8.5、高 2.5 厘米。炉，母口，尖唇，腹部较深，鼓腹，腰部有凸起，圜底，束柄，喇叭形圈足。通体施灰陶衣。可拆卸组装。口径 7.3、通高 13 厘米（图九六，1）。

陶方炉   1 件。

标本 06M25：14，泥质红胎黑皮陶。平面呈长方形，敞口，方唇，斜壁，平底，口大底小，4 个面均有 2 个对称长方形镂孔，底面有 2 个长方形镂孔。4 个方形足。口径长 21.6、宽 16.2、底径长 17、宽 13、通高 13.2 厘米（图九六，2）。

陶器盖   3 件。均泥质灰陶，形制基本相同。覆钵形，顶近平。方唇，折沿。素面。

标本 06M25：5，盖径 11.7、高 2 厘米（图九六，3）。

标本 06M25：6，盖径 11.4、高 2 厘米（图九六，4）。

标本 06M25：7，盖径 11.4、高 2 厘米（图九六，5）。

陶研磨板   1 件。

标本 06M25：9，泥质灰陶。研体呈正方形，板面中间部分凹陷四边平。一面施灰陶衣并饰有棋盘纹，漫漶不清。另一面及四周施黄褐陶衣，其四周饰规则的凹弦纹及刻划弧线。边长 12、厚 1.2 厘米（图九六，6）。

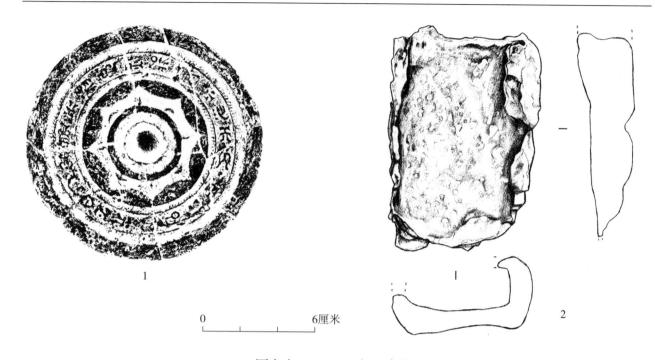

图九七　06M25 出土遗物

1.铜镜06M25：15　2.铁夯具06M25：34

铜镜　1枚。

标本 06M25：35，昭明连弧铭带镜，锈蚀较重。圆形，桥形钮，圆钮座，座外一周凸面圈带，其外一周内向八连弧纹圈带，再外为两周凸弦纹圈带所夹的铭文带，因锈蚀严重只能辨认"内清质"等字。其外侧为一周短斜线纹带。素宽平缘。直径 13、厚 0.5 厘米（图九七，1；彩版三一，6）。

铜钱　3枚。

标本 06M25：33，锈蚀严重。无法辨识。

铁夯具　1件。

标本 06M25：34，残。平面呈长方形，锈蚀严重。一端为圆滑的夯面，另一端作空心状，装套于夯体上。残长 12、宽 8、厚 1～2 厘米（图九七，2）。

6.06M27

位于西墓区的东部，墓向 206°。墓西壁被 06Z26M2 打破。墓圹平面呈长方形，直壁，平底（图九八）。长 2.84、宽 1.44、深 2.08 米。墓内填土为原挖圹的黄褐土。

葬具一椁一棺，椁长 2.56、宽 0.76 米，棺位于椁室的南侧，长 2.08、宽 0.76 米，椁内棺外有脚箱，长方形，长 0.7、宽 0.4、高 0.6 米。墓主骨骼已朽，仅见头部朽痕。可辨头向南。单人仰身直肢葬。

随葬品共 3 件，其中陶罐 2 件，位于脚箱内。漆盒 1 件，位于棺内北侧，略呈圆形，朽，无法提取。

陶罐　2件。均泥质灰陶，形制基本相同。

标本 06M27：1，侈口，方唇，斜折沿，束颈，溜肩，鼓腹，最大腹径居中，腹下部弧内收，

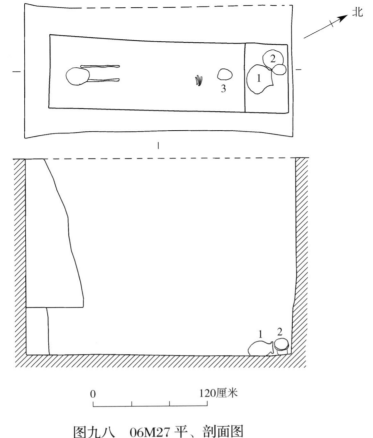

图九八　06M27 平、剖面图

1、2.陶罐　3.漆盒

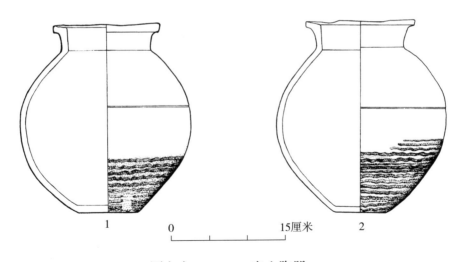

图九九　06M27 出土陶器

1、2.陶罐06M27：1、2

小平底。上腹饰一周凹弦纹，腹下部及底饰横向粗绳纹。口径 14、腹径 22.6、底径 7.5、高 25 厘米（图九九，1）。

标本 06M27：2，颈、肩交接处及腹中部各饰一周凹弦纹，腹下部及底饰横向绳纹。烧造原因造成口沿部位变形。口径 14.4、腹径 22.6、底径 7、高 25.4 厘米（图九九，2）。

7.06M28

位于西墓区的东部，墓向115°。墓圹平面呈长方形，斜直壁，底略宽于口，平底（图一〇〇；彩版三二，1）。长2.8、西宽1.56、东宽1.44、深2.45米。墓内填土为原挖圹的黄褐土，夹杂大量酥石碎块。有熟土二层台，系原挖圹的酥石碎块回填堆砌而成，含土少，较规整。东西台面均宽0.4、高0.4米。

葬具一棺，朽，长方形，长2、宽0.84米。棺内人骨架一具，头向东。单人仰身直肢葬。

随葬品共4件，其中陶罐1件、盘口罐1件，位于棺外北侧二层台内。漆器2件（彩版三二，2），位于棺内西北方向，墓主人脚的位置，朽，无法提取。

陶罐　1件。

标本06M28：2，泥质灰陶。侈口，方唇，平沿，高领，斜肩，鼓腹，最大腹径居中偏下，腹下部弧内收，小平底。肩部有磨光暗纹，腹中部及底部饰横向绳纹，近底部饰有斜交错绳纹。口径13、腹径20.6、底径6.25、高23.6厘米（图一〇一，2）。

盘口罐　1件。

标本06M28：1，泥质灰陶。盘口，尖圆唇，束颈，斜肩，鼓腹，最大腹径居中偏下，腹下部弧内收，小平底。颈部与肩部转折处饰一周凹弦纹，腹中部饰两周凹弦纹，腹下部及底部饰横

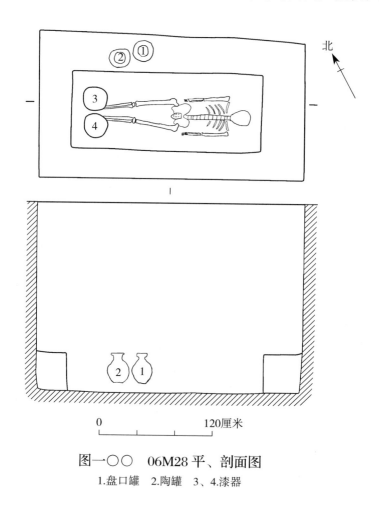

北

0　　　　　　　　120厘米

图一〇〇　06M28平、剖面图

1.盘口罐　2.陶罐　3、4.漆器

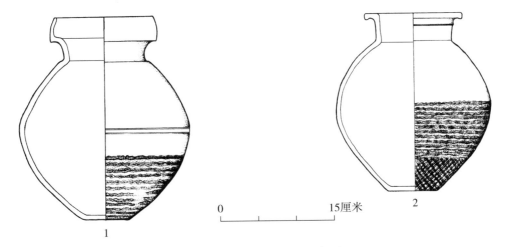

图一〇一　06M28 出土陶器
1.盘口罐06M28：1　2.陶罐06M28：2

向粗绳纹。口径 1.3、腹径 22.4、底径 5、高 26.75 厘米（图一〇一，1）。

8.06M29

位于西墓区的南部，墓向 22°。墓圹平面呈长方形，墓室开口被毁，底略宽于口，斜直壁，平底（图一〇二；彩版三二，3）。长 3.4、宽 2.4、深 2.9 米。墓内填土是精选的细黄褐土。墓底填土为原挖圹土回填，质较坚硬。夯面平整，呈黑色，厚 8～10 厘米。见圆形平底夯窝，窝壁呈黑色，直径约 5～6、深约 10 厘米。仅墓室东部设生土二层台，台面宽 0.32、高 0.9 米。

葬具一椁一棺，杇，长方形，椁长 2.44、宽 1.2 米。髹漆棺位于椁室的东部，漆层分布为棺木、麻布、涂漆，施漆，先施黑漆，后施红漆，制作精致，长 2.2、宽 0.9 米（彩版三三，1）。椁内棺外西边置边箱，长 2.4、宽 0.2 米。墓主骨骼已杇，残存有肢内杇痕，可辨头向北，单人仰身直肢葬。

随葬品共 8 件，其中陶罐 2 件、高领罐 2 件、盘口罐 1 件，位于边箱内。铁舌 1 件，位于椁室的东南角。铜纽扣 1 枚、铜带钩 1 件，位于填土内。

陶罐　2 件。均泥质灰陶，形制基本相同。

标本 06M29：1，敛口，圆唇，斜弧沿，束颈，溜肩，扁鼓腹，最大腹径居中，腹下部斜内收，平底。腹中部饰一周戳刺纹，漫漶不清。腹下、底部饰纵向绳纹，底部饰交错绳纹。通体施陶衣，基本脱落。口径 17.4、腹径 30.6、底径 12、高 26.4 厘米（图一〇三，1）。

标本 06M29：2，敛口，方唇，矮领，圆肩，圆鼓腹，下腹弧收，平底。肩部饰两周凹弦纹，腹中部饰两周戳刺纹，腹下部饰横向绳纹，近底部饰纵向绳纹，漫漶不清。口径 16、腹径 27.6、底径 10、高 25.2 厘米（图一〇三，2）。

高领罐　2 件，均为泥质灰陶，形制基本一致。

标本 06M29：3，泥质灰陶。直口，方唇，沿内凹，高领，束颈，溜肩，圆鼓腹，最大腹径居中，腹下部弧内收，平底。肩部有磨光暗纹，腹中部偏下饰一周戳刺纹，腹下部饰斜纵向绳纹，近底部饰斜向交错绳纹，漫漶不清。通体磨光并施陶衣，基本脱落。口径 16.4、腹径 28、底径 10、

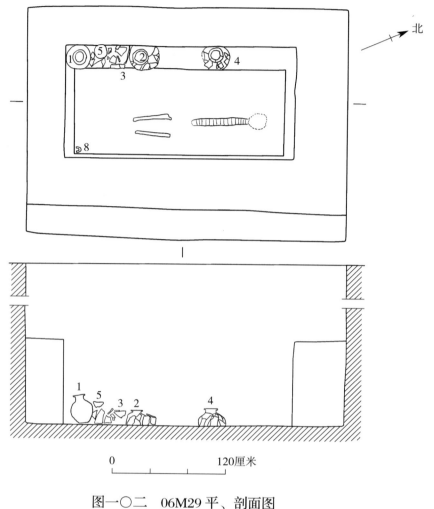

图一〇二　06M29 平、剖面图

1、2.陶罐　3、4.高领罐　5.盘口罐　6.铜带钩　7.铜纽扣　8.铁舀

高 26 厘米（图一〇三，3）。

　　标本 06M29：4，侈口，方唇内倾，斜折沿，沿内有数周凹弦纹，高领，高束颈，溜肩，扁鼓腹，腹下部斜直内收，小平底。器表有磨光暗纹及刮抹痕。腹中部偏下饰有三周凹弦纹，漫漶不清，通体磨光。口径 16.2、腹径 29.4、底径 10、高 29.7 厘米（图一〇三，4；彩版三三，2）。

　　盘口罐　1 件。

　　标本 06M29：5，泥质灰陶。盘口，方唇，束颈，溜肩，鼓腹，最大腹径居中偏下，腹下部斜直内收，小平底。腹下部及底部饰横向绳纹。通体磨光。口径 14.1、腹径 21、底径 6.6、高 27.6 厘米（图一〇三，5；彩版三三，3）。

　　铜带钩　1 件。

　　标本 06M29：6，钩部及钮残。整体呈琵琶形，钩首近兽首状，体较细，鼓腹，断面近半圆形，圆钮位于背面的近中部偏上。长 5.3、宽 0.2～1.2、厚 0.2～0.8 厘米（图一〇四，1；彩版三三，4）。

　　铜纽扣　1 枚。

　　标本 06M29：7，圆形，背部有带桥型钮。直径 1.6、宽 0.2～0.5 厘米（图一〇四，2）。

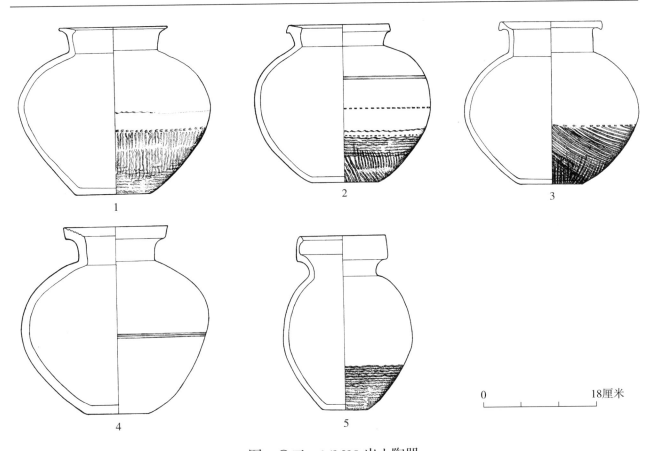

图一〇三　06M29 出土陶器

1、2.陶罐06M29：1、2　3、4.高领罐06M29：3、4　5.盘口罐06M29：5

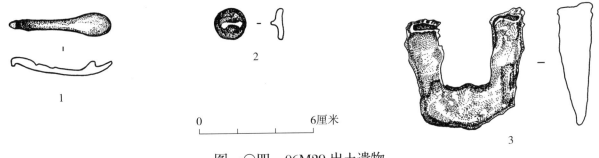

图一〇四　06M29 出土遗物

1.铜带钩06M29：6　2.铜纽扣06M29：7　3.铁臿06M29：8

铁臿　1件。

标本 06M29：8，整体呈凹字形，凹字形銎。圆弧刃。锈蚀严重。长 6.5、宽 6.2、厚 0.3～1.8 厘米（图一〇四，3；彩版三三，5）。

9.06M30

位于西墓区的南部，墓向 22°。墓圹平面呈长方形，开口已毁，直壁，壁面粗糙，平底（图一〇五）。长 3.32、宽 1.8～1.96、深 2.28 米。墓内填土为原挖圹的黄褐酥石。有熟土二层台，

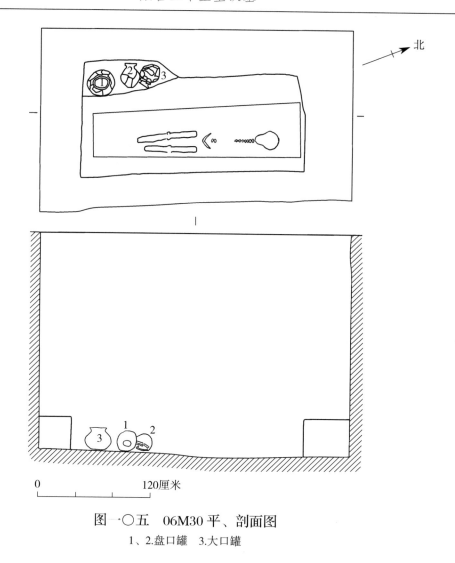

图一〇五　06M30 平、剖面图
1、2.盘口罐　3.大口罐

系挖土圹的酥石碎块回填堆砌而成，含土少，规整。东台面宽 0.32、北台面宽 0.48、南台面宽 0.41、西台面宽 0.36、高 0.36～0.4 米。

葬具一椁一棺，朽，长方形，椁长 2.4、宽 1 米。棺位于椁室的中部，长 2.2、宽 0.6 米。墓主骨骼已朽。残存有头部、肢骨部分朽痕，可辨头向北。单人仰身直肢葬。

随葬品共 4 件，其中陶罐 1 件、盘口罐 2 件，位于西南二层台内。漆盒 1 件，位于棺内北部偏东，朽，无法提取。

盘口罐　1 件。

标本 06M30：1，泥质灰陶，盘口，尖唇，束颈，溜肩，圆鼓腹，最大腹径居中，腹下部斜直内收，平底内凹。腹中部饰一周凹弦纹与戳刺纹，腹下部及底部饰横向绳纹，漫漶不清。口径 15.6、腹径 26.1、底径 6.4、高 28.8 厘米（图一〇六，1）。

大口罐　1 件。

标本 06M30：3，泥质灰陶。敛口，尖唇，斜弧沿，短束颈，溜肩，扁鼓腹，最大腹径居中，腹下部弧内收，平底。腹中部饰一周戳刺纹，腹下部及底饰纵横向的绳纹。口径 22.2、腹径 36、

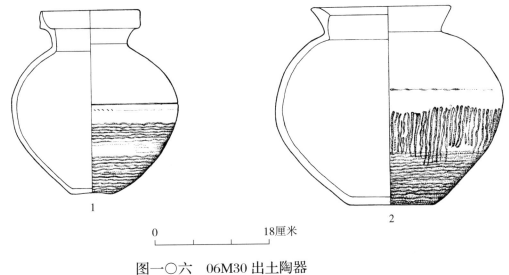

图一〇六　06M30 出土陶器

1.盘口罐06M30：1 2.大口罐06M30：3

底径 13.8、高 31.5 厘米（图一〇六，2）。

10.06M34

位于西墓区的南部，墓向 25°。墓圹平面呈长方形，直壁，壁面粗糙，平底（图一〇七）。长 2.8、宽 1.6、深 1.4 米。墓室填土为原挖圹的黄褐酥石土。有熟土二层台，系挖墓的原酥石碎块回填堆砌而成，含土少，规整。西台面宽 0.5、东台面宽 0.32、高 0.28 米。

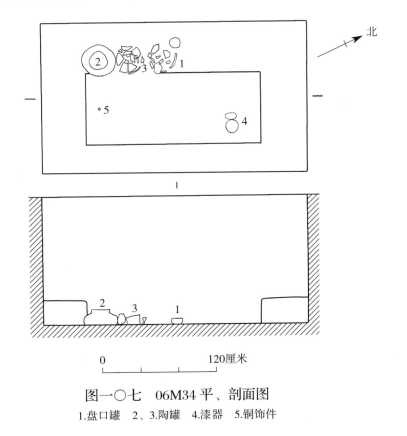

图一〇七　06M34 平、剖面图

1.盘口罐　2、3.陶罐　4.漆器　5.铜饰件

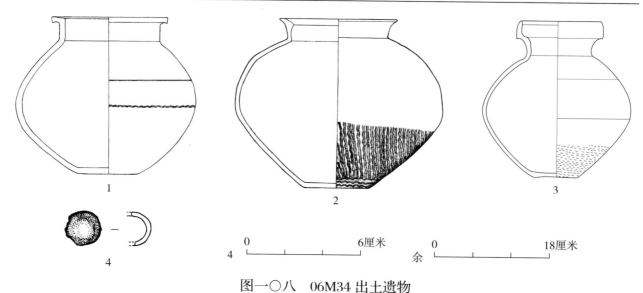

图一〇八　06M34 出土遗物

1、2.陶罐06M34：2、3　3.盘口罐06M34：1　4.铜饰件06M34：5

葬具一棺，朽，长方形，长 1.8、宽 0.8 米。墓主骨骼保存差，已朽，仅存头骨部分朽痕，可辨头向北，单人葬，葬式不明。

随葬品共 5 件，其中陶罐 2 件、盘口罐 1 件，位于棺外西侧二层台偏南处内。漆盒 1 件，圆形，直径约 13 厘米，漆器 1 件，仅存 1 圆钮形铜饰件，棺内北偏东及南侧散落其他物，均朽，器类无法辨别，无法提取。

陶罐　2 件。均为泥质灰陶。

标本 06M34：2，侈口，方唇，卷沿，束颈，溜肩，扁鼓腹，最大腹径居中偏下，腹下部弧内收，平底。腹上部饰一周凹弦纹，腹中部饰一周绳纹，漫漶不清。口径 18.4、腹径 28.6、底径 9.6、高 25 厘米（图一〇八，1）。

标本 06M34：3，敛口，尖唇，弧沿，矮束颈，小平底。腹下部及底部饰纵横向粗绳纹。口径 18.6、腹径 33、底径 10.2、高 27 厘米（图一〇八，2）。

盘口罐　1 件。

标本 06M34：1，泥质灰陶。盘口，圆唇，高领，束颈，溜肩，圆鼓腹，最大腹径居中偏下，腹下部斜直内收，小平底内凹。肩部及腹中部各饰一周凹弦纹，腹下部及底部饰横向绳纹，漫漶不清。口径 13.2、腹径 23.6、底径 6.8、高 24.8 厘米（图一〇八，3）。

铜饰件　1 件。

标本 06M34：5，残，呈空心半球形，应为漆器饰件。直径 1.4、厚 0.2 厘米（图一〇八，4）。

11.06M35

位于西墓区的南部，墓向 22°。墓圹平面呈长方形，直壁，壁面粗糙，平底（图一〇九）。长 3、宽 2、深 2.64 米。墓内填土，上部分为黄褐酥石土，夹杂少量灰褐土，下半部填土为石渣子，均为挖圹的原土。有熟土二层台，系挖墓穴时凿出的酥石碎块回填堆砌而成，含土少，规整。台面均宽 0.5、高 0.3 米。

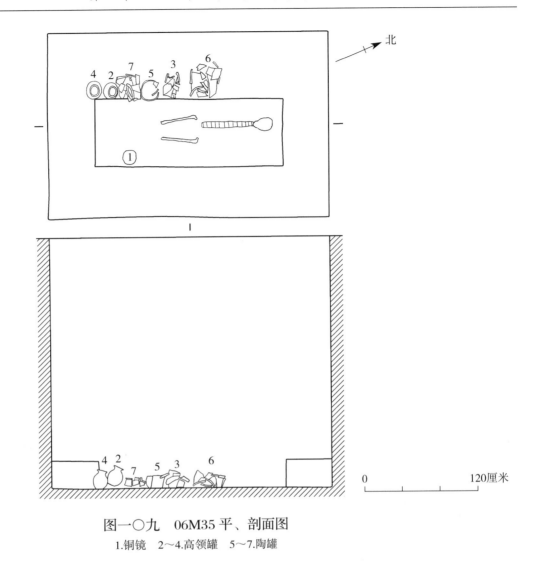

图一〇九　06M35平、剖面图
1.铜镜　2～4.高领罐　5～7.陶罐

葬具一棺，朽，长方形，长2、宽0.7米。墓主骨骼已朽，残存有头部及肢骨等朽痕，可辨头向北，单人葬，葬式不明。

随葬品共7件，其中陶罐3件、高领罐3件，位于棺外西侧二层台内。铜镜1枚，残存麻布包装的痕迹。位于棺内东南部。

陶罐　2件，均为泥质灰陶。

标本06M35：5，敛口，圆唇，弧沿，束颈，溜肩，扁鼓腹，最大腹径居中偏下，腹下部弧内收，平底。腹部偏下及底部饰纵向粗绳纹，近底处漫漶不清。口径18、腹径32.4、底径10.2、高27.6厘米（图一一〇，1）。

标本06M35：6，内弧沿，腹中部饰一周绳纹，腹下部及底部饰3组纵向绳纹，漫漶不清。口径19、腹径31.5、底径10、高26.4厘米（图一一〇，2）。

高领罐　3件。均为泥质灰陶，形制基本相同。直口，方唇内倾，平折沿，高领，束颈，斜肩，鼓腹，最大腹径居中偏下，腹下部弧内收，小平底。

标本06M35：2，腹下部及底部饰横向绳纹。器表通体磨光。口径12、腹径20、底径6.25、

118

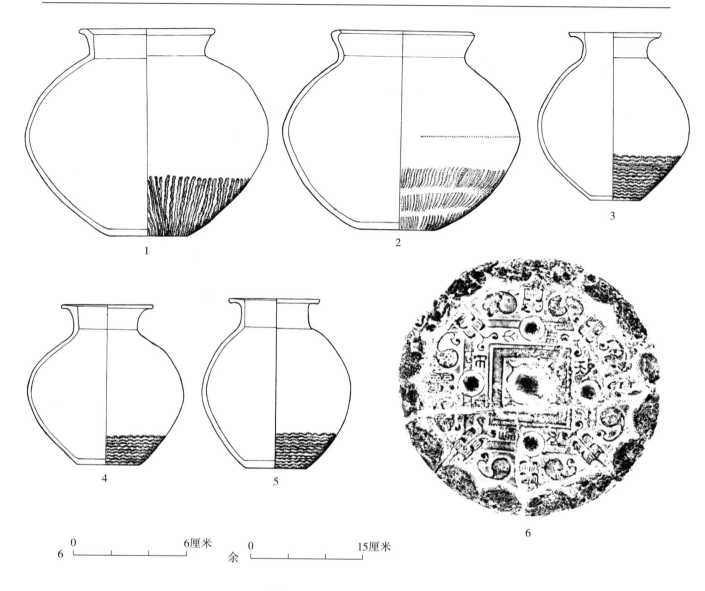

图一一〇　06M35 出土遗物

1、2.陶罐06M35：5、6　3～5.高领罐06M35：2～4　6.铜镜06M35：1

高 22.4 厘米（图一一〇，3）。

标本 06M35：3，口径 12、腹径 20.6、底径 8、高 21.2 厘米（图一一〇，4）。

标本 06M35：4，口径 12.2、腹径 20、底径 8、高 22.5 厘米（图一一〇，5）。

铜镜　1 枚。

标本 06M35：1，日光对称单层草叶纹镜。圆形，圆钮，四叶形钮座，钮外围以大、小两个凹面方格，大方格的四角各饰有叠式草叶纹，方格每边饰有一个乳丁纹将两字铭文隔开。内向十六连弧纹缘。铭文为"天……大明……"直径 13.6 厘米（图一一〇，6）。

12.06M36

位于西墓区的南部，墓向 29°。墓圹平面呈长方形，直壁，壁面粗糙，平底（图一一一）。

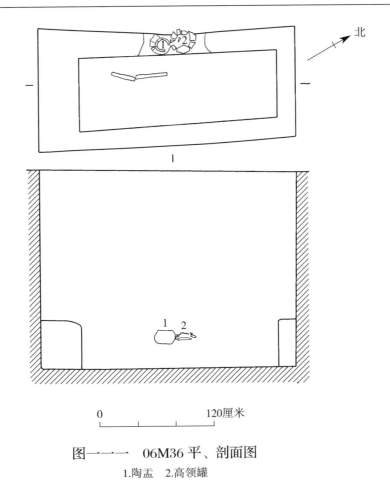

图一一一　06M36 平、剖面图

1.陶盂　2.高领罐

长 2.68、宽 1.3、深 2.1 米。墓内填土为原挖圹的黄褐酥石。有熟土二层台，系挖墓穴时凿出的酥石碎块回填堆砌而成，含土少，较整，台面宽 0.2 ~ 0.4、高 0.52 米。

无葬具。墓主骨骼已朽，仅存部分肢骨朽痕，可辨头向北。单人葬，葬式不明。

随葬品共 2 件，其中高领罐 1 件、陶盂 1 件，位于墓室西侧二层台中部偏上。铁夯具 1 件，位于填土内。

高领罐　1 件。

标本 06M36：2，泥质灰陶。侈口，方唇，斜折沿，高领，束颈，溜肩，扁鼓腹，最大腹径居中，腹下部斜直内收，小平底。素面，漫漶不清。口径 14、腹径 24、底径 8、高 25 厘米（图一一二，1）。

陶盂　1 件。

标本 06M36：1，泥质黄褐陶。敛口，尖唇，斜折沿，矮束颈，斜肩，扁折腹，最大腹径居中，腹下部斜直内收，平底。烧造原因造成器形不规整。口径 19、腹径 26、底径 11.4、高 18.5 厘米（图一一二，2）。

铁夯具　1 件。

标本 06M36：3，残，呈圆柱形，平底，锈蚀严重。一端为圆滑的夯面，另一端作筒状，装套于夯体上。残长 8.5、底径 5、口径 7.5 厘米（图一一二，3）。

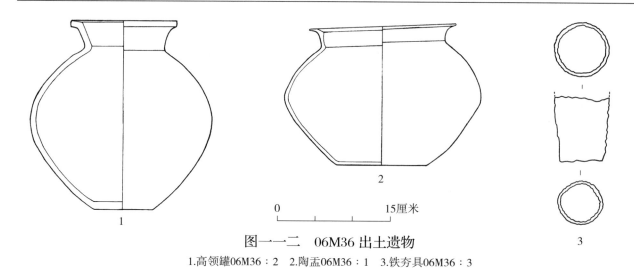

图一一二　06M36 出土遗物

1.高领罐06M36：2　2.陶盂06M36：1　3.铁夯具06M36：3

13.06M37

位于西墓区的南部，墓向120°。现仅存封土底部，见夯打痕迹，土质坚硬，具体堆积范围不明。墓底尺寸微大于墓口，斜直壁，面光滑，平底（图一一三；彩版三四，1）。墓圹平面呈长方形，长 3.3、宽 2、深 4 米。墓室填土为灰褐土夹杂些酥石颗粒，自上而下，随着深度的加深，填土中酥石面逐渐增多，灰褐土与酥石颗粒相间，距地表2.5米处，填土为酥石颗粒，纯净松散。夯面平整、夯窝清晰，夯面撒有一薄层细土，墓室底部填土疏松。圆形平底的夯窝，夯径8、深3.5厘米。有熟土二层台，挖墓的原酥石碎块回填堆砌而成，含土少，规整。台面宽度不一，东台面宽0.6、西台面宽0.48、南台面宽0.24、北台面宽0.8、高0.64米。

葬具一椁一棺，已朽，椁长2.2、宽1.2米，棺位于椁内南部，宽0.8米，长度不明，椁内棺外北边有边箱，长2.2、宽0.4、深0.4米。墓主骨骼已朽。残留保存有头部及肢骨部分朽痕，可辨头向东。单人仰身直肢葬。

随葬品共 7 件，主要是陶器，其中盘口罐 2 件、高领罐 3 件、陶钵 2 件，位于边箱内。

高领罐　3 件。

标本 06M37：1，泥质黑陶。直口，方唇，平折沿，高领，束颈，斜肩，球腹，最大腹径居中，腹下部弧内收，平底。颈部磨光暗纹明显，肩部及上腹部有轮制痕迹。颈部下与肩部上交接处有1组圆形连珠，腹下部偏下及底部饰纵横向绳纹，近底处漫漶不清。通体磨光并施陶衣，局部脱落。口径18、腹径31.6、底径12、高27.4厘米（图一一四，1）。

标本 06M37：2，与06M37：1形制相近，侈口，鼓腹，肩部及腹上部有磨光暗纹及旋痕，腹中部饰两周不规则的凹弦纹。通体磨光并施陶衣。口部变形。口径18、腹径30、底径12.5、高28厘米（图一一四，2；彩版三四，2）。

标本 06M37：3，泥质灰陶。侈口，方唇，宽斜折沿，高领，束颈，斜肩，圆鼓腹，最大腹径居中偏下，腹下部斜直内收，小平底。颈部有磨光暗纹，腹下、底部饰横向绳纹。通体磨光。口径12、腹径20、底径6.5、高22厘米（图一一四，3）。

盘口罐　2 件，均为泥质黑陶，形制基本一致。

标本 06M37：4，盘口，方唇，束颈，溜肩，圆鼓腹，最大腹径居中，腹下部斜内收，小平底。

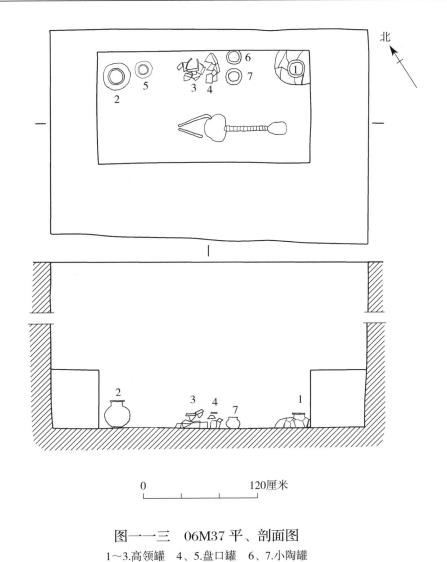

图一一三　06M37 平、剖面图

1～3.高领罐　4、5.盘口罐　6、7.小陶罐

腹中部饰一周凹弦纹，腹下、底部饰斜向粗绳纹。口径 13、腹径 21.4、底径 6、高 23.8 厘米（图一一四，4；彩版三四，3）。

标本 06M37：5，腹中部饰四周凹弦纹，腹下、底部饰斜向粗绳纹。口径 12.6、腹径 22、底径 7.5、高 24 厘米（图一一四，5）。

小陶罐　2 件。均为泥质灰陶。

标本 06M37：6，盖，直口，斜壁，平顶，圆唇，盖径 11.2、高 3.1 厘米。罐，侈口，圆唇，平沿，矮领，束颈，溜肩，鼓腹，最大腹径居中，腹下部内收，平底。腹、底部有修整痕迹，腹下部近底处饰两周凹弦纹，漫漶不清。口径 10.2、腹径 15、底径 9、通高 13.9 厘米（图一一四，6；彩版三四，4）。

标本 06M37：7，盖，覆钵形，圆顶，圆唇侈口，盖径 11.4、高 2.5 厘米。钵，侈口，圆唇，斜沿，斜肩，鼓腹，最大腹径居中，腹下部内收，平底。颈部与肩部交接处饰一周凸棱，腹下、底部饰有数周凹弦纹。口径 10.6、腹径 14.5、底径 7.5、通高 12.45 厘米（图一一四，7；彩版三四，5）。

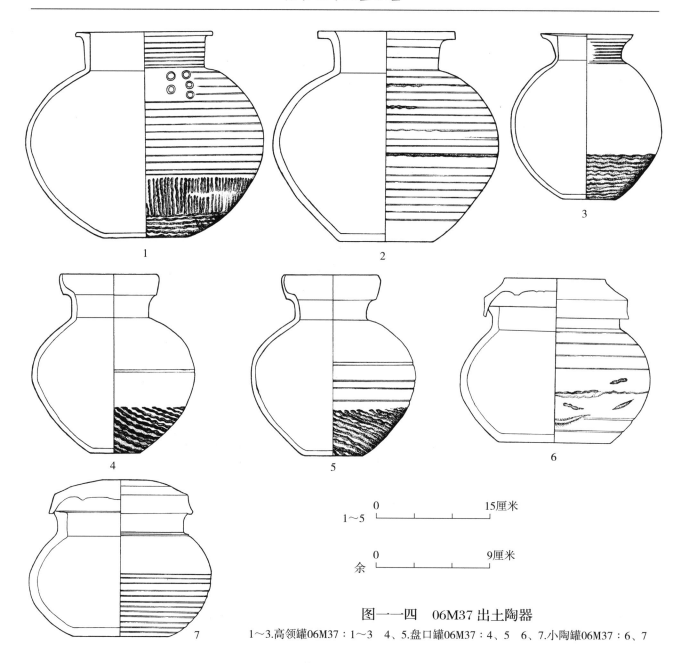

图一一四　06M37 出土陶器

1～3.高领罐06M37：1～3　　4、5.盘口罐06M37：4、5　　6、7.小陶罐06M37：6、7

二　砖室墓

砖室墓均为单室，共清理 8 座，墓均受到不同程度的破坏。其中，编号 06Z22 墓室上部封土保存较好。

1.06Z22

06Z22（编号 M22）。位于西墓区的北部，墓向 287°。墓葬由地上封土与地下墓室两部分组成。封土面积较大，现封土平面略呈圆角方形，剖面呈"馒头状"，顶部较圆，封土底边东西长 18、南北宽 12.5、高 1.9 米（彩版三五，1）。封土顶部见早期盗洞。墓室平面略呈"凸"字形，由墓道、墓门和墓室三部分组成（图一一五；彩版三五，2）。

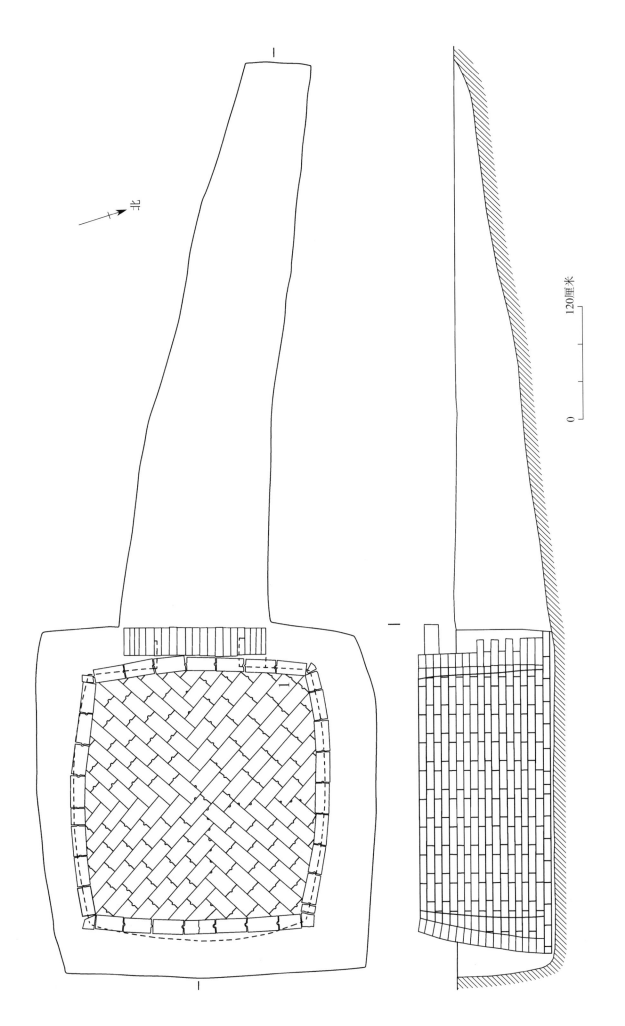

北

120厘米

0

图一一五　06Z22 平、剖面图

1.铜线

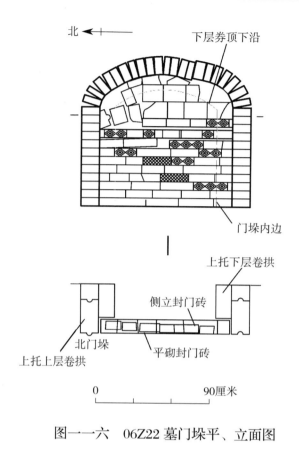

图一一六　06Z22 墓门垛平、立面图

墓道土坑竖穴式，位于墓室西侧，直接凿在生土上，平面呈长条形，两壁制作规范，自西向东呈斜坡状，长 5.9、宽 1.1 米。

墓门宽 1.38、进深 0.3、高 1.7 米（图一一六）。开在墓室西壁中部位置。券顶，楔形砖与普通砖混搭建成，单砖侧立。门垛保存完好，墓门前垒有封门砖。

墓室保存基本完整，略呈方形（图一一五；彩版三五，3）。墓圹东西长 4、南北宽 4、残深 2 米。砖室长 2.9、宽 2.7、深 2.3 米。先平铺一层砖作底，再用砖砌筑墓室四壁。西壁直，余三壁均略呈弧形，单砖错缝循环砌筑。黄泥粘砌。墓室四壁相交处折角明显，采用对头齐缝方式砌筑。用砖长侧面纹饰朝向墓室。东、南、北三壁分别为 18 层砖，自下而上，逐层渐缓内收，至墓顶部又用单砖南北向侧立，构筑成穹隆顶（单砖券顶）（图一一七）。墓底较平整，单层，单砖铺砌呈“人”字形。

木质葬具已朽。墓底南侧有 3 块位置对称的残砖，为放棺处垫砖。墓主骨骼已朽，仅在墓室东偏北处见部分下肢骨、骨盆和肋骨等朽痕。头向、葬式等不明。

由于被盗，随葬品仅余铜钱 26 枚，均为五铢。

五铢　26 枚。

标本 06Z22：1，字体瘦长，“五”字中间交叉两笔弯曲，末端近平行，“铢”字的“金”字头呈三角形，“朱”字头方折，中间横穿一横。直径 2.5、穿径 1、厚 0.1 厘米（图一一八，1）。

墓砖　长侧面模印重菱形纹的花纹砖，有子母口。砖长 32、宽 15.5、厚 7 厘米（图一一八，2）。

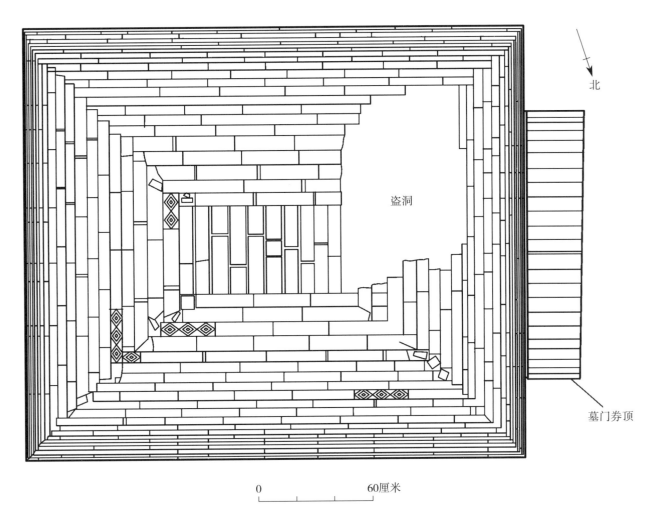

图一一七　06Z22 穹顶平面图

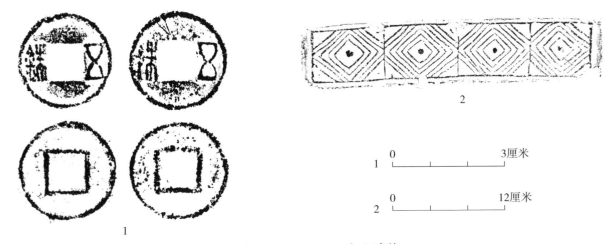

图一一八　06Z22 出土遗物

1.五铢06Z22：1　2.06Z22墓砖纹饰拓片

2.06M1

位于西墓区的北部，墓向295°。平面略呈"凸"字形，由墓道、墓门和墓室三部分组成（图一一九）。墓室后期破坏严重，顶部情况不明。

墓道位于墓室西侧，土坑竖穴式，已被破坏，具体情况不明。

墓门宽1.4、进深0.12、高1.1米。开在墓室西壁中部位置。封门砖砌筑方法不明。随葬品，仅在墓底清理铁器1件。

铁器　1件。

标本06M1：1，残，锈蚀，器形不明。呈不规则方形。残长8.4、宽3～7、厚约0.2厘米（图一二○，1）。

墓砖　一种长侧面模印三组重菱形纹的花纹砖，字母口。砖长32、宽13、厚7.2厘米（图一二○，2）。

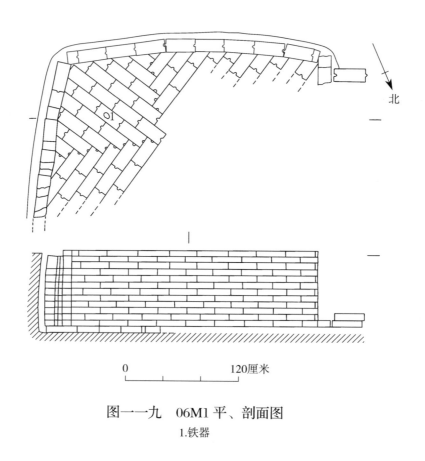

0　　　　　　　　120厘米

图一一九　06M1平、剖面图
1.铁器

3.06M2

位于西墓区的北部，西邻06M4，墓向298°。平面略呈"凸"字形，由墓道、墓门和墓室三部分组成（图一二一；彩版三六，1），墓室后期破坏严重，顶部情况不明。

墓道土坑竖穴式，位于墓室西侧，直接凿在生土上，平面呈长条形，两壁制作较规整，自西向东略呈缓坡状，长3.1、宽1、深1米。

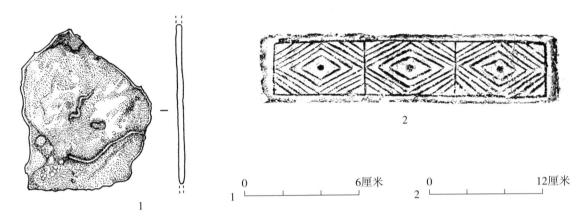

图一二○ 06M1 出土遗物

1.铁器06M1：1 2.06M1墓砖纹饰拓片

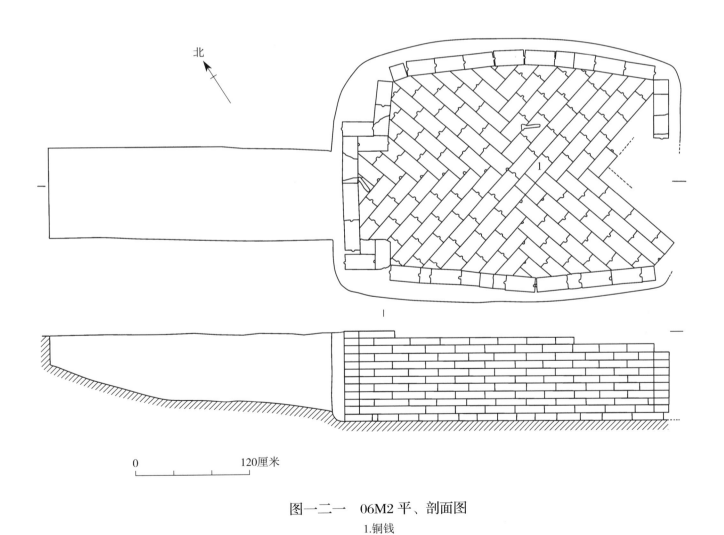

北

图一二一 06M2 平、剖面图

1.铜钱

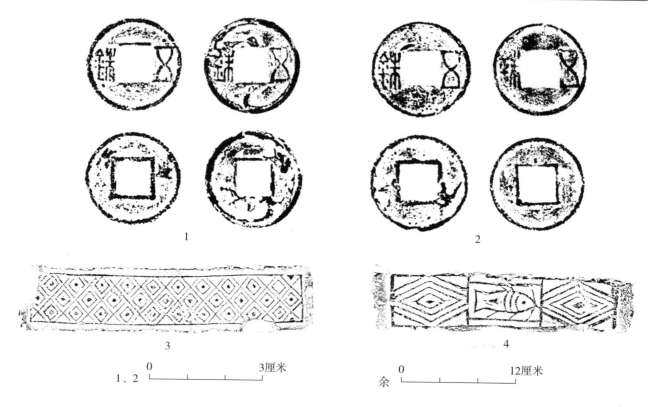

图一二二　06M2 出土遗物

1、2.五铢06M2：1、2　3、4.06M2墓砖纹饰拓片

　　墓门宽 1.5、高 0.9、进深 0.2 米。开在墓室西壁中部偏南。现存门垛，采用单砖纵向砌成，然后用单砖东西向排列凸出形成甬道。封门，采用单砖错缝南北向砌筑封堵。

　　墓室略呈长方形。墓圹长 3.68、宽 2.8、残深 1 米。砖室长 2.8、宽 2.24、深 0.96 米。先平铺一层砖作底，紧贴土圹用砖砌筑墓室四壁。北壁保存较好，现余存 10～11 层，南壁仅余 2～4 层，东壁仅余北侧一部分，余存 8 层。西壁直，其余三壁均外弧。自下而上单砖逐渐内收，形成券顶。单砖错缝平铺循环砌筑。黄泥粘砌。用砖长侧面纹饰朝向墓室。墓室四壁相交处折角明显，采用对头齐缝方式砌筑。墓底较平整，单层，单砖交错斜铺呈"人"字形。东侧后期破坏。

　　葬具不见。墓主骨骼朽余部分肢骨，进水后，人骨移位。头向、葬式等不明。

　　随葬品，仅清理五铢 16 枚，位于墓室内。

　　五铢　16 枚。

　　标本 06M2：1，字体瘦长，"五"字中间两笔交叉略弯较直，"铢"字的"金"字头呈三角形。"朱"字头方折，中间横穿一横。直径 2.5、穿径 1、厚 0.1 厘米（图一二二，1）。

　　标本 06M2：2，字体瘦长，"五"字中间两笔弯曲，近底部平行，上下两横出头，"铢"字偏小，"金"字头呈三角形，"朱"字头方折，中间穿一横。直径 2.5、穿径 1、厚 0.1 厘米（图一二二，2）。

　　墓砖　一种长侧面模印小菱形夹杂乳丁纹花纹砖，子母口。长 31.5、宽 16、厚 8 厘米（图

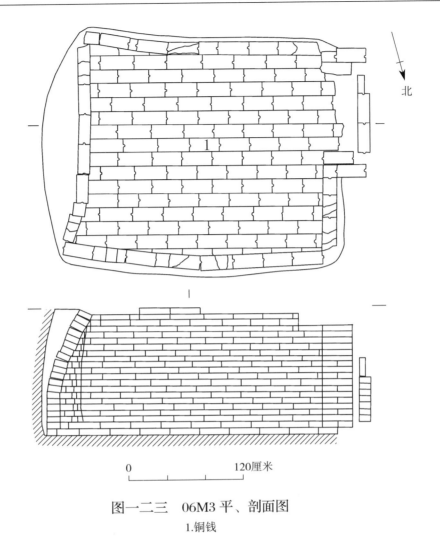

图一二三　06M3 平、剖面图

1.铜钱

一二二，3）。另一种长侧面纹饰分为三组，中间为鱼纹，两侧为重菱格形纹花纹砖，子母口。长 28、宽 16、厚 7 厘米（图一二二，4）。

4.06M3

位于西墓区的北部，墓向 282°。平面略呈"凸"字形，由墓道、墓门和墓室三部分组成（图一二三）。墓室后期遭到破坏，顶部情况不明。

墓道土坑竖穴式，位于墓室西侧，后期遭到破坏，情况不明。

墓门宽 1.4、高 1.1、进深 0.3 米。开在墓室西壁偏南。采用单砖自下而上砌筑券顶。封门采用单砖错缝南北向砌成封堵。

墓室略呈长方形。墓圹长 3.2、宽 2.6、残深 1.3 米。砖室长 2.8、宽 2.2、深 1.3 米。先平铺一层砖作底，紧贴土圹用砖筑墓室四壁。东、西及南壁保存较好，东、南两壁现余存 18 层。西壁现余存 4～7 层。西壁直，其余三壁均外弧。自下向上，至第 9 层开始逐渐内收，形成券顶。单砖错缝平铺循环砌筑。黄泥粘砌。用砖长侧面纹饰朝向墓室。墓室四壁相交处折角明显，采用对头齐缝方式砌筑。墓底平整，采用单砖东西向横列错缝平铺砌筑方式。填土为坚硬的灰褐色土

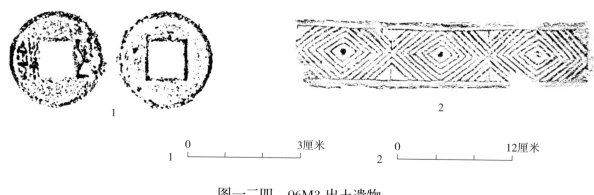

图一二四　06M3 出土遗物

1.五铢06M3：1　2.06M3墓砖纹饰拓片

夹杂酥石。

　　葬具，木质，已朽，仅发现少量棺灰。墓主骨骼已朽，头向、葬式不明。

　　随葬品，仅清理五铢铜钱 18 枚，位于墓室内。

　　五铢　18 枚。

　　标本 06M3：1，字体瘦长，"五"字中间两笔交叉较直，"铢"字的"金"字头呈三角形。"朱"字头方折，中间横穿一笔。直径 2.6、穿径 1、厚 0.1 厘米（图一二四，1）。

　　墓砖　分二种，一种长侧面模印三组图案，每组中心含凸乳丁的重菱格形的花纹砖，字母口。长 31.5、宽 16、厚 8 厘米（图一二四，2）。另一种素面砖，长 31、宽 14、厚 7 厘米。

5.06M4

　　位于西墓区的北部，06M2 的西偏南，墓向 298°。平面略呈"凸"字形，由墓道、墓门和墓室三部分组成（图一二五；彩版三六，2）。墓室后期遭到破坏，顶部情况不明。

　　墓道土坑竖穴式，位于墓室西侧，直接凿在生土上，平面呈长条形，仅清理部分，长 3.4、宽 0.9 米。

　　墓门宽 1.4、进深 0.3、高 1.3 米。开在墓室西壁中部偏南。券顶门。采用单砖侧立东西向砌筑方式。外券顶高于内侧券顶。双层封门砖，采用单砖错缝南北向砌成封堵。墓门外侧券顶为 17 行砖。

　　墓室土圹呈长方形，长 3.7、宽 2.5、残深 1.4 米。砖室长 3.1、宽 2.1、残深 1.4 米。先平铺一层砖作底，紧贴土圹用砖砌筑墓室四壁。西壁较直，其余三壁均外弧。墓室四壁自下而上单砖逐渐内收，形成"四隅券进"式穹隆顶。顶部用砖，砖缝间塞有薄石片、陶片等为碾加固。顶部后期塌陷，现余 4～5 层。单砖错缝平铺循环砌筑。黄泥粘砌。用砖长侧面纹饰朝向墓室。墓室四壁相交处折角明显，采用对头齐缝方式砌筑。墓底平整，单砖交错斜铺呈"人"字形。葬具不见。墓室底部用单砖平铺二层台，其中，南北向平铺 15 行，后东西向平铺 5 个砖，东西向侧立 4 个砖，分析为放置棺所用。

　　墓主骨骼已朽，头向、葬式等不明。

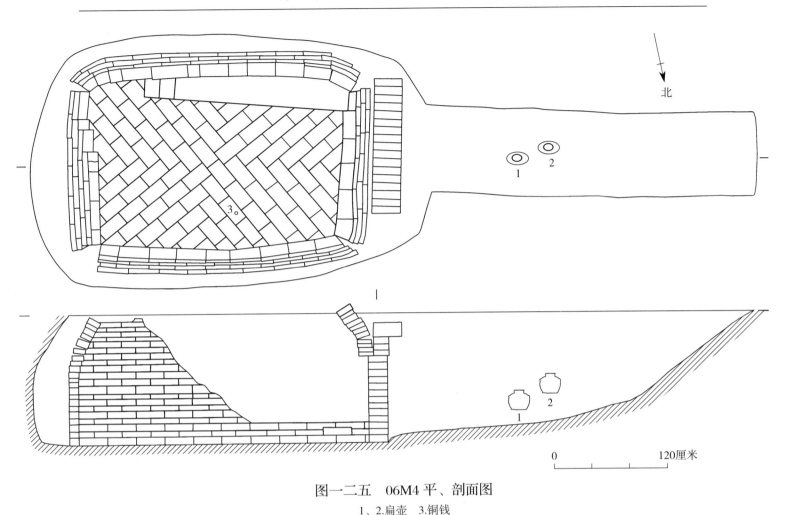

图一二五　06M4 平、剖面图

1、2.扁壶　3.铜钱

随葬品仅清理五铢 4 枚，位于墓室内。在墓道内发现白陶扁壶 2 件。

扁壶　2 件。均为夹砂白陶，形制相同。矮颈，宽面，斜肩，弧腹，最大腹径居中偏上，腹下部斜直内收，平底。肩部有对贯耳，穿孔与肩线平行，素面。

标本 06M4：1，侈口，圆唇，口径 11.5、腹径 24、底径 17、高 22 厘米（图一二六，1）。

标本 06M4：2，溜肩。口径 11.8、腹径 24、底径 17、高 22.5 厘米（图一二六，2）。

墓砖　长侧面模印三组图案，每组中间含凸乳丁的重菱格形花纹砖。砖长 31.2、宽 14、高 7.2 厘米（图一二六，3）。

6.06M5

位于西墓区的北部，06M4 的西侧，墓向 107°。由墓门、甬道和墓室三部分组成（图一二七）。后期遭到破坏，顶部情况不明。填土为黄褐土，土质较疏松。

墓门宽 1.6、进深 0.3、高 1.5 米。开在墓室东壁中部偏南。券顶，双排砖东西向砌筑，用砖为长方形砖加工成楔形。

墓室残。土圹残长 1.6、宽 3.0、高 1.5 米。砖室长 1.3、宽 2.7、残深 1.5 米。先平铺一层砖作底，

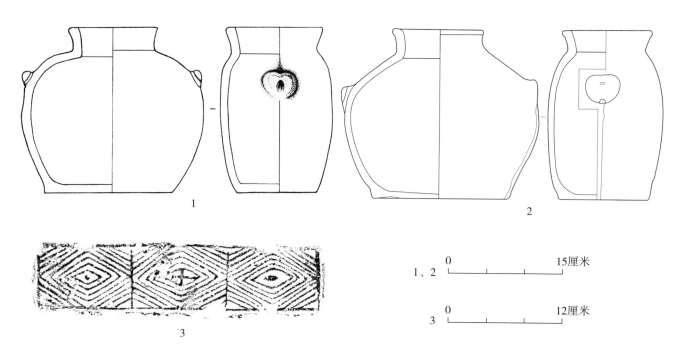

图一二六　06M4 出土遗物

1、2.扁壶06M4：1、2　3.06M4墓砖纹饰拓片

紧贴土圹用砖砌筑墓室四壁。单砖错缝平铺循环砌筑。黄泥粘砌。用砖长侧面纹饰朝向墓室。

　　葬具不见。在墓室墓底北部有砖砌二层台，单砖错缝平铺5行放置棺。墓底较平整，单砖交错斜铺呈"人"字形。葬具及墓主骨骼不见，头向、葬式等不明。

　　随葬品无。

　　墓砖　长侧面模印重菱格形花纹砖。砖长31.2、宽15、厚7厘米（图一二七，1）。

7.06M6

　　位于长江路南侧，西墓区的北部，墓向300°。由墓道、墓门和墓室三部分组成（图一二八；彩版三七，1）。后期遭到破坏，顶部情况不明。

　　墓道位于墓室西侧，直接凿在生土之上，平面呈长条形，自西向东呈斜坡状，现存长0.9、宽1.2、深0～0.8米。

　　墓门宽1.2、深0.8、残高0.5米。设在墓室西壁，采用单砖纵横平铺的砌筑方式。封门砖内外两层，外侧采用横纵平铺砌筑方式，内侧采用单砖纵向砌筑方式。外侧封门砖，现余存7层。

　　墓室墓圹呈长方形，东西长4.3、南北残宽1.3、残深0.6米。平铺一层砖作底，再用砖砌筑墓室的四壁。墙壁与土圹之间用土填实。墓室长2.6、宽0.9、深0.6米。墓室南、北壁保存较好，余存6～9层砖，东壁仅存东南部分余9～10层。采用单砖错缝循环平砌法铺砖。砖长侧面纹饰朝向墓室。墓底平整，采用单砖齐缝循环平砌筑做法。填土为五花土。

　　葬具和墓主骨骼已朽，头向、葬式等不明。

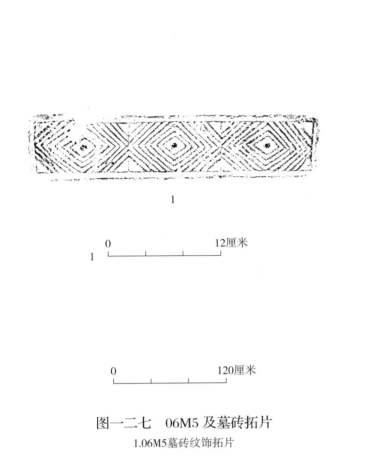

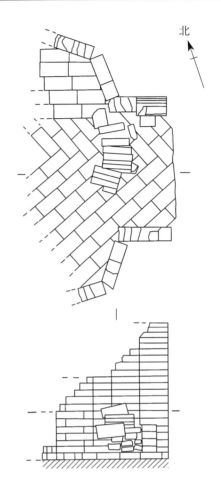

1

0　　　　　　　12厘米

0　　　　　　　120厘米

图一二七　06M5 及墓砖拓片

1.06M5墓砖纹饰拓片

随葬品无。

墓砖　长侧面模印重菱格形花纹，内饰乳丁纹花纹砖。长 30.4、宽 13、厚 7.7 厘米（图一二八，1）。

8.06M31

位于西墓区的西部，墓向 287°。平面略呈"凸"字形，由墓道、墓门和墓室三部分组成（图一二九；彩版三七，2）。墓室后期遭到破坏，顶部情况不明。

墓道土坑竖穴式，位于墓室西侧，直接凿在生土上，平面呈长条形，东端宽，西端窄，两壁制作规整，自西向东略呈斜坡状，长 2.9、东宽 1.0、西宽 0.5、深 0～0.8 米。

墓门宽 1.4、进深 0.4、残高 0.9 米。开在墓室西壁中部偏南。券顶。封门砖，采用单砖错缝平砌封堵，现余存 13 层。

墓室平面略呈长方形。墓圹长 3.5、宽 2.6、残深 1 米。砖室东西长 3、南北宽 2.2、深 1 米。先平铺一层砖作底，紧贴土圹用砖砌筑墓室四壁。西壁较直，其余三壁均外弧。自下而上单砖逐渐内收，形成券顶。现余存 15 层。单砖错缝平铺循环砌筑。黄泥粘砌。用砖长侧面纹饰朝向墓室。墓室四壁相交处折角明显，采用对头齐缝方式砌筑。墓底平整，单砖交错斜铺呈"人"字形。填土为灰褐土。

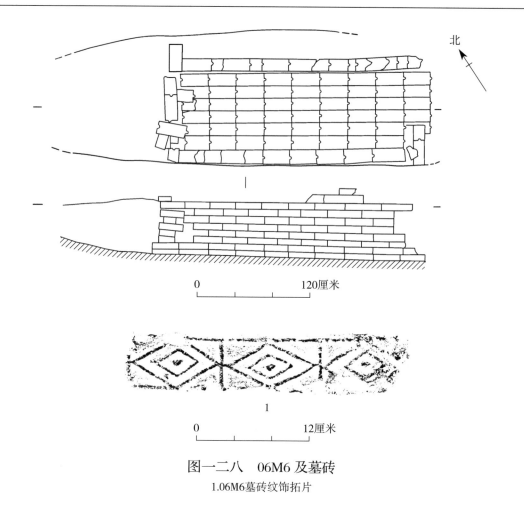

图一二八　06M6 及墓砖
1.06M6墓砖纹饰拓片

葬具、墓主骨骼已朽，人骨移位，仅在墓室北壁附近发现人头骨朽痕，可辨头向东，葬式不明。

随葬品铜镜 1 枚，在墓室底部东南，五铢 16 枚，位于墓室底部，随意放置，分布无规律。

铜镜　1 枚。

标本 06M31：1，善铜尚方四神博局镜。圆形，圆钮，四叶纹钮座，座外双线方格内有十二枚乳丁与十二地支。方格外为八乳及博局纹。四方八区内有八个瑞兽，龙配以凤鸟，虎配以独角兽，朱雀配以禽兽，玄武配以禽鸟及蟾蜍，其余空间处填以小禽之类。外区有铭文，外一周流云纹边缘。铭文为："新有善铜出丹阳，尚方佳竟（镜）真大好，上有仙人不知老，渴饮玉泉饥食枣，浮游天下遨四海。"修复。直径 13、厚 0.6 厘米（图一三〇，1；彩版三七，3）。

大泉五十　1 枚。

标本 06M31：2，"五"字斜画较肥曲，"大"字横画弧曲。直径 2.5、穿边长 1.1、厚 2 厘米（图一三〇，2）。

五铢　16 枚。

标本 06M31：3，字体瘦长，"五"字中间两笔交叉较直，"铢"字模糊不辨识。直径 2.5、穿径 1.1、厚 0.1 厘米（图一三〇，3）

墓砖　长侧面模印重菱形纹的花纹砖，有子母口。砖长 29、宽 13、厚 6.5 厘米（图一三〇，4）。

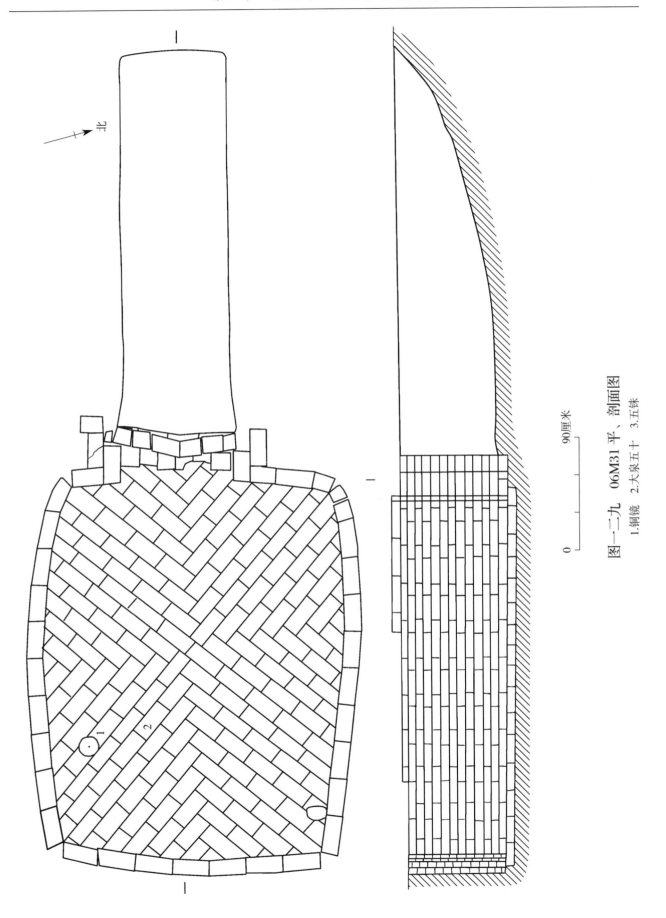

图一二九　06M31 平、剖面图

1.铜镜　2.大泉五十　3.五铢

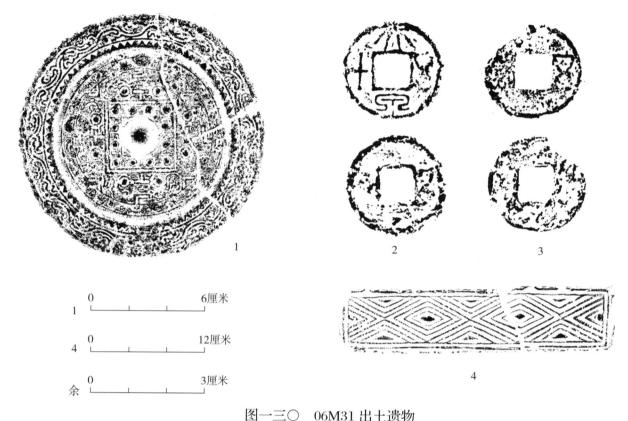

图一三〇　06M31 出土遗物

1.铜镜06M31：1　2.大泉五十06M31：2　3.五铢06M31：3　4.06M31墓砖纹饰拓片

第三节　结语

烟台三十里堡墓地是一处范围较大、分布集中、使用有联系性的墓地。广阔的海滩平原，隆起的丘陵，是古人选择安葬的理想地。这次发掘的 33 座墓葬，盗掘严重，尤其是砖室墓，除个别墓葬保存较好，出土遗物丰富外，大多数出土遗物不算丰富。对这批墓葬的年代，主要依据墓葬的形制结构、墓葬布局及出土遗物的特征作大致推测。

（一）墓葬特征与时代

从墓葬形制分析，墓葬皆属于土圹竖穴墓、砖室墓两大类，均设置巨大的封土，有些墓葬至今地面上仍然可见封土，其他墓葬也可能设置封土，随着长期以来地貌的变迁，封土今多已不存；在胶东地区，土圹竖穴墓木椁的形式是汉代最为常见的墓葬形制。根据以往的考古发现及研究成果，主要流行于西汉时期。砖室墓一般是东汉时期及其以后的墓葬，本次考古发掘，首次在砖室墓（06M31）中发现王莽时期的"大泉五十"，说明西汉晚期，胶东地区开始出现砖室墓。

从墓地分布排列及墓葬分布情况观察，该墓地的墓葬分片成组、两两并排的现象较为多见，除一座封土（06Z18）的封土下为夫妻同穴合葬外，其他常见同一封土下，土圹竖穴墓多见两两并排，根据墓葬形制、随葬器物等分析，时代一般较为接近，多认为墓主为夫妻关系并穴合葬。砖室墓除 06Z22 设有封土外，其他墓葬均无封土。分片成组属不同姓氏的家族墓地。

从出土遗物来看，绝大多数是陶器，其器类多为各地汉墓中常见，土圹竖穴墓，随葬品大多数为陶器，铜器多为铜镜，铜钱常见五铢。不同类型的墓葬在随葬品上有较大差别，随葬品也多寡不一（附表一）。

一是墓葬形制较大者，随葬品也十分丰富，如编号 06Z24M1、06Z24M2、06Z26M1、06Z26M2 及 06M25 等，器物种类齐全。个别墓葬形制虽然较大，但随葬器物也很少，仅有几件陶器，如盘口罐、罐；一般墓葬形制较小者，随葬品也匮乏，如 06M27。再是，随葬器物不同，墓葬组合也不同。二是从出土器物看，随葬器物的器类有两种类型，第一类是以鼎、钫、壶、奁、耳杯等仿铜礼器等彩陶，再配以铜镜等；第二类是以盘口罐、罐为主要器类，再配以各种壶，由此可见器物组合一是鼎、罐、钫、壶、奁、耳杯等仿铜礼器；另一组合为罐、盘口罐，或壶等生活用品。三是出土铜镜皆为汉镜形式，出土铜钱都属于两汉时期。四是白陶常广泛见于砖室墓葬中，本次考古发掘首次在土圹竖穴墓葬（如 06Z18）中发现随葬有多件白陶罐，是本地区随葬陶器发生变化的一大特征。五是从埋葬习俗看，除编号 06Z24 在封土下随葬陶钵外，多见在墓室内二层台上的四角有随葬陶钵的习俗，如 06M21、06M25 等，个别墓葬在棺外、二层台下随葬陶器，如 06M28、06M35、06M38 等；六是砖室墓，因盗掘，随葬品少见，五铢多见。本次发掘首次在砖室墓随葬有"大泉五十"铜钱，将胶东地区砖室墓的年代提前至西汉晚期。

三十里堡墓地出土随葬器物中的盘口罐、高领罐、直口罐、钫、奁、耳杯及魁等器物与山东莱州朱郎埠所出土的盘口壶（06M11：1、06M22：1）、高领罐（06M23：5）、壶（06M1：2、06M35：3）、钫（06M37：4）、奁（06M35：6、06M37：2、06M36：2）、耳杯（06M35：11）和魁（06M37：3）相似，朱郎埠墓地其年代为西汉前期[1]。这两个墓地另外一些特征极为相似，如，墓室内填土有夯打的现象，大多数墓葬有异穴合葬的痕迹，多数陶器的腹下部饰密集绳纹。同时，以 06M31（砖室墓）出土的"大泉五十"来判断，其时代大致属于王莽时期。由此看，该墓地发现的土圹竖穴墓的年代应属西汉时期。其中，随葬组合为仿铜礼器的时代相对早一些，时代应属于西汉前期。砖室墓时代早到西汉晚期（王莽时期），但绝大多数时代属于东汉时期。

（二）几点认识

关于当时胶东地区丧葬习俗之变化。

其一，并穴合葬墓的出现。据已知的考古资料，可证并穴合葬墓出现于西汉中期，合葬墓处于同一座封土下，应是夫妻关系。这类墓葬在胶东半岛以往的考古发掘中已有多例，如荣成梁南庄的一对砖室墓，莱州朱郎埠墓群及福山东留公墓群也有多组并穴合葬墓，其年代都不早于西汉中期，这种墓葬形式至西汉晚期已成为主要的丧葬形式，如三十里堡墓地中，不但大墓并穴合葬，就连规模较小的一组墓也是并穴合葬形式，足见已成当时风俗之定式。并首次发现了夫妻同穴合葬墓（Z18）。

[1] 烟台市博物馆：《山东莱州市朱郎埠墓群发掘报告》，《华夏考古》2009 年第 1 期。

　　其二，自东周时齐国灭莱统一胶东半岛后，胶东地区的丧葬习俗便渐渐被齐文化同化。三十里堡竖穴土圹墓，随葬器物无论在组合上还是在器物形制上，基本与山东中西部的同期文化一致，并且这种一致性进一步加强，体现在陶器或漆器的组合运用上，再如三十里堡墓地的仿铜陶礼器组合都是山东中西部地区习用。2001 年山东曲阜花山出土的一批汉墓，其中出土的陶壶，不但在形制上，而且器物上的彩绘都与三十里堡墓完全一致 [1]。

　　其三，随着墓室日益居室化，世俗信仰的阴间观念得到了加强，阴宅即死人的宅院的观念在民众中被普遍认同。墓室仿居室化的出现，说明到东汉时，本地区的墓葬形制发生了很大的变化，砖室墓逐渐取代了土坑墓，并迅速流行起来，成为烟台地区墓葬的主要形制。这一时期的砖室墓的形制以平面呈"凸"字形为主，有斜坡状墓道、墓门和墓室。本次考古发掘，首次在砖室墓（06M31）中发现了王莽时期的"大泉五十"，将胶东地区砖室墓的时代提前到西汉晚期，为研究胶东地区两汉时期丧葬风俗文化提供了新资料。

　　附记：参加发掘的工作人员有，烟台市博物馆闫勇、侯建业、赵娟、徐明江。先后参加整理资料的有闫勇、侯建业、张文明、赵娟、王欣、张帅。

---

[1]　山东省文物考古研究所：《曲阜花山汉墓出土彩绘陶器》，《中国文物报》2001年5月6日第1版。

第三章 2013年三十里堡汉墓发掘

　　烟台开发区（行政区划属烟台福山区）位于山东半岛黄海之滨，北纬37°，东经121°。开发区东边与芝罘区相连，西边与蓬莱区接壤，南边与福山区相邻，北边临接黄海。

　　为配合烟台开发区内城市工程建设，2013年4～7月，经上级文物主管部门批准，烟台市博物馆组织考古工作队，对工程所占三十里堡墓群建设控制地带区域进行保护性考古发掘，共清理墓葬151座（图一三一），现将发掘情况报告如下。

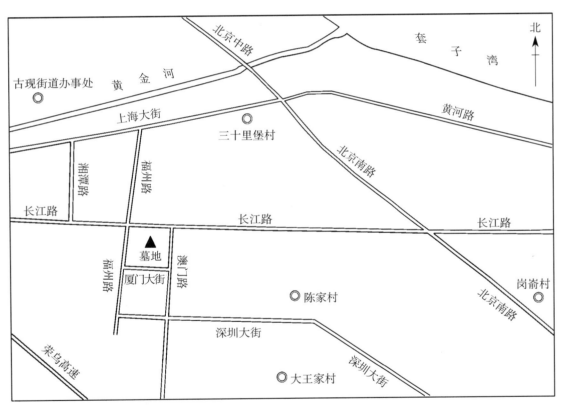

图一三一　三十里堡汉墓群地理位置示意图

第一节　墓地概况

　　烟台开发区三十里堡汉墓群位于古现街道办事处三十里堡及岗嵛村南一线南约5里处的黄海海滨丘陵地带，北距海岸约2里，范围约为东西7.5、南北3.5千米的一片山冈上。据《福山县志稿》记载："福山县西北去三十里，牟子国城后山冈，有土冢若干。"当地人称"牟城七十二冢"。

1977年12月，山东省革命委员会将其公布为山东省第一批文物保护单位。

20世纪土地平整运动，北部和西部的土冢夷为平地，现存墓群分东、西两大墓区，相距2.5千米，现存封土墓60余座。东墓区位于长江社区岗嵛村南，东起岗嵛山，西至西留沟，主要分布在岗嵛村西山冈上，南北宽约1.5千米，有汉墓23座。西墓区位于三十里堡村南，由于长江路贯穿而将西墓区分为南北两部分，北半部主要分布在邻近三十里堡故城址南城墙的山顶及东南山坡上，约有20座；南半部主要分布在长江路以南、陈家村西山顶及大王家村北山顶和东南坡上，南北长约3000、东西宽约900米的范围内，有汉墓17座，总体保存完好。本次发掘主要区域位于西墓区建设控制地带的西南部，东邻澳门路，北邻长江路（图一三二；彩版三八，1、2）。

第二节　墓葬介绍

共清理墓葬151座，其中，土坑竖穴墓140座，瓦棺墓6座，砖室墓5座。

1. 土坑竖穴墓

墓圹平面基本呈长方形。首先，根据墓葬形制、土坑尺寸大小分类，有小型墓5座，中型墓146座，墓葬土坑一般长约2～4、宽约1～3、深约1～3.7米，由此可以认定多为中型墓葬。其次，根据现存封土墓现状和已发掘的大型墓葬墓口周围夯土遗存分析，由此可以认定墓葬不仅有封土，而且其范围还比较大，只是随着地貌的变迁及后期人为的破坏，封土今多已不存。如编号13M35、13M36等。三是根据墓葬分布情况及随葬品特征分析，其墓向和形制相同、基本平行排列并间距较近、随葬器物特征基本相同且时代相近，虽然墓葬无封土，但符合并穴合葬墓特征，如编号13M10、13M11等。四是大多数墓葬为单人葬，仅有编号13M24为夫妻同穴合葬。此外，编号13M13打破13M14等少数墓葬存在打破关系，仅有编号13M25为空墓。

墓圹直接凿在较坚硬的黄褐色酥石土上，圹壁多较直，制作较规整，也有部分墓葬在墓壁的一侧设置壁龛；部分墓葬在内壁的交界处，挖有竖向排列的脚窝。墓葬内多为熟土二层台，少量生土二层台，二层台多在墓室内四周设置，极少在单侧或两侧设置。墓室底部多为平底，个别在墓底人为挖有一条小沟，具有排水功能，如编号13M100。墓内填土多为挖土圹的原土回填，极少数填土是特选较纯净的黄褐土，仅有编号13M4填土下层为大量鹅卵石。填土多使用夯具，分层夯打，夯层厚约8～10厘米。夯层一般较为平整、坚硬，也有的夯打较随意，夯面不平整，较粗糙。夯具常见圆柱平头式夯棍，夯窝直径6～10、深6～8厘米。葬具使用木质葬具，多数单椁单棺，少数为单棺，仅有编号13M24为单椁双棺，皆朽，结构不清。极个别墓葬无葬具，如编号13M74。墓主骨骼保存不好，已朽。葬式多为单人仰身直肢葬，少数是单人侧身屈肢葬，如编号13M87、13M91等，极个别单人葬，其下肢呈"八"字形，如编号13M9。头向不一，主要为东向，少数北向，仅有编号13M123为西向，极个别无法辨别头向。随葬器物多置于椁内棺外的一侧或棺内，也有置于熟土二层台内或台面上，个别置于壁龛或头箱内，极个别是在墓开口封土下，如编号13M13。同时，在墓室内四角，二层台上面有放置小陶罐或陶钵的习俗，如编号13M18、13M19和13M59。

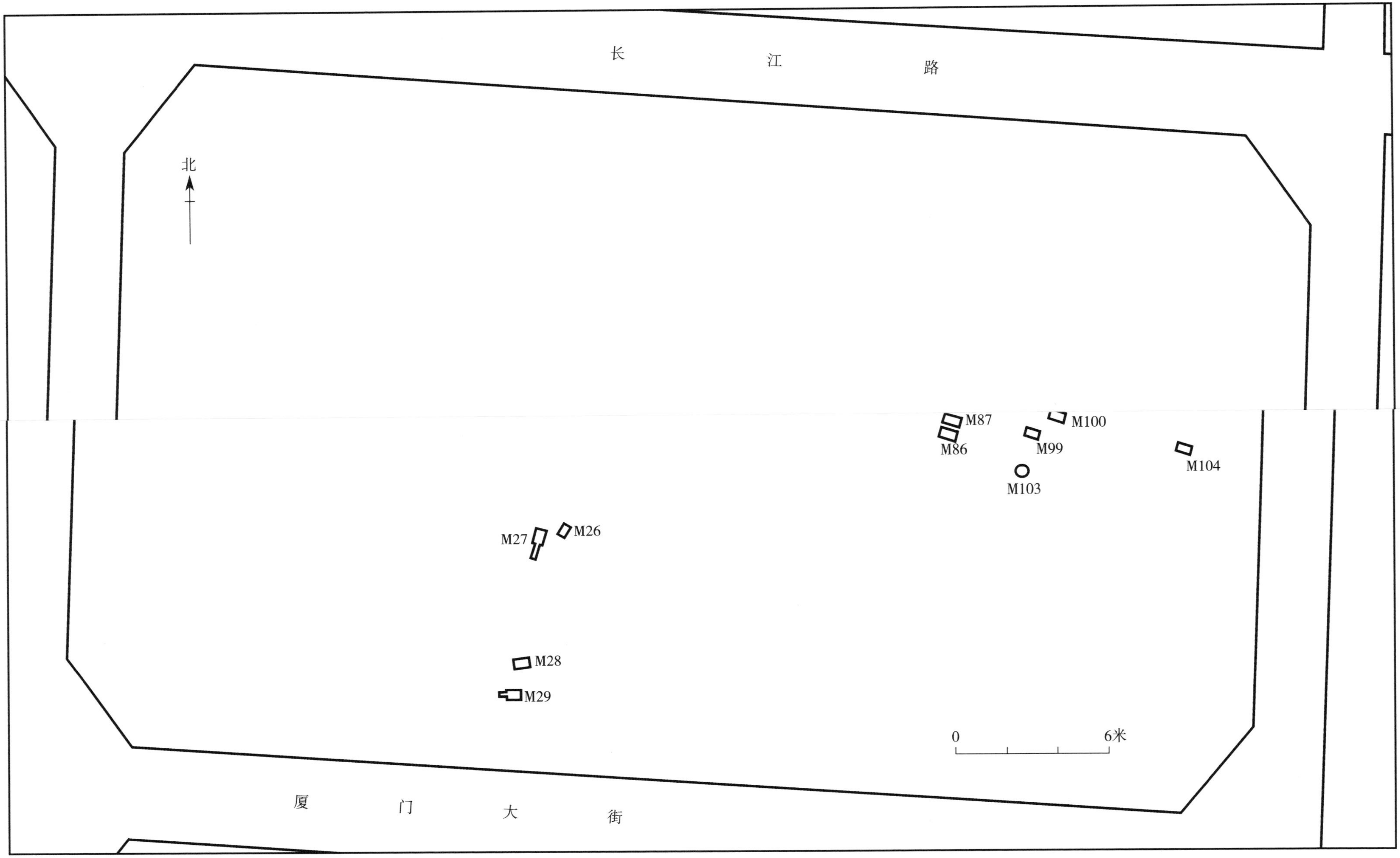

北

M104

M100
M99
M103

M87
M86

0   6米

M26
M27

M28
M29

长　江　路

厦　门　大　街

图一三二　三十里堡汉墓分布平面示意图

1.13M2 与 13M3

（1）13M2

位于本发掘区的东部。土坑竖穴墓，墓向119°。墓圹平面基本呈长方形，直壁，四壁壁面较规整，平底（图一三三；彩版三九，1、2）。长2.9、宽1.5、深2.5米。墓内填土为黄褐色黏土。有熟土二层台，系挖墓穴时凿出的酥石碎块回填堆砌而成。台面宽度不一，东台面宽0.37、西台面宽0.3、南台面宽0.33、北台面宽0.42、高0.2米。

墓底有木质葬具，单棺，已朽，平面略呈长方形，棺长2.28、宽0.75米。棺内人骨架1具，保存较差。残存有头部及肢骨等部位朽痕，可辨头向东。单人仰身直肢葬。

随葬品共6件，其中陶罐1件、高领罐1件、盘口罐1件、小陶罐3件，位于墓室底部棺外北侧二层台偏东。个别陶罐表面留有漆皮，应为漆器朽后留下，器形无法辨别。

陶罐　1件。

标本13M2：1，泥质灰陶。口、颈部残。斜肩，鼓腹，腹下部弧内收，最大腹径居中偏下，平底。腹下部至底饰横向绳纹。腹径20、底径7.5、残高17.5厘米（图一三四，1）。

高领罐　1件。

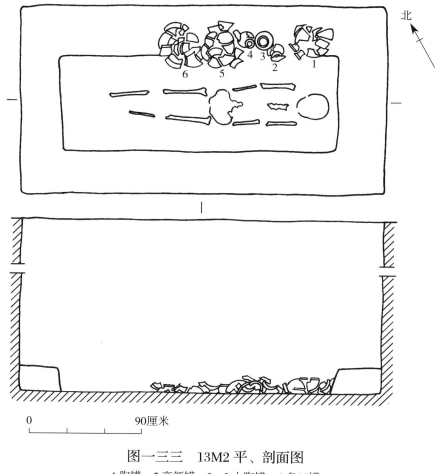

0　　　　　　　　90厘米

图一三三　13M2 平、剖面图

1.陶罐　2.高领罐　3～5.小陶罐　6.盘口罐

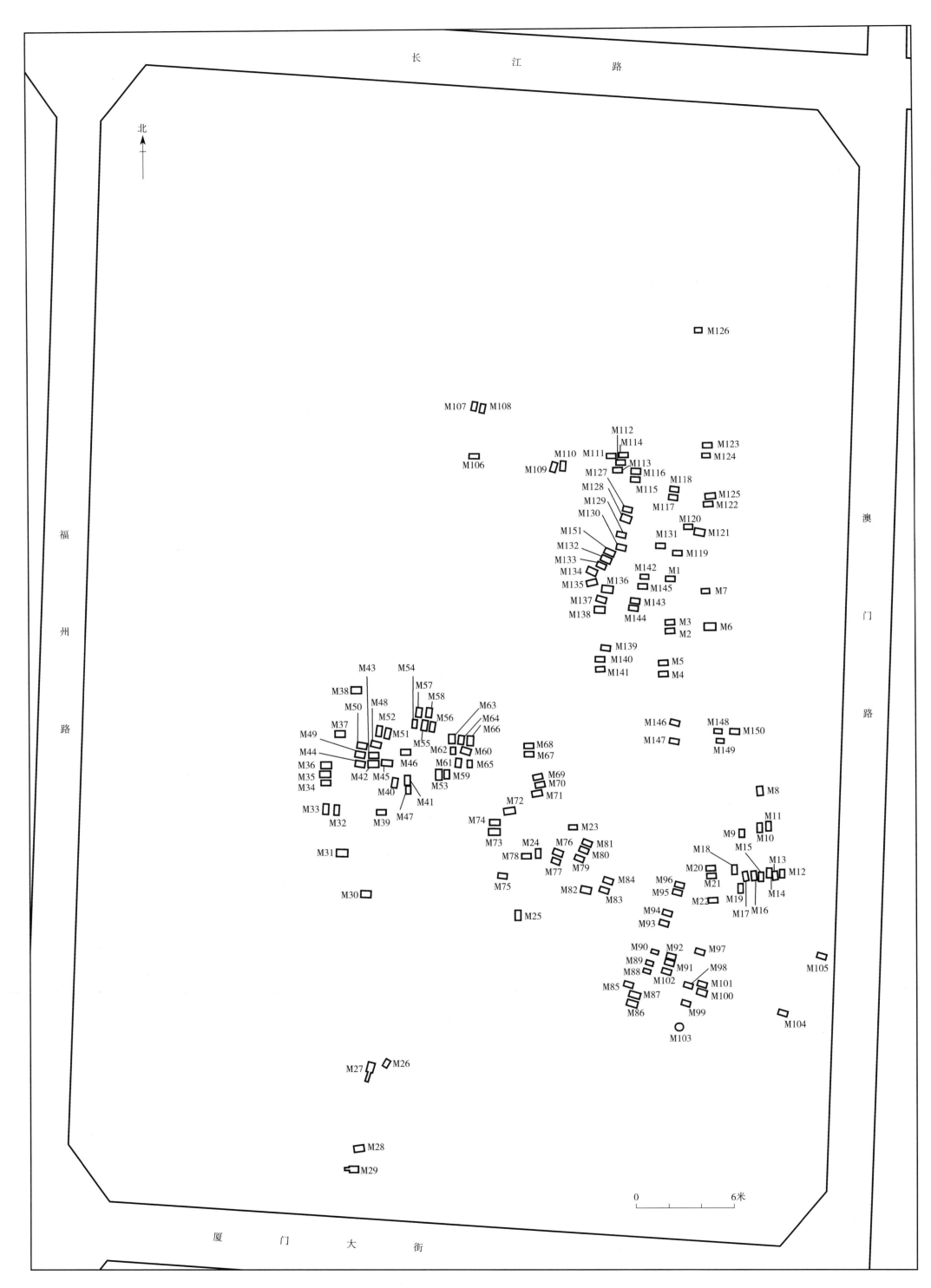

图一三二　三十里堡汉墓分布平面示意图

1.13M2 与 13M3

（1）13M2

位于本发掘区的东部。土坑竖穴墓，墓向119°。墓圹平面基本呈长方形，直壁，四壁壁面较规整，平底（图一三三；彩版三九，1、2）。长2.9、宽1.5、深2.5米。墓内填土为黄褐色黏土。有熟土二层台，系挖墓穴时凿出的酥石碎块回填堆砌而成。台面宽度不一，东台面宽0.37、西台面宽0.3、南台面宽0.33、北台面宽0.42、高0.2米。

墓底有木质葬具，单棺，已朽，平面略呈长方形，棺长2.28、宽0.75米。棺内人骨架1具，保存较差。残存有头部及肢骨等部位朽痕，可辨头向东。单人仰身直肢葬。

随葬品共6件，其中陶罐1件、高领罐1件、盘口罐1件、小陶罐3件，位于墓室底部棺外北侧二层台偏东。个别陶罐表面留有漆皮，应为漆器朽后留下，器形无法辨别。

陶罐　1件。

标本13M2∶1，泥质灰陶。口、颈部残。斜肩，鼓腹，腹下部弧内收，最大腹径居中偏下，平底。腹下部至底饰横向绳纹。腹径20、底径7.5、残高17.5厘米（图一三四，1）。

高领罐　1件。

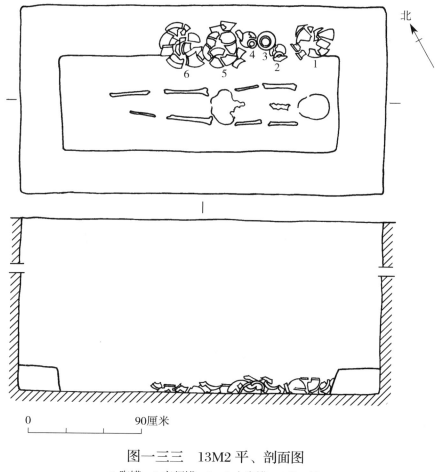

0　　　　　　90厘米

图一三三　13M2平、剖面图

1.陶罐　2.高领罐　3～5.小陶罐　6.盘口罐

随葬品种类较为丰富、数量较多，部分颇具特色，共出土陶、铁、铜、玉石器等各类文物470余件（组）。其中陶器数量最多，器类丰富，以泥质灰陶为主，少量夹砂灰褐陶，或泥质土黄陶，多为素面，部分器物表面饰绳纹、凹弦纹或锥刺纹等纹饰，同时，极个别罐的肩部刻有文字符号。器类多轮制修整，极个别器物为手工制作。器类有鼎、瓮、罐、盘口罐、壶、高领罐、小陶罐、钵、盆等，器物组合以罐、盘口罐和小陶罐为主，此外，包含罐、壶等组合。铜器以铜镜为主，少量铜带钩、铜泡等；铁器为铁剑、环首刀等；漆器多腐朽，仅能根据痕迹判断，一般为圆形漆盒，极个别有案（或几）。铜钱均为五铢。随葬品多寡不一。极个别墓葬无随葬品，如编号13M149。

2. 瓦棺墓

先挖土圹，瓦棺由筒瓦与折腹盆或由筒状罐口口相对组成，或由一筒瓦与二折腹盆相扣合组成。无随葬品。

3. 砖室墓

从平面形状可分为略呈"凸"字形和长方形两种。"凸"字形砖室墓，一般由墓道、墓门和墓室三部分组成。顶部大多数遭到破坏，具体情况不明。墓道，平面呈长条形，斜坡状。墓门用砖封堵，顶部已破坏，具体情况不明。砖室，在墓葬营建时，先挖形制相近的土圹，再砌筑墓底砖，然后砌筑砖室的四壁。一般采用单砖错缝平砌的方法。葬具使用木质葬具，个别可以辨别单棺，皆朽，结构不清。墓主骨骼保存不好，已朽。多为单人葬，极个别为双人葬，如编号13M29。葬式均不明。墓葬可能人为破坏或被盗的原因，随葬器物较少，主要为陶器，器类有白陶罐、灰陶罐等。少量铜器，主要是铜镜、铜钱。铜钱多为五铢，仅有一座墓葬随葬大泉五十。墓葬用砖为长方形的灰砖，子母口，其长侧面模印花纹图案。

长方形砖室墓，在墓葬营建时，先挖形制相近的土圹，再砌筑墓底砖，然后砌筑砖室的四壁。一般采用单砖错缝平砌的方法。葬具使用木质葬具，皆朽，结构不清。墓主骨骼保存不好，已朽，多为单人葬，葬式不明。墓葬可能人为破坏或被盗的原因，随葬器物较少，主要为陶器，器类有陶罐、扁壶和钵等。少量铜器，主要是铜镜、铜钱，铜钱多为五铢。墓葬用砖为长方形灰砖，长侧面模印花纹图案。

一　土坑竖穴墓

共140座。根据埋葬情况，将其分为合葬墓和单葬墓。合葬墓，可分为双人并穴合葬墓、三人并穴合葬墓、同穴合葬墓三类。单葬墓根据墓葬壁龛的设置情况，可分为有壁龛墓和无壁龛墓两类。

（一）双人并穴合葬墓

共发现33组66座，介绍如下。

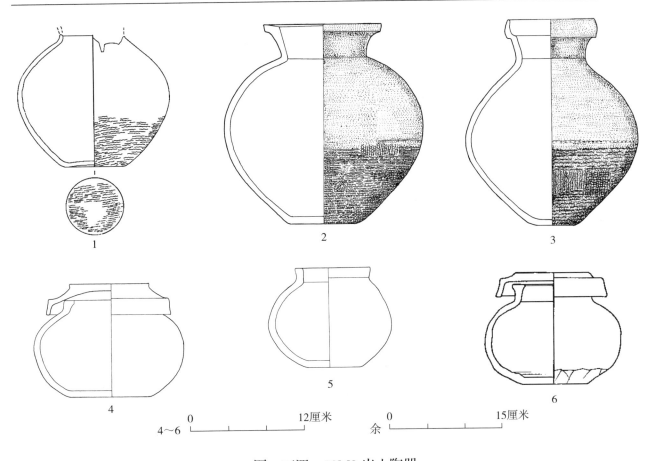

图一三四 13M2 出土陶器

1.陶罐13M2：1 2.高领罐13M2：2 3.盘口罐13M2：6 4～6.小陶罐13M2：3～5

标本 13M2：2，泥质灰陶。侈口，方唇，斜折沿，高领，溜肩，鼓腹，最大腹径居中，腹下部弧内收，平底。腹下部至底饰横向绳纹，局部饰纵横向交错绳纹。口径15.4、腹径26、底径8.8、高26.4厘米（图一三四，2；彩版四〇，1）。

盘口罐 1件。

标本 13M2：6，泥质灰陶。盘口，尖唇，束颈，斜肩，鼓腹，最大腹径居中，腹下部斜内收，小平底。腹中部饰一道戳刺纹，腹下部饰纵横相交的绳纹。口径12.4、腹径22.8、底径5、高27.2厘米（图一三四，3；彩版四〇，2）。

小陶罐 3件。

标本 13M2：3，泥质灰陶。有盖，平顶，素面。口径13.2、顶径7.6、高3厘米。罐，敛口，方唇，平沿，矮领，溜肩，鼓腹，腹下部弧内收，最大腹径居中，平底。素面。口径19.8、腹径15.6、底径7.6、高9厘米，通高12厘米（图一三四，4；彩版四〇，3）。

标本 13M2：4，泥质灰陶。直口，圆唇，平沿，矮直领，溜肩，鼓腹，腹下部弧内收，最大腹径居中，平底。口径7.7、腹径12.9、底径5.6、高10.5厘米（图一三四，5；彩版四〇，4）。

标本 13M2：5，泥质灰陶。有盖，平顶。素面。口径11.7、顶径8、高2.6厘米。罐，敛口，圆唇，平沿，束颈，溜肩，鼓腹，腹下部弧内收，最大腹径居中，平底。口径8.8、腹径14.1、底径7、高 10.4、通高 11.8 厘米（图一三四，6；彩版四〇，5）。

　　（2）13M3

　　位于本发掘区的东北部。土坑竖穴墓，墓向 120°。墓圹平面基本呈长方形，直壁，四壁壁面较规整，平底（图一三五；彩版三九，3）。长 3.3、宽 2.3、深 2.15 米。墓内填土主要为灰褐色土，其次为黄褐色土，少量红褐色土，夹杂较多的小碎石块，系挖墓穴的原土回填。有熟土二层台，系挖墓穴的原土回填堆砌而成。台面宽度不一，东、西台面均宽 0.45、南台面宽 0.55、北台面宽 0.5、高 0.55 米。

　　墓底有木质葬具，单棺单椁，已朽，棺内人骨保存差，朽痕不清晰。

　　随葬品共 4 件，其中高领罐 1 件，盘口罐 1 件，陶罐 2 件，位于墓室底部棺外北侧二层台内。

　　高领罐　1 件。

　　标本 13M3：2，泥质灰褐陶。侈口，圆唇，平折沿，高领，溜肩，鼓腹，最大腹径居中偏下，腹下部弧内收，平底。腹下部及底部饰横向绳纹，局部饰纵横交错绳纹。口径 17.6、腹径 30.4、底径 10、高 27 厘米（图一三六，1；彩版四〇，6）。

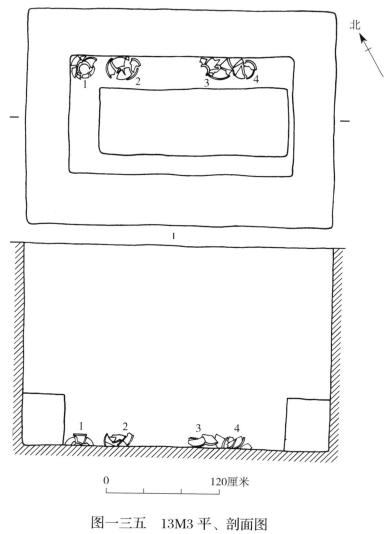

0　　　　　　　　　　　120厘米

图一三五　13M3 平、剖面图

1、4.陶罐　2.高领罐　3.盘口罐

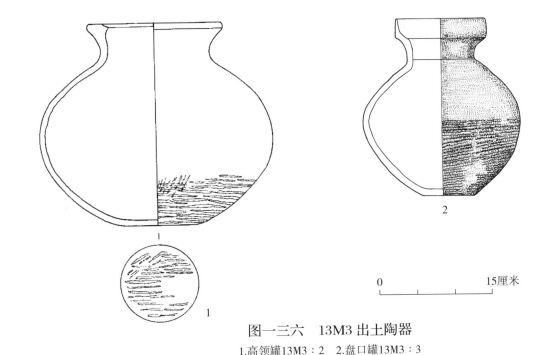

0　　　　　　　　15厘米

图一三六　　13M3 出土陶器
1.高领罐13M3：2　　2.盘口罐13M3：3

盘口罐　1件。

标本 13M3：3，泥质灰陶。盘口，尖唇，束颈，斜肩，鼓腹，最大腹径居中，腹下部弧内收，小平底。腹下部至底饰横向绳纹。口径 12.1、腹径20.8、底径 7.4、高 23.5厘米（图一三六，2）。

2.13M4 与 13M5

（1）13M4

位于本发掘区的中部偏东。土坑竖穴墓，墓向 109°。墓圹平面呈长方形，直壁，壁面较规整，平底（图一三七；彩版四一，1）。长 3.7、宽 2.4、深 3 米。墓内填土上半部为灰褐色五花土，经过夯打，夯窝直径约 10 厘米，下半部是鹅卵石。有熟土二层台，系由挖墓穴的原土夹杂鹅卵石等堆砌而成。台面宽度不一，北台面宽 0.39、南台面宽 0.48、东台面宽 0.72、西台面宽 0.54、高 1.2 米。

墓底有木质葬具，单椁单棺，已朽，平面呈长方形，椁长 2.5、宽 1.5 米；棺长 2.5、宽 0.8 米。棺位于椁室中部，髹漆棺。棺内人骨架 1 具，保存较差，残存有头部、肢骨等部位部分朽痕，头向东。单人仰身直肢葬。

随葬品共 7 件，其中陶瓮 1 件、高领罐 2 件、盘口罐 1 件、小陶罐 3 件，位于墓室底部椁内棺外北侧。

陶瓮　1件。

标本 13M4：1，泥质灰陶。敛口，圆唇，斜折沿，直领，溜肩，扁鼓腹，最大腹径居中偏上，腹下部斜内收，平底，底部微内凹。肩、腹部饰有八周凹弦纹。口径 21、腹径 37.8、底径 14.4、高 27 厘米（图一三八，1；彩版四一，3）。

高领罐　2件。

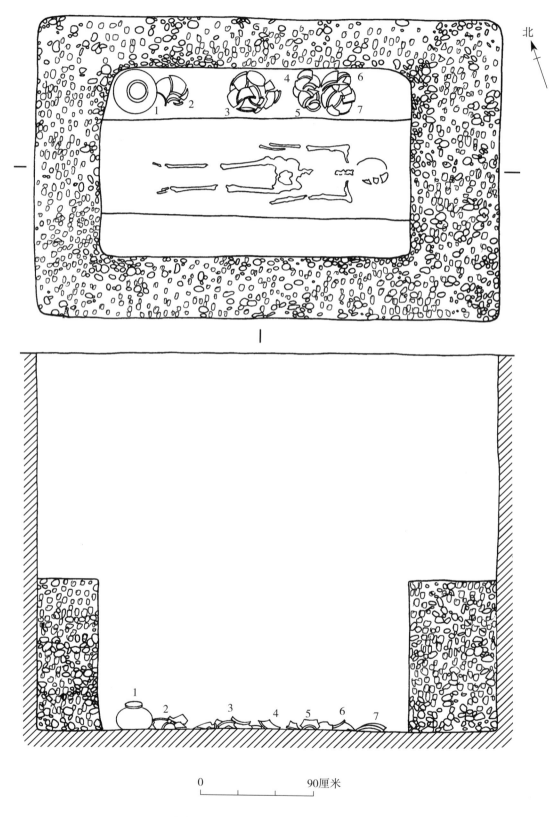

图一三七　13M4 平、剖面图

1.陶瓮　2、6.高领罐　3.盘口罐　4、5、7.小陶罐

　　标本13M4：2，泥质灰陶。侈口，方唇，斜折沿，高领，溜肩，扁鼓腹，最大腹径居中，腹下部弧内收，平底。腹上部及肩部饰凹弦纹，腹中部饰一道戳刺纹，腹下部至底饰横向绳纹。肩部侧面模印有"中乡"两字，其左边有竖向刻划文字，不清晰。口径19.8、腹径32.4、底径11.2、高27.6厘米（图一三八，2；彩版四二，1、2）。

　　标本13M4：6，泥质灰陶。侈口，圆唇，卷沿，高领，斜肩，鼓腹，最大腹径居中偏下，腹下部弧内收，圜底。肩、腹中部饰六道凹弦纹。口径13.6、腹径21、底径5、高19厘米（图一三八，3）。

　　盘口罐　1件。

　　标本13M4：3，泥质灰陶。盘口，尖唇，束颈，鼓腹，最大腹径居中，腹下部弧内收，小平底。腹下部至底部饰横向绳纹。口径11、腹径21.5、底径6、高24厘米（图一三八，4；彩版四一，4）。

　　小陶罐　3件。

　　标本13M4：4，泥质灰陶。有盖，平顶，子口。盖面饰凹弦纹。盖径12.6、顶径9.8、高2.3厘米。罐，敛口，圆唇，外斜沿，直领，溜肩，鼓腹，最大腹径居中，腹下部弧内收，平底。腹下部饰两道凹弦纹，中间夹有一道戳刺纹。口径12.6、腹径18、底径9.8、高13、通高14.5厘米（图一三八，5；彩版四二，3）。

　　标本13M4：5，泥质灰陶。有盖，斜壁，平顶，子口。素面。盖径12.4、顶径9.2、高2.6厘米。

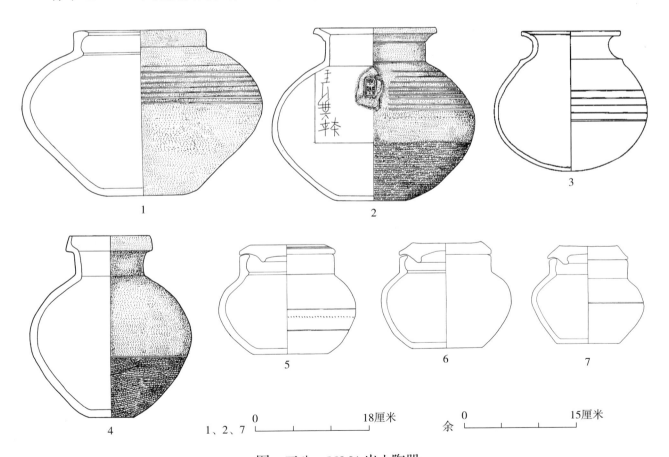

图一三八　13M4 出土陶器

1.陶瓮13M4：1　2、3.高领罐13M4：2、6　4.盘口罐13M4：3　5～7.小陶罐13M4：4、5、7

罐，敛口，圆唇，外斜沿，直领，溜肩，鼓腹，最大腹径居中，腹下部弧内收，平底。素面。口径 12.2、腹径 17.3、底径 9.4、高 12.4、通高 13.9 厘米（图一三八，6）。

标本 13M4：7，泥质夹砂灰陶。有盖，圆唇，斜壁，平顶微凹，子口。盖径 13、顶径 9.2、高 2.8 厘米。罐，敛口，圆唇，外斜沿，直领，溜肩，鼓腹，最大腹径居中，腹下部弧内收，平底。腹中部饰一道凹弦纹。口径 12.5、腹径 17.9、底径 10、高 13.2、通高 15.5 厘米（图一三八，7）。

（2）13M5

位于本发掘区的中部偏东。土坑竖穴墓，墓向 112°。墓圹平面基本呈长方形，直壁，四壁壁面较规整，平底（图一三九；彩版四一，2）。长 3.7、宽 2.4、深 3.2 米。墓内填土为灰褐色花土夹杂小石块，经过夯打，夯层及夯窝不明显。土质较硬，结构紧密。有熟土二层台，系由挖墓穴的原土回填堆砌而成。台面均宽 0.35～0.5、高 0.2 米。

墓底有木质葬具，单椁单棺，已朽，平面呈长方形。椁长 2.7、宽 1.5 米；棺位于椁室南部，棺长 2.6、宽 0.76 米。棺内人骨架 1 具，已朽，残存有头部、肢骨等朽痕，可辨头向东。单人仰身直肢葬。

随葬品共 3 件，其中陶瓮 2 件、盘口罐 1 件，位于墓室底部椁内棺外北侧偏西。

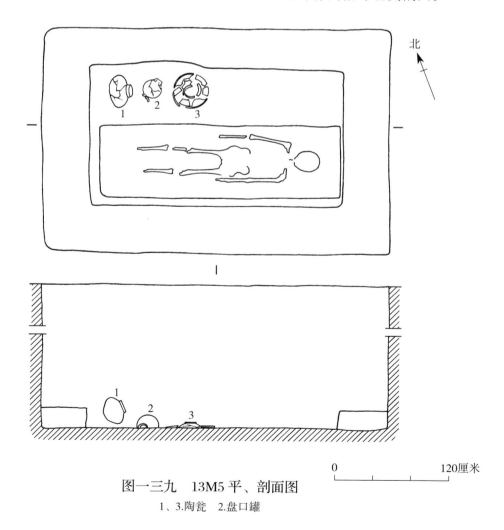

图一三九　13M5 平、剖面图

1、3.陶瓮　2.盘口罐

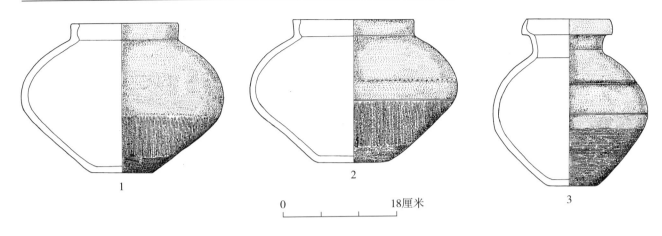

0　　　　　　　　　　18厘米

图一四○　13M5 出土陶器
1、2.陶瓮13M5：1、3　3.盘口罐13M5：2

陶瓮　2件。

标本 13M5：1，泥质灰陶。敛口，圆唇，平沿，直领，溜肩，扁鼓腹，最大腹径居中偏上，腹下部斜内收，平底。腹下部饰纵向绳纹，近底部饰横向绳纹。口径 16.8、腹径 31.8、底径 9.8、高 23.6 厘米（图一四○，1；彩版四二，4）。

标本 13M5：3，泥质灰陶。敛口。圆唇，平沿，直领，溜肩，扁鼓腹，最大腹径居中偏上，腹下部斜内收，平底。腹中部偏上饰一道戳刺纹，腹中部偏下饰一道凹弦纹，腹下部饰纵向绳纹，近底部饰横向绳纹。口径 19、腹径 33.6、底径 11、高 22.7 厘米（图一四○，2；彩版四二，5）。

盘口罐　1件。

标本 13M5：2，盘口。尖唇，束颈，斜肩，鼓腹，最大腹径居中，腹下部弧内收，小平底。腹上部饰两道凹弦纹，腹中部饰一道凹弦纹，腹下部至底饰横向绳纹。口径 13.2、腹径 24.6、底径 7.4、高 26.5 厘米（图一四○，3；彩版四二，6）。

3.13M10 与 13M11

（1）13M10

位于本发掘区的东部偏南。土坑竖穴墓，墓向 35°。墓圹平面基本呈长方形，直壁，平底（图一四一；彩版四三，1）。长 2.5、宽 1.59、深 2.1 米。墓内填土灰褐色花土，含较多小石块。有熟土二层台，系挖墓穴时凿出的酥石土回填堆砌而成。台面宽约 0.3、高 0.6 米。

墓底有葬具，单棺，已朽，平面呈长方形，长 2.1、宽 0.9 米。棺内人骨架 1 具，已朽，残存有头部、肢骨等部位朽痕。可辨头向北。单人仰身直肢葬。

随葬品共 2 件，其中盘口罐 1 件、小陶罐 1 件，位于墓室底部棺外西侧二层台内。

盘口罐　1件。

标本 13M10：1，泥质黄陶。盘口，尖唇，束颈，溜肩，鼓腹，最大腹径居中，腹下部弧内收，小平底。腹下部至底饰横绳纹，局部饰纵横交错的绳纹。口径 13.2、腹径 22、底径 6.8、高 26.5 厘米（图一四二，1；彩版四三，2）。

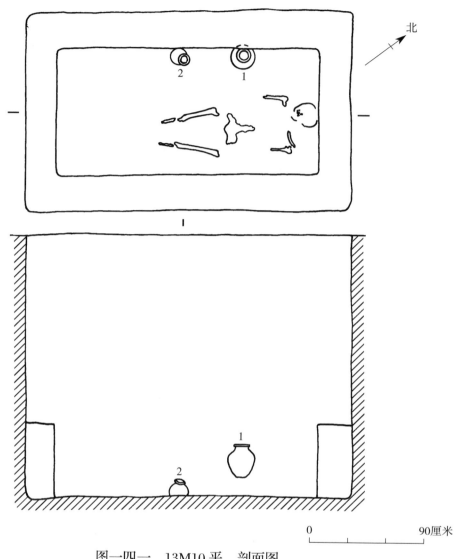

北

0　　　　　　　　　90厘米

图一四一　13M10 平、剖面图
1.盘口罐　2.小陶罐

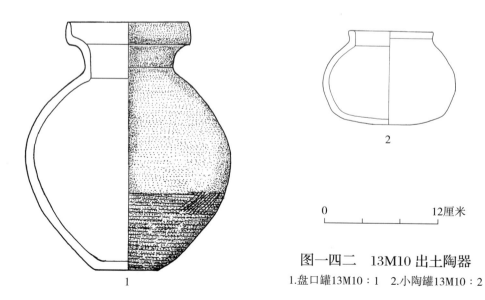

0　　　　　　　　12厘米

图一四二　13M10 出土陶器
1.盘口罐13M10：1　2.小陶罐13M10：2

小陶罐　1 件。

标本 13M10：2，泥质黄陶。直口，圆唇，平沿，矮领，溜肩，鼓腹，最大腹径居中，腹下部弧内收，圜平底。素面。口径 8.8、腹径 14、底径 4、高 10 厘米（图一四二，2）。

（2）13M11

位于本发掘区的东部偏南。土坑竖穴墓，墓向 35°。墓圹平面基本呈长方形，直壁，四壁均规整，壁面光滑，底部较平整（图一四三；彩版四三，3）。长 2.91、宽 1.6、深 2 米。墓内填土灰褐色粉砂黏土。有熟土二层台，系挖墓穴时凿出的酥石土回填堆砌而成。台面宽约 0.3、高 0.46 米。

墓底有木质葬具，单棺，已朽，平面呈长方形，长 2.4、宽 1.04、高 0.45 米。棺内人骨架 1 具，已朽。残存有部分肢骨朽痕，可辨头向北。单人仰身直肢葬。

随葬品共 3 件，其中陶瓮 1 件、盘口罐 2 件，位于墓室底部棺外西侧二层台内。

陶瓮　1 件。

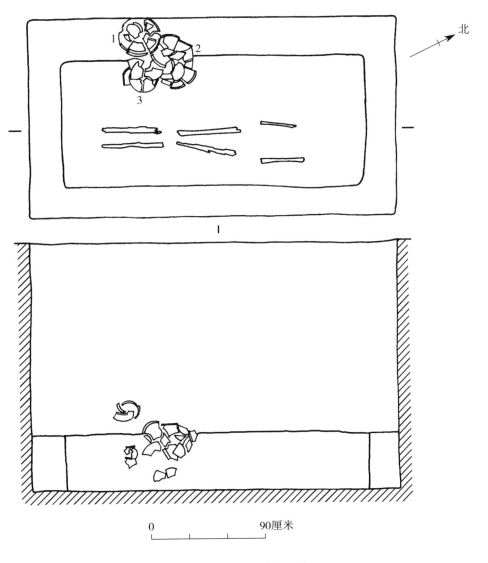

图一四三　13M11 平、剖面图

1.陶瓮　2、3.盘口罐

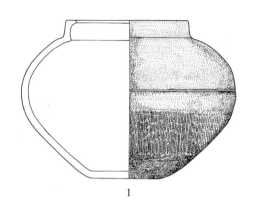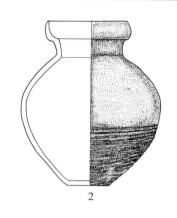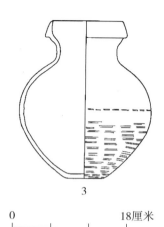

图一四四　13M11 出土陶器
1.陶瓮13M11：1　2、3.盘口罐13M11：2、3

标本 13M11：1，泥质灰褐陶。敛口，圆唇，平沿，直领，溜肩，鼓腹，最大腹径居中偏上，腹下部斜内收，平底。腹中部饰一道凹弦纹，腹中部偏下饰纵向绳纹，近底部饰横向绳纹。口径 19.2、腹径 34、底径 11、高 25 厘米（图一四四，1）。

盘口罐　2 件。

标本 13M11：2，泥质灰褐陶。盘口，尖唇，束颈，溜肩，鼓腹，最大腹径居中，腹下部弧内收，小平底。腹中部偏下至底饰横向粗绳纹。口径 13、腹径 22.4、底径 7、高 26.4 厘米（图一四四，2；彩版四三，4）。

标本 13M11：3，泥质灰陶。盘口，尖唇，束颈，溜肩，鼓腹，最大腹径居中，腹下部弧内收，小平底。腹中部饰一周戳刺纹，腹中部偏下至底饰横向绳纹。口径 12、腹径 21、底径 6、高 25 厘米（图一四四，3）。

4.13M20 与 13M21

（1）13M20

位于本发掘区的东南部。土坑竖穴墓，墓向 120°。墓圹平面基本呈长方形，直壁，平底（图一四五；彩版四四，1、2）。长 2.8、宽 1.6、深 1.8 米。墓内填土黄褐色花土夹杂较多小石块。有熟土二层台，系挖墓穴时凿出的黄褐色酥石块回填堆砌而成。台面宽约 0.4、高 0.36 米。

墓底有木质葬具，单椁单棺，已朽，平面呈长方形，椁长 2、宽 1.1 米；棺长 1.8、宽 0.6 米。棺内人骨架 1 具，已朽。残存头部、肢骨朽痕，可辨头向东。单人仰身直肢葬。

随葬品共 2 件，均为高领罐，位于墓室底部椁内棺外西北部。

高领罐　1 件。

标本 13M20：1，泥质灰陶。侈口，方唇，平沿，束颈，溜肩，鼓腹，最大腹径居中，腹下部弧内收，平底。腹上部饰两道凹弦纹，腹下部至底部饰横向绳纹。器形不规整。口径 13、腹径 20、底径 6.5、高 25 厘米（图一四五，1）。

（2）13M21

位于本发掘区的东南部。土坑竖穴墓，墓向 120°。墓圹平面基本呈长方形，直壁，平底（图

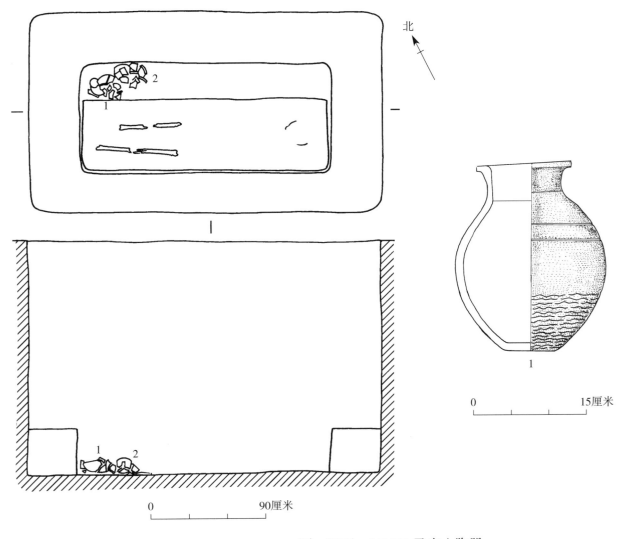

图一四五　13M20 及出土陶器
1、2.高领罐

一四六；彩版四四，1、3）。长 3、宽 1.7、深 1.3 米。墓内填土灰褐色花土，夹杂黄褐色石块。有熟土二层台，系挖墓穴时凿出的黄褐色酥石块回填堆砌而成。台内壁向外倾斜。北台面宽 0.42、南台面 0.26、东台面 0.32、西台面 0.1、台面高 0.48 米。

墓底有葬具，单棺单椁，已朽。平面呈长方形，椁长 2.56、宽 1、棺长 1.9、宽 0.7、高 0.5 米。棺内人骨架 1 具，已朽，残存头部、肢骨朽痕，可辨头向东。单人葬，葬式不明。

随葬品共 4 件，其中带盖陶瓮 1 件、陶罐 3 件，位于墓室底部棺外东侧二层台内。

陶瓮　1 件。

标本 13M21：3，泥质红褐陶。盖，覆钵形，口径 16.2、高 3 厘米；瓮，敛口，圆唇，平沿，束颈，圆肩，鼓腹，最大腹径居中偏上，腹下部弧内收，圜平底。肩部饰两道凹弦纹，近底部饰斜纵向绳纹。口径 16.2、腹径 25.8、底径 10.8、高 21、通高 24 厘米（图一四七，1；彩版四五，1）。

陶罐　3 件。

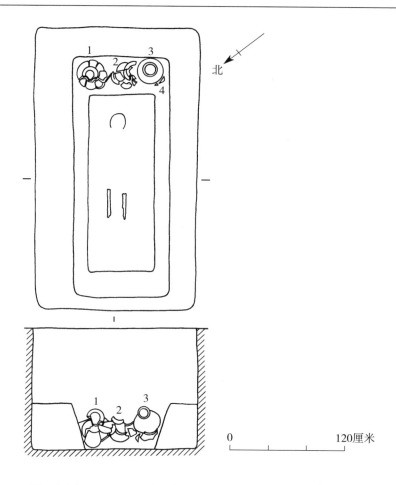

图一四六　13M21 平、剖面图
1、2、4.陶罐　3.陶瓮

　　标本 13M21：1，泥质黄褐陶。敛口，方唇，斜沿，高束颈，长斜肩，扁凸腹，腹下部斜内收，最大腹径居中偏下，平底。腹中部饰一周锥刺纹，腹下部饰纵向绳纹，近底部饰横绳纹。口径 17.8、腹径 34.2、底径 11、高 32 厘米（图一四七，2；彩版四五，2）。

　　标本 13M21：2，泥质灰陶。直口，尖唇，平沿，束颈，溜肩，鼓腹，最大腹径居中偏上，腹下部斜内收，平底。腹下部至底部饰横绳纹。口径 14.2、腹径 23、底径 6、高 24 厘米（图一四七，3）。

　　标本 13M21：4，泥质灰陶。敞口，方唇，斜沿，束颈，溜肩，鼓腹。腹中部饰两周戳刺纹，下腹饰横向绳纹，下腹及底部残。口径 15、腹径 22.2、残高 20.4 厘米（图一四七，4；彩版四五，3）。

5.13M32 与 13M33

（1）13M32

　　位于本发掘区的西部。土坑竖穴墓，墓向 30°。墓圹平面基本呈长方形，墓口宽度不一，直壁，平底（图一四八；彩版四六，1、2）。长 2.98、南端宽 1.9、北端宽 1.8、深 1.65 米。墓内填土灰

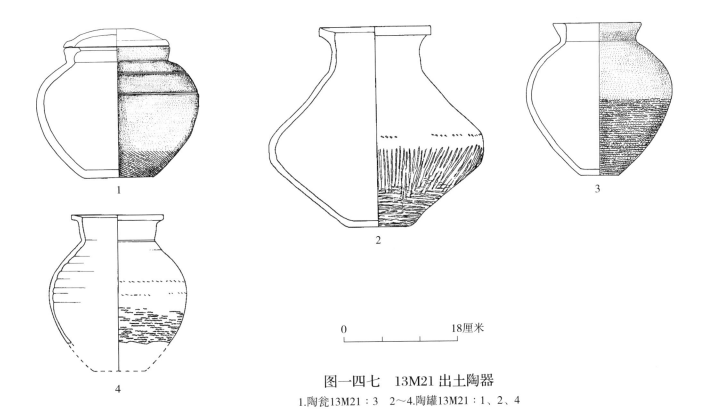

图一四七　13M21 出土陶器

1.陶瓮13M21：3　2~4.陶罐13M21：1、2、4

褐色黏土，内含大量酥石碎块，应为挖墓圹土回填。经过夯打，较为坚硬，夯层和夯窝不十分明显。有熟土二层台，系挖墓穴时凿出酥石块等回填堆砌而成。台面宽度不一，北台面宽0.33、南台面宽0.3、东台面宽0.69、西台面宽0.39、高0.25米。

墓底有木质葬具，单棺，已朽，平面呈长方形，棺长2.35、宽0.86米。棺内人骨架1具，已朽。可辨头向北。单人葬，葬式不明。

随葬品共3件，其中陶瓮1件、陶罐1件，盘口罐1件，自北向南排列，位于墓室底部棺外西侧的熟土二层台内。

陶瓮　1件。

标本13M32：2，泥质灰褐陶。敛口，圆唇，斜沿，束颈，溜肩，圆鼓腹，最大腹径居中，腹下部弧内收，平底。腹下部至底饰纵横交互绳纹。口径17.8、腹径29.5、高28厘米（图一四九，1；彩版四五，4）。

陶罐　1件。

标本13M32：3，泥质黄陶。残。圆唇，敛口，平沿，溜肩，腹部及以下残碎，待修复。口径20、残高12.5厘米（图一四九，2）。

盘口罐　1件。

标本13M32：1，泥质灰陶。盘口，尖唇，束颈，溜肩，鼓腹，最大腹径居中，腹下部弧内收，小平底。肩部饰五道凹弦纹，腹下部至底部饰横向绳纹。器形不规整。口径12.4、腹径20.4、底径5.8、高21.7厘米（图一四九，3；彩版四五，5）。

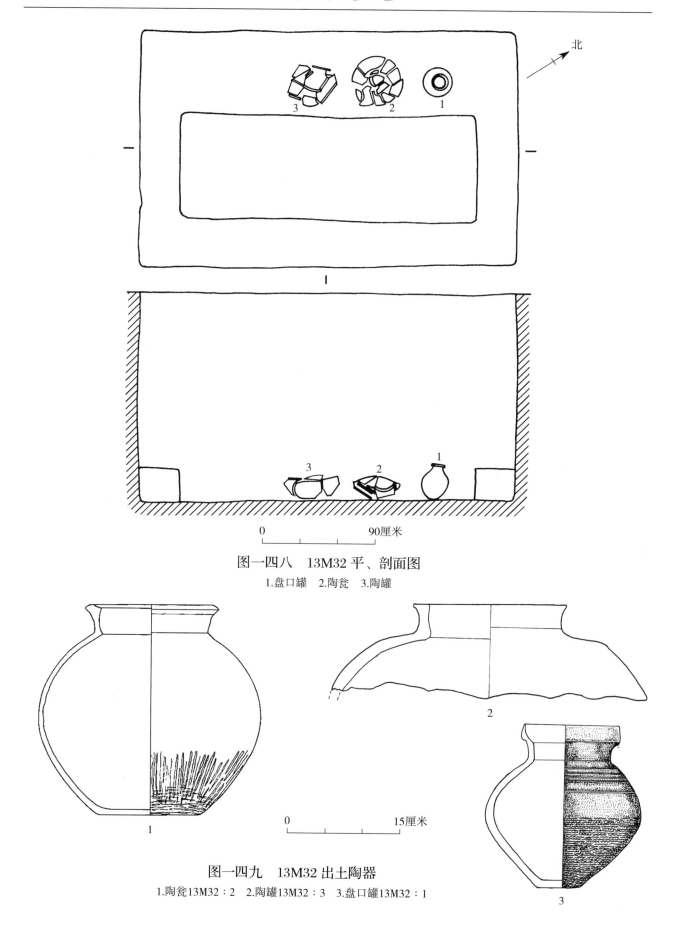

北

0　　　　　　　　90厘米

图一四八　13M32 平、剖面图

1.盘口罐　2.陶瓮　3.陶罐

0　　　　　　　　15厘米

图一四九　13M32 出土陶器

1.陶瓮13M32：2　2.陶罐13M32：3　3.盘口罐13M32：1

（2）13M33

位于本发掘区的西部。土坑竖穴墓，墓向 30°。墓圹平面基本呈长方形，直壁，平底（图一五〇；彩版四六，1、3）。长 2.9、宽 1.6、深 2.4 米。墓内填土黄褐色黏土，较致密。应为挖墓圹土回填。

墓底有木质葬具，单棺，已朽，平面呈长方形，棺长 1.9、宽 0.55 米。棺内人骨架 1 具，已朽，残存头骨、肢骨朽痕，可辨头向北，单人仰身直肢葬。

随葬品共 2 件，陶瓮 1 件、陶罐 1 件，位于墓室底部棺外西南角。

陶瓮　1 件。

标本 13M33:2，泥质灰陶。残。敛口，圆唇，外折沿，立颈，溜肩。底部饰纵横交错绳纹。口径 17.8、残高 28 厘米（图一五一，1）。

陶罐　1 件。

标本 13M33:1，泥质灰陶。侈口，圆唇，折沿，束颈，溜肩，鼓腹，最大腹径居中偏上，腹下部弧内收，圜平底。素面。口径 19、腹径 34.8、底径 9、高 27 厘米（图一五一，2；彩版四五，6）。

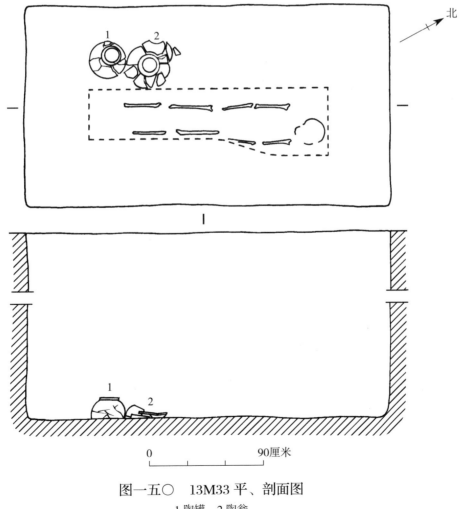

图一五〇　13M33 平、剖面图

1.陶罐　2.陶瓮

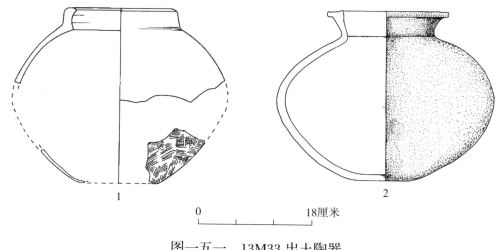

图一五一　　13M33 出土陶器
1.陶瓮13M33：2　2.陶罐13M33：1

6.13M42 与 13M43

（1）13M42

位于本发掘区的西部。土坑竖穴墓，墓向 125°。墓圹平面基本呈长方形，直壁，平底（图一五二；彩版四七，1、2）。长 3、宽 1.6、深 2.15 米。墓内填土上部分为灰褐色土，下部分为黄褐色土夹杂较多酥石碎块，应为挖墓圹土回填，经过夯打，夯层及夯窝不十分清晰。有熟土二层台，系挖墓穴时凿出的黄褐色酥石等回填堆砌而成。台面宽度不一，南、北台面均宽 0.27、东、西台面均宽 0.42、高 0.3 米。

墓底有木质葬具，单椁单棺，已朽，平面呈长方形，椁长 2.15、宽 1.05 米；棺放置于椁室的南部，棺长 2.15、宽 0.7 米。棺内人骨架 1 具，已朽。可辨头向东，单人葬，葬式不明。

随葬品共 3 件，其中高领罐 1 件、盘口罐 1 件，位于墓室底部椁内棺外北侧偏西。小陶罐 1 件，位于墓圹开口封土下。

高领罐　1 件。

标本 13M42：2，泥质深灰陶。方唇，侈口，斜平沿，束颈，溜肩，鼓腹，小平底。素面。口径 14、腹径 21、底径 3.5、高 24.5 厘米（图一五三，1）。

盘口罐　1 件。

标本 13M42：3，泥质灰陶。盘口，尖唇，束颈，溜肩，鼓腹，最大腹径居中，腹下部斜内收，小平底。腹中部偏下至底部饰横向绳纹。口径 12、腹径 22.8、底径 6、高 28 厘米（图一五三，2）。

小陶罐　1 件。

标本 13M42：1，泥质灰陶。敛口，圆唇，束颈，溜肩，扁鼓腹，最大腹径居中，腹下部弧内收，平底。素面。口径 8、腹径 13.5、底径 6.5、高 8 厘米（图一五三，3）。

（2）13M43

位于本发掘区的西部。土坑竖穴墓，墓向 120°。墓圹平面基本呈长方形。墓室的北壁二层台上凿有"凹"形小坑，放置随葬陶器，其他三壁均直壁，平底（图一五四；彩版四七，1、3）。

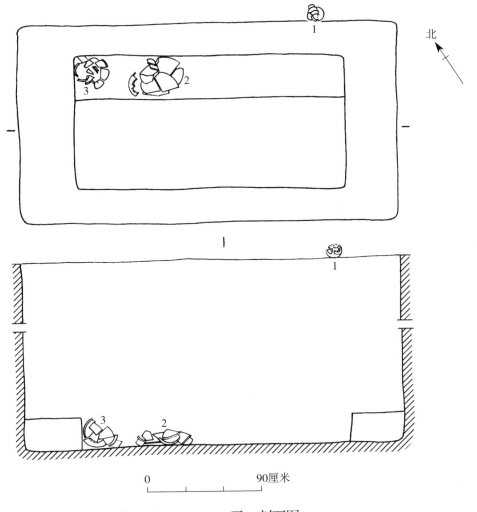

图一五二　13M42 平、剖面图
1.小陶罐　2.高领罐　3.盘口罐

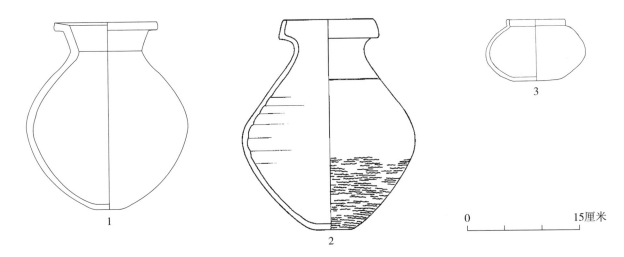

图一五三　13M42 出土陶器
1.高领罐13M42：2　2.盘口罐13M42：3　3.小陶罐13M42：1

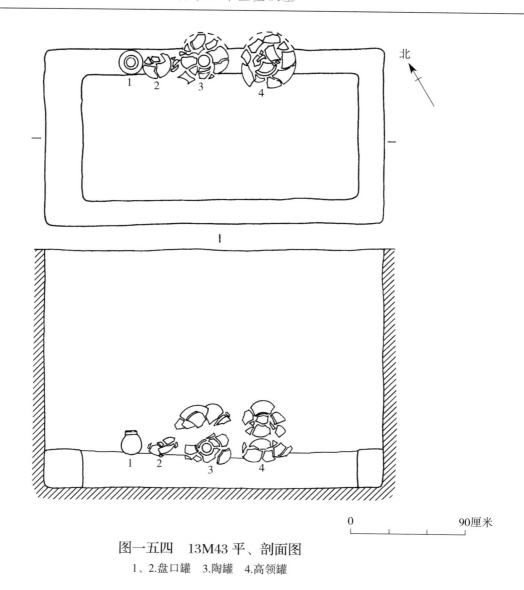

图一五四　13M43 平、剖面图
1、2.盘口罐　3.陶罐　4.高领罐

长 2.7、宽 1.4、深 1.9 米。墓内填土黄褐色酥石，应为挖墓圹土回填。有熟土二层台，系挖墓穴时凿出的黄褐色酥石等回填堆砌而成。台面宽度不一，南、北台面均宽 0.18、东台面均宽 0.21、西台面宽 0.3、高 0.3 米。

墓底有木质葬具，单棺，已朽。平面呈长方形，棺长 2.16、宽 1、高 0.3 米。棺内人骨架 1 具，已朽。

随葬品共 4 件，其中陶罐 1 件、高领罐 1 件、盘口罐 2 件，位于墓室底部棺外北侧二层台上。

陶罐　1 件。

标本 13M43：3，泥质灰陶。敛口，圆唇，斜折沿，束颈，溜肩，扁鼓腹，最大腹径居中偏上，腹下部弧内收，平底。腹下部饰纵向绳纹，近底部饰横向绳纹。口径 20、腹径 37、底径 12、高 28 厘米（图一五五，1）。

高领罐　1 件。

标本 13M43：4，泥质灰陶。敛口，圆唇，斜折沿，高领，溜肩，鼓腹，最大腹径居中，腹下部弧内收，平底。腹中部偏上饰两道凹弦纹，腹下部饰横向绳纹，近底部饰纵向绳纹。口径

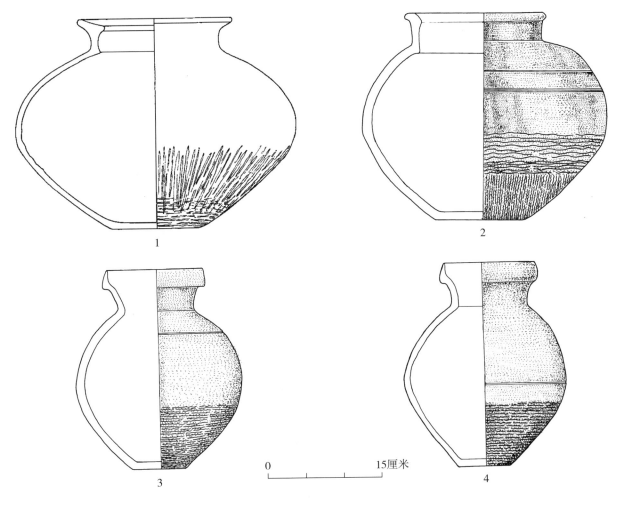

图一五五　13M43 出土陶器
1.陶罐13M43：3　2.高领罐13M43：4　3、4.盘口罐13M43：1、2

19、腹径 32.4、底径 12、高 27.4 厘米（图一五五，2）。

盘口罐　2件。

标本 13M43：1，泥质灰陶。盘口，尖唇，束颈，溜肩，鼓腹，最大腹径居中，腹下部弧内收，小平底。肩部饰一道凹弦纹，腹下部至底饰横向绳纹。口径 12.6、腹径 22.5、底径 7、高 26.5 厘米（图一五五，3）。

标本 13M43：2，泥质灰陶。盘口，尖唇，束颈，溜肩，鼓腹，最大腹径居中，腹下部弧内收，小平底。腹中部偏下饰一道凹弦纹，腹下部至底饰横向绳纹。口径 12.5、腹径 21.4、底径 7、高 27 厘米（图一五五，4）。

7.13M49 与 13M50

（1）13M49

位于本发掘区的西部。土坑竖穴墓，墓向 120°。墓圹平面略呈长方形，直壁，平底（图一五六）。长 2.2、宽 0.75、深 1.4 米。北壁有壁龛，长 0.5、高 0.4、进深 0.25 米。墓内填土黄

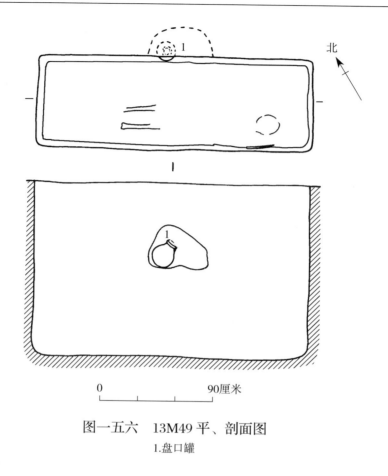

图一五六　13M49 平、剖面图
1.盘口罐

褐色夹杂灰褐色黏土，应为挖墓圹土回填，经过夯打，夯面及夯窝不十分清晰。

墓底有木质葬具，单棺，已朽，平面呈长方形，棺长 2、宽 0.7、高 0.5 米。棺内人骨架 1 具，仅残存头部、肢骨等部分朽痕迹，已朽。可辨头向东，单人仰身直肢葬。

随葬品共 3 件，其中盘口罐 1 件，位于北壁壁龛内。铁器 2 件，为铁钎，位于墓室填土内。

盘口罐　1 件。

标本 13M49：1，泥质灰陶。盘口，尖唇，束颈，溜肩，鼓腹，最大腹径居中，腹下部弧内收，小平底。腹下部至底部饰横向绳纹。口径 12.5、腹径 22、底径 5.2、高 25.5 厘米（图一五七，1）。

铁钎　2 件。

标本 13M49：2-1，残。外表锈蚀严重。长条状，尾部略弯，截面近圆形。残长 38、截面直径 0.9 ～ 1.8 厘米（图一五七，2）。

标本 13M49：2-2，残。锈蚀严重。长条状，底部略弯，截面近圆形。残长 10.8、截面直径 0.5 厘米（图一五七，3）。

（2）13M50

位于本发掘区的西部。土坑竖穴墓，墓向 120°。墓圹平面略呈长方形，直壁，墓底坑洼不平（图一五八；彩版四八，1）。长 2.6、宽 1.4、深 1.1 米。墓内填土黄褐色黏土夹杂灰褐色黏土，含较多小石块，较为松散，应为挖墓圹土回填。南、北两侧有熟土二层台，系挖墓穴时凿出的黄褐色黏土夹杂灰褐色黏土等回填堆砌而成。台面宽度不一，南台面宽 0.2、北台面宽 0.3、高 0.3 米。

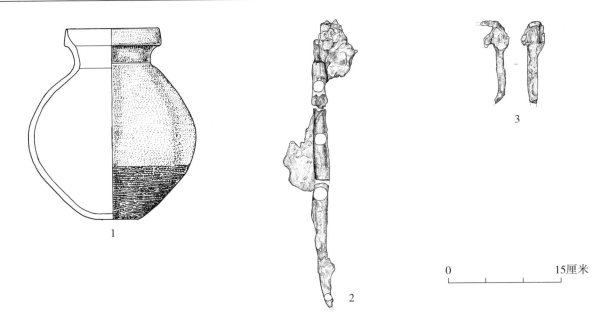

图一五七 13M49 出土遗物

1.盘口罐13M49：1 2、3.铁钎13M49：2-1、-2

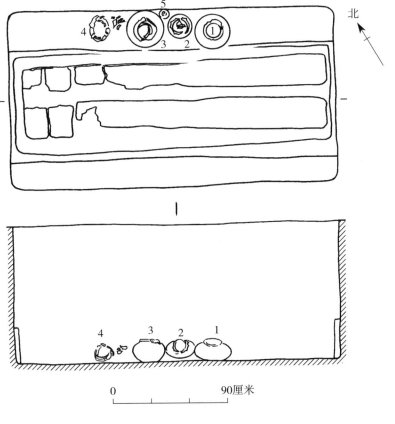

图一五八 13M50 平、剖面图

1～3.陶瓮 4、5.小陶罐

　　墓底有木质葬具，单椁单棺，已朽，平面呈长方形，椁长2.5、宽0.65米；棺长2.4、宽0.54米。棺下置垫木，东西向一条，南北向两条。棺内人骨架1具，已朽。可辨头向东，单人仰身直肢葬。

　　随葬品共5件，其中陶瓮3件、小陶罐2件，位于墓室底部椁外北侧二层台内。

　　陶瓮　3件。

　　标本13M50：1，泥质灰褐陶。敛口，圆唇，斜折沿，束颈，溜肩，扁鼓腹，最大腹径居中偏下，腹下部弧内收，平底。肩部饰三道凹弦纹，腹下部饰纵向绳纹，近底部至底饰横向绳纹。口径17.2、腹径28、底径10、高21.5厘米（图一五九，1；彩版四八，2）。

　　标本13M50：3，泥质灰陶。敛口，圆唇，斜沿，束颈，溜肩，鼓腹，最大腹径居中，腹下部弧内收，平底。肩部饰三道凹弦纹，腹中部偏下饰纵向绳纹，近底部饰横向绳纹。口径17.5、腹径29.5、底径10、高24厘米（图一五九，4；彩版四八，3）。

　　标本13M50：2，泥质灰陶。敛口，圆唇，平沿，束颈，溜肩，鼓腹，最大腹径居中偏上，腹下部弧内收，平底。肩部饰五道凹弦纹，腹中部偏下至底饰纵横相交绳纹。口径17.5、腹径24.6、底径9、高20.2厘米（图一五九，2；彩版四八，4）。

　　小陶罐　2件。

　　标本13M50：4，泥质红陶。敛口，圆唇，矮领，溜肩，鼓腹，最大腹径居中偏上，腹下部弧内收，圜平底。素面。口径12.4、腹径19、底径8、高10.5厘米（图一五九，3）。

　　标本13M50：5，泥质红陶。盖，覆钵形，尖唇，敛口，弧腹，平府，口径8.5、高3厘米。腹中部饰一周凹弦纹，顶部饰网格纹。罐，侈口，圆唇，卷沿，束颈，溜肩，鼓腹，最大腹径居中，

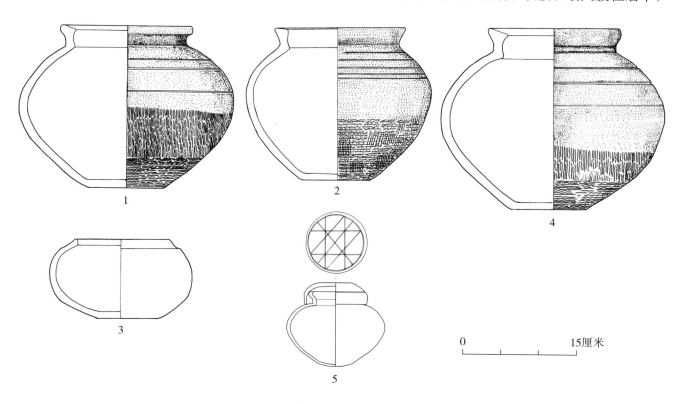

0　　　　　　　　　　　15厘米

图一五九　13M50出土陶器

1、2、4.陶瓮13M50：1、3、2　3、5.小陶罐13M50：4、5

腹下部斜内收，圜底。素面。口径 6.5、腹径 13、高 9.5、通高 11 厘米（图一五九，5；彩版四八，5）。

8.13M51 与 13M52

（1）13M51

位于本发掘区的西部，土坑竖穴墓，墓向 33°。墓圹平面基本呈长方形，直壁，平底（图一六〇；彩版四九，1）。长 3.25、宽 2.04、深 1.9 米。墓内填土黄褐色黏土夹杂较多酥石碎块，应为挖墓圹土回填，经过夯打，较为坚硬，夯层及夯窝不十分清晰。有熟土二层台，系挖墓穴时凿出黄褐色黏土夹杂酥石碎块等回填堆砌而成。台面宽度不一，北台面宽 0.54、南台面宽 0.51、西台面宽 0.33、东台面宽 0.63、高 0.14 米。

图一六〇　13M51 平、剖面图
1.铁甬　2.盘口罐　3.陶罐　4.小陶罐

　　墓底有木质葬具，单椁单棺，已朽，平面呈长方形，椁长 2.25、宽 1.05 米；棺的西侧板的朽痕较清晰，棺长 2.25、宽 0.7 米。棺内人骨架 1 具，已朽，仅见下肢骨的朽痕。可辨头向北，单人仰身直肢葬。

　　随葬品共 4 件，其中陶罐 1 件、盘口罐 1 件、小陶罐 1 件，铁臿 1 件，位于墓室底部椁内棺外西侧二层台内。

　　陶罐　1 件。

　　标本 13M51：3，泥质灰陶。侈口，圆唇，折沿，束颈，溜肩，扁鼓腹，最大腹径居中偏上，腹下部弧内收，平底。口径 18、腹径 32.5、底径 10、高 25 厘米（图一六一，1）。

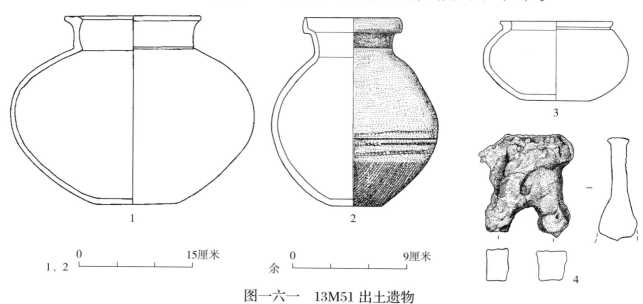

图一六一　13M51 出土遗物
1.陶罐13M51：3　2.盘口罐13M51：2　3.小陶罐13M51：4　4.铁臿13M51：1

　　盘口罐　1 件。

　　标本 13M51：2，泥质灰陶。盘口，尖唇，束颈，溜肩，鼓腹，最大腹径居中偏下，腹下部弧内收，小平底。腹中部偏下饰四道戳印纹，腹下部至底饰斜纵向绳纹。口径 12.4、腹径 22、底径 6.4、高 25 厘米（图一六一，2；彩版四九，2）。

　　小陶罐　1 件。

　　标本 13M51：4，泥质灰陶。敛口，尖唇，平沿，束颈，溜肩，鼓腹，最大腹径居中，腹下部弧内收，平底。素面。颈部饰一周凹弦纹。口径 8.7、腹径 11.4、底径 5、高 6.3 厘米（图一六一，3）。

　　铁臿　1 件。

　　标本 13M51：1，残，锈蚀严重，整体呈"凹"字形，圆弧状刃，刃两侧内收束腰无肩，剖面呈楔形，长方形銎孔已锈为实心。残高 8、宽 6.3、厚 1.5～3 厘米，銎横截面呈方形，宽 2、厚 3 厘米（图一六一，4）。

　　（2）13M52

　　位于发掘区西部。土坑竖穴墓，墓向 39°。墓圹平面基本呈长方形，直壁，平底（图一六二；彩版四九，3）。长 2.7、宽 1.4、深 1.8 米。墓内填土黄褐色土夹杂较多酥石碎块，较疏松，应为挖墓圹土回填。有熟土二层台，系挖墓穴时凿出黄褐土夹杂酥石碎块回填堆砌而成。台面宽度不一，东、南、西台面均宽 0.3、北台面宽 0.2、高 0.2 米。

墓底有木质葬具，单棺，已朽，平面呈长方形，棺长 2.2、宽 0.8 米。棺内人骨架 1 具，已朽。

随葬品共 4 件，其中陶罐 1 件、盘口罐 1 件、陶钵 1 件、漆片 1 件，已朽，无法提取，位于墓室底部西侧二层台里。

陶罐　1 件。

标本 13M52∶3，泥质黄陶。敛口，尖唇，平沿，束颈，溜肩，扁鼓腹，腹下部斜内收，最大腹径居中偏上，平底。腹下部至底饰横向绳纹。口径 15.2、腹径 25、底径 8.4、高 20 厘米（图一六三，1）。

盘口罐　1 件。

标本 13M52∶1，泥质灰陶。盘口，尖唇，束颈，溜肩，鼓腹，最大腹径居中，腹下部弧内

图一六二　13M52 平、剖面图

1. 盘口罐　2. 陶钵　3. 陶罐　4. 漆片

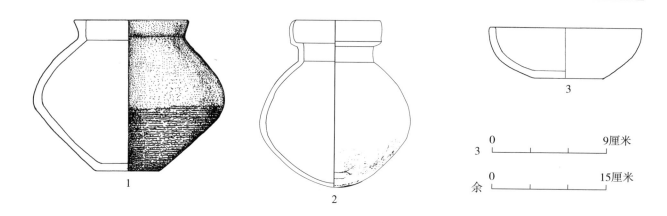

图一六三　13M52 出土陶器
1.陶罐13M52：3　2.盘口罐13M52：1　3.陶钵13M52：2

收，圜底。腹下部至底部饰横向绳纹。口径 11、腹径 20、底径 5、高 22 厘米（图一六三，2；彩版四九，4）。

陶钵　1 件。

标本 13M52：2，泥质灰陶。侈口，圆唇，弧腹，腹下部弧内收，平底。素面。口径 12、底径 5.5、高 4 厘米（图一六三，3）。

9.13M53 与 13M59

（1）13M53

位于本发掘区的西部。土坑竖穴墓，墓向 25°。墓圹平面基本呈长方形，直壁，较规整，平底（图一六四；彩版五〇，1、2）。长 2.9、宽 1.4、深 2.6 米。墓内填土黄褐色土夹杂酥石碎块，应为挖墓圹土回填。东、西有熟土二层台，系挖墓穴时凿出的黄褐色酥石等回填堆砌而成。台面宽度不一，东台面宽 0.15、西台面宽 0.31、高 0.3 米。

墓底有木质葬具，单棺，已朽，平面呈长方形，棺长 2.3、北端宽 0.65、南端宽 0.8、高 0.3 米。棺内人骨架 1 具，已朽，仅余牙齿，可辨头向北。

随葬品共 4 件，自东向西排列，均为高领罐，位于墓室底部棺外北侧二层台内。

高领罐　4 件。

标本 13M53：2，泥质灰陶。侈口，方唇，斜折沿，束颈，溜肩，鼓腹，最大腹径居中偏上，腹下部弧内收，平底。腹下部至底饰横向绳纹。口径 14.4、腹径 22.2、底径 6.8、高 25 厘米（图一六五，1；彩版五一，1）。

标本 13M53：3，泥质灰陶。侈口，方唇，斜折沿，束颈，溜肩，鼓腹，最大腹径居中偏上，腹下部弧内收，平底。腹下部偏下至底饰有九道凹弦纹。口径 13.8、腹径 22、底径 6、高 25 厘米（图一六五，2；彩版五一，2）。

标本 13M53：1，泥质灰陶。侈口，方唇，斜折沿，束颈，溜肩，鼓腹，最大腹径居中，腹下部弧内收，平底。腹中部饰一周锥刺纹，腹下部至底饰横向绳纹。口径 13.4、腹径 22.8、底径 5.8、

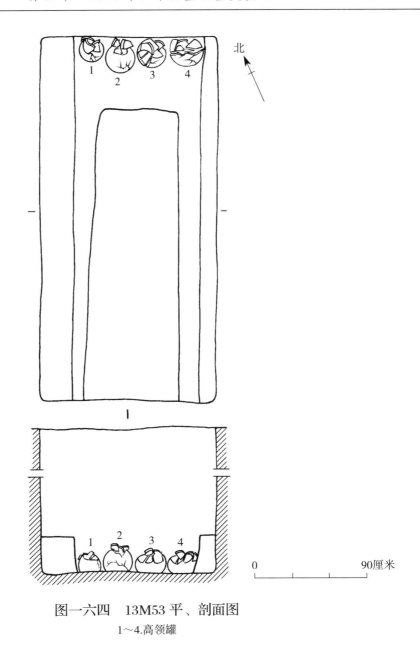

北

0   90厘米

图一六四 13M53 平、剖面图
1～4.高领罐

高 26 厘米（图一六五，3；彩版五一，3）。

标本 13M53：4，泥质灰陶。侈口。方唇，平折沿，高领，束颈，溜肩，鼓腹，最大腹径居中，腹下部弧内收，平底。腹中部饰三周锥刺纹。腹下部至底饰横向绳纹。口径 14、腹径 22、底径 6、高 25 厘米（图一六五，4；彩版五一，4）。

（2）13M59

位于本发掘区的西部。土坑竖穴墓，墓向 30°。墓圹平面基本呈长方形，直壁，壁面规整，平底（图一六六；彩版五〇，3）。长 2.7、宽 1.4、深 3 米。墓内填土黄褐色黏土，较致密，应为挖墓圹土回填。有二层台，东侧生土二层台，台面宽 0.4、高 1.5 米，北、西、东三侧有熟土二层台，系挖墓穴时凿出的黄褐色黏土等回填堆砌而成。台面宽度不一，西、东侧台面均宽 0.2、北台面宽 0.4、高 0.5 米。

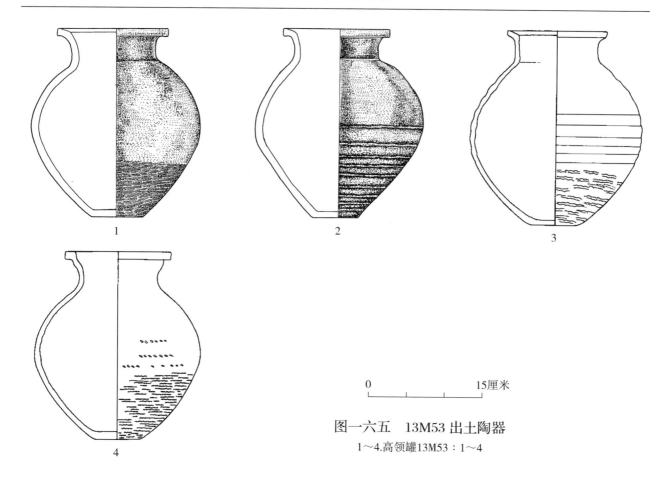

图一六五　13M53 出土陶器

1～4.高领罐13M53：1～4

　　墓底有木质葬具，单棺，已朽，平面呈长方形。棺长1.9、宽0.6、高0.5米。棺内人骨架1具，已朽，仅余股骨与胫骨的朽痕，可辨头向北，单人仰身直肢葬。

　　随葬品共3件，其中陶罐1件、陶钵2件，位于墓室东北、西北和西南角填土内。

　　陶罐　1件。

　　标本13M59：3，泥质灰陶。侈口，方唇，斜折沿，高领，束颈，溜肩，鼓腹，最大腹径居中，腹下部弧内收，平底。腹中部偏下饰两道凹弦纹，腹下部至底饰斜向绳纹。口径13、腹径22.4、底径6、高23.6厘米（图一六七，1）。

　　陶钵　2件。

　　标本13M59：1，泥质黄陶。敛口，方唇，平沿，弧腹，平底。素面。口径17、底径7.6、高6.5厘米（图一六七，2；彩版五一，5）。

　　标本13M59：2，泥质黄褐陶。敛口，方唇，平沿，弧腹，平底。腹下部饰有两道凹弦纹。口径17、底径7.4、高6.2厘米（图一六七，3；彩版五一，6）。

10.13M55 与 13M56

　　（1）13M55

　　位于本发掘区的西部，土坑竖穴墓，墓向30°，墓圹平面基本呈长方形，直壁、平底（图一六八；彩版五二，1、2）。长2.7、宽1.3、深1.29米。在东壁有壁龛，进深较浅。长0.94、高0.5、

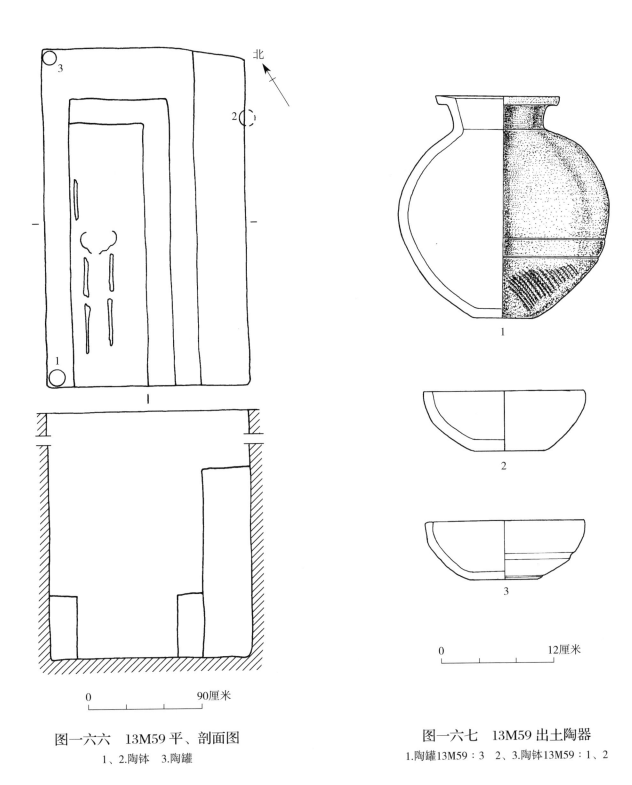

图一六六 13M59平、剖面图
1、2.陶钵 3.陶罐

图一六七 13M59出土陶器
1.陶罐13M59：3 2、3.陶钵13M59：1、2

进深 0.15 米。墓内填土黄褐色的砂石土，应为挖墓圹土回填。有熟土二层台，系挖墓穴时凿出黄褐色的砂石土等回填堆砌而成。台面宽 0.21～0.25、高 0.3 米。

墓底有木质葬具，单棺单椁，已朽。平面呈长方形，棺长 1.86、宽 4.5、高 0.3 米。棺内人骨架 1 具，已朽，仅下肢骨朽痕。可辨头向北，单人仰身直肢葬。

随葬品共 4 件，高领罐 2 件，陶罐 2 件，残。位于墓室底部棺外东侧二层台里。

高领罐　2 件。

标本 13M55：1，泥质灰陶。侈口，方唇，斜折沿，高领，束颈，溜肩，鼓腹，最大腹径居中，腹下部斜内收，平底。腹中部饰一道戳刺纹，腹下部至底饰斜纵向绳纹。口径 13.2、腹径 22.8、底径 8、高 22.2 厘米（图一六九，1）。

标本 13M55：2，泥质灰陶。侈口，方唇，平沿，高领，束颈，溜肩，圆鼓腹，最大腹径居中，腹下部弧内收，平底。腹下部至底饰斜纵向绳纹。口径 13.4、腹径 22、底径 6.6、高 23.3 厘米（图一六九，2）。

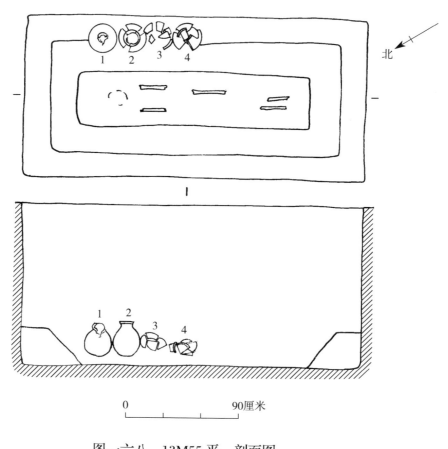

图一六八　13M55 平、剖面图
1、2.高领罐　3、4.陶罐

（2）13M56

位于本发掘区的西部。土坑竖穴墓，墓向 36°。墓圹平面基本呈长方形，直壁、平底（图一七〇；彩版五二，3）。长 2.5、宽 1.1、深 11.7 米，在墓东壁有似壁龛的"凹坑"，长 0.75、高 0.2、

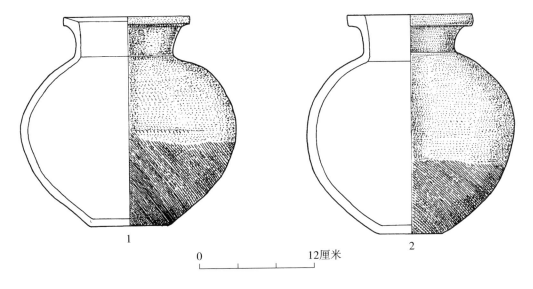

0　　　　　　　　12厘米

图一六九　13M55 出土陶器

1、2.高领罐13M55：1、2

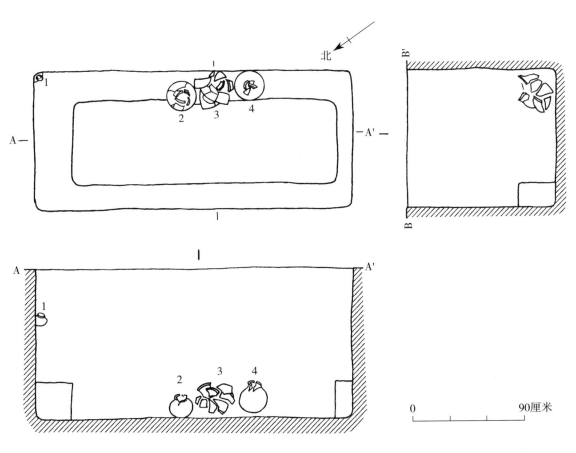

北

0　　　　　　　　90厘米

图一七〇　13M56 平、剖面图

1.小陶罐　　2～4.陶罐

进深 0.15 米。墓内填土黄褐砂石土，为挖墓圹土回填。有熟土二层台，系挖墓穴时凿出黄褐色砂石土等回填堆砌而成。台面宽度不一，北台面宽 0.3、南台面宽 0.12、西台面宽 0.21、东台面宽 0.24、高 0.3 米。

墓底有木质葬具，单棺，已朽，平面呈长方形。棺长 2.1、宽 0.64、高 0.3 米。棺内人骨架 1 具，已朽，可辨头向北，单人葬，葬式不明。

随葬品共 4 件，其中陶罐 3 件，位于墓室底部棺外东侧二层台中部；小陶罐 1 件，位于墓室东北角的填土内。

陶罐　3 件。

标本 13M56：2，泥质黄陶。侈口，方唇，斜折沿，束颈，溜肩，鼓腹，最大腹径居中偏下，腹下部斜内收，平底。腹下部至底饰横向绳纹。口径 13.4、腹径 22、底径 6.6、高 24.4 厘米（图一七一，1）。

标本 13M56：3，泥质灰陶。残。侈口，圆唇，斜折沿，高领，溜肩，鼓腹，最大腹径居中，腹下部弧内收，平底。腹中部饰一道凹弦纹，腹下部饰纵向绳纹，近底部饰横向绳纹。口径 19、腹径 36、底径 12、高 31 厘米（图一七一，2）。

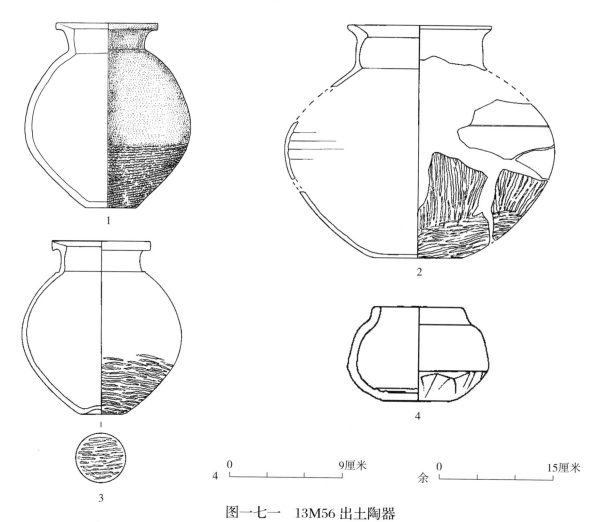

图一七一　13M56 出土陶器

1～3.陶罐13M56：2～4　4.小陶罐13M56：1

标本 13M56：4，泥质灰褐陶，方唇，敛口，斜折沿，高领，溜肩，鼓腹，腹下部弧收，凹底。腹下部及底部饰横向绳纹。口径 13.6、腹径 21、底径 6、高 23 厘米（图一七一，3）。

小陶罐　1 件。

标本 13M56：1，泥质灰陶。敛口，圆唇，溜肩，鼓腹，最大腹径居中偏下，腹下部弧内收，平底。素面。口径 7.2、腹径 11.1、底径 5.1、高 7.5 厘米（图一七一，4）。

11.13M57 与 13M58

（1）13M57

位于本发掘区的中部偏西的山顶部。土坑竖穴墓，墓向 140°。墓圹平面基本呈长方形，直壁，壁面规整，平底（图一七二；彩版五三，1）。长 3、宽 1.9、深 3.1 米。墓内填土酥石块夹杂黄褐色黏土，较致密，应为挖墓圹土回填。经过夯打，夯层不十分明显，夯窝直径 8～12 厘米。有熟土二层台，系挖墓穴时凿出的黄褐色黏土等回填堆砌而成。台面宽度不一，西、南和北台面均 0.4、东台面宽 0.48、高 0.6 米。

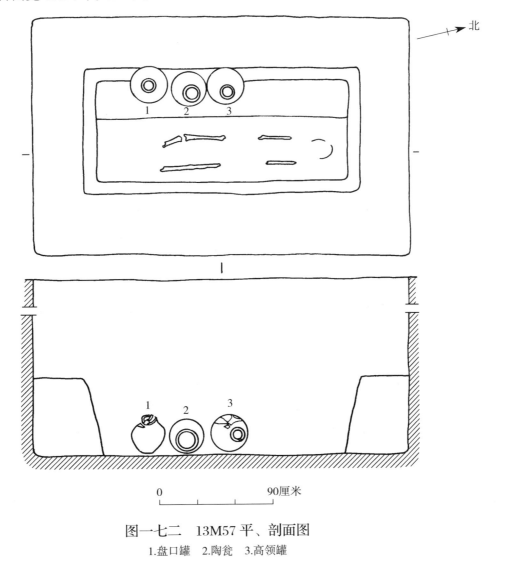

图一七二　13M57 平、剖面图

1.盘口罐　2.陶瓮　3.高领罐

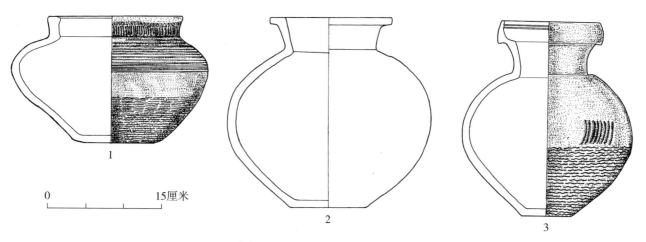

0 ———————— 15厘米

图一七三　13M57 出土陶器

1.陶瓮13M57：2　2.高领罐13M57：3　3.盘口罐13M57：1

墓底有木质葬具，单椁，单棺，已朽。平面呈长方形，椁长2.2、宽1、高0.6米。棺长2、宽0.7米。棺内人骨架1具，仅存头骨与四肢的朽痕，可辨头向北，单人仰身直肢葬。

随葬品共3件，其中陶瓮1件、高领罐1件、盘口罐1件，自南向北排列，位于墓室底部椁内棺外西侧二层台内。

陶瓮　1件。

标本13M57：2，泥质灰陶。敛口，圆唇，平沿，立领，溜肩，鼓腹，最大腹径居中偏上，腹下部斜内收，平底。领部饰一周纹饰。腹上部有轮制痕迹，腹下部至底饰横向绳纹。器形烧制不十分规整。口径17.5、腹径26、底径10、高17厘米（图一七三，1；彩版五三，2）。

高领罐　1件。

标本13M57：3，泥质灰陶。侈口，方唇，平沿，高领，溜肩，鼓腹，最大腹径居中，腹下部斜内收，平底。素面。口径16、腹径26.7、底径10、高25.2厘米（图一七三，2；彩版五三，3）。

盘口罐　1件。

标本13M57：1，泥质灰陶。盘口，尖唇，束颈，溜肩，鼓腹，最大腹径居中，腹下部弧内收，小平底。腹下部至底饰横向绳纹。口径12.8、腹径22.2、底径6、高25.8厘米（图一七三，3；彩版五三，4）。

（2）13M58

位于本发掘区的中部偏西的山顶部。土坑竖穴墓，墓向35°。墓圹平面基本呈长方形，直壁，壁面规整，平底（图一七四）。长3.4、宽1.8、深2.5米。墓内填土黄褐色土夹杂灰褐色土，较致密，应为挖墓圹土回填，经过夯打，夯层不十分明显。有熟土二层台，系挖墓穴时凿出的黄褐色土夹杂灰褐色土等回填堆砌而成。台面宽度不一，东台面宽0.28、西台面宽0.5、南台面宽0.6、北台面宽0.4、高0.6米。

墓底有木质葬具，单椁，单棺，已朽。平面呈长方形，椁长2.4、宽1米。棺长2、宽0.6米。棺内人骨架1具，已朽。

随葬品共5件，其中陶瓮1件，盘口罐1件，位于墓室底部椁内棺外北侧。铁器3件，位于

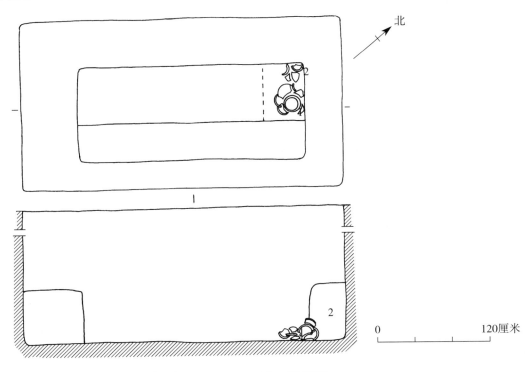

图一七四　13M58 平、剖面图

1.陶瓮　2.盘口罐

填土内。

陶瓮　1 件。

标本 13M58：1，泥质灰陶。敛口，圆唇，平沿，立领，圆溜肩，鼓腹，最大腹径居中，腹下部斜内收，小平底。腹下部饰横向绳纹，近底部饰纵斜相交绳纹。口径 18、腹径 33.4、底径 9.5、高 27.5 厘米（图一七五，1）。

盘口罐　1 件。

标本 13M58：2，泥质黄陶。盘口，尖唇，束颈，溜肩，鼓腹，下腹弧收，圜平底。素面。口径 11.5、腹径 20.5、底径 4.5、高 23 厘米（图一七五，2；彩版五三，5）。

铁器　3 件。

标本 13M58：3，锈蚀严重，器形不清。残，截面呈不规则状。残长 9.3、宽 7.2、厚 3 厘米（图一七五，3）。

标本 13M58：4，锈蚀严重，器形不清。残，截面呈不规则状。残长 9、宽 5.7、厚 3 厘米（图一七五，4）。

标本 13M58：5，锈蚀严重，器形不清。残，截面呈不规则状。残长 6.6、宽 3.3、厚 3 厘米（图一七五，5）。

12.13M67 与 13M68

（1）13M67

位于本发掘区的中部。土坑竖穴墓，墓向 120°，墓圹平面基本呈长方形，直壁，平底（图

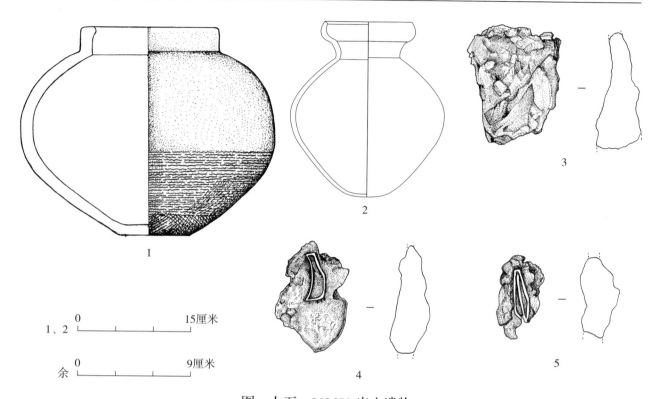

图一七五　13M58 出土遗物

1.陶瓮13M58：1　2.盘口罐13M58：2　3～5.铁器13M58：3～5

一七六；彩版五四，1、2）。长3.2、宽2.2、深3.6米。墓内填土黄褐色酥石碎块，应为挖墓圹土回填，经过夯打，较坚硬，夯层不明显。夯窝直径约10厘米。有熟土二层台，系挖墓穴时凿出的黄褐色酥石碎块等回填堆砌而成。台面宽度不一，东台面宽0.24、西台面宽0.3、南、北台面均宽0.4、高0.32米。

墓底有木质葬具，单椁单棺，已朽。平面呈长方形，椁长2.6、宽1.5米；棺长2、宽1米。棺内人骨架1具，已朽，可辨头向东，单人仰身直肢葬。

随葬品共7件，其中1陶钵，位于东侧二层台上，陶瓮2件、陶罐1件、高领罐2件、盘口罐1件，位于墓室底部椁内棺外北侧。

陶瓮　2件。

标本13M67：2，泥质灰陶。敛口，圆唇，平沿，立领，溜肩，鼓腹，肩部至腹部饰六道弦纹，下腹饰一道戳刺纹，下腹至底部饰横向与竖向相交绳纹。口径18、腹径34.5、底径8、高26厘米（图一七七，1；彩版五五，1）。

标本13M67：3，泥质灰陶。敛口，圆唇，平沿，立领，溜肩，圆鼓腹，下腹饰竖向绳纹，近底部饰横向绳纹。口径18、腹径34.5、底径8.5、高28.7厘米（图一七七，2；彩版五五，2）。

陶罐　1件。

标本13M67：4，泥质灰陶，敛口，尖唇，弧沿，直领，斜肩，鼓腹，最大腹径腹部偏上。腹部饰戳刺纹饰，下腹饰竖向绳纹，近底部饰横向绳纹。口径18.4、腹径31.4、底径9.5、高27.7厘米（图一七七，3）。

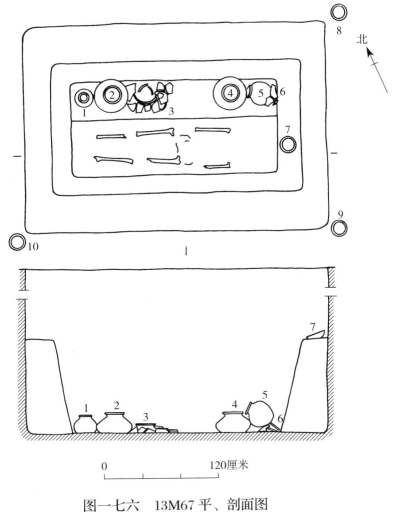

图一七六　13M67 平、剖面图
1、5.高领罐　2、3.陶瓮　4.陶罐　6.盘口罐　7.陶钵

高领罐　2件。

标本 13M67：1，泥质灰陶。侈口。方唇，斜折沿，高领，溜肩，鼓腹，最大腹径居中，腹下部弧内收，平底。腹上部饰两道凹弦纹，腹中部偏下饰两道戳刺纹，腹下部至底饰横向绳纹。口径 14.4、腹径 24、底径 8.6、高 25.6 厘米（图一七七，4；彩版五五，3）。

标本 13M67：5，泥质灰陶。侈口，方唇，平沿，高领，溜肩，鼓腹，最大腹径居中，腹下部斜内收，平底。腹下部偏下饰有四道凹弦纹。器表通体磨光。口径 13.6、腹径 25.4、底径 9.2、高 24 厘米（图一七七，5；彩版五五，4）。

盘口罐　1件。

标本 13M67：6，泥质灰陶。盘口，尖唇，束颈，溜肩，鼓腹，下腹弧收，平底。口径 11.5、腹径 22.2、底径 6、高 26.4 厘米（图一七七，6；彩版五五，5）。

陶钵　1件。

标本 13M67：7，泥质灰陶。敛口，弧腹，平底。口径 18.5、底径 7.5、高 7.5 厘米（图一七七，7；彩版五五，6）。

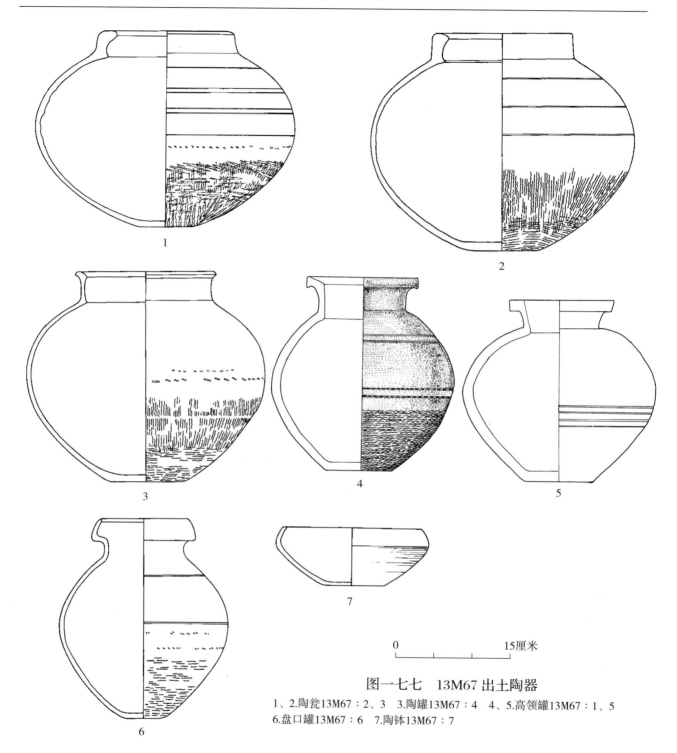

图一七七　13M67 出土陶器

1、2.陶瓮13M67：2、3　3.陶罐13M67：4　4　5.高领罐13M67：1、5
6.盘口罐13M67：6　7.陶钵13M67：7

（2）13M68

　　位于本发掘区的中部。土坑竖穴墓，墓向 120°。墓圹平面基本呈长方形，直壁，平底（图一七八；彩版五四，3）。长 3.3、宽 2.1、深 3.4 米。墓内填土灰褐色酥石碎块，应为挖墓圹土回填，经过夯打，较坚硬，夯层不明显。夯窝直径约 10 厘米。有熟土二层台，系挖墓穴时凿出黄褐色酥石碎块等回填堆砌而成。台面宽度不一，东台面宽 0.3、西台面宽 0.24、南台面宽 0.4、北

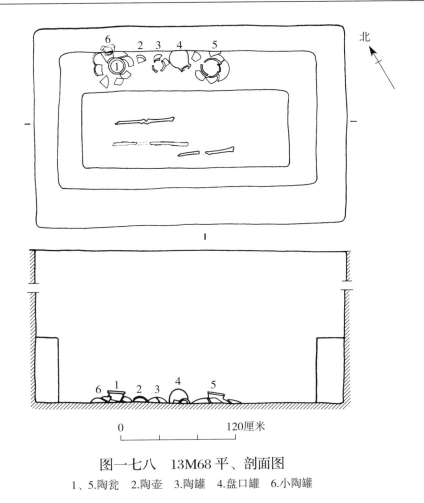

图一七八 13M68平、剖面图
1、5.陶瓮 2.陶壶 3.陶罐 4.盘口罐 6.小陶罐

台面宽0.24、高0.7米。

墓底有木质葬具，单椁单棺，已朽。平面呈长方形，椁长2.6、宽1.45米；棺长2.1、宽0.8米。棺内人骨架1具，已朽，可辨头向东，单人仰身直肢葬。

随葬品共6件，其中陶瓮1件，陶罐2件、盘口罐、陶壶、小陶罐各1件。位于墓室底部椁内棺外北侧。

陶瓮 1件。

标本13M68：1，泥质灰陶。敛口，圆唇，平沿，立领，溜肩，鼓腹，最大腹径居中偏上，腹下部斜内收，平底。肩部饰有三道凹弦纹，腹下部至底饰有纵向绳纹。口径19.8、腹径35.8、底径12、高26厘米（图一七九，1；彩版五六，1）。

陶罐 2件。

标本13M68：5，泥质灰陶。侈口，尖唇，平沿，束颈，溜肩，鼓腹，最大腹径居中，腹下部弧内收，圜底。腹下部饰有纵向绳纹，近底部饰有横向绳纹，间隔一道凹弦纹。口径20、腹径34.4、底径14、高27.6厘米（图一七九，2；彩版五六，2）。

标本13M68：3，泥质灰陶。侈口，尖唇，平沿，束颈，溜肩，鼓腹，最大腹径居中，腹下部斜内收，平底。颈部下有凹痕，腹中部偏下饰一道戳刺纹，腹下部至底饰横向绳纹。口径

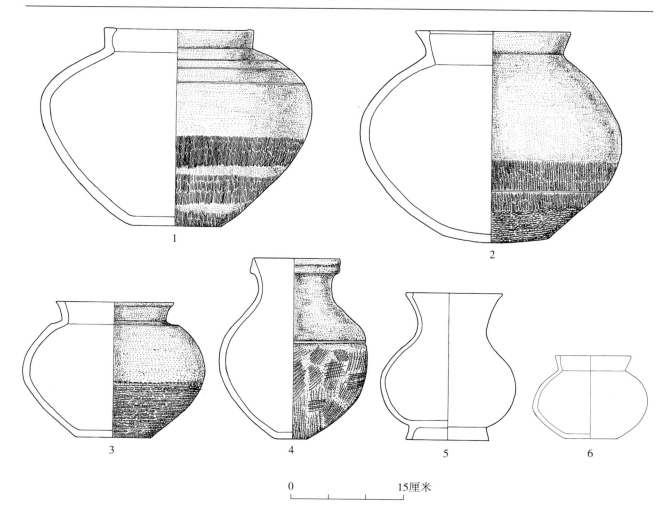

图一七九　13M68 出土陶器

1.陶瓮13M68：1　2、3.陶罐13M68：5、3　4.盘口罐13M68：4　5.陶壶13M68：2　6.小陶罐13M68：6

15.4、腹径 24.2、底径 10、高 18 厘米（图一七九，3；彩版五六，3）。

盘口罐　1 件。

标本 13M68：4，泥质黄陶。盘口，尖唇，束颈，溜肩，鼓腹，最大腹径居中，腹下部弧内收，小平底。腹中部饰一道凹弦纹，腹下部至底饰纵横交错绳纹。口径 12.4、腹径 19.6、底径 4.2、高 23.5 厘米（图一七九，4；彩版五六，4）。

小陶罐　1 件。

标本 13M68：6，泥质灰陶。侈口，圆唇，平沿，束颈，溜肩，鼓腹，最大腹径居中偏下，腹下部弧内收，平底。素面。口径 9.8、腹径 15.2、底径 7、高 11 厘米（图一七九，6；彩版五六，6）。

陶壶　1 件。

标本 13M68：2，泥质灰陶。侈口，方唇，平沿，长颈，溜肩，鼓腹，最大腹径居中偏下，腹下部弧内收，平底，圈足外撇。素面。口径 13.6、腹径 17.8、底径 10.8、高 19.5 厘米（图一七九，5；彩版五六，5）。

13.13M73 与 13M74

（1）13M73

位于本发掘区的中部偏西，是本次发掘工地西侧的墓葬集中区域。土坑竖穴墓，墓向115°。墓圹平面基本呈长方形，直壁光滑，平整，有工具加工的痕迹，平底（图一八〇；彩版五七，1、2）。长3.1、宽2.4、深3.6米。墓内填土黄褐色酥石块，应为挖墓圹土回填，土质结构较疏松。有熟土二层台，系挖墓穴时凿出黄褐色酥石块等回填堆砌而成。台面宽度不一，西、北台面均宽0.3、东台面宽0.4、南台面宽0.6、高0.6米。

有木质葬具，单椁单棺，已朽。平面呈长方形，椁长2.4、宽1.5米；棺长2.3、宽0.9米。棺内人骨架1具，已朽。

随葬品13件，其中陶罐4件、陶壶3件，上下两层叠压，位于墓室底部椁内棺外北侧二层台内。铜带钩1件、环首刀1件、铜饰件2件、圆陶片2件，位于棺室内，此外，在棺室内发现有漆器，朽，无法辨认器形。其中一件陶罐内盛有液体，根据技术检测发现为酒（彩版五七，3）。

陶罐　4件。

图一八〇　13M73平、剖面图

1、2、3、7.陶罐　4~6.陶壶　8.铜带钩　9.铜环首刀　10、11.铜饰件　12、13.圆陶片

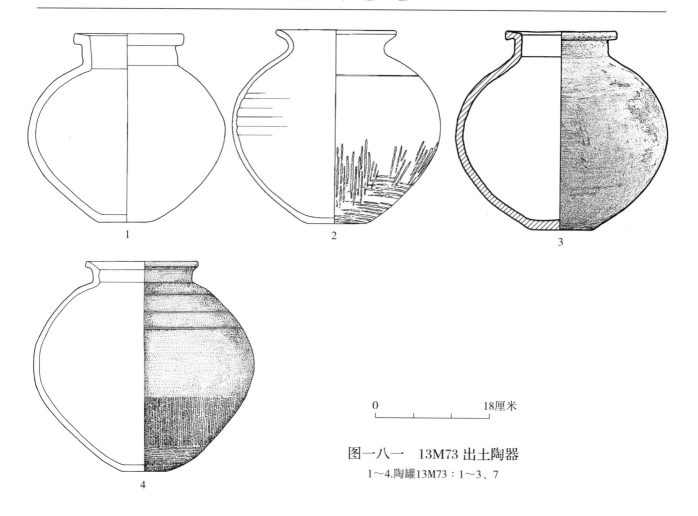

图一八一　13M73 出土陶器
1～4.陶罐13M73：1～3、7

　　标本 13M73：1，泥质灰陶。方唇，口微侈，斜沿，颈，溜肩，鼓腹，最大腹径居中，腹下部斜内收，小平底。口径 17.5、腹径 31、底径 9、高 30 厘米（图一八一，1；彩版五八，1）。

　　标本 13M73：2，泥质灰褐陶。侈口。圆唇，卷沿，束颈，溜肩，鼓腹，最大腹径居中偏下，腹下部弧内收，平底。腹下部饰竖向绳纹，腹下部至底饰竖横向绳纹。口径 19.2、腹径 33、底径 10、高 31.2 厘米（图一八一，2；彩版五八，2）。

　　标本 13M73：3，泥质灰陶。方唇，直口，平沿外卷，短颈，溜肩，圆鼓腹，最大腹径居中，腹下部斜内收，小平底。腹中部器表饰两周不规则的戳印纹，腹下部器表局部饰少量戳印痕，纹饰均漫漶不清。口径 17.4、腹径 33、底径 10、高 31.2 厘米（图一八一，3；彩版五八，3）。

　　标本 13M73：7，泥质灰陶，方唇，侈口，斜沿，束颈，溜肩，鼓腹，最大腹径居中偏下，下腹弧收，圜平底，肩部饰三道凹弦纹，下腹饰竖向绳纹，下腹近底部饰横向绳纹。口径 17.4、腹径 34.5、底径 7、高 33.2 厘米（图一八一，4）。

　　陶壶　3 件。

　　标本 13M73：5，泥质灰陶，夹杂少量云母，下部残。侈口，方唇，斜沿，长斜颈，斜肩，鼓腹，腹下部斜收，大平底。素面。口径 15、残高 20 厘米（图一八二，1）。

　　标本 13M73：4，泥质黄陶。侈口，方唇，斜沿，沿面中部微凹，长斜颈，鼓腹，腹下部斜收，

大平底。腹中部及下部偏上饰两周戳印痕迹，漫漶不清。口径15.5、底径14.5、高26.5厘米（图
一八二，2；彩版五八，4）。

标本13M73：6，泥质灰褐陶。侈口，方唇，平沿，沿面中部微凹，长斜颈，鼓腹，腹下部斜收，
大平底。素面。口径16.5、底径16、高26.5厘米（图一八二，3；彩版五八，5）。

圆陶片 2件。圆形。泥质灰陶，通体磨光，器表有磨损。

标本13M73：12，直径4、厚1.3厘米（图一八二，4；彩版五八，6右）。

标本13M73：13，直径4.5、厚1.5厘米（图一八二，5；彩版五八，6左）。

铜带钩 1件。

标本13M73：8，整体呈琵琶形，钩首兽首形，体较粗短，鼓腹，断面近半圆形，圆形钮位
于钩体背面近尾部。长9.2、钮径1.1厘米（图一八三，1）。

铜饰件 2件。

标本13M73：10，锈蚀严重，残，仅余铜环。直径3.8厘米（图一八三，2）。

标本13M73：11，锈蚀严重，残，仅余铜环、铁片等。残长6、宽2.6厘米，铜环，截面近圆形。
直径0.5厘米（图一八三，3）。

铜环首刀 1件。

标本13M73：9，锈蚀严重。残，椭圆形环首，直柄。直背，直刃，刀柄与刀身基本等宽。
残长26、刀柄宽5.3、刀身宽2.8厘米（图一八三，4）。

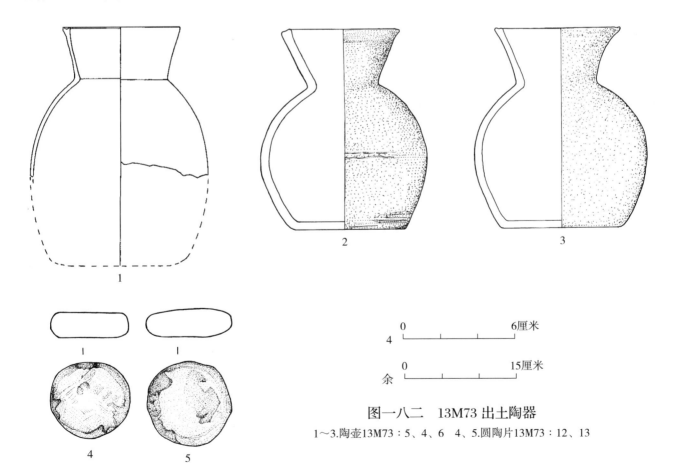

0   6厘米
4

0   15厘米
余

图一八二 13M73出土陶器

1～3.陶壶13M73：5、4、6 4、5.圆陶片13M73：12、13

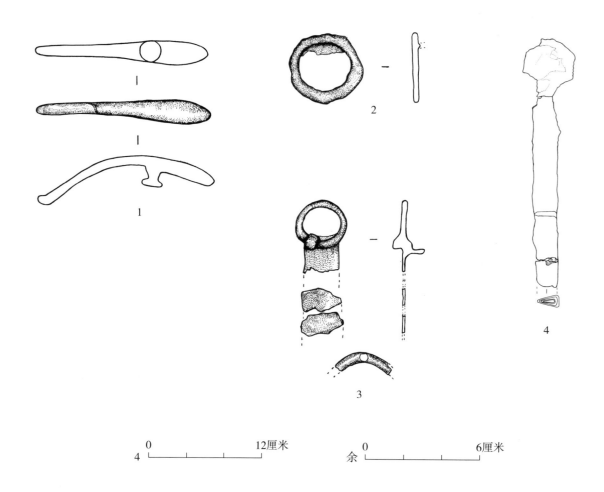

图一八三　13M73 出土铜器

1.铜带钩13M73：8　2、3.铜饰件13M73：10、11　4.铜环首刀13M73：9

（2）13M74

位于本发掘区的中部偏西，是本次发掘工地西侧的墓葬集中区域。土坑竖穴墓，墓向115°。墓圹平面基本呈长方形，直壁，壁面光滑平整，有工具加工的痕迹，平底（图一八四）。长2.8、宽1、深1.89米。墓内填土黄褐色砂石土，应为挖墓圹土回填，土质结构较疏松。无葬具。有人骨架1具，已朽。随葬品2件，陶盆1件，位于墓室底部南侧偏西；陶钵1件，位于墓室中部偏南。

陶盆　1件。

标本 13M74：1，泥质夹砂灰陶。侈口，方唇，斜折沿，腹下部折内收，圜底。素面。腹部饰八道凹弦纹。口径26、底径6.8、高9.5厘米（图一八五，1）。

陶钵　1件。

标本 13M74：2，泥质夹砂灰陶，部分区域呈黄色。敞口，方唇，平沿，弧腹，腹下部弧内收，平底，圈足。素面。口径16、底径8.5、高6厘米（图一八五，2）。

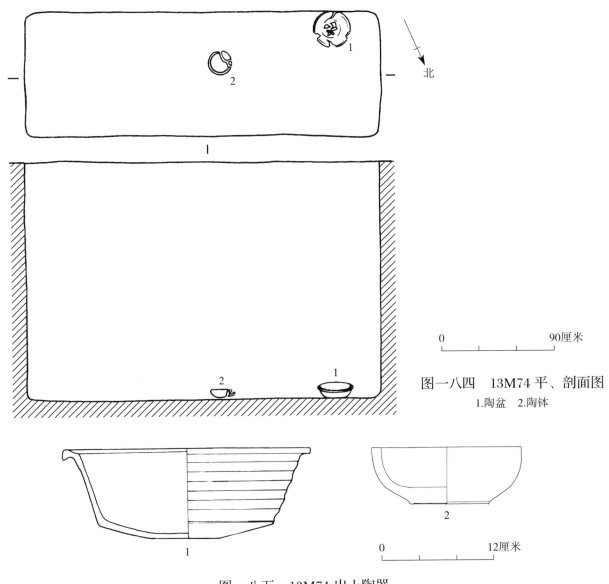

图一八四 13M74 平、剖面图
1.陶盆 2.陶钵

图一八五 13M74 出土陶器
1.陶盆 13M74：1 2.陶钵 13M74：2

14.13M76 与 13M77

（1）13M76

位于本发掘区的中部。土坑竖穴墓，墓向 120°。墓圹平面基本呈长方形，直壁，较规整，平底（图一八六）。长 4.08、宽 1.8、深 1.65 米。墓内填土黄褐色砂石土，为挖墓圹土回填，经过夯打，土质结构较硬，夯层及夯窝不明显。有熟土二层台，系挖墓穴时凿出黄褐色砂石土等回填堆砌而成。台面宽度不一，西、北台面均宽 0.4、南台面宽 0.28、东台面宽 0.56、高 0.44 米。

有木质葬具，单椁，单棺，已朽。平面呈长方形，椁长 3.2、宽 1.04 米；棺长 2.48、宽 0.76 米。棺内人骨架 1 具，已朽。

随葬品共 4 件，其中陶罐 1 件、盘口罐 1 件、陶壶 1 件，位于棺东侧，小陶罐 1 件，位于墓室底部棺外东侧二层台内。

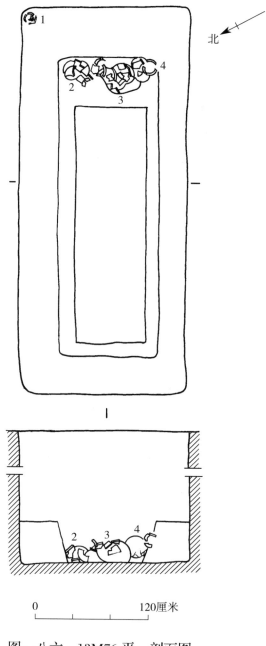

图一八六　13M76 平、剖面图
1.小陶罐　2.陶壶　3.陶罐　4.盘口罐

　　陶罐　1件。

　　标本 13M76：3，泥质灰陶。侈口，方唇，平沿，束颈，溜肩，鼓腹，最大腹径居中，腹下部弧内收，平底。腹下部至底饰横向绳纹。口径 14.4、腹径 21.5、底径 5.8、高 25.4 厘米（图一八七，1）。

　　盘口罐　1件。

　　标本 13M76：4，泥质黄褐陶。盘口，尖唇，束颈，斜肩，鼓腹，最大腹径居中，腹下部斜内收，小平底。腹下部至底饰横向绳纹。口径 12.2、腹径 21.2、底径 5.2、高 27.3 厘米（图一八七，2）。

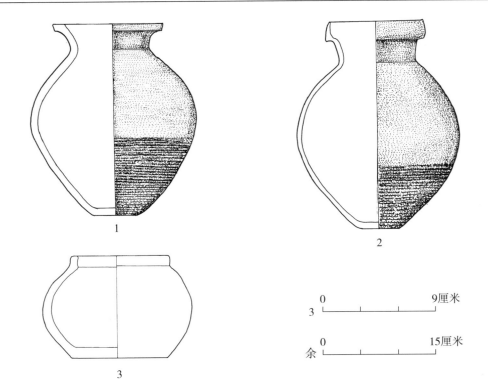

图一八七　13M76 出土陶器

1.陶罐 13M76∶3　2.盘口罐 13M76∶4　3.小陶罐 13M76∶1

小陶罐　1 件。

标本 13M76∶1，泥质夹砂黄陶，敛口，圆唇，平沿，溜肩，鼓腹，最大腹径居中，腹下部弧内收，平底。素面。口径 7.6、腹径 11.6、底径 7.5、高 8 厘米（图一八七，3）。

（2）13M77

位于本发掘区的中部。土坑竖穴墓，墓向 125°。墓圹平面基本呈长方形，直壁，较规整，平底（图一八八）。长 2.5、宽 1.1、深 0.8 米。在北壁有壁龛，高 0.39、宽 0.66、进深 0.27 米。墓内填土灰褐色花土夹杂粉砂黏土及小石块，应为挖墓圹土回填。西、南和北三侧有生土二层台。台面宽度不一，北台面宽 0.33、南台面宽 0.21、西台面宽 0.18、东台面宽 0.03、高 0.28 米。

有木质葬具，单棺，已朽。平面呈长方形，榫长 2.25、宽 0.6 米；棺长 2.2、宽 0.6 米。棺内人骨架 1 具，已朽，可辨头向东，单人仰身直肢葬。

随葬品共 2 件，均为陶罐，位于壁龛内。

陶罐　2 件。

标本 13M77∶1，泥质灰陶。敛口，方唇，斜折沿，束颈，溜肩，鼓腹，最大腹径居中，腹下部弧内收，平底。肩部饰两道凹弦纹，腹下部饰一道凹弦纹，腹下部饰纵向绳纹，近底部饰横向绳纹。口径 18.4、腹径 30、底径 8.6、高 30.2 厘米（图一八九，1）。

标本 13M77∶2，泥质灰陶。口沿、颈部残。溜肩，鼓腹，最大腹径居中，腹下部斜内收，平底。腹中部饰一道戳刺纹，腹下部偏上局部饰纵横交错绳纹，腹下部至底饰横向绳纹。腹径 21.9、底径 6、残高 20.5 厘米（图一八九，2）。

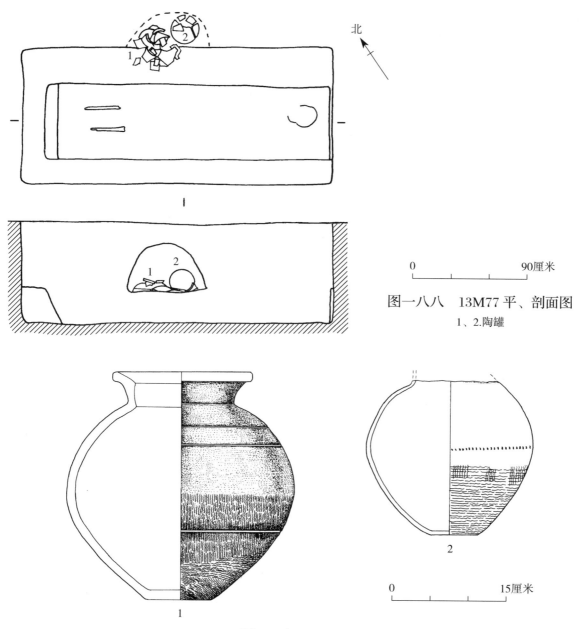

北

0 ——————————— 90厘米

图一八八　13M77 平、剖面图
1、2.陶罐

图一八九　13M77 出土陶器
1、2.陶罐13M77：1、2

0 ——————————— 15厘米

15.13M80 与 13M81

（1）13M80

位于本发掘区的中部偏西。土坑竖穴墓，墓向124°。墓圹平面基本呈长方形，直壁，较规整，墓圹石质坚硬，北壁外凸，平底（图一九〇）。长2.9、宽1.9、深3.2米。墓内填土黄褐色黏土夹杂较多的酥石块，为挖墓圹土回填，经过夯打，土质结构较硬，夯层及夯窝不明显。有熟土二层台，系挖墓穴时凿出黄褐色黏土夹杂较多的酥石块等回填堆砌而成。台面宽度不一，东台面宽0.34、西台面宽0.36、南台面宽0.5、北台面宽0.2、高0.3米。

有木质葬具，单椁单棺，已朽，平面呈长方形，椁长2.2、宽1.1米；棺长2、宽0.6米。棺

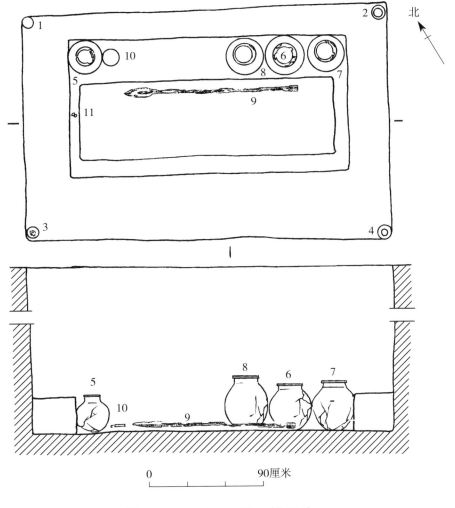

图一九〇 13M80平、剖面图

1~4.小陶罐 5.高领罐 6~8.陶罐 9.铁矛 10.漆皮 11.铜构件

内人骨架1具，已朽。

随葬品共11件，其中高领罐1件，位于墓室底部椁内棺外西北侧二层台东；陶罐3件，位于墓室底部椁内棺外东北侧；小陶罐4件，位于墓圹四角填土内；铜构件2件，位于椁内棺外的西北部二层台内，疑似漆盒的构件，朽，无法提取。铁矛1件，位于墓室底部棺内。

陶罐 3件。

标本13M80：6，泥质灰陶，器表饰黄陶衣。敛口，方唇，平沿，束颈，溜肩，圆鼓腹，最大腹径居中，腹下部斜内收，平底。肩部饰两道凹弦纹，腹中部偏下饰一道锥刺纹，腹下部至底饰纵横交错绳纹。口径17.4、腹径29.4、底径10.8、高27厘米（图一九一，1）。

标本13M80：7，泥质灰陶。敛口，圆唇，斜折沿，束颈，溜肩，圆鼓腹，最大腹径居中，腹下部弧内收，圜平底。肩部饰三道凹弦纹，腹中部偏下饰一道锥刺纹，腹下部饰纵横交错绳纹，近底部饰横向绳纹。口径16.6、腹径30、底径6、高27厘米（图一九一，2）。

标本13M80：8，泥质灰陶。侈口，方唇，卷沿，束颈，溜肩，圆鼓腹，最大腹径居中，腹

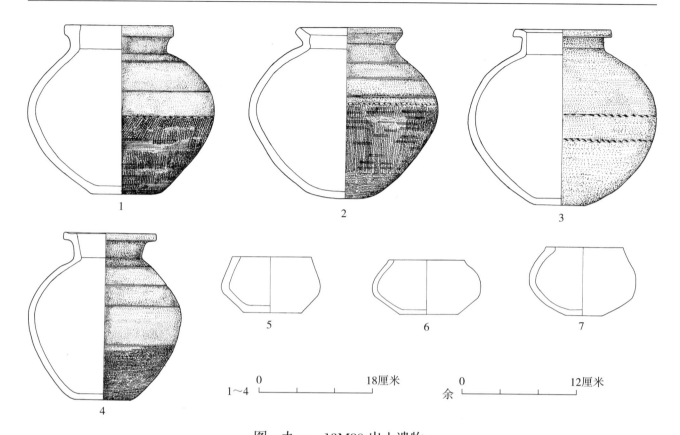

图一九一　13M80 出土遗物

1～3.陶罐13M80：6～8　4.高领罐13M80：5　5～7.小陶罐13M80：1、3、4

下部弧内收，平底。腹中部偏下部饰两道戳刺纹。口径 15.6、腹径 29.5、底径 8.4、高 27.6 厘米（图一九一，3）。

高领罐　1 件。

标本 13M80：5，泥质灰陶，器表饰黄陶衣。侈口，方唇，宽折沿，高领，束颈，溜肩，圆鼓腹，最大腹径居中，腹下部弧内收，平底。肩部饰三道凹弦纹，腹下部偏下至底饰横向绳纹。口径 14.4、腹径 24、底径 9.6、高 26.4 厘米（图一九一，4）。

小陶罐　3 件。

标本 13M80：1，泥质灰陶。敛口，方唇，平沿，溜肩，鼓腹，最大腹径居中，腹下部斜内收，平底。素面。口径 8.8、腹径 11、底径 6、高 6.2 厘米（图一九一，5）。

标本 13M80：3，泥质灰陶，敛口，方唇，平沿，溜肩，扁鼓腹，最大腹径居中，腹下部斜内收，平底。素面。口径 8.2、腹径 11.7、底径 6.4、高 6 厘米（图一九一，6）。

标本 13M80：4，泥质灰陶，敛口，方唇，平沿，溜肩，鼓腹，最大腹径居中，腹下部斜内收，平底。素面。口径 8.4、腹径 11.5、底径 4、高 7.5 厘米（图一九一，7）。

铁矛　1 件。

标本 13M80：9，矛头，铁质，长 24、宽 8 厘米。中间有圆孔，内插木柄，柄底部有铜带帽，铜帽长 6、宽 4 厘米。圆形，木柄红色，可能为酸木枝，长 1.36 米，通长 1.66 米。

（2）13M81

位于本发掘区的中部。土坑竖穴墓，墓向 120°。墓圹平面略呈长方形，墓圹开口宽度不一，东端略宽于西端，直壁较规整，平底（图一九二）。长 3、东端宽 1.8、西端宽 1.7、深 1.85 米。墓内填土黄褐色黏土夹杂较多的酥石块，应为挖墓圹土回填。经过夯打，土质较硬，夯层及夯窝不明显。有熟土二层台，系挖墓穴时凿出黄褐色黏土夹杂较多的酥石块等回填堆砌而成。台面宽度不一。东、西台面宽 0.45、南台面宽 0.42、北台面宽 0.33、高 0.3 米。

墓底有葬具，单椁单棺。已朽。平面呈长方形，椁长 2.1、宽 1、高 0.3 米；棺位于椁室南部，棺长 2、宽 0.6 米。棺内人骨架 1 具，已朽。

随葬品共 8 件，其中陶罐 1 件、陶壶 2 件，小陶罐 5 件，其中 2 件东西向排列，位于墓室底部椁内棺外北侧二层台内，另外 3 件位于墓圹东北、东南和西北角的填土内。

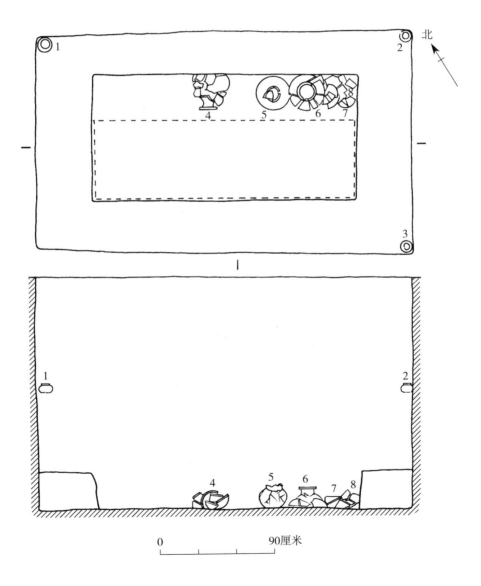

图一九二   13M81 平、剖面图

1～3、7、8.小陶罐   4.陶罐   5、6.陶壶

陶罐 1件。

标本13M81：4，泥质灰陶。侈口，方唇，斜折沿，束颈，溜肩，圆鼓腹，最大腹径居中，腹下部弧内收，平底。腹中部饰一道凹弦纹，腹下部至底饰横向绳纹。口径13、腹径22.4、底径6.8、高25.2厘米（图一九三，1）。

小陶罐 5件。

标本13M81：1，泥质灰陶。敛口，圆唇，平沿，溜肩，鼓腹，最大腹径居中，腹下部斜内收，平底，近底部有削痕。肩部及腹中部偏下饰凹弦纹。口径7.6、腹径11.8、底径4.8、高8厘米（图一九三，2）。

标本13M81：2，泥质灰陶，敛口，圆唇，平沿，溜肩，鼓腹，最大腹径居中，腹下部斜内收，平底，近底部有削痕。肩部及腹中部偏下饰有凹弦纹。口径8、腹径11.4、底径6、高8.5厘米（图一九三，3）。

标本13M81：3，泥质灰陶，敛口，方唇，平沿，溜肩，鼓腹，最大腹径居中，腹下部弧内收，平底，近底部有捏折痕。素面。口径8.1、腹径11.5、底径6、高7.5厘米（图一九三，4）。

标本13M81：8，泥质灰陶，敛口，方唇，平沿，束颈，溜肩，鼓腹，最大腹径居中，腹下部弧内收，平底，近底部有捏折痕。素面。口径8.1、腹径11.5、底径6、高8厘米（图一九三，5）。

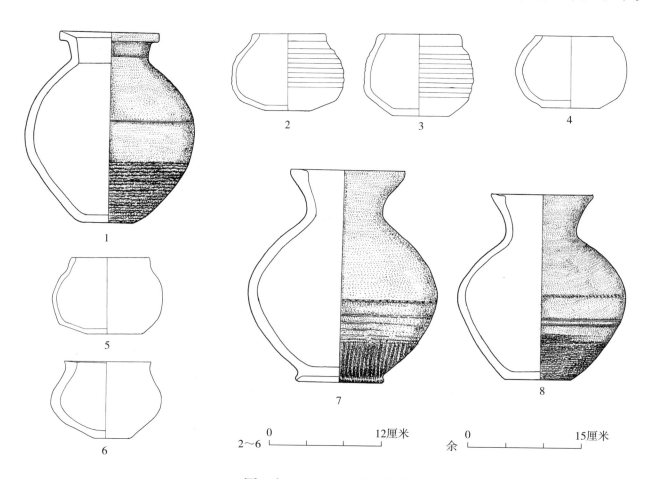

图一九三 13M81 出土陶器

1.陶罐13M81：4 2~6.小陶罐13M81：1~3、8、7 7、8.陶壶13M81：5、6

　　标本 13M81 : 7，泥质灰陶。敛口，方唇，平沿，束颈，斜肩，鼓腹，最大腹径居中，腹下部斜内收，平底，近底部有捏折痕。素面。口径 9、腹径 11.5、底径 3.3、高 8 厘米（图一九三，6）。

　　陶壶　2 件。

　　标本 13M81 : 5，泥质灰陶。侈口，方唇，平沿，长束颈，溜肩，圆鼓腹，最大腹径居中偏下，腹下部弧内收，平底，假圈足，圈足外撇。腹下部饰两周戳刺纹，近底部至底饰竖向绳纹。口径 15、腹径 25、底径 11.8、高 28 厘米（图一九三，7）。

　　标本 13M81 : 6，泥质灰陶。侈口，方唇，平沿，长束颈，溜肩，圆鼓腹，最大腹径居中偏下，腹下部弧内收，平底。腹中部偏下饰一道戳刺纹和两道凹弦纹，腹下部偏下至底饰横向绳纹。口径 13.4、腹径 22、底径 8.8、高 24.6 厘米（图一九三，8）。

16.13M83 与 13M84

（1）13M83

位于本发掘区的中部的坡顶上。土坑竖穴墓，墓向 135°。墓圹平面基本呈长方形，直壁，壁面光滑平整，平底（图一九四；彩版五九，1、2）。长 2.7、宽 1.9、深 2.4 米。墓内填土黄褐

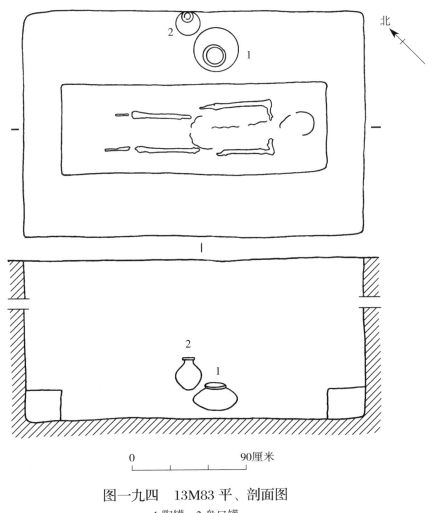

图一九四　13M83 平、剖面图

1.陶罐　2.盘口罐

色夹杂少量黄色土，应为挖墓圹土回填。经过夯打，土质结构较硬，夯层及夯窝不明显。有熟土二层台，系挖墓穴时凿出黄褐色土夹杂黄色土等回填堆砌而成。台面宽度不一，东、西台面均宽0.3、南、台面宽0.5、北台面宽0.58、高0.24米。

有木质葬具，单棺。已朽。平面呈长方形，棺长2.1、宽0.73米。棺内人骨架1具，已朽，单人仰身直肢葬，头向东。

随葬品共2件，其中陶罐1件、盘口罐1件，位于墓室底部北侧二层台中部上。

陶罐　1件。

标本13M83：1，泥质灰陶。敛口，圆唇，斜折沿，束颈，斜肩，扁腹，最大腹径居中，腹下部斜内收，圜平底。腹中部偏下饰一周凹弦纹与纵向绳纹，腹下部至底饰横向绳纹。口径19.5、腹径34、底径12、高24厘米（图一九五，1）。

盘口罐　1件。

标本13M83：2，泥质灰陶。盘口，尖唇，束颈，斜肩，扁鼓腹，最大腹径居中，腹下部斜内收，小平底。肩部饰一周凹弦纹，腹中部及偏下饰两周戳刺纹，腹下部至底饰横向绳纹。口径12.6、腹径24.6、底径7.5、高26.4厘米（图一九五，2）。

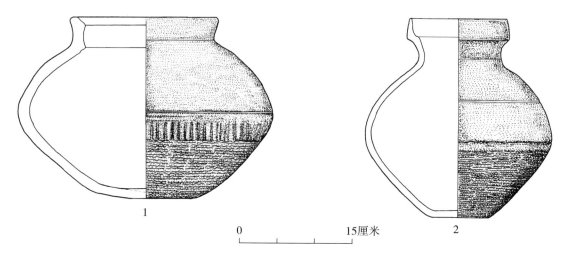

图一九五　13M83 出土陶器
1.陶罐13M83：1　2.盘口罐13M83：2

（2）13M84

位于本发掘区中部的坡顶上。土坑竖穴墓，墓向120°。墓圹平面基本呈长方形，直壁，壁面光滑，平底（图一九六；彩版五九，3）。长2.9、宽1.85、深2.5米。墓内填土黄褐色黏土夹杂酥石，为挖墓圹土回填。经过夯打，较硬，夯层及夯窝不明显。有熟土二层台，系挖墓穴时凿出黄褐色土夹杂酥石等回填堆砌而成。台面宽度不一，东、西台面均宽0.3、南台面宽0.2、北台面宽0.4、高0.5米。

有木质葬具，单椁，单棺。已朽。平面呈长方形，椁长2.3、宽1.2米；棺长2.1、宽0.7米。棺内人骨架1具，已朽，可辨头向东，单人仰身直肢葬。

随葬品共2件，其中陶罐1件、陶壶1件。自东向西排列，位于墓室底部椁内棺外北侧二层台上。

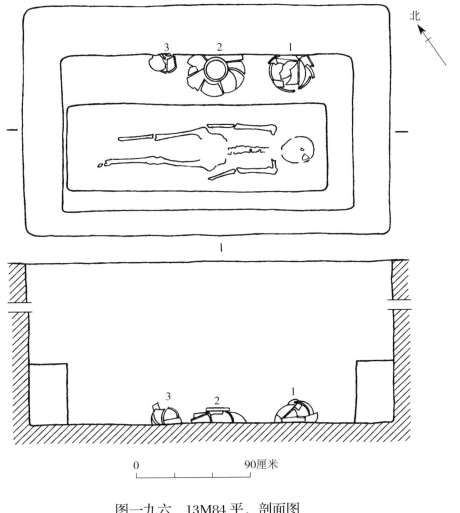

图一九六　13M84 平、剖面图
1.陶壶　2.陶罐　3.陶片

陶罐　1件。

标本 13M84：2，泥质灰陶。敛口，圆唇，平沿，长束颈，圆肩，鼓腹，最大腹径居中，腹下部弧内收，平底。腹中部偏下饰一周凹弦纹，腹中部及偏下饰纵向绳纹，腹下部至底饰横向绳纹。口径 19.6、腹径 32.5、底径 11、高 26 厘米（图一九七，1；彩版五九，4）。

陶壶　1件。

标本 13M84：1，泥质灰陶，残。侈口，方唇，平沿，长束颈。口径 15.8、残高 10 厘米（图一九七，2）。

17.13M86 与 13M87

（1）13M86

位于本发掘区的东南部。土坑竖穴墓，墓向 112°。墓圹平面基本呈长方形，直壁，较规整，平底有隔梁（图一九八；彩版六〇，1）。长 3.1、宽 2.2、深 1.85 米。墓内填土黄褐色砂石土，应为挖墓圹土回填。经过夯打，土质较硬，夯层及夯窝不明显。有熟土二层台，系挖墓穴时凿出

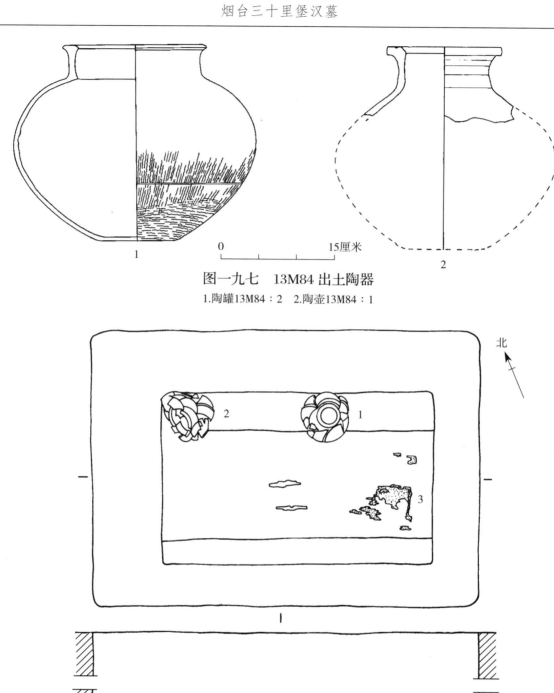

图一九七　13M84 出土陶器
1.陶罐13M84：2　2.陶壶13M84：1

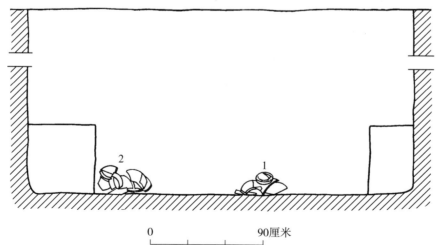

图一九八　13M86 平、剖面图
1.陶瓮　2.陶罐　3.漆痕

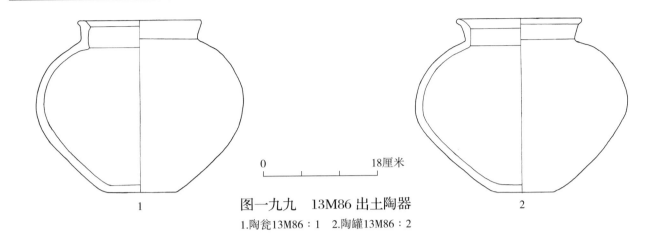

图一九九 13M86 出土陶器

1.陶瓮13M86：1 2.陶罐13M86：2

的黄褐色砂石土等回填堆砌而成。台面宽度不一，东、南台面均宽 0.35、西台面宽 0.55、北台面宽 0.5、高 0.55 米。

有木质葬具，单椁单棺。已朽。平面呈长方形，椁长 2.1、宽 1.35 米；棺长 2.1、宽 0.85 米。棺内人骨架 1 具，已朽，可辨头向东，单人仰身直肢葬。

随葬品共 2 件，其中陶瓮 1 件、陶罐 1 件，位于墓室底部椁内棺外北侧。此外，在棺室内发现大面积的红漆，似漆器，无法提取（彩版六〇，2）。

陶瓮 1 件。

标本 13M86：1，泥质黄陶。敛口，尖唇，斜折沿，束颈，溜肩，圆鼓腹，最大腹径居中，腹下部弧内收，圜平底。素面。口径 19.4、腹径 32.3、底径 12、高 27.3 厘米（图一九九，1）。

陶罐 1 件。

标本 13M86：2，泥质黄陶。敛口，圆唇，斜折沿，束颈，溜肩，圆鼓腹，最大腹径居中，腹下部弧内收，圜平底。素面。口径 20、腹径 33.8、底径 10、高 27.6 厘米（图一九九，2）。

（2）13M87

位于本发掘区的东南部。土坑竖穴墓，墓向 120°。墓圹平面基本呈长方形，直壁，较规整，平底有隔梁（图二〇〇；彩版六〇，3）。长 3.4、宽 2.2、深 3.3 米。墓内填土黄褐色砂石土，应为挖墓圹土回填。经过夯打，土质较硬，夯层及夯窝明显，夯层厚 15～20、夯窝直径 8～12 厘米。有熟土二层台，系挖墓穴时凿出黄褐色砂石土等回填堆砌而成。台面宽度不一。南、北台面均宽 0.45、东台面宽 0.5、西台面宽 0.55、高 0.45 米。

有木质葬具，单椁，单棺。已朽。平面呈长方形，椁长 2.4、宽 1.3 米；棺长 2.2、宽 0.7 米。棺内人骨架 1 具，已朽，可辨头向东北，单人侧身曲肢葬。

随葬品共 3 件，其中陶罐 2 件、盘口罐 1 件，位于墓室底部椁内棺外北侧二层台内。此外，陶器下方有漆器，已朽，器类不明，无法提取。

陶罐 2 件。

标本 13M87：2，泥质灰陶。敛口，尖唇，斜沿，束颈，斜肩，扁鼓腹，最大腹径居中，腹下部弧内收，平底。腹下部至底饰纵向绳纹。口径 18、腹径 30.6、底径 11、高 23 厘米（图二〇一，1）。

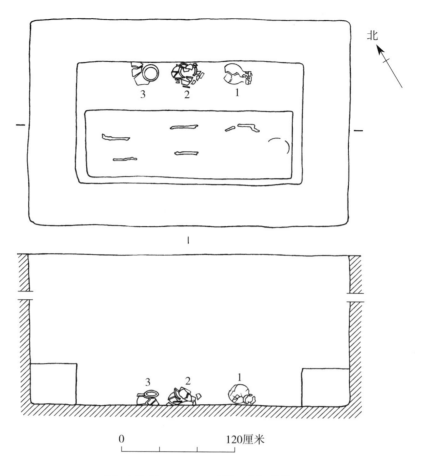

北

0　　　　　　　120厘米

图二〇〇　13M87 平、剖面图

1.盘口罐　2、3.陶罐

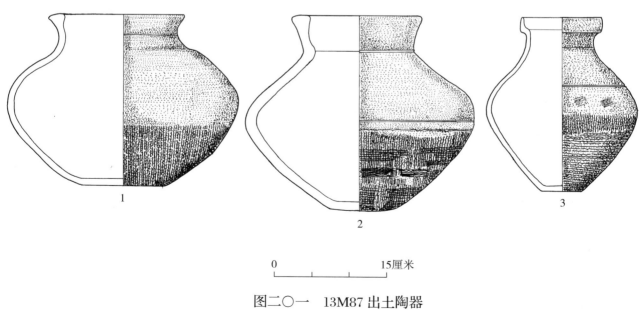

0　　　　　　　15厘米

图二〇一　13M87 出土陶器

1、2.陶罐13M87：2、3　3.盘口罐13M87：1

标本 13M87：3，泥质灰陶。敛口，圆唇，平沿，长束颈，斜肩，扁鼓腹，最大腹径居中，腹下部斜内收，圜平底。颈部及腹中部偏下饰两道凹弦纹，腹下部至底饰纵横交错绳纹。口径 17.5、腹径 30、底径 8、高 26 厘米（图二〇一，2）。

盘口罐　1件。

标本 13M87：1，泥质灰陶。盘口，尖唇，束颈，斜肩，鼓腹，最大腹径居中偏下，腹下部弧内收，小平底。腹中部偏上饰一道凹弦纹，腹中部偏下饰纵向绳纹，腹下部偏下至底部饰横向绳纹。口径 10.4、腹径 20、底径 5.5、高 23 厘米（图二〇一，3）。

18.13M91 与 13M92

（1）13M91

位于本发掘区的东南部。土坑竖穴墓，墓向 120°。北壁上部被 13M92 打破。墓圹平面基本呈长方形，四壁除南壁略弧外，其他三壁均为直壁，较规整，平底（图二〇二；彩版六一，1、2）。

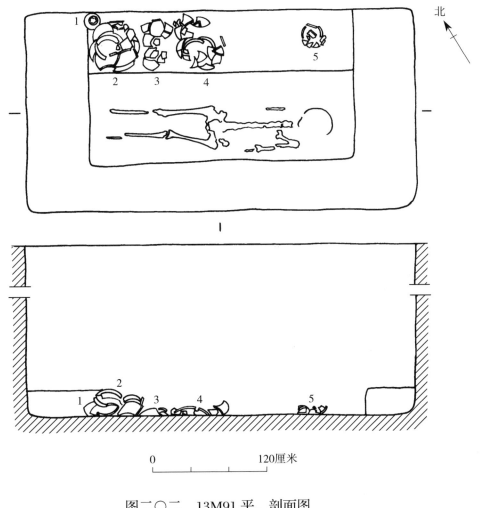

图二〇二　13M91 平、剖面图

1.陶钵　2.高领罐　3.陶罐　4.陶瓮　5.小陶罐

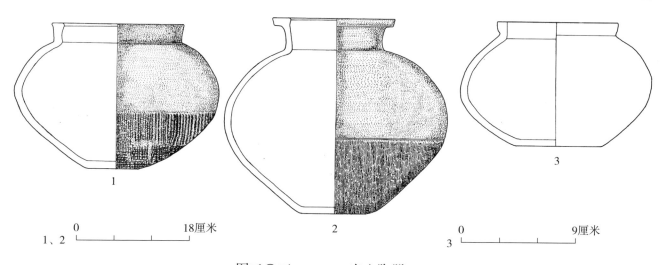

图二〇三　13M91 出土陶器

1.陶瓮13M91：4　2.高领罐13M91：2　3.小陶罐13M91：5

长 3.1、宽 1.6、深 2.8 米。墓内填土黄褐色砂石土，应为挖墓圹土回填，土质结构疏松。

有木质葬具，单棺。已朽。平面呈长方形，棺长 2.1、宽 0.7 米。棺内人骨架 1 具，已朽，可辨头向东，单人侧身直肢葬。

随葬品共 5 件，其中陶瓮 1 件、高领罐 1 件、小陶罐 1 件。陶钵 1 件、陶罐 1 件，其中陶钵和陶罐不可复原。位于墓室底部棺外北侧二层台里。

陶瓮　1 件。

标本 13M91：4，泥质灰陶。敛口，方唇，平沿，直领，溜肩，圆鼓腹，最大腹径居中，腹下部弧内收，圜平底。腹下部及底部饰纵向绳纹，近底部饰横向绳纹。口径 20.8、腹径 32.4、底径 8.4、高 23 厘米（图二〇三，1）。

高领罐　1 件。

标本 13M91：2，泥质灰陶。敛口，方唇，平折沿，高领，束颈，溜肩，圆鼓腹，最大腹径居中，腹下部斜内收，平底。腹下部至底饰纵向绳纹。口径 19.4、腹径 35.4、底径 10.4、高 30.8 厘米（图二〇三，2）。

小陶罐　1 件。

标本 13M91：5，泥质灰陶。直口，方唇，平沿，直领，溜肩，扁鼓腹，最大腹径居中，腹下部弧内收，圜平底。素面。口径 9.2、腹径 14.6、底径 6.5、高 9.6 厘米（图二〇三，3）。

（2）13M92

位于本发掘区的东南部。土坑竖穴墓，墓向 120°。墓圹平面基本呈长方形，南壁打破 13M91 北壁，其余三壁均为直壁，平底（图二〇四；彩版六一，3）。长 3.3、宽 2.3、深 3.5 米。墓底部位于棺下有一人工挖东西走向的小沟，长 2.4、沟宽 0.1、深 0.5 米。可能为了排水。西壁中部有壁龛（彩版六二，1），长 1、高 1.2、进深 1.3 米。龛顶部和西壁略呈弧状，黄褐砂土堆筑。墓内填土系特选比较纯净的灰褐色土，非挖墓圹土回填，经过夯打，土质坚硬，夯层及夯窝不明显。有熟土二层台，台面宽度不一，东台面宽 0.3、西台面宽 0.35、南、北台面均宽 0.25、高 0.7 米。

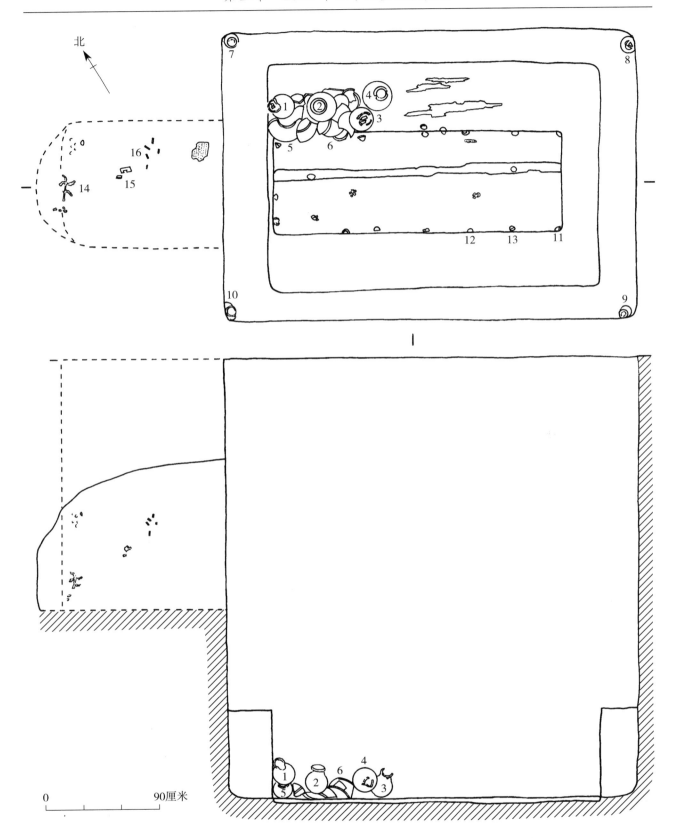

北

图二〇四 13M92 平、剖面图

0 90厘米

1、5、6.圈足陶壶 2、4.陶罐 3.平底壶 7～10.小陶罐 11.鎏金铜包角 12.铜包边 13、15.鎏金铜泡 14.铜车马器 15、16.鎏金铜饰件

有木质葬具，单椁单棺。已朽。平面呈长方形，椁长 2.6、宽 1.8、高 0.7 米，椁盖板系东西向搭盖，宽约 0.4、厚 0.7 米。棺长 2.3、宽 0.8、高 0.3 米，红漆棺，镶嵌有铜包角 4、包边 8 和铜泡 38 个等。棺内人骨架 1 具，已朽，可辨头向东，单人侧身直肢葬。

随葬品共 14 件（套），其中陶罐 2 件、圈足壶 3 件，平底壶 1 件，位于墓室底部椁内棺外西北；小陶罐 4 件，位于墓圹四角二层台上；鎏金铜车马器 1 件（套），鎏金铜饰件 2 件，位于壁龛内；漆木棺鎏金铜饰件 1 套，其中鎏金铜泡 37 件，完整的 23 件，鎏金铜包角 4 件，鎏金铜包边 8 件，完整的 1 件，位于墓室漆木棺上。

陶罐　2 件。

标本 13M92：2，泥质灰陶。敛口，圆唇，斜折沿，束颈，溜肩，圆鼓腹，最大腹径居中，腹下部弧内收，平底。腹下部饰纵向绳纹，近底部饰横向绳纹，底部饰斜纵向与横向交错绳纹。口径 17.8、腹径 31.8、底径 11、高 28.8 厘米（图二〇五，1）。

标本 13M92：4，泥质灰陶。残。敛口，圆唇，斜折沿，束颈，溜肩，圆鼓腹，最大腹径居中，腹下部弧内收。腹下部至底饰横向绳纹。口径 17.8、腹径 32、残高 28.8 厘米（图二〇五，2）。

小陶罐　4 件。

标本 13M92：7，泥质灰陶。覆钵形盖，弧壁，平顶，圆唇，素面。口径 8.5、顶径 4.8、高 2 厘米。钵，敛口，方唇，平沿，立领，束颈，溜肩，鼓腹，最大腹径居中，腹下部弧内收，圜平底。素面。

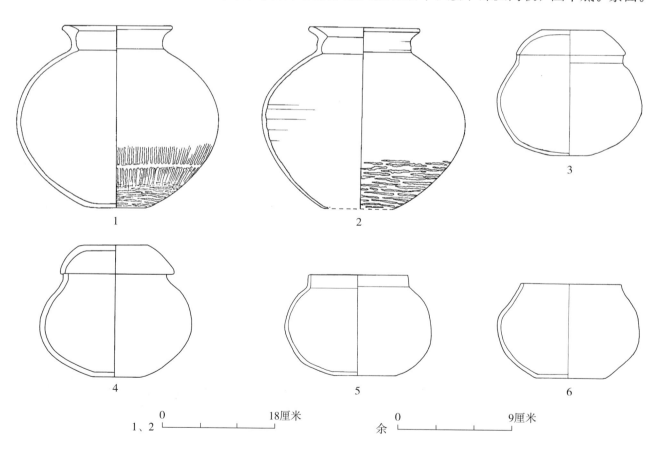

图二〇五　13M92 出土陶器

1、2.陶罐 13M92：2、4　3~6.小陶罐 13M92：7~10

口径8.2、腹径11.4、底径3、高8、通高10厘米（图二〇五，3）。

标本13M92：8，泥质灰陶。覆钵形盖，弧壁，平顶，圆唇，素面。口径9、顶径5.5、高2.3厘米。钵，敛口，方唇，平沿，立领，溜肩，鼓腹，最大腹径居中，腹下部弧内收，圜平底。素面。口径8.2、腹径12、底径3.5、高8.2、通高10.5厘米（图二〇五，4）。

标本13M92：9，泥质灰陶，直口，圆唇，立领，溜肩，圆鼓腹，最大腹径居中，腹下部弧内收，圜平底。素面。口径7.8、腹径11.4、底径5、高8厘米（图二〇五，5）。

标本13M92：10，泥质灰陶，敛口，圆唇，溜肩，圆鼓腹，最大腹径居中，腹下部弧内收，圜平底。素面。口径7.4、腹径11.2、底径5.5、高7.5厘米（图二〇五，6）。

圈足壶　3件。

标本13M92：1，泥质灰陶。侈口，圆唇，平沿，长颈，溜肩，圆腹，腹下部弧内收，平底，圈足外撇。腹下部饰两道戳刺纹及横向绳纹。口径12.8、腹径19.4、底径11.2、高23.2厘米（图二〇六，1）。

标本13M92：5，泥质灰陶。侈口，圆唇，平沿，长颈，溜肩，圆腹，腹下部弧内收，平底，高圈足外撇。腹下部饰两道戳刺纹及横向绳纹。口径12.8、腹径19.7、底径12、高24.5厘米（图二〇六，2）。

标本13M92：6，泥质灰陶。侈口，尖唇，平沿，长颈，溜肩，圆腹，腹下部弧内收，平底，圈足外撇。腹下部饰两道戳刺纹及横向绳纹。口径12.8、腹径20、底径11、高23厘米（图二〇六，3）。

平底壶　1件。

标本13M92：3，泥质灰陶。侈口，圆唇，平沿，长颈，溜肩，圆腹，腹下部弧内收，平底。腹中部偏下饰两道戳刺纹，腹下部至底饰横向绳纹。口径12.8、腹径19.8、底径9、高21厘米（图二〇六，4）。

鎏金铜泡　2件。

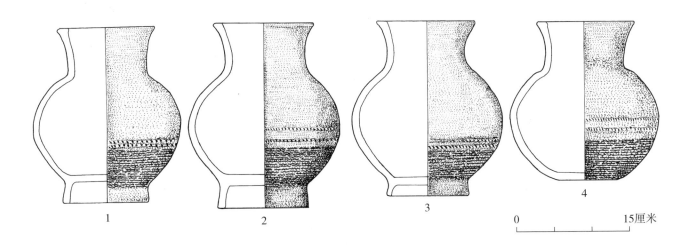

图二〇六　13M92出土陶器

1～3.陶壶13M92：1、5、6　4.平底壶13M92：3

标本 13M92：13，圆形。正面内贴有桥型纽扣，顶为圜顶，器表鎏金。直径 5.3、唇边长 0.5、厚 0.1 厘米（图二〇七，1；彩版六二，3）。

鎏金铜饰件　2 件。

标本 13M92：16，形似叶牙，头尾弯曲，鼓肩，上部凸起，中间空心，尾部弯曲。长 6、宽 0.2～1.1、空心处壁厚 0.1 厘米（图二〇七，2；彩版六二，5）。

标本 13M92：15，近椭圆形。背面为圜面状，正面凹陷内贴有桥型纽扣，顶为圜顶，器表鎏金，长径 1.5、短径 0.8、厚 0.1 厘米（图二〇七，3；彩版六二，4）。

鎏金铜包角　1 件。

标本 13M92：11，三角锥体，包角中心有半环形桥环，边口为弧形，外棱可视为直线，外棱相互垂直，器表有铜绿锈，外弧边长 4.5、直棱长 3、半环 1、唇厚 0.1 厘米（图二〇七，4；彩版六二，6）。

铜包边　1 件。

标本 13M92：12，整体呈扇形，内夹角中有半环形桥环，边口为弧形，中棱为弧形，两边夹角约为 90°。器表鎏金。外弧边长约 5.5、中棱长约 4.5 厘米。半环形桥环长 1、唇厚 0.1 厘米（图

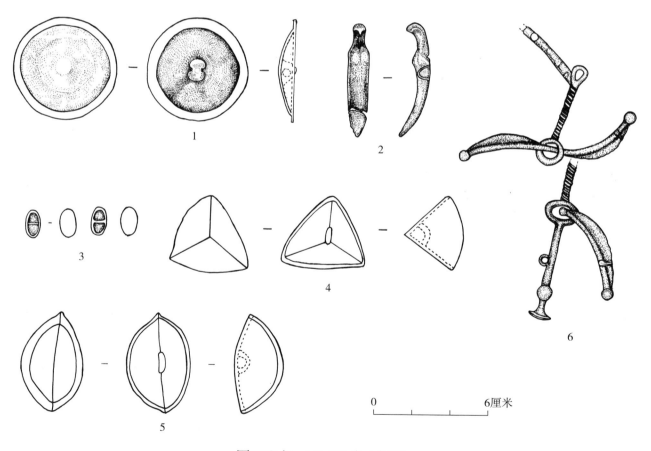

0　　　　　　　6厘米

图二〇七　13M92 出土铜器

1.鎏金铜泡13M92：13　2、3.鎏金铜饰件13M92：16、15　4.鎏金铜包角13M92：11　5.铜包边13M92：12　6.铜车马器13M92：14

二〇七，5；彩版六二，7）。

　　铜车马器　1件（套）。

　　标本13M92：14，7件。锈蚀严重。由衔环、马镳组成。衔作两节式，小环相连，大环贯镳，衔茎上刻防滑弦纹，衔长约5.5、大环径约1.5厘米，另一衔茎上含环、圈、球、帽钉元素。马镳作"S"形，两侧类似桨叶，两端为圆球，镳长约9.5、桨叶最宽为0.8、球径0.5厘米（图二〇七，6；彩版六二，2）。

19.13M93 与 13M94

　　（1）13M93

　　位于本发掘区的东南部。土坑竖穴墓，墓向122°。墓圹平面基本呈长方形，直壁，较规整，平底（图二〇八）。长3.6、宽2.5、深2.1米。墓内填土黄褐色黏土夹杂大量酥石块，应为挖墓

图二〇八　13M93 平、剖面图
1、2.陶罐　3、4.盘口罐

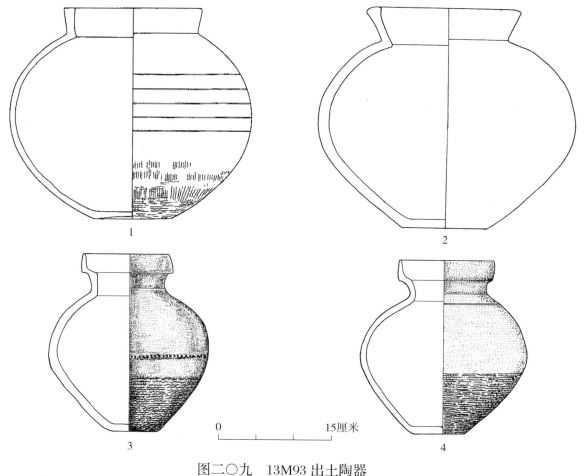

图二○九　13M93 出土陶器

1、2.陶罐13M93：1、2　3、4.盘口罐13M93：3、4

圹土回填，经过夯打，土质坚硬，夯层及夯窝不明显。有熟土二层台，系挖墓穴时凿出黄褐色酥石块等回填堆砌而成。台面宽 0.52、高 0.8 米。

有木质葬具，单椁单棺。椁长 2.5、宽 1.4、高 0.8 米；棺长 2.1、宽 0.7 米，棺盖上饰红漆彩绘，纹样不明。棺内人骨架 1 具，已朽。

随葬品共 4 件，其中陶罐 2 件、盘口罐 2 件，自西向东排列，位于墓室底部椁内棺外北侧二层台内。

陶罐　2 件。

标本 13M93：1，泥质灰陶，平沿，立颈，溜肩，圆鼓腹，最大腹径居中，腹下部弧内收，圜平底。肩部及腹中部饰五道凹弦纹，腹下部饰纵向绳纹，近底部饰横向绳纹。口径 18、腹径 32、底径 11、高 28 厘米（图二○九，1；彩版六三，1）。

标本 13M93：2，泥质灰陶。侈口，圆唇，平沿，束颈，溜肩，鼓腹，最大腹径居中，腹下部弧内收，平底。素面。口径 20、腹径 33.6、底径 11.2、高 29 厘米（图二○九，2；彩版六三，2）。

盘口罐　2 件。

标本 13M93：3，泥质灰陶。盘口，尖唇，束颈，溜肩，鼓腹，最大腹径居中，腹下部弧内收，小平底。腹中部饰一道戳刺纹，腹下部偏下至底饰横向绳纹。口径 11.2、腹径 20.9、底径 5.8、高 23.5 厘米（图二〇九，3；彩版六三，3）。

标本 13M93：4，泥质灰陶。盘口，尖唇，束颈，溜肩，鼓腹，最大腹径居中，腹下部弧内收，小平底。肩部偏上部饰有一道凹弦纹，腹下部偏下至底饰横向绳纹。口径 12、腹径 22、底径 6.8、高 23 厘米（图二〇九，4）。

（2）13M94

位于本发掘区的东南部。土坑竖穴墓，墓向 115°。墓圹平面呈长方形，直壁，较规整，平底（图二一〇）。长 3.3、宽 2.1、深 2.1 米。墓内填土较为纯净黑褐色土，经过夯打，夯层较清晰，夯层之间撒有草木灰，厚 0.3 厘米。有熟土二层台，系墓室内填土堆砌而成。台面宽度不一，东、西、北台面宽约 0.48、南台面宽 0.26、高 0.6 米。

有木质葬具，单椁单棺。椁长 2.3、宽 1.3、高 0.6 米；棺放置在椁室的南侧，棺长 2.2、宽 0.7 米。棺内人骨架 1 具，已朽，可辨头向东，单人侧身直肢葬。

随葬品共 7 件（组），其中小陶罐 1 件、盘口壶 1 件、高领罐 1 件、小陶罐 1 件、陶网坠 2 件、自西向东排列，位于墓室底部椁内棺外东北。滑石器 1 件，位于棺内墓主头骨的北侧；鹅卵石 1 组，

图二一〇　13M94 平、剖面图

1.滑石器　2.鹅卵石　3.小陶罐　4.盘口壶　5.高领罐　6.陶罐　7.陶网坠

鹅卵石组合，中间一鹅卵石，周围放置一些小鹅卵石及加工后的2件陶贝，可能是一组装饰品。位于棺内墓主颈部。

陶罐　1件。

标本13M94：6，泥质黄陶。侈口，方唇，平沿，束颈，溜肩，鼓腹，最大腹径居中，腹下部弧内收，圜平底。腹下部偏上饰纵向绳纹，近底部饰横向绳纹。口径17.6、腹径29.6、底径11、高27.4厘米（图二一一，1；彩版六三，4）。

高领罐　1件。

标本13M94：5，泥质灰陶，方唇，直壁口，平沿，高领，溜肩，鼓腹，最大腹径居中，腹

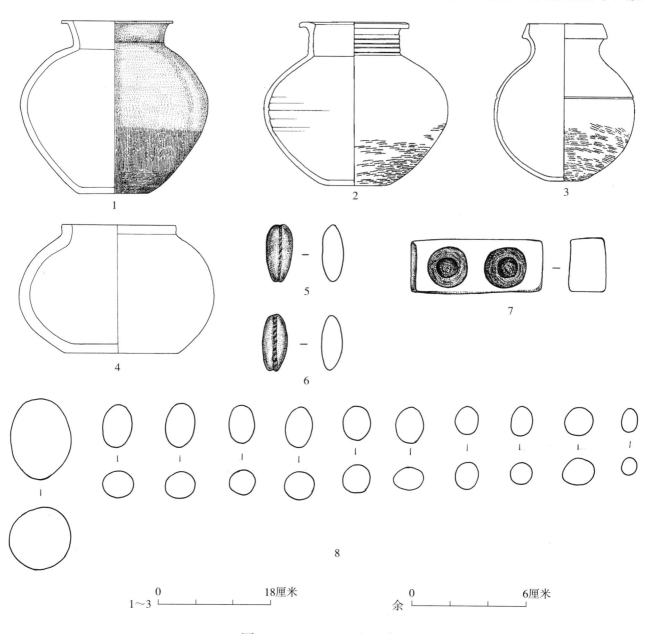

图二一一　13M94 出土遗物

1.陶罐13M94：6　2.高领罐13M94：5　3.盘口罐13M94：4　4.小陶罐13M94：3　5、6.陶网坠13M94：7-1、-2　7.滑石器13M94：1　8.鹅卵石13M94：2

下部弧内收，圜平底。腹下部至底饰横向绳纹。口径18、腹径29、底径10、高25.8厘米（图二一一，2）。

盘口罐　1件。

标本13M94：4，泥质灰陶。尖唇，侈口，平沿，长颈，圆肩，鼓腹，腹下部弧内收。口径12、腹径22.8、底径5.4、高25.2厘米（图二一一，3；彩版六三，5）。

小陶罐　1件。

标本13M94：3，泥质灰陶。敛口，方唇，直领，溜肩，鼓腹，最大腹径居中，腹下部弧内收，平底。素面。口径6、腹径10.2、底径6、高6.8厘米（图二一一，4）。

陶网坠　2件。形制相同，均为泥质灰黑陶。

标本13M94：7-1，形似陶贝，完整。梭形，竖向中缝内刻有横向绳纹，表面光滑。长3、宽0.4～1.2、厚0.1～1厘米（图二一一，5；彩版六三，6左）。

标本13M94：7-2，长2.9、宽0.5～1.3、厚0.1～1.1厘米（图二一一，6；彩版六三，6右）。

滑石器　1件。

标本13M94：1，通体磨光，长方体，灰色，正面磨两圆窝，窝内壁打磨光滑，底部未打磨，背素平面。长6.8、宽2.3、厚1.3、孔直径2、深1、底径1厘米（图二一一，7；彩版六三，7）。

鹅卵石　11个（图二一一，8）。

标本13M94：2，通体磨光，大小不一。椭圆形为主，白、灰白两色，部分余土浸褐色。

标本13M94：2-1，长4.2、宽3.2、高3.2厘米。最小鹅卵石长1.2、宽1.8、高0.9厘米。

20.13M95与13M96

（1）13M95

位于本发掘区的东南部。土坑竖穴墓，墓向112°。墓圹平面呈长方形，直壁，较规整，平底（图二一二）。长3.2、宽1.54、深0.74米。墓内填土黄褐色黏土夹杂较多的酥石块，应为挖墓圹土回填。有熟土二层台，系挖墓穴时凿出黄褐土夹杂酥石等回填堆砌而成。台面宽度不一，东台面宽0.22、西台面宽0.3、南台面宽0.38、北台面宽0.4、高0.14米。

有木质葬具，单椁，单棺，已朽。平面呈长方形，椁长2.7、宽0.76米；棺位于椁室的西侧，棺长2.2、宽0.7米。棺内人骨架1具，已朽。

随葬品共7件，均为陶钵，位于墓室底部椁内棺外东侧，保存差，无法提取。

（2）13M96

位于本发掘区的东南部。土坑竖穴墓，墓向120°。墓圹平面呈长方形，直壁，较规整，平底（图二一三）。长3.2、宽1.5、深1.2米。墓内填土灰褐色五花土。经过夯打。土质较硬。夯层及夯窝不明显。有熟土二层台，系墓内填土回填堆砌而成。台面宽度不一，东、南台面均宽0.2、西台面宽0.34、北台面宽0.4、高0.28米。

墓底有葬具，单棺。棺长2.2、宽0.9米。棺内人骨架1具，已朽。单人葬，葬式不明。

随葬品共6件，其中盘口罐1件、陶罐1件、小陶罐3件、器盖1件，位于墓室底部棺外东二层台内。

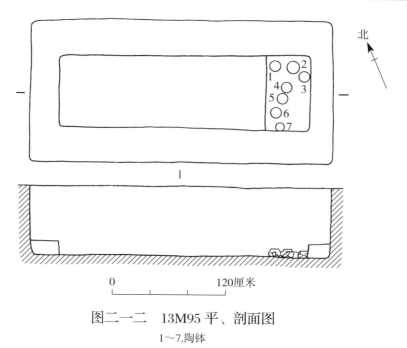

図二一二　13M95 平、剖面図
1～7.陶钵

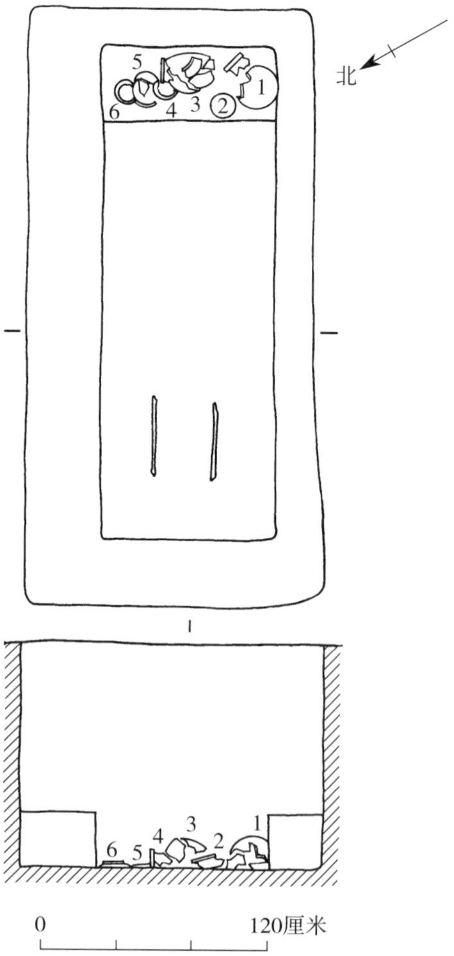

小陶罐　3 件。

标本 13M96：2，泥质灰陶。有盖，方唇，直壁，平顶。盖径 11.2、顶径 10.8、高 2 厘米。罐，敛口，方唇，矮领，溜肩，扁鼓腹，最大腹径居中，腹下部弧内收，圜平底。素面。口径 9.4、腹径 13.2、底径 8.5、高 10 厘米（图二一四，1）。

标本 13M96：4，泥质灰陶。侈口，圆唇，束颈，溜肩，扁鼓腹，最大腹径居中，腹下部弧内收，圜平底。素面。口径 9.8、腹径 14.2、底径 9、高 8.8 厘米（图二一四，2）。

标本 13M96：5，泥质灰陶。敛口，方唇，平沿，矮领，溜肩，扁鼓腹，最大腹径居中，腹下部弧内收，圜平底。素面。口径 10、腹径 14、底径 8、高 9 厘米（图二一四，3）

陶器盖　1 件。

标本 13M96：6，泥质灰黄陶。平顶。盖口径 11.8、高 4 厘米（图二一四，4）。

図二一三　13M96 平、剖面图
1.盘口罐　2、4、5.小陶罐　3.陶罐　6.陶器盖

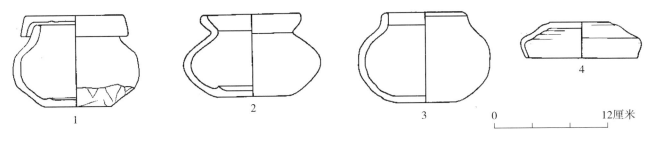

图二一四 13M96 出土陶器

1~3.小陶罐13M96：2、4、5 4.陶器盖13M96：6

21.13M98 与 13M99

（1）13M98

位于本发掘区的东南部。土坑竖穴墓，墓向110°。墓圹平面呈长方形，直壁，较规整，平底（图二一五）。长2.6、宽1.4、深1.7米。墓内填比较纯净黄褐色五花土。有熟土二层台，系挖墓穴时凿出黄褐色五花土回填堆砌而成。台面宽度不一，东台面宽0.2、西台面宽0.12、南台面宽0.3、

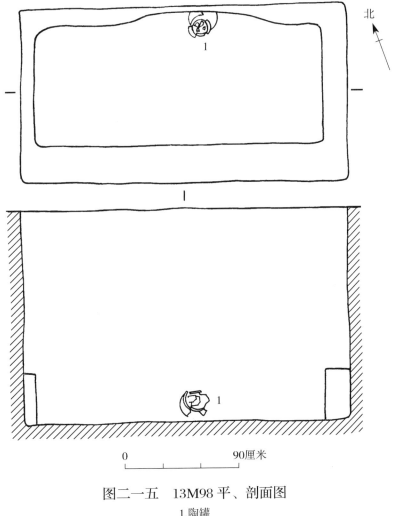

图二一五 13M98 平、剖面图

1.陶罐

北台面宽 0.18、高 0.4 米。

　　有木质葬具，单棺。长 2.26、宽 0.96 米。棺内人骨架 1 具，已朽。仅余几颗牙齿，可辨头向东，单人葬，葬式不明。

　　随葬品共 1 件，为陶罐，不可复原。位于墓室底部棺外西侧中部的二层台里。

　　（2）13M99

　　位于本发掘区的东南部。土坑竖穴墓，墓向 120°。墓圹平面呈长方形，直壁，较规整，平底（图二一六；彩版六四，1）。长 2.5、宽 1.6、残深 1 米。墓内填较黏黄褐色砂质土，应为挖墓圹土回填。南、北两侧有熟土二层台，系挖墓穴时凿出黄褐色砂质土等回填堆砌而成。南、北台面均宽 0.3、高 0.5 米。

　　有木质葬具，单棺。棺长 2.2、宽 0.9 米。棺内人骨架 1 具，已朽。

　　随葬品共 6 件，其中高领罐 1 件、盘口罐 3 件，位于墓室底部棺外西侧二层台里。铜镜 1 枚，位于墓室底部棺内。此外，圆形漆盒 1 件，朽，无法提取。

　　高领罐　1 件。

　　标本 13M99：3，泥质灰褐陶。侈口，圆唇，斜折沿，束颈，溜肩，圆鼓腹，最大腹径居中，腹下部弧内收，平底。腹下部偏下至底饰横向绳纹。口径 14.4、腹径 22、底径 8、高 23.4 厘米（图二一七，1；彩版六四，2）。

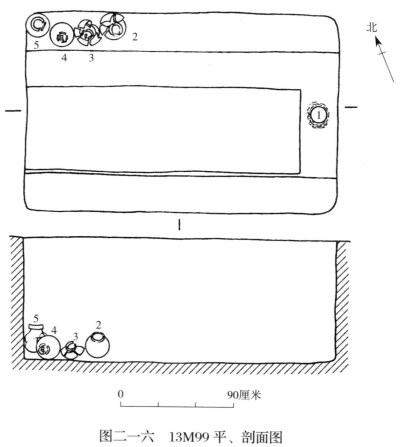

图二一六　13M99 平、剖面图

1.铜镜　2、4、5.盘口罐　3.高领罐

盘口罐 3件。

标本13M99：2，泥质灰陶。盘口，尖唇，束颈，溜肩，鼓腹，最大腹径居中，腹下部斜内收，小平底。腹下部至底饰横向绳纹。口径12、腹径21.8、底径6.5、高26.4厘米（图二一七，2；彩版六四，3）。

标本13M99：4，泥质灰陶。盘口，尖唇，束颈，溜肩，鼓腹，最大腹径居中，腹下部斜内收，小平底。腹中部偏下饰一道凹弦纹，腹下部至底饰横向绳纹。口径15、腹径21.8、底径6.6、高26.2厘米（图二一七，3；彩版六四，4）。

标本13M99：5，泥质灰陶。盘口，尖唇，束颈，溜肩，鼓腹，最大腹径居中，腹下部斜内收，小平底。腹下部偏上及肩有轮制痕迹，腹下部至底饰横向绳纹。口径12、腹径22、底径6、高26.2厘米（图二一七，4）。

铜镜 1枚。

标本13M99：1，日光对称连叠草叶纹镜。圆形，圆钮，四叶形钮座，座外细线小方格，外围为凹弧面大方格和细线方格，四角为对称斜线纹，每边二字铭文，字间隔三横线。大方格外四

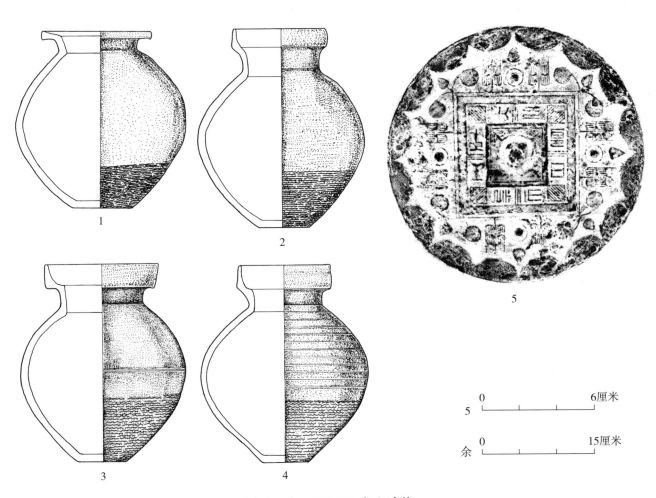

图二一七 13M99出土遗物

1.高领罐13M99：3 2~4.盘口罐13M99：2、4、5 5.铜镜13M99：1

枚圆座乳丁两侧各饰二叠式草叶纹，乳丁上方饰一花苞纹，四外角各伸出一株双瓣单苞花枝纹，内向十六连弧纹边缘。铭文为"见日之光，天下大明"。直径13.5、边宽约0.5、钮凸起0.5厘米（图二一七，5；彩版六四，5）。

22.13M100 与 13M101

（1）13M100

位于本发掘区的东南部。土坑竖穴墓，墓向120°。墓圹平面呈长方形，直壁，较规整，光滑，平底（图二一八；彩版六五，1）。长3.8、宽2.6、深2.3米。墓底部位于棺下有一人工挖的东西走向的小沟，长2.3、宽0.2、深0.12米，可能为了排水。墓内填土为红褐色粉砂黏土，应为挖墓圹土回填，经过夯打，土质较硬，夯层不明显。夯窝直径12、深约0.7厘米。有熟土二层台，系

图二一八　13M100 平、剖面图

1、3～6.陶罐　2.高领罐

挖墓穴时凿出的红褐色粉砂黏土等回填堆砌而成。台面宽度不一，东台面宽 0.32、西台面宽 0.4、南、北台面均宽 0.3、高 1 米。

有木质葬具，单椁，单棺，椁长 3、宽 2、高 1 米，棺长 2.3、宽 0.9 米。棺内人骨架 1 具，已朽。

随葬品共 6 件，其中陶罐 5 件，高领罐 1 件，可复原 3 件，自东向西排列，位于墓室底部椁内棺外北侧。

陶罐　3 件。

标本 13M100：1，泥质灰陶。敛口，圆唇，斜折沿，束颈，溜肩，鼓腹，最大腹径居中，腹下部弧内收，平底。腹上部饰七道凹弦纹，腹下部饰纵向绳纹，近底部饰斜纵向绳纹，局部饰纵向与斜纵向交错绳纹。口径 17.4、腹径 33、底径 12、高 25.6 厘米（图二一九，1；彩版六五，2）。

标本 13M100：2，泥质灰陶。侈口，方唇，束颈，溜肩，鼓腹，最大腹径居中，腹下部弧内收，平底。素面。口部变形。口径 16、腹径 26.4、底径 12、高 25.8 厘米（图二一九，2）。

标本 13M100：5，泥质灰陶，口残。溜肩，鼓腹，最大腹径居中，腹下部内收，平底。腹下部饰纵向绳纹，近底部饰横斜向绳纹。腹径 27、底径 10、残高 22 厘米（图二一九，3）。

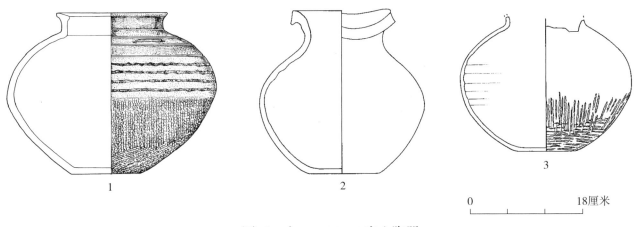

图二一九　13M100 出土陶器
1～3.陶罐 13M100：1、2、5

（2）13M101

位于本发掘区的东南部。土坑竖穴墓，墓向 120°。墓圹平面呈长方形，直壁，较规整，平底（图二二〇；彩版六五，3），长 3.3、宽 1.8、深 1.7 米。墓内填土灰褐色土夹杂较多小石块，应为挖墓圹土回填。有熟土二层台。系挖墓圹凿出灰褐色土夹杂较多小石块等堆砌而成。台面宽度不一，东、西台面均宽 0.5、南、北台面均宽 0.4、高 0.7 米。

有木质葬具，单椁，单棺，椁长 2.3、宽 1 米；棺位于椁室中部，棺长 2.3、宽 0.55 米。棺内人骨架 1 具，已朽。可辨头向东，单人仰身直肢葬。

随葬品共 3 件，其中陶罐 2 件、陶器盖 1 件，位于墓室底部椁内棺外北侧。

陶罐　2 件。

标本 13M101：1，泥质灰陶。侈口，圆唇，平沿，束颈，斜肩，扁鼓腹，最大腹径居中，腹

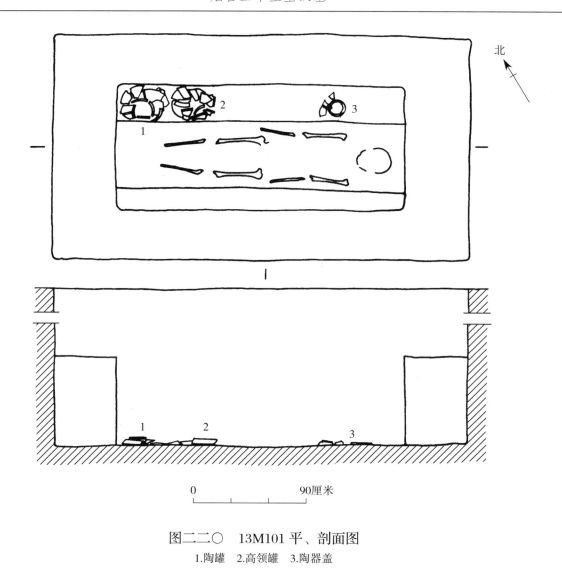

图二二〇　13M101 平、剖面图
1.陶罐　2.高领罐　3.陶器盖

下部斜内收，平底。腹下部偏下饰横向绳纹，近底部饰纵向绳纹。口径 19.5、腹径 33、底径 8、高 28 厘米（图二二一，1；彩版六五，4）。

　　标本 13M101∶2，泥质灰陶。侈口，尖唇，平沿，高领，溜肩，鼓腹，最大腹径居中，腹下部斜内收，平底。腹下部偏下至底饰纵向绳纹。口径 19.2、腹径 33.4、底径 12、高 27.5 厘米（图二二一，2）。

　　陶器盖　1 件。
　　标本 13M101∶3，泥质灰陶。平顶，口径 11.8、顶径 8、高 3 厘米（图二二一，3）。

23.13M107 与 13M108

（1）13M107
　　位于本发掘区的北部。土坑竖穴墓，墓向 25°。墓圹平面略呈长方形，直壁，四壁下部略外凸，平底（图二二二；彩版六六，1）。长 2.8、宽 2、深 2.9 米。墓内填土黄褐色土夹杂大量的石块，

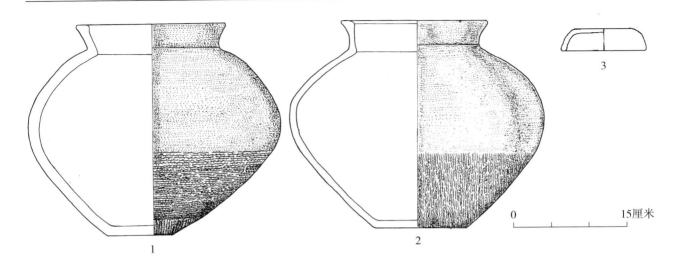

图二二一 13M101 出土陶器

1.陶罐13M101：1 2.高领罐13M101：2 3.陶器盖13M101：3

应为挖墓圹土回填，经过夯打，土质结构质地致密，夯层及夯窝不明显。有熟土二层台，系挖墓穴时凿出黄褐色土夹杂大量的石块等回填堆砌而成。台面宽度不一，东台面宽0.3、西台面宽0.24、南、北台面均宽0.3、高0.5米。

有木质葬具，单椁单棺。椁长2.2、宽1.4、高0.5米，棺置于椁室的西部。棺长2.2、宽0.6米。棺内人骨架1具，已朽。可辨头向北，单人仰身直肢葬。

随葬品共15件，其中陶鼎1件、陶罐1件、陶壶5件、陶奁1件、陶钵1件，位于墓室底部椁内棺外东南二层台内。小陶罐4件，位于墓室四角二层台上0.5米处（彩版六六，2～4）；铜刷柄1件，位于棺内墓主头部（彩版六六，5）；铁削1件，位于棺内墓主腰部。

陶鼎 1件。

标本13M107：4，泥质夹砂灰陶。有盖，覆钵形，弧顶近平。盖径22、高2.4厘米。鼎，子口，尖唇，平沿，溜肩，鼓腹。腹中部偏上有一圈宽沿。肩部饰对称竖耳，竖耳微外撇，有竖长方形镂孔。有3柱形蹄足，较高微外撇，圜底。素面。口径18、腹径31.2、高29.5厘米（图二二三，1；彩版六七，1）。

陶罐 1件。

标本13M107：5，泥质灰陶。侈口，方唇，斜折沿，束颈较高，溜肩，圆鼓腹，最大腹径居中，腹下部斜内收，平底。素面。口径18、腹径36.2、底径11.8、高36.5厘米（图二二三，2；彩版六七，2）。

小陶罐 4件。

标本13M107：10，泥质灰陶，敛口，方唇，平沿，束颈，溜肩，鼓腹，最大腹径居中，腹下部弧内收，平底。素面。口径8、腹径12、底径6.8、高8.6厘米（图二二三，3）。

标本13M107：9，泥质灰陶，敛口，圆唇，平沿，束颈，溜肩，圆鼓腹，最大腹径居中，腹下部弧内收，平底。素面。口径11.2、腹径15.4、底径6.8、高12厘米（图二二三，4）。

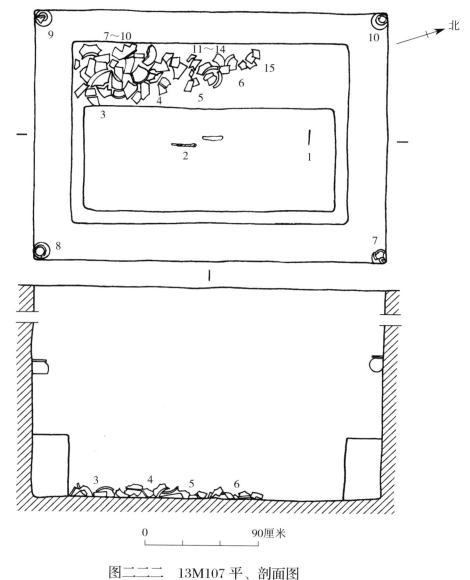

图二二二　13M107 平、剖面图

1.铜刷柄　2.铁削　3.陶奁　4.陶鼎　5.陶罐　6、11～14.陶壶　7～10.小陶罐　15.陶钵

标本 13M107：7，泥质灰陶，侈口，圆唇，平沿，束颈，溜肩，鼓腹，最大腹径居中，腹下部弧内收，平底。素面。口径 10.4、腹径 16、底径 6.8、高 13.4 厘米（图二二三，5）。

标本 13M107：8，泥质灰陶，直口，方唇，平沿，束颈，溜肩，鼓腹，最大腹径居中，腹下部弧内收，平底。素面。口径 7.5、腹径 12.1、底径 5.5、高 10 厘米（图二二三，6；彩版六七，3）。

陶壶　5 件。

标本 13M107：6，泥质夹砂灰陶，残。尖唇，侈口，平沿，长颈，鼓腹，腹下部内收，平底，素面。口径 12、底径 14.4 厘米（图二二四，1）。

标本 13M107：11，泥质夹砂灰陶。鼓腹，腹下部内收，平底，素面。底径 15.6、残高 14 厘米（图二二四，2）。

标本 13M107：12，泥质夹砂灰陶，残，方唇，侈口，平沿，长颈，圆肩，鼓腹，平底。口

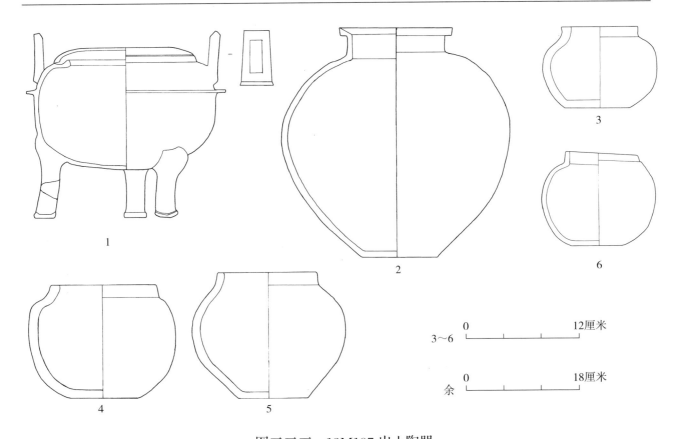

图二二三　13M107 出土陶器

1.陶鼎13M107：4　2.陶罐13M107：5　3~6.小陶罐13M107：10、9、7、8

径12、腹径20、底径15.6、残高25.8厘米（图二二四，3）。

标本13M107：13，残。泥质夹砂灰陶，腹下部弧内收，平底。素面。底径16、残高11厘米（图二二四，4）。

标本13M107：14，泥质夹砂灰陶。盘口，尖唇，束颈，溜肩，鼓腹，腹下部内收，圜平底，素面。下腹残。口径12、腹径22、底径16、残高27.8厘米（图二二四，5；彩版六七，4）。

陶钵　1件。

标本13M107：15，泥质灰陶，尖唇，敛口，凹沿，腹内收，圜平底，素面。口径8、腹径10.7、底径5.5、高6.5厘米（图二二四，6）。

陶奁　1件。

标本13M107：3，泥质夹砂灰陶。方唇，略呈圆柱形，平底，有三矮足，似兽蹄形。素面。口径18.2、腹径19.5、底径18.4、高13.5厘米（图二二四，7；彩版六七，5）。

铜刷柄　1件。

标本13M107：1，细长烟斗状，刷头呈中空圆筒形，柄近圆柱状，向尾端逐渐变细，尾残，器表鎏金。残长8、刷头直径1厘米（图二二四，8；彩版六七，6）。

铁削　1件。

标本13M107：2，器表锈蚀，残存两截。直刃，直背。残长17、刀背宽0.5~1、刀刃厚0.2~0.6

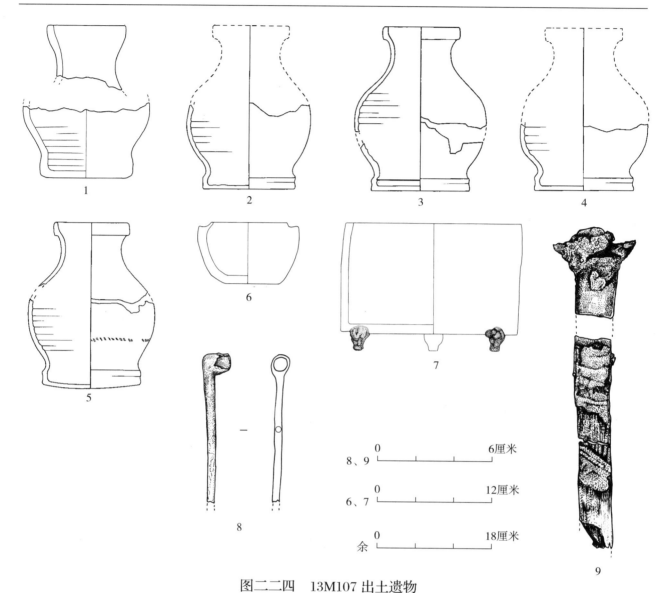

图二二四　13M107 出土遗物

1~5.陶壶13M107：6、11~14　6.陶钵13M107：15　7.陶奁13M107：3　8.铜刷柄13M107：1　9.铁削13M107：2

厘米（图二二四，9）。

（2）13M108

位于本发掘区的北部。土坑竖穴墓，墓向25°。墓圹平面略呈长方形，不规整，呈南高北低，直壁，较规整，平底（图二二五）。长2.8、南宽1.7、北宽1.6、北深2.2、南深2.4米。墓内填土呈黄褐色土夹杂石块及灰褐色黏土，应为挖墓圹土回填。有熟土二层台，系挖墓穴时凿出黄褐色土夹杂石块及灰褐色黏土等回填堆砌而成。台面宽度不一，东西侧台面宽0.25米，南、北侧台面宽0.3、高0.5米。

有木质葬具，单椁单棺。椁长2.2、宽1.45、高0.5米，棺置于椁室的东部。棺长2、宽0.85米。棺内人骨架1具，已朽。可辨头向北，单人仰身直肢葬。

随葬品共7件，其中陶罐2件，位于墓室底部椁内棺外西侧二层台内。小陶罐4件，位于墓

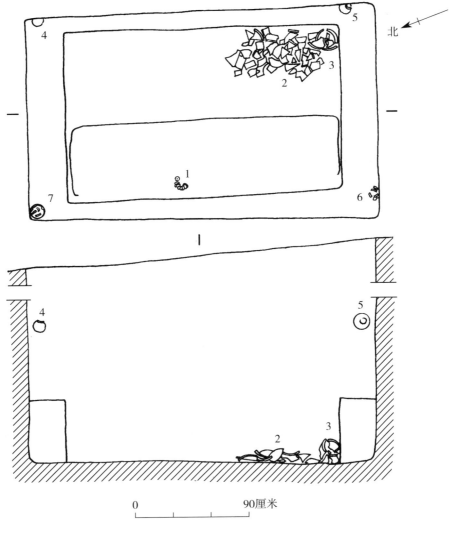

图二二五 13M108 平、剖面图
1.五铢 2、3.陶罐 4~7.小陶罐

室四角二层台上；铜钱 36 枚，使用绳子串联，表面有织物残痕，位于棺内墓主右手处。

陶罐 1 件。

标本 13M108：3，泥质灰陶。侈口，长颈，溜肩，圆鼓腹，腹下部弧内收，最大腹径居中，圜平底。腹下部偏下饰纵向绳纹，腹下部近底部饰横向绳纹。口径 15.8、腹径 29.5、底径 10、高 28 厘米（图二二六，1）。

小陶罐 4 件。

标本 13M108：4，泥质灰褐陶。侈口，圆唇，平沿，立领，溜肩，鼓腹，最大腹径居中，腹下部弧内收，平底。器表饰六道凹纹。口径 7.3、腹径 11.4、底径 6、高 8 厘米（图二二六，2）。

标本 13M108：5，泥质灰褐陶。敛口，圆唇，平沿，立领，溜肩，鼓腹，最大腹径居中，腹下部弧内收，平底。器表饰四道凹纹。口径 7、腹径 11.4、底径 5、高 8.5 厘米（图二二六，3）。

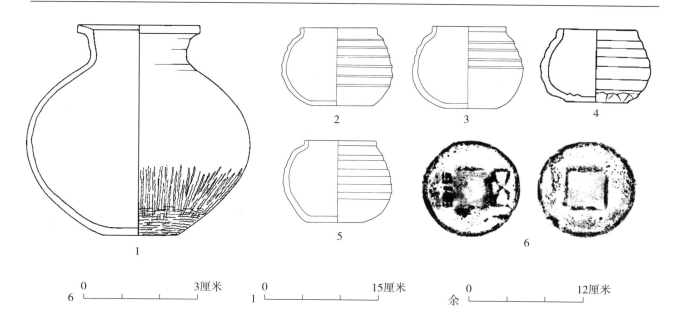

図二二六　13M108 出土陶器

1.陶罐13M108：3　2~5.小陶罐13M108：4~7　6.五铢13M108：1

　　标本 13M108：6，泥质土黄陶。敛口，方唇，斜肩，鼓腹，最大腹径居中，腹下部弧内收，平底。器表饰五道凹纹。口径 8.8、腹径 11.6、底径 6、高 7.8 厘米（图二二六，4）。

　　标本 13M108：7，泥质夹砂灰陶。敛口，圆唇，平沿，立领，溜肩，鼓腹，最大腹径居中，腹下部弧内收，平底。器表饰六道凹纹。口径 7.3、腹径 11.2、底径 5.6、高 8.5 厘米（图二二六，5）。

　　五铢　36 枚。穿联成串，锈蚀严重。

　　标本 13M108：1，字体瘦长，"五"字中间两笔弯曲，末端近平行，"铢"字"金"字模糊不辨识，"朱"字头方折，正面穿上一横。直径 2.5、穿径 1 厘米（图二二六，6）。

24.13M109 与 13M110

（1）13M109

　　位于本发掘区的北部。土坑竖穴墓，墓向 38°。墓圹平面呈长方形，直壁，较规整，平底（图二二七；彩版六八，1、2）。长 2.7、宽 1.2、深 1.65 米。墓内填土黄褐色土夹杂小石块，应为挖墓圹土回填。土质结构较疏松。有熟土二层台，系挖墓穴时凿出黄褐色土夹杂小石块等回填堆砌而成。台面宽度不一，东台面宽 0.22、西台面宽 0.2、南台面宽 0.2、北台面宽 0.34、高 0.4 米。

　　有木质葬具，单椁单棺。椁长 2.14、宽 0.74 米，棺置于椁室的南部。棺长 1.92、宽 0.9 米。棺内人骨架 1 具，已朽。可辨头向北，单人葬，葬式不明。

　　随葬品共 4 件，均为高领罐，自西向东依次排列，位于墓室底部椁内棺外北侧的二层台上。

　　高领罐　4 件。

　　标本 13M109：1，泥质黄陶。侈口，方唇，斜折沿，高领，溜肩，鼓腹，最大腹径居中，腹下部弧内收，平底。腹下部至底饰横向绳纹，局部饰纵横交错绳纹。口径 14、腹径 25、底径 8.5、

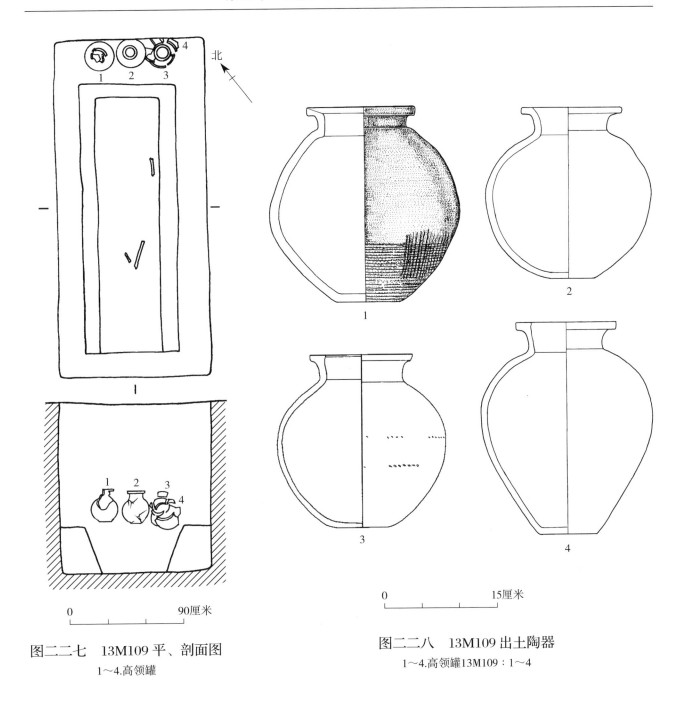

图二二七　13M109 平、剖面图
1～4.高领罐

图二二八　13M109 出土陶器
1～4.高领罐 13M109：1～4

高 25 厘米（图二二八，1；彩版六九，1）。

　　标本 13M109：2，泥质灰陶，侈口，方唇，平折沿，高领，溜肩，鼓腹，最大腹径居中，腹下部弧内收，圜平底。素面。口径 13.2、腹径 22、底径 6、高 22.7 厘米（图二二八，2；彩版六九，2）。

　　标本 13M109：3，泥质灰陶，敛口，方唇，平折沿，高领，溜肩，鼓腹，最大腹径居中，腹下部弧内收，平底。腹中部饰两周戳刺纹，但漫漶不清。口径 13.6、腹径 22、底径 9、高 23 厘米（图二二八，3）。

标本 13M109：4，泥质灰陶。敛口，方唇，平折沿，束颈，溜肩，鼓腹，最大腹径偏上，腹下部斜内收，平底。素面。口径 13.2、腹径 22.6、底径 7.6、高 28 厘米（图二二八，4）。

（2）13M110

位于本发掘区的北部。土坑竖穴墓，墓向 37°。墓圹平面呈长方形，直壁，较规整，平底（图二二九；彩版六八，3）。长 2.95、宽 1.6、深 2.4 米。墓内填土黄褐色黏土夹杂大量酥石块，应为挖墓圹土回填。经过夯打，土质结构较坚硬，夯层及夯窝不明显。有熟土二层台，系挖墓穴时凿出黄褐色黏土夹杂大量酥石块等回填堆砌而成。台面宽度不一，东、西台面均宽 0.2、南台面宽 0.4、北台面宽 0.34、高 0.4 米。

有木质葬具，单椁单棺。椁长 2.19、宽 1.2、高 0.4 米。棺置于椁室的南部，棺长 2.13、宽 0.85 米。棺内人骨架 1 具，已朽。可辨头向北，单人葬，葬式不明。

随葬品共 4 件，均为盘口罐，位于墓室底部椁内棺外西侧二层台内。

盘口罐　4 件。

标本 13M110：1，泥质灰陶。盘口，尖唇，束颈，溜肩，鼓腹，最大腹径居中，腹下部弧内收，小平底。腹上部及肩饰有两道凹弦纹，腹下部至底饰横向绳纹。口径 12.3、腹径 21、底径 7.2、高 26.5 厘米（图二三〇，1；彩版六九，3）。

标本 13M110：2，泥质灰陶。盘口，尖唇，束颈，溜肩，鼓腹，最大腹径居中，腹下部弧内收，

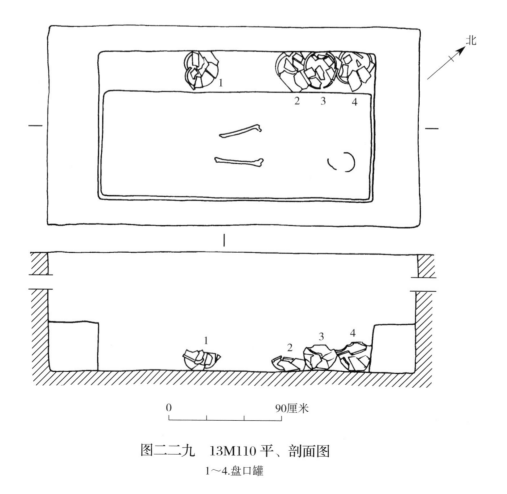

图二二九　13M110 平、剖面图

1～4.盘口罐

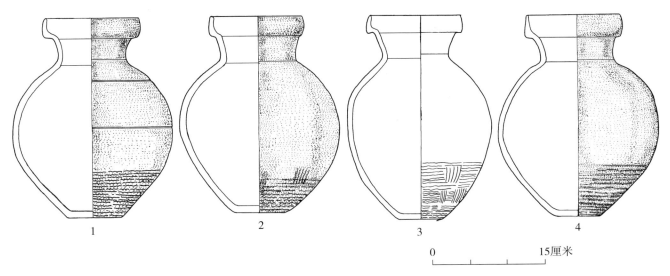

图二三〇 13M110 出土陶器
1～4.盘口罐13M110：1～4

小平底。腹下部局部红褐色，腹下部至底饰纵横向绳纹，但漫漶不清。口径12、腹径21、底径6、高26厘米（图二三〇，2；彩版六九，4）。

标本13M110：3，泥质灰陶。盘口，尖唇，束颈，溜肩，鼓腹，最大腹径居中，腹下部弧内收，小平底。腹下部至底饰纵横向绳纹。口径13、腹径19、底径6、高27厘米（图二三〇，3；彩版六九，5）。

标本13M110：4，泥质灰陶。盘口，尖唇，束颈，溜肩，鼓腹，最大腹径居中，腹下部弧内收，小平底。腹下部至底饰横向绳纹，但漫漶不清。口径12.3、腹径21.5、底径6.1、高27厘米（图二三〇，4；彩版六九，6）。

25.13M115 与 13M116

（1）13M115

位于本发掘区的北部。土坑竖穴墓，墓向120°。墓圹平面呈长方形，直壁，较规整，平底（图二三一）。长2.7、宽1.4、深1.85米。墓内填土黄褐色黏土夹杂较多的酥石块，应为挖墓圹土回填。经过夯打，土质结构较坚硬致密，夯层及夯窝不明显。有熟土二层台，系挖墓穴时凿出黄褐色黏土夹杂较多的酥石块等回填堆砌而成。台面宽度不一，东台面宽0.34、西台面宽0.35、南台面宽0.24、北台面宽0.04、高0.48米。

有木质葬具，单椁单棺。椁长2、宽1.1、高0.5米。棺位于椁室南侧，棺长2、宽0.8米。棺内人骨架1具，已朽。单人葬，葬式及头向不明。

随葬品共4件，其中陶瓮1件、陶罐1件、盘口罐2件，位于墓室底部棺外北侧二层台里。

陶瓮 1件。

标本13M115：3，泥质黄陶。敛口，圆唇，平沿，立领，溜肩，鼓腹，最大腹径居中，腹下部斜内收，平底。腹中部偏下饰一周凹弦纹，腹下部偏下饰纵向绳纹，近底部饰横向绳纹。口径

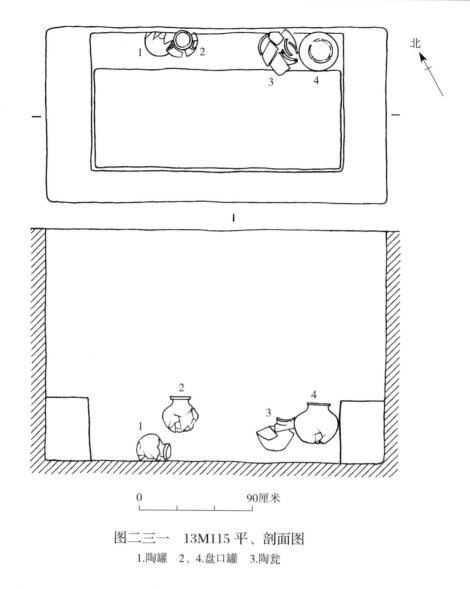

图二三一　13M115 平、剖面图
1.陶罐　2、4.盘口罐　3.陶瓷

15.5、腹径 27.5、底径 9、高 21.5 厘米（图二三二，1）。

陶罐　1 件。

标本 13M115：1，泥质黄陶。敛口，尖唇，斜沿，束颈，溜肩，鼓腹，最大腹径居中，腹下部斜内收，圈平底。肩部饰有两道凹弦纹，腹中部偏下饰有一道凹弦纹，腹下部偏下饰纵向绳纹，近底部饰横向绳纹。口径 18、腹径 29.8、底径 10、高 25 厘米（图二三二，2；彩版七〇，1）。

盘口罐　2 件。

标本 13M115：2，泥质灰陶。盘口，尖唇，束颈，溜肩，鼓腹，最大腹径居中，腹下部斜内收，小平底。腹下部至底饰斜纵向绳纹。口径 12.2、腹径 21.8、底径 6、高 26 厘米（图二三二，3；彩版七〇，2）。

标本 13M115：4，泥质灰陶。盘口，尖唇，束颈，溜肩，鼓腹，最大腹径居中，腹下部弧内收，小平底。腹下部至底饰斜纵向绳纹。口径 12、腹径 21.4、底径 6、高 25 厘米（图二三二，4；彩版七〇，3）。

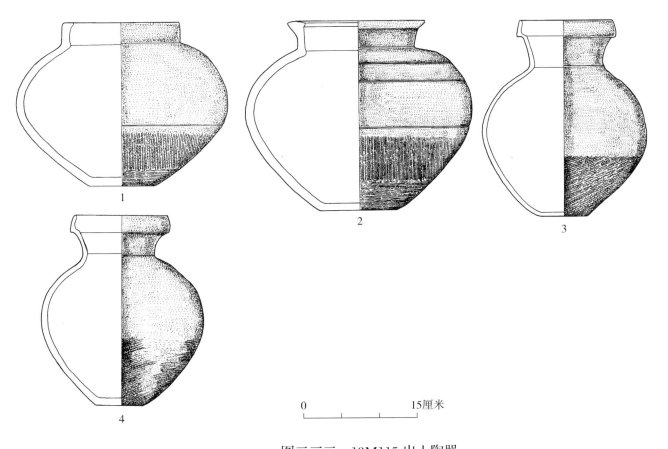

图二三二　13M115 出土陶器

1.陶瓮13M115：3　2.陶罐13M115：1　3、4.盘口罐13M115：2、4

（2）13M116

位于本发掘区的东北部。土坑竖穴墓，墓向120°。墓圹平面呈长方形，直壁，较规整，平底（图二三三）。长2.9、宽2、深2.55米。墓内填土黄褐色黏土夹杂黑褐色土并夹杂较多的酥石颗粒，应为挖墓圹土回填。经过夯打，土质结构坚硬，较致密，夯层及夯窝不明显。有熟土二层台，系挖墓穴时凿出黄褐色黏土并夹杂较多酥石颗粒等回填堆砌而成。台面宽度不一，东台面宽0.3、西台面宽0.36、南台面宽0.4、北台面宽0.5、高0.45米。

有木质葬具，单椁单棺。椁长2.2、宽1.1、高0.45米。棺位于椁室南侧，棺长2、宽0.6米。棺内人骨架1具，已朽。单人葬，葬式及头向均不明。

随葬品共4件，其中陶瓮1件、陶罐1件、盘口罐1件，自西向东排列，位于墓室底部棺外北侧二层台内。小陶罐1件，位于墓室填土里。

陶瓮　1件。

标本 13M116：1，泥质灰黑陶。敛口，圆唇，平沿，直领，溜肩，鼓腹，最大腹径居中偏上，腹下部斜内收，平底。腹中部偏上及肩部饰十道凸弦纹。器表饰灰黑陶衣。口径20.2、腹径35.6、底径11、高26.4厘米（图二三四，1；彩版七〇，4）。

陶罐　1件。

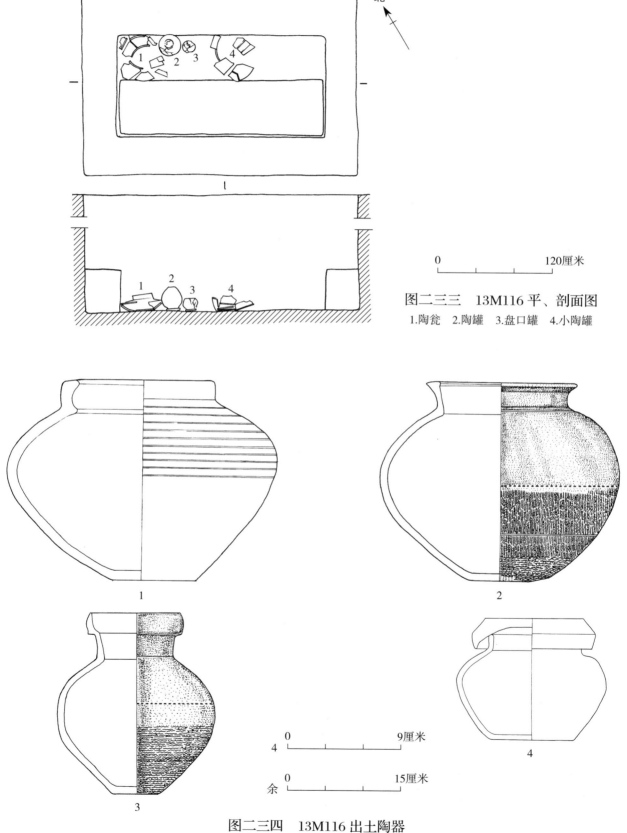

图二三三　13M116 平、剖面图
1.陶瓮　2.陶罐　3.盘口罐　4.小陶罐

图二三四　13M116 出土陶器
1.陶瓮13M116∶1　2.陶罐13M116∶2　3.盘口罐13M116∶3　4.小陶罐13M116∶4

标本 13M116：2，泥质灰陶。侈口，尖唇，斜卷沿，束颈，溜肩，鼓腹，最大腹径居中偏上，腹下部斜内收，圜平底。颈下部饰一道凹弦纹，腹中部偏下饰一道戳刺纹，腹下部饰纵向绳纹并由一道凹弦纹间隔为 2 组，近底部饰横向绳纹。口径 19.8、腹径 31.4、底径 10.6、高 26 厘米（图二三四，2）。

盘口罐 1 件。

标本 13M116：3，泥质灰陶。盘口，尖唇，束颈，溜肩，圆鼓腹，最大腹径居中，腹下部斜内收，小平底。腹中部偏上饰一道戳刺纹，腹下部至底饰横向绳纹。口径 12、腹径 21、底径 6.2、高 24 厘米（图二三四，3；彩版七〇，5）。

小陶罐 1 件。

标本 13M116：4，泥质灰陶。有盖，腹折收，平顶。口径 9、腹径 9.6、顶径 7.8、高 2.4 厘米。罐，敛口，圆唇，外斜沿，直领，溜肩，鼓腹，最大腹径居中，腹下部弧内收，平底。素面。口径 7.5、腹径 12、底径 6.6、高 8.4、通高 9.6 厘米（图二三四，4；彩版七〇，6）。

26.13M117 与 13M118

（1）13M117

位于本发掘区的北部。土坑竖穴墓，墓向 125°。墓圹平面长方形，直壁，较规整，平底（图二三五；彩版七一，1）。长 2.6、宽 1.4、深 1.76 米。墓内填土黄褐色花土夹杂较多的小石块，

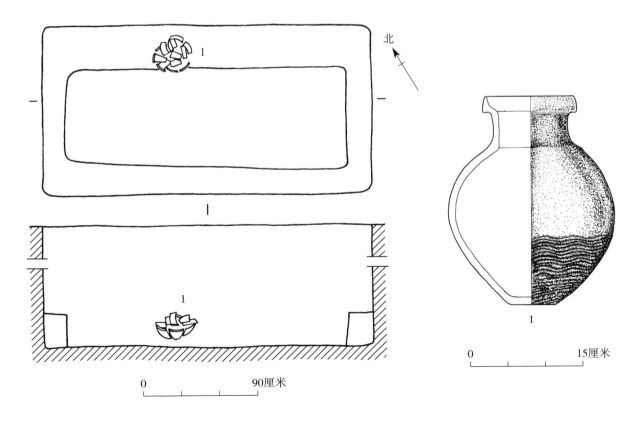

图二三五 13M117 及出土陶器
1.盘口罐 13M117：1

应为挖墓圹土回填。经过夯打，土质结构较坚硬致密，夯层及夯窝不明显。有熟土二层台，系挖墓穴时凿出黄褐色花土夹杂较多的小石块等回填堆砌而成。台面宽度不一，东、西台面均宽 0.2、南台面宽 0.22、北台面宽 0.34、高 0.3 米。

　　有木质葬具，单棺。棺长 2.2、宽 0.7 米。棺内人骨架 1 具，已朽。可辨头向东，单人仰身直肢葬。

　　随葬品共 1 件，为盘口罐，位于墓室底部棺外北侧二层台里。

　　盘口罐　1 件。

　　标本 13M117：1，泥质灰陶。盘口，尖唇，束颈，溜肩，圆鼓腹，最大腹径居中，腹下部弧内收，小平底。腹下部至底饰横向绳纹。口径 10.8、腹径 22、底径 6、高 27.6 厘米（图二三五，1；彩版七一，2）。

　　（2）13M118

　　位于本发掘区的北部。土坑竖穴墓，墓向 120°。墓圹平面略呈长方形，直壁，较规整，平底（图二三六；彩版七一，3）。长 2.6、宽 1.36、深 1.65 米。墓内填土灰褐色土夹杂较多的小石块，应为挖墓圹土回填。经过夯打，土质结构较坚硬致密，夯层及夯窝不明显。有熟土二层台，系挖墓穴时凿出灰褐色土夹杂较多的小石块等回填堆砌而成。台面宽度不一，东、西台面均宽 0.2、南、北台面均宽 0.22、高 0.3 米。

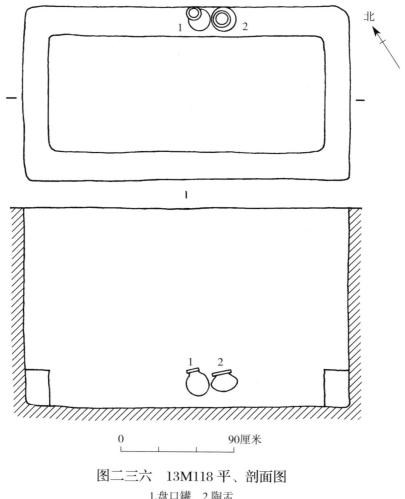

图二三六　13M118 平、剖面图

1.盘口罐　2.陶盉

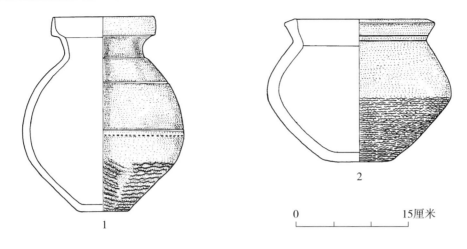

图二三七　13M118 出土陶器
1.盘口罐13M118：1　2.陶盂13M118：2

有木质葬具，单棺。棺长 2.2、宽 0.9 米。棺内人骨架 1 具，已朽。可辨头向东，单人仰身直肢葬。

随葬品共 2 件，其中盘口罐 1 件、陶盂 1 件，自西向东排列，位于墓室底部棺外北侧二层台中部里。

盘口罐　1 件。

标本 13M118：1，泥质黄陶。盘口，尖唇，束颈，溜肩，鼓腹，最大腹径居中，腹下部斜内收，小平底。肩部饰一道凹弦纹，腹中部偏下饰一道凹弦纹和锥刺纹，腹下部近底部饰横向绳纹。口径 13.2、腹径 21、底径 6.5、高 25.7 厘米（图二三七，1）。

陶盂　1 件。

标本 13M118：2，泥质灰陶。侈口，尖唇，外斜折沿，束颈，斜肩，鼓腹，最大腹径居中，腹下部斜直内收，平底。腹下部至底饰横向绳纹。口径 20、腹径 24.5、底径 8、高 18.7 厘米（图二三七，2；彩版七一，4）。

27.13M123 与 13M124

（1）13M123

位于本发掘区的东北部。土坑竖穴墓，墓向 105°。墓圹平面略呈长方形，直壁，较规整，平底（图二三八）。长 2.7、宽 1.6、深 2.7 米。墓内填土上部为五花土，下部为黄褐色酥石块，应为挖墓圹土回填，土质结构较为疏松。经过简单夯打，夯层及夯窝不明显。有熟土二层台，系挖墓穴时凿出黄褐色酥石块等回填堆砌而成。台面宽度不一，东、西台面均宽 0.4、南、北台面均宽 0.5、高 0.4 米。

木质葬具，单棺。棺长 1.9、宽 0.7 米。棺内人骨架 1 具，已朽。可辨头向西，单人仰身直肢葬。

随葬品共 1 件，为高领罐，位于墓室底部棺外北侧二层台中部。

高领罐　1 件。

标本 13M123：1，泥质黄陶。侈口，方唇，平沿，高领，溜肩，鼓腹，腹下部弧内收，最大腹径居中，平底。腹中部饰两道凹弦纹，腹下部至底饰横向绳纹。口径 16.2、腹径 27.2、底径 8、

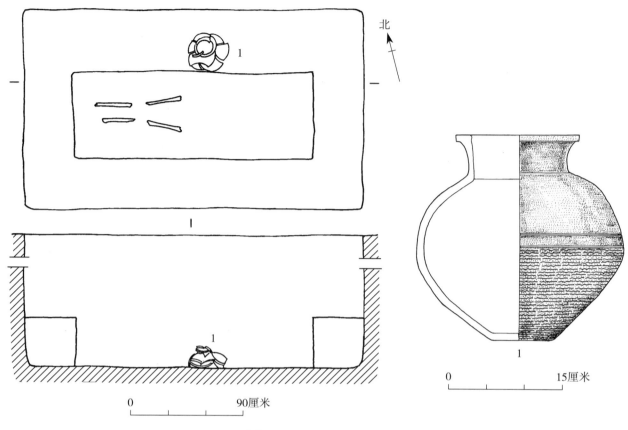

图二三八　13M123 及出土陶器

1.高领罐13M123：1

高 27 厘米（图二三八，1）。

（2）13M124

位于本发掘区的东北部。土坑竖穴墓，墓向120°。墓圹平面略呈长方形，直壁，较规整，平底（图二三九）。长 2.5、宽 1.2、深 1.2 米。在北壁有"凹坑"，似壁龛，长 0.2、高 0.15、进深 0.1 米。墓内填土黄褐色土夹杂大量小石块，应为挖墓圹土回填，土质结构较疏松。有熟土二层台，系挖墓穴时凿出黄褐色土夹杂大量小石块等回填堆砌而成。台面宽度不一，东、西台面均宽 0.25、南、北台面均宽 0.2、高 0.5 米。

有木质葬具，单棺。棺长 2、宽 0.8 米。棺内人骨架 1 具，已朽。单人葬，葬式及头向均不明。

随葬品共 4 件，其中盘口罐 3 件，位于墓室底部棺外北侧二层台中部及东北角。铁镢 1 件，位于填土内。

盘口罐　3 件。

标本 13M124：1，泥质黄陶。盘口，尖唇，束颈，溜肩，鼓腹，最大腹径居中，腹下部弧内收，小平底。肩部偏上饰一道凹弦纹。口径 12.4、腹径 21.4、底径 7、高 25 厘米（图二四〇，1）。

标本 13M124：2，泥质灰陶。盘口，尖唇，束颈，溜肩，鼓腹，最大腹径居中，腹下部弧内收，小平底。腹中部及肩饰三道凹弦纹，腹下部及底部饰斜纵向绳纹。口径 12.6、腹径 22.2、底径 8、

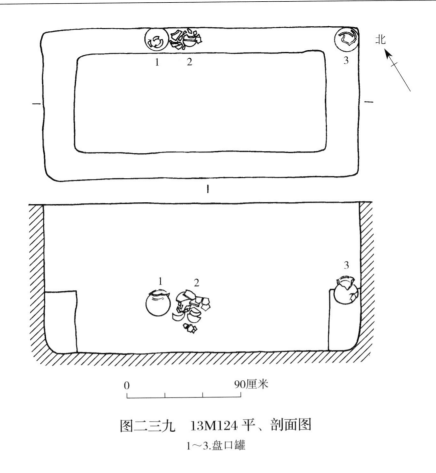

图二三九　13M124 平、剖面图

1~3.盘口罐

高 25.6 厘米（图二四〇，2）。

　　标本 13M124：3，泥质灰陶。盘口，尖唇，束颈，溜肩，鼓腹，最大腹径居中，腹下部斜内收，小平底。腹上部偏下饰一道凹弦纹，腹下部至底饰斜纵向绳纹。口径 12.2、腹径 21.6、底径 6.2、高 25 厘米（图二四〇，3）。

　　铁镢　1 件。

　　标本 13M124：4，残。器表锈蚀严重。长方形，上部厚重，中部凸起，下部逐渐尖锐，顶部略宽，截面呈长方形，銎孔锈蚀闭合。残长 10.2、厚 1 ~ 3.5 厘米（图二四〇，4）。

28.13M127 与 13M128

（1）13M127

　　位于本发掘区的东北部。土坑竖穴墓，墓向 120°。墓圹平面呈长方形，直壁，光滑，较规整，平底（图二四一；彩版七二，1）。长 2.56、宽 1.14、深 2.3 米。墓内填土黑褐色夹杂黄褐色土并含较多的酥石块，应为挖墓圹土回填。有熟土二层台，系挖墓穴时凿出的黑褐色夹杂黄褐色土并含较多的酥石块等回填堆砌而成。台面宽度不一，东台面宽 0.1、西、北台面均宽 0.3、南台面宽 0.12、高 0.5 米。

　　有木质葬具，单棺，棺长 2.2、宽 0.7、高约 0.4 米。棺内人骨架 1 具，已朽。可辨头向东，单人葬，

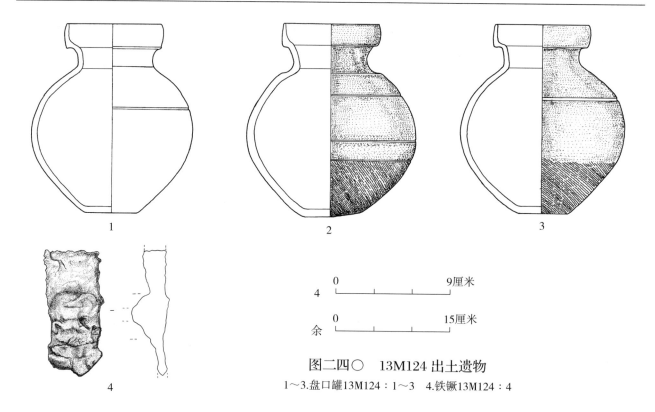

图二四〇　13M124 出土遗物
1～3.盘口罐13M124：1～3　4.铁镢13M124：4

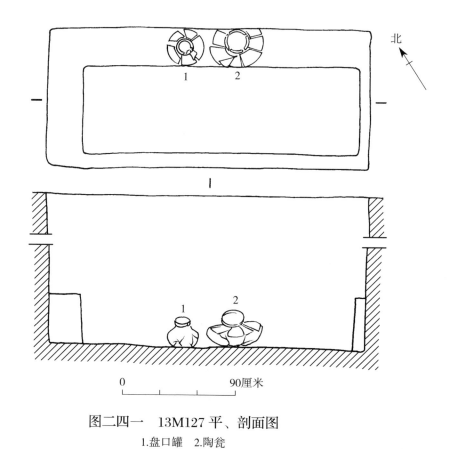

图二四一　13M127 平、剖面图
1.盘口罐　2.陶瓮

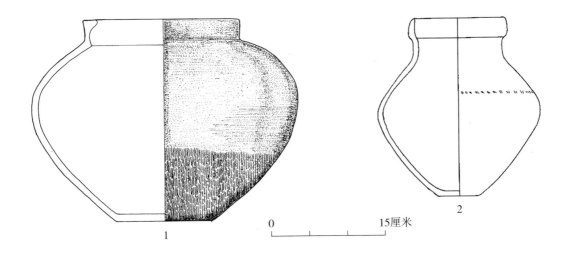

图二四二 13M127 出土陶器
1.陶瓮13M127：2 2.盘口罐13M127：1

葬式及头向均不明。

随葬品共 2 件,其中陶瓮 1 件、盘口罐 1 件,自东向西排列,位于墓室底部棺外北侧二层台中部内。

陶瓮 1 件。

标本 13M127：2,泥质灰陶。敛口,圆唇,平沿,直领,溜肩,鼓腹,最大腹径居中,腹下部弧内收,平底。腹中部偏下至底饰纵向绳纹。口径 20.4、腹径 34.8、底径 12.6、高 26.8 厘米(图二四二,1;彩版七二,2)。

盘口罐 1 件。

标本 13M127：1,泥质灰褐陶。盘口,尖唇,束颈,溜肩,扁鼓腹,最大腹径居中,腹下部斜内收,小平底。腹中部偏上饰一道凹弦纹。口径 12.6、腹径 21.9、底径 5.8、高 23.6 厘米(图二四二,2)。

(2)13M128

位于本发掘区的东北部。土坑竖穴墓,墓向120°。墓圹平面呈长方形,直壁,平底(图二四三;彩版七二,3)。长 3.1、宽 1.6、深 1.4 米。墓内填土黑褐色夹杂黄褐色土,含较多的酥石块,应为挖墓圹土回填。有熟土二层台,系挖墓穴时凿出的黑褐色夹杂黄褐色土含较多的酥石块等回填堆砌而成。台面均宽 0.4、高 0.62 米。

有木质葬具,单棺,棺长 2、宽 0.9、高约 0.7 米。棺内人骨架 1 具,已朽。可辨头向东,单人葬,葬式及头向均不明。

随葬品共 3 件陶瓮,带盖 1 件,自西向东排列,位于墓室底部棺外北侧二层台中部内。

钵形盖 1 件。

标本 13M128：1,泥质灰陶。敛口,圆唇,弧腹,平顶。素面。口径 19.6、顶径 9、高 7 厘米(图二四三,1;彩版七二,4)。

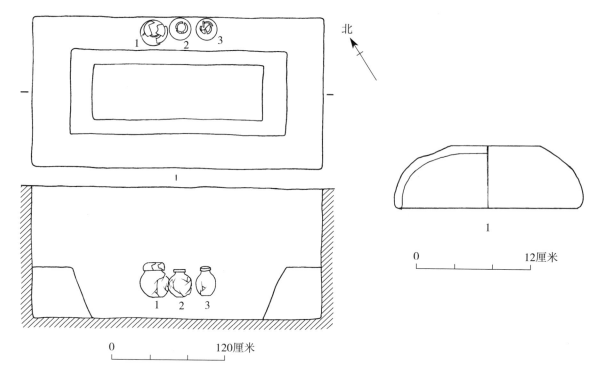

图二四三　13M128 及出土陶器
1～3.陶瓷

29.13M129 与 13M130

（1）13M129

位于本发掘区的东北部。土坑竖穴墓，墓向 120°。墓圹平面长方形，呈口大底小状，四壁均为斜直壁，较规整光滑，平底（图二四四）。墓圹上口部长 2.4、宽 0.99 米，墓圹底部长 1.83、宽 0.9、深 2.1 米。墓内填土黄褐色酥石块粉砂土夹杂较多的酥石颗粒，应为挖墓圹土回填。土质较疏松。北侧有熟土二层台，其他三侧均无，系挖墓穴时凿出黄褐色酥石块粉砂土夹杂较多的酥石颗粒等回填堆砌而成。台面宽 0.2、高 0.3 米。

有木质葬具，单棺。棺长 1.9、宽 0.7。棺内人骨架 1 具，已朽。可辨头向东，单人葬，葬式及头向均不明。

随葬品共 2 件，其中陶罐 1 件、盘口罐 1 件。自西向东排列，位于墓室底部棺外北侧二层台中部内。

盘口罐　1 件。

标本 13M129：1，泥质灰陶。盘口，尖唇，束颈，溜肩，鼓腹，最大腹径居中，腹下部弧内收，小平底。腹下部偏下至底饰横向绳纹。口径 12.6、腹径 22.4、底径 6、高 26.6 厘米（图二四四，1）。

（2）13M130

位于本发掘区的东北部。土坑竖穴墓，墓向 120°。墓圹平面呈长方形（图二四五；彩版七三，1），直壁，光滑，较规整，平底。长 2.6、宽 1.4、深 2.8 米。墓内填土黄褐色粉砂土，应为挖墓圹土回填，土质较疏松。有熟土二层台，系挖墓穴时凿出黄褐色粉砂土等回填堆砌而成。台面宽度不一，东

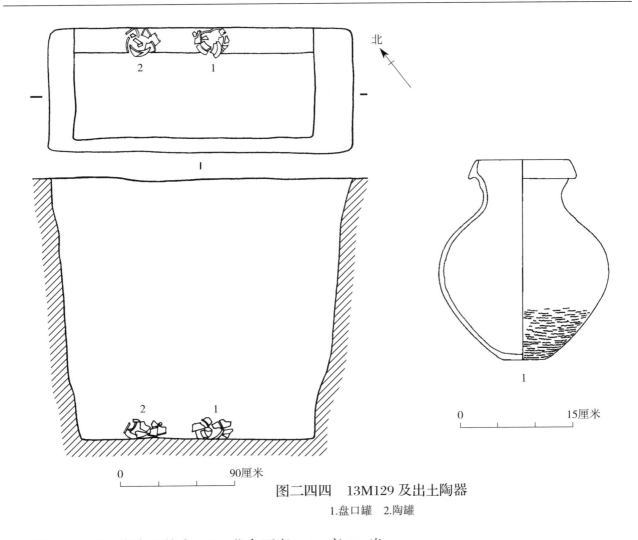

图二四四　13M129 及出土陶器
1.盘口罐　2.陶罐

台面宽 0.2、西、南台面均宽 0.3、北台面宽 0.4、高 0.3 米。

有木质葬具，单棺。棺长 2.1、宽 0.7 米。棺内人骨架 1 具，已朽。可辨头向东，单人葬，葬式及头向均不明。

随葬品共 4 件，其中盘口罐 1 件、小陶罐 2 件。自西向东排列，位于墓室底部棺外北侧二层台内。铁夯位于填土内。

盘口罐　1 件。

标本 13M130：3，泥质褐陶。盘口，尖唇，束颈，斜肩，鼓腹，最大腹径居中偏下，腹下部弧内收，小平底。腹中部偏下饰两道戳刺纹，腹下部至底饰横向绳纹。器表饰灰色陶衣，口径 12、腹径 21.2、底径 6、高 27.5 厘米（图二四六，1；彩版七三，2）。

小陶罐　2 件。

标本 13M130：1，泥质褐陶。敛口，圆唇，直领，溜肩，鼓腹，最大腹径居中，腹下部弧内收，平底。素面。器表饰灰色陶衣，口径 7.5、腹径 11.4、底径 4.8、高 8.1 厘米（图二四六，2；彩版七三，3）。

标本 13M130：5，泥质灰陶。敛口，圆唇，直领，溜肩，鼓腹，最大腹径居中，腹下部弧内收，平底。素面。口径 6.9、腹径 10.5、底径 4.8、高 6.5 厘米（图二四六，3；彩版七三，4）。

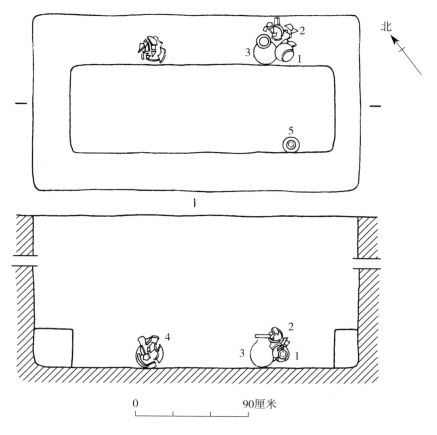

图二四五　13M130 平、剖面图

1、4.小陶罐　2.铁夯锤　3.盘口罐

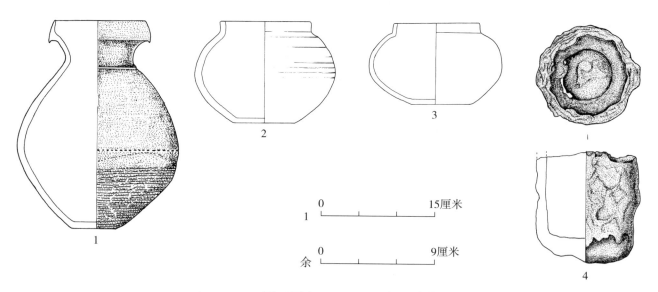

图二四六　13M130 出土遗物

1.盘口罐13M130：3　2、3.小陶罐13M130：1、5　4.铁夯锤13M130：2

铁夯锤　1 件。

标本 13M130 : 2，桶状，残。方唇，圆口，圜底，直壁，中部空心。残高 8.5、壁厚 0.8、底厚 2、口径 8、底径 6 厘米（图二四六，4；彩版七三，5）。

30.13M132 与 13M151

（1）13M132

位于本发掘区的东北部。土坑竖穴墓，墓向 120°。墓圹平面略呈长方形，直壁，壁面光滑，较规整，平底（图二四七），墓圹长 3.5、宽 2.4、深 5 米。墓底偏北部位于棺下有人工挖一东西走向的小沟，长 2.2、宽 0.1、深 0.07 米。可能为了排水。墓内填土黄褐色酥石土，应为挖墓圹土回填。土质结构较疏松。有熟土二层台，系挖墓穴时凿出黄褐色酥石土等回填堆砌而成。台面宽度不一，东、西台面均宽 0.5、南台面宽 0.7、北台面宽 0.6、高 1.1 米。

图二四七　13M132 平、剖面图

1.铁器　2、4.小陶罐　3、7.陶罐　5.铜环　6.铁钉　8.盘口罐　9、10.陶壶　11.漆皮

　　墓底有葬具，单椁单棺，椁长2.5、宽1米，棺长2.2、宽0.7米。棺内人骨架1具，已朽。单人葬，葬式及头向均不明。

　　随葬品共10件，其中陶罐2件、盘口罐1件，陶壶1件，小陶罐2件、铁钉1件、铜环1件、漆盒1件，自西向东排列，位于墓室底部椁内棺外北侧二层台内。漆盒，朽，余漆皮，无法提取。铁器1件，位于棺内。

　　陶罐　1件。

　　标本13M132：7，泥质灰陶。敛口，圆唇，斜宽沿，束颈，溜肩，球腹，最大腹径居中，腹下部弧内收，圜平底。腹上部及肩部饰四道凹弦纹，腹下部至底饰纵向绳纹。口径20.6、腹径33、底径10、高30厘米（图二四八，1；彩版七四，1）。

　　盘口罐　1件。

　　标本13M132：8，泥质灰陶。盘口，尖唇，束颈，斜肩，鼓腹，最大腹径居中，腹下部弧收，小平底。腹下部至底饰横向绳纹。器表通体磨光。口径13.6、腹径22.1、底径7、高27厘米（图

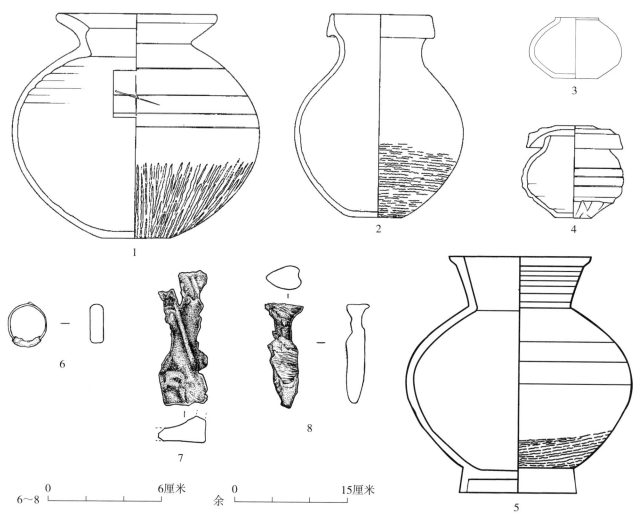

图二四八　13M132 出土遗物

1.陶罐13M132：7　2.盘口罐13M132：8　3、4.小陶罐13M132：4、2-3　5.陶壶13M132：9　6.铜环13M132：5　7.铁器
13M132：1　8.铁钉13M132：6

二四八，2；彩版七四，2）。

小陶罐　2件。

标本 13M132：4，泥质灰陶。侈口，方唇，立领，溜肩，鼓腹，最大腹径居中偏下，腹下部弧内收，平底。素面。口径5.7、腹径12、底径6、高8厘米（图二四八，3；彩版七四，3）。

标本 13M132：2-3，泥质灰陶。有盖，盖口径12.6、高3厘米。罐，敛口，圆唇，立领，溜肩，鼓腹，最大腹径居中，腹下部弧内收，平底。素面。口径7.4、腹径13.5、底径5、高12厘米（图二四八，4；彩版七四，4）。

陶壶　1件。

标本 13M132：9，泥质灰陶，敞口，圆唇，高束颈，溜肩，鼓腹，下腹弧收，圈足外撇。颈部饰六道凹弦纹，上腹部饰三道凹弦纹，下腹饰斜向绳纹。口径18、腹径30、底径15.5、高31厘米（图二四八，5；彩版七四，5）。

铜环　1件。

标本 13M132：5，部分锈蚀，圆形。直径2、壁厚0.1、宽1厘米（图二四八，6；彩版七四，6）。

铁器　1件。

标本 13M132：1，残，锈蚀严重。长方形，截面呈梯形，不可辨识。残长7、宽2.5、厚1～1.5厘米（图二四八，7）。

铁钉　1件。

标本 13M132：6，锈蚀严重。残，圆帽，钉头残余半面，钉棍从上向下尖锐，整长5.5、宽0.2～1.2、钉头直径2、宽1.2、壁厚0.2厘米（图二四八，8）。

（2）13M151

位于本发掘区的东北部。南壁被13M132打破。土坑竖穴墓，墓向118°。墓圹平面呈长方形，直壁，平底（图二四九）。长3.5、宽2.5、深2.8米。墓内填土黄褐色砂土夹杂酥石颗粒，应为挖墓圹土回填。经过夯打，土质结构致密，坚硬，夯层及夯窝不明显。有熟土二层台，系挖墓穴时凿出黄褐色砂土夹杂酥石颗粒等回填堆砌而成。台面宽度不一，东台面宽0.54、西台面宽0.5、南、北台面宽0.6、高0.6米。

有木质葬具，单椁单棺，椁长2.4、宽1.2、高0.6米，棺位于椁室南部，棺盖上有略呈方形的漆器（案），朽，无法提取，边长1.2米。也可能是棺盖的彩绘。棺长2.2、宽0.7米，棺内人骨架1具，已朽。可辨头向东，单人仰身直肢葬。

随葬品共6件。其中陶罐5件，自西向东排列，位于墓室底部椁内棺外北侧西二层台内。铜镜1枚，位于棺内，朽，无法提取。

陶罐　1件。

标本 13M151：5，泥质灰陶。侈口，方唇，斜沿，束颈，溜肩，鼓腹，腹下部弧内收，最大腹径居中，圜平底。腹中部饰一道锥刺纹，腹下部及底部饰横向绳纹。口径15、腹径25.6、底径8、高28厘米（图二五〇）。

铜镜　1枚。

标本 13M151：6，腐朽严重，纹饰不清，不易修复。

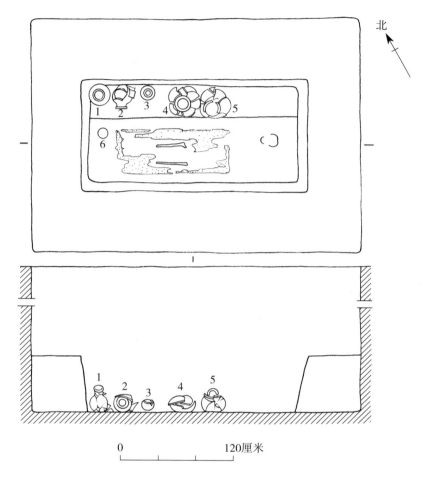

图二四九　13M151 平、剖面图

1～5.陶罐　6.铜镜

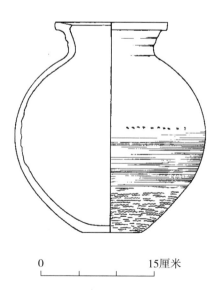

图二五〇　13M151 出土遗物

1.陶罐13M151：5

31.13M133 与 13M134

（1）13M133

位于本发掘区的东北部。土坑竖穴墓，墓向
120°。墓圹平面长方形，直壁，壁面光滑，较规
整，平底（图二五一）。长 2.5、宽 1.7、深 2.2 米。
墓内填土黄褐色酥石土，应为挖墓圹土回填。土
质结构较致密。有熟土二层台，系挖墓穴时凿出
黄褐色酥石土等回填堆砌而成。台面宽度不一，
东台面宽 0.3、西、南台面均宽 0.4、北台面宽 0.5、
高 0.4 米。

有木质葬具，单棺，长 1.8、宽 0.8 米。棺内
人骨架 1 具，已朽。单人葬，葬式及头向均不明。

随葬品共 2 件，其中直口罐 1 件、盘口罐 1 件，

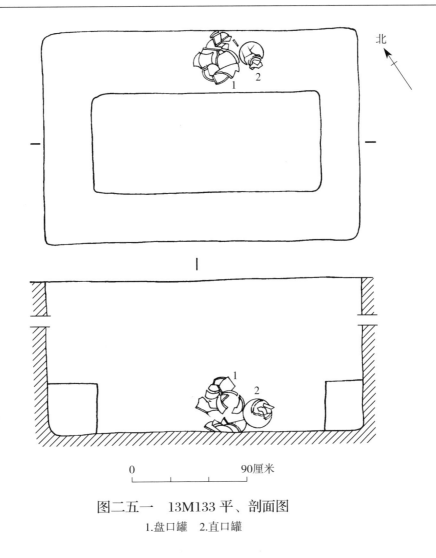

图二五一　13M133 平、剖面图
1.盘口罐　2.直口罐

位于墓室底部棺外北侧二层台里。

直口罐　1 件。

标本 13M133：2，泥质灰陶。直口，方唇，平沿，直领，溜肩，鼓腹，最大腹径居中，腹下部弧内收，平底。腹下部偏下至底饰横向绳纹。口径 19、腹径 25.6、底径 10.6、高 20.5 厘米（图二五二，1）。

盘口罐　1 件。

标本 13M133：1，泥质灰陶。盘口，尖唇，束颈，溜肩，扁鼓腹，最大腹径居中，腹下部弧内收，小平底。腹下部至底部饰横向绳纹，局部饰纵横交互绳纹。口径 11、腹径 22.6、底径 5、高 22 厘米（图二五二，2）。

（2）13M134

位于本发掘区的东北部。土坑竖穴墓，墓向 120°。墓圹平面呈长方形，直壁，壁面光滑，较规整，平底（图二五三）。长 3.1、宽 2.2、深 3.5 米。墓内填土黄褐色酥石土，应为挖墓圹土回填。经过夯打，土质结构致密，夯层及夯窝不明显。有熟土二层台，系挖墓穴时凿出黄褐色酥石土等回填堆砌而成。台面宽度不一，东台面宽 0.4、西、北台面均宽 0.3、南台面宽 0.5、高 0.8 米。

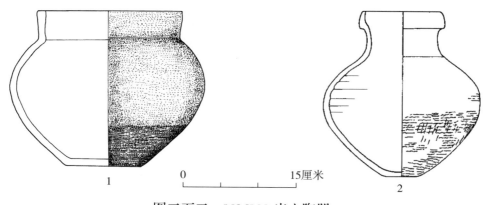

图二五二　13M133 出土陶器

1.直口罐13M133：2　2.盘口罐13M133：1

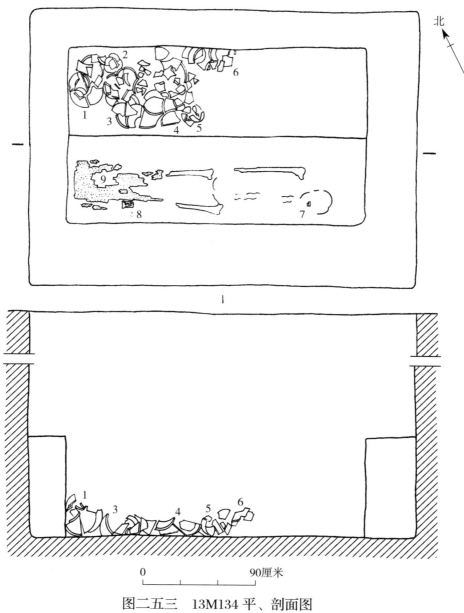

图二五三　13M134 平、剖面图

1.陶罐　2.小陶罐　3、4、6.高领罐　5.陶熏炉　7.玉剑璏　8.铁斧　9.漆皮

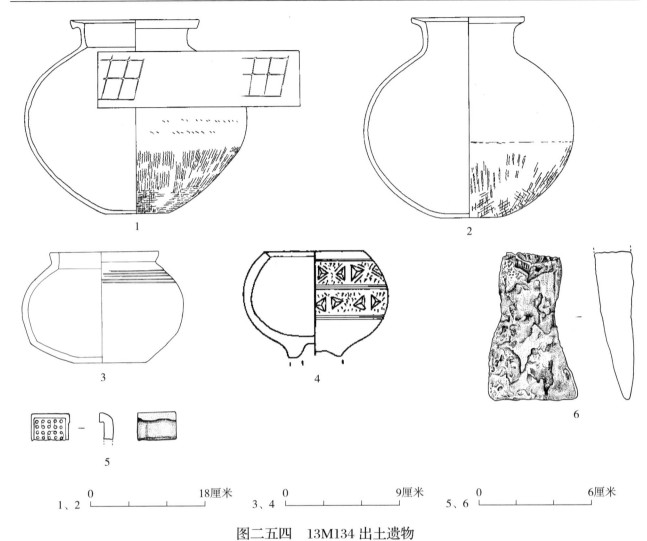

图二五四 13M134 出土遗物

1.陶罐13M134：1 2.高领罐13M134：4 3.小陶罐13M134：2 4.陶熏炉13M134：5 5 5.玉剑璏13M134：7 6.铁斧13M134：8

有木质葬具，单椁单棺，椁长2.4、宽1.4米；棺位于椁室南侧，棺长2.4、宽0.7米。棺内人骨架1具，已朽。可辨头向东。单人仰身直肢葬。

随葬品共8件，其中高领罐3件、陶罐1件、小陶罐1件、陶熏炉1件，自西向东排列。位于墓室底部椁内棺外北部偏西二层台内。玉剑璏1件，位于棺内墓主头部。铁斧1件，位于墓主左腿外侧。

陶罐 1件。

标本13M134：1，泥质灰陶。侈口，方唇，斜沿，高颈，溜肩，鼓腹，最大腹径居中，腹下部弧内收，平底。肩部刻划方形纹饰，腹中部饰戳刺纹，腹下部饰纵向绳纹，近底部饰横向与竖向绳纹相交。口径20.6、腹径34、底径11、高31厘米（图二五四，1；彩版七五，1）。

高领罐 1件。

标本13M134：4，泥质黄陶。敞口，方唇，斜沿，长束颈，溜肩，球腹，最大腹径居中，腹下部圆弧收，平底。腹中部偏下饰一周戳刺纹，腹下部饰纵向绳纹，近底部饰纵横相交绳纹。口径18、腹径33.5、底径10、高32厘米（图二五四，2；彩版七五，2）。

小陶罐　1件。

标本 13M134：2，泥质灰陶。侈口，尖唇，平沿，束颈，溜肩，鼓腹，最大腹径居中，腹下部斜内收，平底。素面。口径8.6、腹径12.6、底径6、高8.7厘米（图二五四，3；彩版七五，3）。

陶熏炉　1件。

标本 13M134：5，泥质灰陶。残，敛口，圆鼓腹，圈足，略浅。器表饰一组花形纹饰，口径7.5、残高8.4厘米（图二五四，4；彩版七五，4）。

玉剑璏　1件。

标本 13M134：7，残，存璏檐乳白色玉质，色泽莹润，饰勾连谷纹，侧截面呈"7"形状，背面素面。残长1.4、宽2、厚0.6～0.9厘米（图二五四，5；彩版七五，5）。

铁斧　1件。

标本 13M134：8，残，锈蚀严重，上窄下宽自上而下厚度逐渐变薄。残长8、宽3.2～4.8、厚0.2～2.5厘米（图二五四，6；彩版七五，6）。

32.13M137 与 13M138

（1）13M137

位于本发掘区的东北部。土坑竖穴墓，墓向128°。墓圹平面长方形，直壁，较规整，平底（图二五五；彩版七六，1）。长3.2、宽1.9、深2.7米。墓内填土黄褐色土夹杂小石块，应为挖墓圹

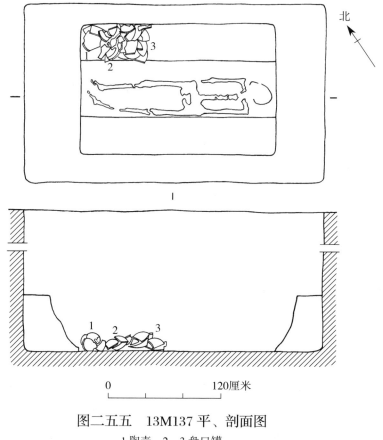

图二五五　13M137 平、剖面图

1.陶壶　2、3.盘口罐

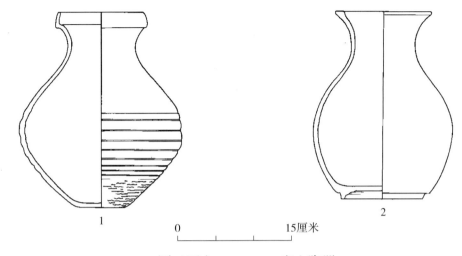

图二五六　13M137 出土陶器
1.盘口罐13M137：2　2.陶壶13M137：1

土回填。经过夯打，土质结构致密，坚硬，夯层及夯窝不明显。有熟土二层台，系挖墓穴时凿出黄褐色土夹杂小石块等回填堆砌而成。台面宽度不一。东台面宽 0.5、西台面宽 0.6、南台面宽 0.3、北台面宽 0.2、高 0.6 米。

有木质葬具，单椁单棺，椁长 2.1、宽 1.4、高 0.6 米，棺位于椁室中部，棺长 2.05、宽 0.6、高 0.6 米。棺内人骨架 1 具，已朽。可辨头向东。单人仰身直肢葬。

随葬品共 3 件，其中盘口罐 2 件、陶壶 1 件。位于墓室底部椁内棺外北侧二层台西端里。

盘口罐　1 件。

标本 13M137：2，泥质灰陶。盘口，尖唇，束颈，斜肩，鼓腹，最大腹径居中，腹下部弧内收，小平底。腹中部偏下饰九周凹弦纹，腹下部偏下饰横向绳纹。口径 11.8、腹径 21.6、底径 6、高 26 厘米（图二五六，1；彩版七六，2）。

陶壶　1 件。

标本 13M137：1，泥质灰陶，侈口，圆唇，平沿，长束颈，溜肩，鼓腹，腹下部弧内收，圈足，素面。口径 12、腹径 18.4、底径 11.4、高 25 厘米（图二五六，2）。

（2）13M138

位于本发掘区的东北部。土坑竖穴墓，墓向128°。墓圹平面呈长方形，直壁，较规整，平底（图二五七；彩版七六，3）。长 3.4、宽 1.9、深 3.4 米。墓内填土上部分土色很纯净灰褐色土，厚 0.9 米。经过夯打，土质结构致密，夯窝直径 8 厘米；中部分为灰褐色夹杂黄褐色土厚 0.3 米，未见夯打；下部分为黄褐色土夹杂较多的小石块和少量的灰褐色土块，厚 2 米，经过夯打，土质结构致密，坚硬，夯窝直径 14 厘米。东、西和南有熟土二层台，系挖墓穴时凿出黄褐色土夹杂较多的小石块等回填堆砌而成。台面宽度不一，东、西台面均宽 0.4、南台面宽 0.2、高 0.6 米。

有木质葬具，单椁，单棺，椁紧贴墓室的北壁设置，椁长 2.6、宽 1.7、高 0.6 米，棺位于椁室中部，棺长 2、宽 0.8 米。棺内人骨架 1 具，已朽。可辨头向东。单人仰身直肢葬。

随葬品共 4 件，其中盘口罐 2 件、小陶罐 1 件。自西向东排列。位于墓室底部椁内棺外

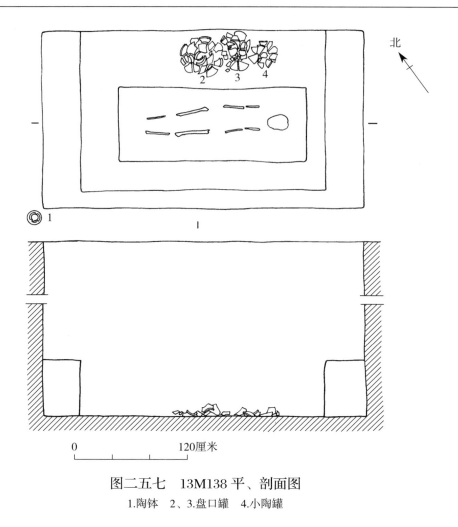

图二五七　13M138 平、剖面图

1.陶钵　2、3.盘口罐　4.小陶罐

北侧中部。陶钵 1 件，位于墓圹开口西南角填土里，墓葬原有封土已毁，分析该陶钵应埋在封土下。

盘口罐　1 件。

标本 13M138：2，泥质灰陶。盘口，尖唇，束颈，溜肩，鼓腹，最大腹径居中偏上，腹下部弧内收，小平底。肩部饰一道凹弦纹，腹中部偏下至底饰横向绳纹。口径 11、腹径 20.2、底径 6、高 22 厘米（图二五八，1；彩版七六，4）。

小陶罐　1 件。

标本 13M138：4，泥质灰陶。敛口，方唇，束颈，溜肩，鼓腹，最大腹径居中，腹下部弧内收，平底。素面。口径 11.8、腹径 17.4、底径 8、高 11 厘米（图二五八，2）。

33.13M143 与 13M144

（1）13M143

位于本发掘区的中部偏北。土坑竖穴墓，墓向 120°。墓圹平面呈长方形，直壁，较规整，平底（图二五九）。长 3、宽 1.4、深 1.7 米。墓内填土黄褐色粉砂土，应为挖墓圹土回填，土质结构较疏松。

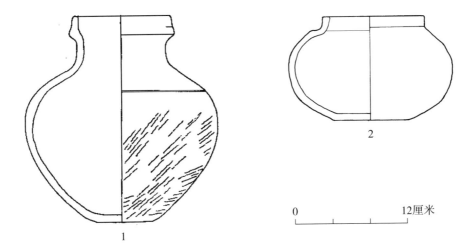

图二五八 13M138 出土陶器
1.盘口罐13M138：2 2.小陶罐13M138：4

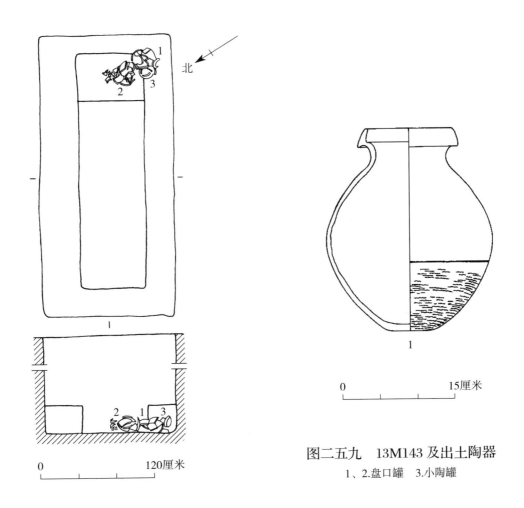

图二五九 13M143 及出土陶器
1、2.盘口罐 3.小陶罐

有熟土二层台，系挖墓穴时凿出黄褐色粉砂土等回填堆砌而成。台面宽度不一，东台面宽 0.2、西、南台面均宽 0.3、北台面宽 0.4、高 0.3 米。

有木质葬具，单棺，长 2、宽 0.7 米。棺内人骨架 1 具，已朽。单人葬。葬式及头向均不明。

随葬品共 3 件，其中盘口罐 2 件、小陶罐 1 件。位于墓室底部棺外西侧二层台内。

盘口罐　1 件。

标本 13M143：2，泥质灰陶。盘口，尖唇，束颈，溜肩，鼓腹，最大腹径居中，腹下部弧内收，小平底。腹中部偏下饰一道凹弦纹，腹下部至底饰横向绳纹。口径 12、腹径 22.1、底径 6.2、高 27 厘米（图二五九，1）。

（2）13M144

位于本发掘区的中部偏北。土坑竖穴墓，墓向 115°。墓圹平面呈长方形，直壁，较规整，平底（图二六〇；彩版七七，1）。长 3.1、宽 1.9、深 2 米。墓内填土黄褐色花土夹杂较多的酥石颗粒和碎块，应为挖墓圹土回填。经过夯打，土质结构致密，坚硬，夯层及夯窝不明显。有熟土二层台，系挖墓穴时凿出黄褐色花土夹杂较多的酥石颗粒和碎块等回填堆砌而成。台面宽度不一，东、西台面均宽 0.48、南台面宽 0.46、北台面宽 0.52、高 0.4 米。

有木质葬具，单棺，棺上盖长 2.2、宽 0.9、棺底长 2.1、宽 0.7、高 0.4 米。棺内人骨架 1 具，已朽。单人葬。葬式及头向均不明。

随葬品共 3 件，其中盘口罐 2 件、陶罐 1 件。位于墓室底部棺外北侧二层台中部内。

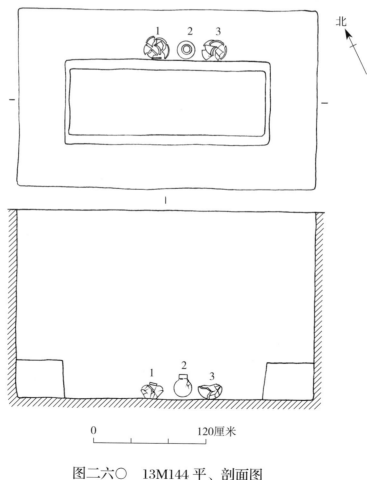

北

图二六〇　13M144 平、剖面图

1、3.盘口罐　2.陶罐

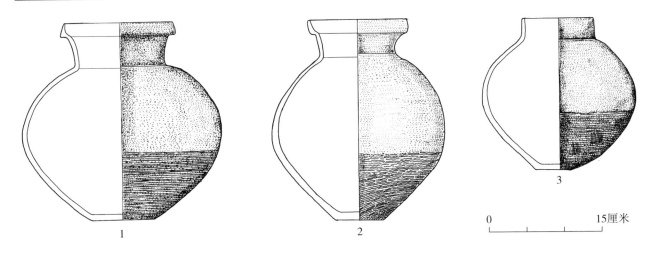

图二六一　13M144 出土陶器

1、2.盘口罐13M144：1、3　3.直口罐13M144：2

盘口罐　2件。

标本 13M144：1，泥质黄陶。盘口，尖唇，束颈，溜肩，鼓腹，最大腹径居中，腹下部弧内收，小平底。腹下部至底饰横向绳纹。口径 14.4、腹径 26、底径 8、高 26 厘米（图二六一，1；彩版七七，2）。

标本 13M144：3，泥质灰陶。盘口，尖唇，束颈，溜肩，鼓腹，最大腹径居中，腹下部弧内收，小平底。腹下部至底饰横向绳纹。口径 13、腹径 22.8、底径 6、高 26.5 厘米（图二六一，2；彩版七七，3）。

陶罐　1件。

标本 13M144：2，泥质灰陶。直口，高领。溜肩，鼓腹，最大腹径居中，腹下部弧内收，圜平底。腹下部偏下饰横向绳纹，局部饰纵横交错绳纹。器表通体磨光。腹径 20.4、底径 4.4、高 20 厘米（图二六一，3；彩版七七，4）。

（二）三人并穴合葬墓

1.13M34、13M35 与 13M36

（1）13M34

位于本发掘区的西部。土坑竖穴墓，墓向 118°。墓圹平面呈长方形，直壁，较规整，平底光滑（图二六二；彩版七八，1、2）。长 2.6、宽 1、深 1.9 米。在北壁有壁龛，平底，不十分规整，长 0.8、高 0.3、进深 0.4 米。墓内填土黄褐色黏土夹杂少量酥石碎块，应为挖墓圹土回填，土质结构较为疏松。有熟土二层台，系挖墓穴时凿出黄褐色黏土夹杂较多的酥石碎块等回填堆砌而成。台面宽度不一，东、西台面均宽 0.16 米；南、北台面均宽 0.11、高 0.6 米。

有木质葬具，单棺，已朽。长 2.2、宽 0.7 米。棺内人骨架 1 具，已朽。单人葬，葬式及头向均不明。

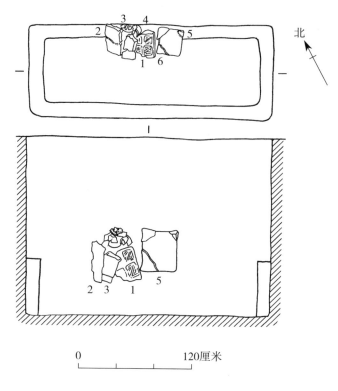

图二六二　13M34 平、剖面图

1、7.石板　2.陶方砖　3.高领罐　4.陶钵　5、6.石块

　　随葬品共 7 件，其中高领罐 1 件、陶钵 1 件、陶方砖 1 件，石板 2 块，石块 2 件，位于壁龛内。

　　高领罐　1 件。

　　标本 13M34：3，泥质灰陶。侈口，方唇，平沿，高领，溜肩，鼓腹，最大腹径居中，腹下部弧内收，平底。腹下部至底饰横向绳纹。口径 15、腹径 26.6、底径 10.4、高 26 厘米（图二六三，1；彩版七九，1）。

　　陶钵　1 件。

　　标本 13M34：4，泥质灰陶。敛口，圆唇，弧腹，腹下部弧内收，平底。素面。口径 17.8、底径 7.4、高 6 厘米（图二六三，2；彩版七九，2）。

　　陶方砖　1 件。

　　标本 13M34：2，黄褐色，正方形。正面有凹凸纹饰，背面素面，模印，方砖由九组精致方形几何纹饰组成，纹饰低于周边 0.2 厘米，九组方块的横向斜杠凸起。边长 28、厚 3.8 厘米（图二六三，3）。

　　石块　2 件。

　　标本 13M34：5，黑岩，呈不规则状，上窄下宽。长 12.5、宽 9～10、高 6 厘米（图二六三，4；彩版七九，3）。

　　标本 13M34：6，花岩材质，黄褐色夹白色石英石，呈不规则状，上窄下宽，共 8 个面，其中顶部有 3 个面。长 11、宽 9、高 7 厘米（图二六三，5）。

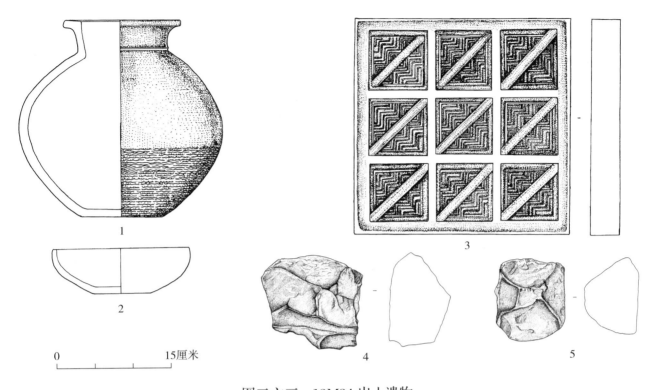

图二六三　13M34 出土遗物

1.高领罐13M34：3　2.陶钵13M34：4　3.陶方砖13M34：2　4、5.石块13M34：5、6

（2）13M35

位于本发掘区的西部。土坑竖穴墓，墓向130°。墓圹平面呈长方形，直壁，较规整，平底，墓底平坦光滑（图二六四；彩版七八，3）。长3.1、宽1.4、深2.48米。墓内填土黄褐色黏土，土质坚硬，应为挖墓圹土回填。有熟土二层台，系挖墓穴时凿出黄褐色黏土等回填堆砌而成。台面宽度不一，东、西台面均宽0.45米，北台面宽0.38米，南台面宽0.51、高0.23米。

有木质葬具，单棺，已朽。长2.15、宽0.6米。棺内人骨架1具，已朽。可辨头向东，单人仰身直肢葬。

随葬品共5件，其中陶罐1件、高领罐2件、盘口罐1件、陶钵1件，位于墓室底部棺外东侧二层台上。

陶罐　1件。

标本13M35：3，泥质灰陶。敛口，圆唇，平沿，束颈，溜肩，鼓腹，最大腹径居中，腹下部弧内收，平底。腹中部偏下饰纵向绳纹，腹下部近底部饰横向绳纹。口径20、腹径34.2、底径14、高30厘米（图二六五，1；彩版七九，4）。

高领罐　2件。

标本13M35：4，泥质灰陶。侈口，方唇，斜折沿，高领，溜肩，鼓腹，最大腹径居中，腹下部弧内收，圜平底。肩部饰两道弦纹，腹下部偏下近底部饰横向绳纹。口径13.8、腹径21、底径6、高24.8厘米（图二六五，2；彩版七九，5）。

标本13M35：1，泥质灰陶。残。侈口，方唇，平沿，高领，溜肩，鼓腹，下腹饰横向绳纹。

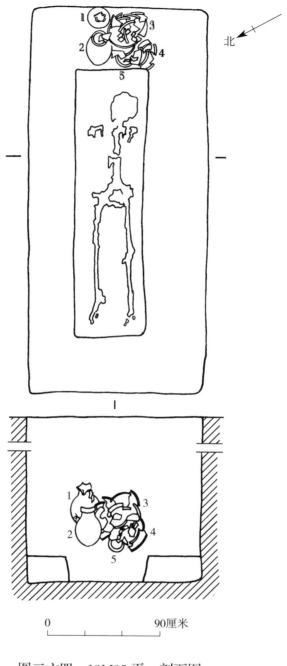

图二六四　13M35 平、剖面图

1、4.高领罐　2.盘口罐　3.陶罐　5.陶钵

口径 14.5、腹径 23、残高 26.5 厘米（图二六五，3；彩版七九，6）。

　　盘口罐　1件。

　　标本 13M35：2，泥质灰陶。盘口，尖唇，束颈，溜肩，鼓腹，最大腹径居中，腹下部弧内收，小平底。腹下部偏下近底部饰横向绳纹。口径 13.5、腹径 23、底径 5、高 28.5 厘米（图二六五，4；彩版八〇，1）。

　　陶钵　1件。

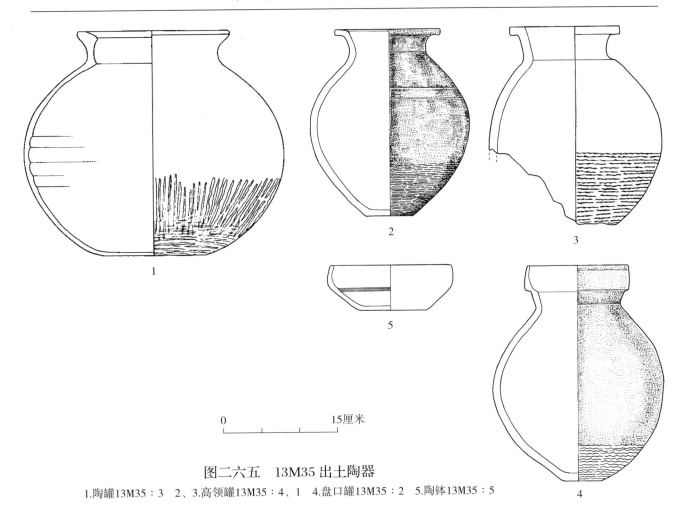

0   15厘米

图二六五　13M35 出土陶器

1.陶罐13M35：3　2、3.高领罐13M35：4、1　4.盘口罐13M35：2　5.陶钵13M35：5

标本 13M35：5，泥质灰陶。敛口，方唇，弧腹，腹下部弧内收，平底。素面。口径 15.8、底径 8.8、高 6 厘米（图二六五，5；彩版八〇，2）。

（3）13M36

位于本发掘区的西部。土坑竖穴墓，墓向 130°。墓圹平面呈长方形，直壁，较规整，平底光滑（图二六六；彩版八〇，3）。长 3.1、宽 1.6、深 1.9 米。墓内填土黄褐色酥石沙土，应为挖墓圹土回填。有熟土二层台，系挖墓穴时凿出黄褐色酥石等回填堆砌而成。台面宽度不一，东、西台面均宽 0.39、南台面宽 0.27～0.48、北台面宽 0.64～0.72、高 0.5 米。

有木质葬具，单棺，已朽。长 2.2、宽 0.7、高 0.5 米。棺内人骨架 1 具，已朽。可辨头向东，单人葬，葬式不明。

随葬品共 3 件，其中盘口罐 2 件、陶钵 1 件，位于墓室底部棺外北侧二层台上。

盘口罐　2 件。

标本 13M36：1，泥质灰陶。盘口，尖唇，束颈，溜肩，鼓腹，最大腹径居中，腹下部弧内收，小平底。腹中部偏下饰两道戳刺纹，腹下部偏下至底饰横向绳纹。口径 12.5、腹径 20、底径 7、高 25.5 厘米（图二六七，1；彩版八〇，4）。

标本 13M36：3，泥质黄陶。残。溜肩，鼓腹，腹下部弧内收，最大腹径居中，小平底。腹

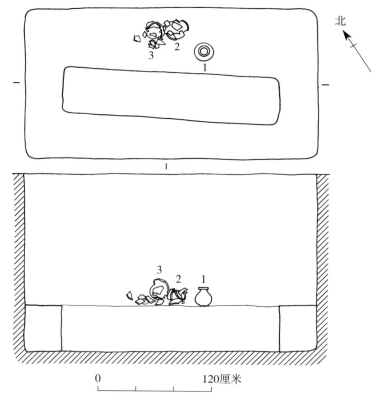

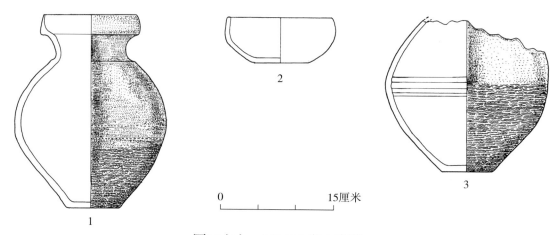

图二六六　13M36平、剖面图

1、3.盘口罐　2.陶钵

图二六七　13M36出土陶器

1、3.盘口罐13M36：1、3　2.陶钵13M36：2

下部饰横向绳纹。腹径21.2、底径6.4、残高20厘米（图二六七，3）。

　　陶钵　1件。

　　标本13M36：2，泥质灰陶。敛口，方唇，弧腹，腹下部弧内收，平底。素面。口径14.6、底径7、高6厘米（图二六七，2；彩版八〇，5）。

2.13M112、13M113 与 13M114

（1）13M112

位于本发掘区的北部。土坑竖穴墓，墓向 120°。墓圹平面呈长方形，直壁，较规整，平底（图二六八；彩版八一，1）。长 2.4、宽 1.3、深 1.38 米。墓内填土黄褐色五花土夹杂小石块，应为挖墓圹土回填。经过夯打，土质结构较坚硬致密，夯层及夯窝不明显。有熟土二层台，系挖墓穴时凿出黄褐色五花土夹杂小石块等回填堆砌而成。台面宽度不一，东台面宽 0.12、西台面宽 0.11、南台面宽 0.26、北台面宽 0.2 ～ 0.35、高 0.3 米。

有木质葬具，单棺。长 2.2、宽 0.78 米。棺内人骨架 1 具，已朽。可辨头向东，单人仰身直肢葬。

随葬品共 3 件，均为陶罐，位于墓室底部棺外北侧二层台中部上。

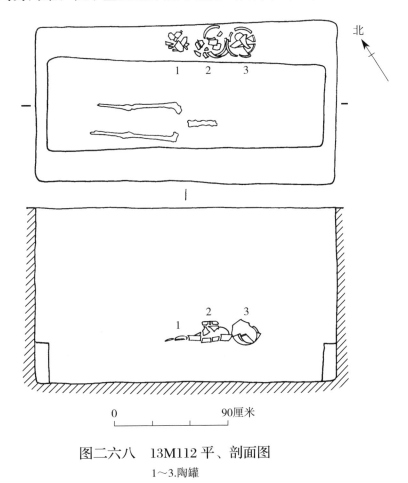

图二六八　13M112 平、剖面图
1～3.陶罐

（2）13M113

位于本发掘区的北部。土坑竖穴墓，墓向 120°。墓圹平面呈长方形，直壁，较规整，平底（图二六九；彩版八一，2）。长 2.7、宽 1.2、深 1.65 米。墓内填土较为纯净的黄褐色粉砂黏土。经过夯打，土质结构较坚硬致密，夯层及夯窝不明显。有熟土二层台，系墓室内的黄褐色粉砂黏土等回填堆砌而成。台面宽度不一，东、北台面均宽 0.3、西、南台面均宽 0.1、高 0.5 米。

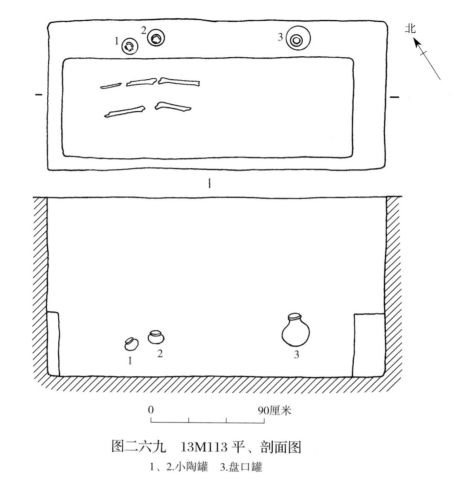

图二六九　13M113 平、剖面图
1、2.小陶罐　3.盘口罐

有木质葬具，单棺。长 2.35、宽 0.8、高 0.5 米。棺内人骨架 1 具，已朽。可辨头向东，单人仰身直肢葬。

随葬品共 3 件，其中盘口罐 1 件、小陶罐 2 件，位于墓室底部棺外北侧二层台内。

盘口罐　1 件。

标本 13M113：3，泥质灰陶。盘口，尖唇，束颈，溜肩，圆腹，最大腹径居中，腹下部弧内收，平底。近底部饰横向绳纹。口径 11.2、腹径 20.7、底径 9、高 24 厘米（图二七〇，1；

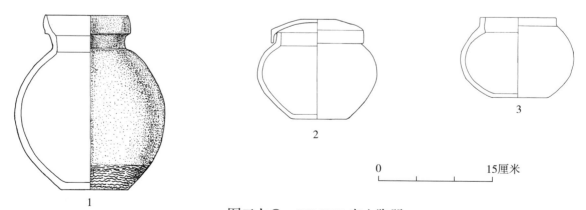

图二七〇　13M113 出土陶器
1.盘口罐13M113：3　2、3.小陶罐13M113：1、2

彩版八二，1）。

小陶罐 2件。

标本13M113：1，泥质黄陶。覆钵形盖。口径12、底径5、高3厘米。罐，直口，方唇，矮领，溜肩，鼓腹，最大腹径居中，腹下部弧内收，平底。素面。口径6.3、腹径16、底径7.5、通高13厘米（图二七〇，2；彩版八二，2）。

标本13M113：2，泥质黄陶。直口，方唇，矮领，溜肩，鼓腹，最大腹径居中，腹下部弧内收，平底。素面。口径10、腹径15、底径7、高10厘米（图二七〇，3；彩版八二，3）。

（3）13M114

位于本发掘区的北部。土坑竖穴墓，墓向110°。墓圹平面呈长方形，直壁，较规整，平底（图二七一；彩版八一，3）。长2.75、宽1.35、深1.3米。墓内填土黄褐色土夹杂少量小石块，应为挖墓圹土回填。经过夯打，土质结构较坚硬致密，夯层及夯窝不明显。有熟土二层台，系墓室内的黄褐色粉砂黏土等回填堆砌而成。台面宽度不一，东、南和北台面均宽0.3、西台面宽0.2、高0.3米。

有木质葬具，单棺。长2.25、宽0.75米。棺内人骨架1具，已朽。单人葬，葬式及头向不明。

随葬品共3件，其中陶罐2件、盘口罐1件，位于墓室底部棺外北侧二层台里。

陶罐 2件。

标本13M114：2，泥质灰陶。侈口，方唇，斜折沿，束颈，溜肩，鼓腹，最大腹径居中，腹下部弧内收，平底。肩部饰两道凹弦纹，腹中部饰一道戳刺纹，腹下部偏下至底饰横向绳纹。口径18、腹径31.4、底径11.6、高28厘米（图二七二，1；彩版八二，4）。

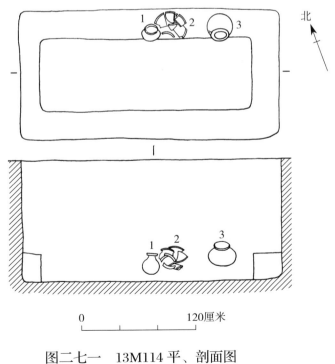

图二七一 13M114平、剖面图
1.盘口罐 2、3.陶罐

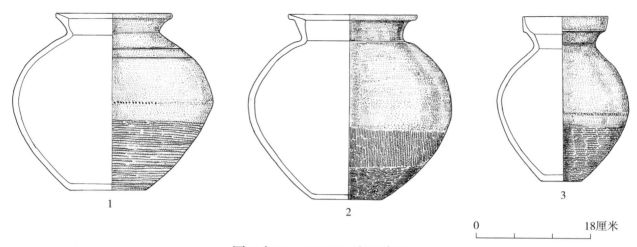

图二七二　13M114 出土陶器

1、2.陶罐13M114：2、3　3.盘口罐13M114：1

标本 13M114：3，泥质夹砂灰陶，敛口，方唇，斜折沿，束颈，溜肩，圆鼓腹，最大腹径居中，腹下部弧内收，平底。腹中部偏下饰纵向绳纹，近底部饰横向绳纹。口径 20.1、腹径 32、底径 11、高 29.2 厘米（图二七二，2；彩版八二，5）。

盘口罐　1 件。

标本 13M114：1，泥质黄陶。盘口，尖唇，束颈，溜肩，鼓腹，最大腹径居中，腹下部斜内收，小平底。腹中部偏下饰一道戳刺纹，腹下部至底饰横向绳纹。口径 13.2、腹径 21、底径 6.4、高 26.5 厘米（图二七二，3；彩版八二，6）。

（三）同穴合葬墓

共 1 座。

13M24

位于本发掘区的中部。土坑竖穴墓，墓向 105°。墓圹平面略呈方形，直壁较规整，平底（图二七三；彩版八三，1）。长 2.8、宽 2.65、深 2.5 米。墓内填土黄褐色黏土夹杂较多的酥石碎块。有熟土二层台，系挖墓穴时凿出的夹酥石块的黄褐色黏土。台面宽度不一，南台面宽 0.42、北、东台面宽 0.09、西台面宽 0.3、高 0.3 米。

有木质葬具，单椁双棺，已朽，椁长 2.5、宽 2.2 米。椁内有南、北二棺，北面棺长 2.3、宽 0.5 米；南面棺长 2.2、宽 0.6 米。两棺内均有人骨架 1 具，已朽，仅存股骨、腓骨和盆骨，可辨均头向东，单人仰身直肢葬。夫妻合葬墓。

随葬品共 4 件，其中高领罐 2 件、盘口罐 2 件，位于椁内两棺之间。

高领罐　2 件。

标本 13M24：1，泥质灰陶。侈口，方唇，平折沿，高领，溜肩，扁鼓腹，最大腹径居中，腹下部弧内收，平底。腹下部饰纵向绳纹，近底部饰横向绳纹。口径 17、腹径 30.4、底径 9、高 28.5 厘米（图二七四，1）。

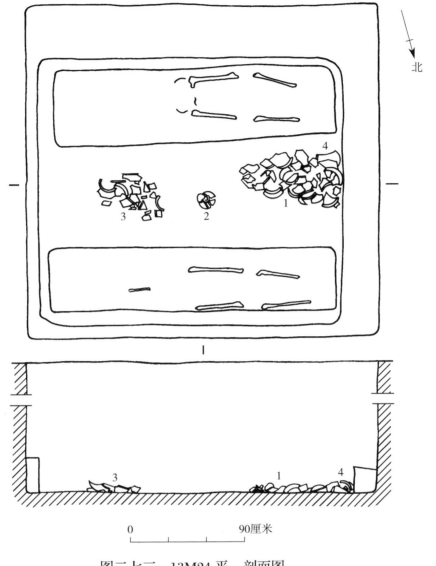

0　　　　　　　　90厘米

图二七三　13M24 平、剖面图

1、2.高领罐　3、4.盘口罐

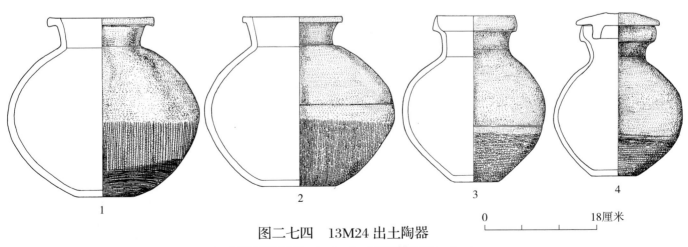

0　　　　　　　　18厘米

图二七四　13M24 出土陶器

1、2.高领罐13M24：1、2　3、4.盘口罐13M24：3、4

　　标本 13M24：2，泥质灰陶。侈口，方唇，平沿，高领，溜肩，扁鼓腹，最大腹径居中，腹下部弧内收，平底。腹中部饰一道戳刺纹，腹下部至底部饰纵向绳纹。口径 15.8、腹径 30、底径 12、高 27 厘米（图二七四，2）。

　　盘口罐　2 件。

　　标本 13M24：3，泥质黄陶。盘口，尖唇，束颈，溜肩，鼓腹，最大腹径居中，腹下部斜内收，小平底。肩、腹部各饰一道凹弦纹，腹下部至底部饰横向绳纹。口径 13、腹径 22.2、底径 6.2、高 26.4 厘米（图二七四，3；彩版八三，2）。

　　标本 13M24：4，泥质灰陶。有盖，圆唇，斜壁，弧顶近平，子母口，盖面饰轮制纹饰，盖径 13、高 4 厘米。罐，盘口，尖唇，束颈，溜肩，鼓腹，最大腹径居中，腹下部弧内收，小平底。腹下部至底部饰横向绳纹。口径 11.4、腹径 20.5、底径 7、高 24、通高 26 厘米（图二七四，4；彩版八三，3）。

（四）有壁龛

　　共 13 座，介绍如下。

1.13M7

　　位于本发掘区的东部偏北。土坑竖穴墓，墓向 118°。墓圹平面呈长方形，直壁，四壁规整，壁面平滑，平底（图二七五；彩版八四，1）。长 2.4、宽 1.3、深 1.8 米。在北壁有壁龛，位于二层台中上部，平底。长 0.75、高 0.4、进深 0.15 米。墓内填土黄褐色，应为挖墓圹土回填，经过夯打，夯层及夯窝不明显。南、北两侧有生土二层台，台面均宽 0.2、高 0.8 米。

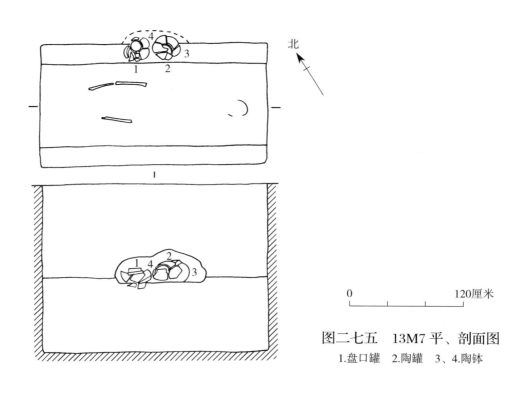

北

0　　　　　　　　　120厘米

图二七五　13M7 平、剖面图
1.盘口罐　2.陶罐　3、4.陶钵

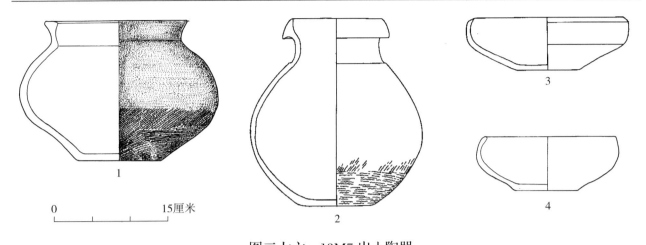

0　　　　　　　　　15厘米

图二七六　13M7 出土陶器

1.陶罐13M7∶2　2.盘口罐13M7∶1　3、4.陶钵13M7∶3、4

有木质葬具，单棺，已朽。棺内人骨架1具，已朽，仅存头骨与腿骨的朽痕。可辨头向东，单人仰身直肢葬。

随葬品共4件，其中陶罐1件、盘口罐1件、陶钵2件，位于壁龛内。

陶罐　1件。

标本13M7∶2，泥质红褐陶。敛口，圆唇，平沿，束颈较矮，溜肩，扁鼓腹，最大腹径居中，腹下部斜内收，平底。腹下部至底饰斜纵向绳纹。口径18.4、腹径26、底径11、高18.5厘米（图二七六，1；彩版八四，2）。

盘口罐　1件。

标本13M7∶1，泥质灰陶。盘口，尖唇，束颈，斜肩，鼓腹，最大腹径居中，腹下部弧内收，小平底。腹下部饰斜纵向绳纹，近底部饰横向绳纹。口径12、腹径22.8、底径9.8、高25厘米（图二七六，2；彩版八四，3）。

陶钵　2件。

标本13M7∶3，泥质灰陶。敛口，圆唇，弧腹，腹下部斜内收，平底。素面。口径20.6、腹径22、底径8.5、高7厘米（图二七六，3；彩版八四，4）。

标本13M7∶4，泥质黄陶。敛口，圆唇，弧腹，腹下部弧内收，平底。素面。口径17.4、腹径18.8、底径8.2、高7.2厘米（图二七六，4；彩版八四，5）。

2.13M8

位于本发掘区的东南部。土坑竖穴墓，墓向15°。墓圹平面呈长方形，直壁，平底（图二七七）。长2.1、宽0.8、深1.3米。在北壁有壁龛，位于二层台中上部，长0.75、高0.4、进深0.15米。墓内填土黄褐色，夹杂较多的小碎石块，应为挖墓圹土回填。南、北两侧有生土二层台，台面宽0.2、高0.8米。

有木质葬具，单棺，已朽。棺内人骨架1具，已朽，可辨头向北，单人仰身直肢葬。

无随葬品。

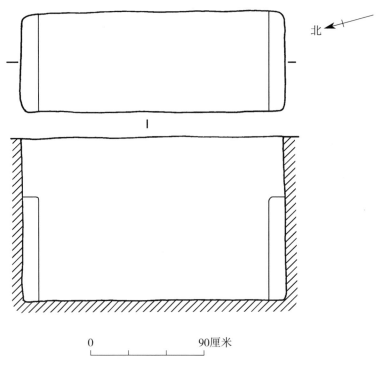

北

0　　　　　　　90厘米

图二七七　13M8平、剖面图

3.13M12

位于本发掘区的东南部，为本次发掘最东南处的一座墓葬。土坑竖穴墓，墓向33°。墓圹平面呈长方形，东、西和南三壁为直壁（图二七八；彩版八五，1）。长2.4、宽1.14、深1.9米。北壁下部有壁龛，底部不平整，长1.1、高0.9、进深0.2米。墓内填土黄褐色砂质黏土夹杂黑褐色土，内含较多的小酥石块，应为挖墓圹土回填，土质较为疏松。局部经过夯打，较为坚硬。夯层及夯窝不明显。有熟土二层台，系挖墓穴时凿出的土回填堆砌而成。台面宽度不一，西、北台面宽0.24、东、南台面宽0.21、高0.46米。

有木质葬具，单棺，已朽。长1.95、宽0.67、高0.65米。棺内人骨架1具，已朽，仅见部分下肢骨朽痕，可辨头向东北。单人仰身直肢葬。

随葬品共6件，其中盘口罐4件，上下叠压两层，位于墓室北侧及壁龛内。铜镜1枚，残，位于墓室底部西南端漆盒内，漆盒朽，无法提取。铁钎1件，残，位于墓室底部西端铜镜北。

盘口罐　3件。

标本13M12：3，泥质黄陶。盘口，尖唇，束颈，溜肩，鼓腹，最大腹径居中，腹下部弧内收，小平底。腹中部饰一道凹弦纹，腹下部至底饰横向绳纹。口径12、腹径22、底径7.2、高27.2厘米（图二七九，1；彩版八五，2）。

标本13M12：5，泥质灰陶。盘口，尖唇，束颈，溜肩，鼓腹，最大腹径居中，腹下部弧内收，小平底。腹中部及肩饰纵向绳纹，腹下部至底饰横向绳纹。口径11.4、腹径21、底径8.5、高25厘米（图二七九，2；彩版八五，3）。

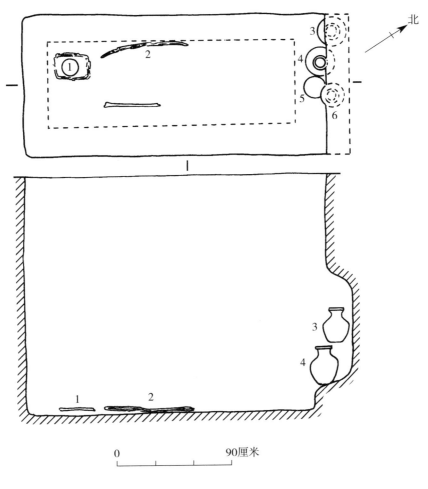

图二七八 13M12平、剖面图
1.铜镜 2.铁钎 3～6.盘口罐

标本13M12：6，泥质灰陶。盘口，尖唇，束颈，溜肩，鼓腹，最大腹径居中，腹下部弧内收，小平底。腹下部至底饰横向绳纹。口径12、腹径22、底径6.6、高26.6厘米（图二七九，3；彩版八五，4）。

铁钎 1件。

标本13M12：2，残，锈蚀严重，呈倒"L"状，柄的截面呈方形，锥体截面呈圆形，体细长，锥尾略弯。柄残长8.5、宽2、锥体残长20、直径1.5～2厘米（图二七九，4）。

铜镜 1枚。

标本13M12：1，完整，日光对称单层草叶镜。圆形，圆钮，四叶形钮座，座外细线小方格，外围为凹弧面大方格，四角为对称花苞纹，每边二字铭文，字间隔三横线。方格外四枚乳丁两侧各饰单叠式草叶纹，乳丁上方饰一花苞纹，四外角各伸出一株双瓣单苞花枝纹，内向十六连弧纹边缘。铭文为"见日之光天下大明"。修复。直径11.5、边宽约0.3、钮凸起0.4厘米（图二七九，5；彩版八五，5）。

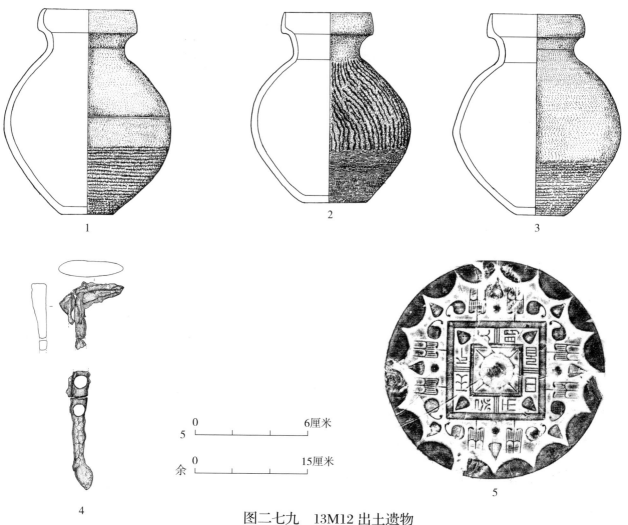

图二七九　13M12 出土遗物

1~3.盘口罐13M12：3、5、6　4.铁钎13M12：2　5.铜镜13M12：1

4.13M17

　　位于本发掘区的东南部。土坑竖穴墓，墓向23°。墓圹平面呈长方形，直壁，四壁较规整，平底，较平整（图二八〇）。长2.45、宽1.2、深1.9米。东壁有壁龛，长0.8、高0.5、进深0.3米。墓内填土黄褐色黏土，含较多小酥石块，应为挖墓圹土回填，结构较致密。有熟土二层台，系挖墓穴时凿出的土回填堆砌而成。台面宽度不一，北台面宽0.51、西、南台面宽0.29、东台面宽0.24~0.3、高0.3米。

　　有木质葬具，单棺，已朽。长1.7、宽0.65、高0.3米。棺内人骨架1具，已朽，可辨头向东北。单人仰身直肢葬。

　　随葬品共2件，其中陶罐1件、高领罐1件，放置于东侧壁龛内。

　　陶罐　1件。

　　标本13M17：2，泥质灰陶。敛口，圆唇，卷沿，束颈，溜肩，鼓腹，最大腹径居中，腹下部弧内收，平底。腹中部饰一道戳刺纹，腹下部至底饰横向绳纹。口径17、腹径25、底径10、

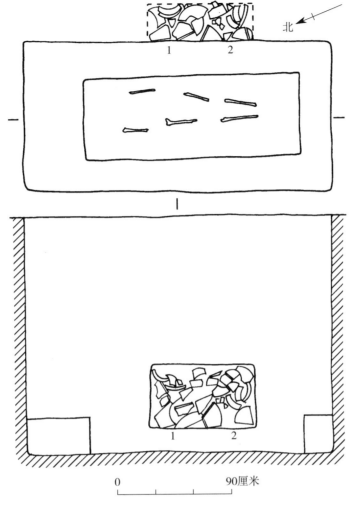

北

0　　　　　　　　90厘米

图二八〇　13M17平、剖面图

1.高领罐　2.陶罐

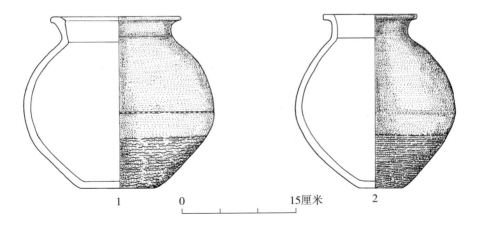

1　　　0　　　　　　　15厘米　　　2

图二八一　13M17出土陶器

1.陶罐13M17：2　2.高领罐13M17：1

高 22.8 厘米（图二八一，1）。

高领罐　1件。

标本 13M17：1，泥质灰陶。器表有烟熏墨色痕迹。侈口，方唇，平沿，束颈，溜肩，鼓腹，最大腹径居中，腹下部弧内收，平底。腹中部偏下饰一道戳刺纹，腹下部至底饰横向绳纹。口径 12.4、腹径 21.4、底径 5.4、高 23 厘米（图二八一，2）。

5.13M44

位于本发掘区的西部。土坑竖穴墓，墓向 100°。墓圹平面长方形，直壁，平底（图二八二；彩版八六，1）。长 2.5、宽 1.4、深 1.5 米。北壁有壁龛，平底，不规整，长 0.4、高 0.2、进深 0.2 米。墓内填土黄褐色黏土，应为挖墓圹土回填。有熟土二层台，系挖墓穴时凿出的土回填堆砌而成。台面宽度不一，北台面宽 0.18、南台面宽 0.3、西台面宽 0.21、东台面宽 0.18、高 0.2 米。

有木质葬具，单棺，已朽。长 2.1、宽 0.9 米。棺内人骨架 1 具，已朽，可辨头向东，单人

0　　　　　　　　90厘米

图二八二　13M44 平、剖面图

1.陶杯　2.陶罐　3.高领罐　4.盘口罐　5.陶碗　6、8.陶钵　7、铁器

仰身直肢葬。

随葬品共8件，其中陶罐1件、高领罐1件、盘口罐1件、陶碗1件、陶杯1件、陶钵2件、铁器1件。陶罐位于北侧二层台上。陶碗、陶杯位于北侧二层台中段台面及壁龛内，陶钵、陶壶位于北侧二层台东端台面上。铁器位于北侧二层台西端填土内。

陶罐 1件。

标本13M44：2，泥质红陶。残。敞口，方唇，平沿，束颈，溜肩，鼓腹，最大腹径居中，腹下部斜内收，平底。腹下部至底饰横向绳纹。口径14、腹径21.6、底径6、残高23厘米（图二八三，1）。

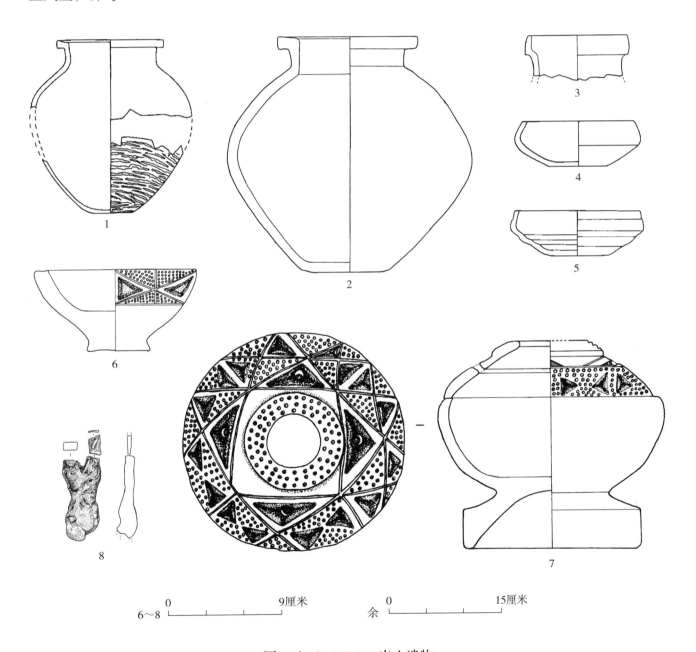

图二八三 13M44出土遗物

1.陶罐13M44：2   2.高领罐13M44：3   3.盘口罐13M44：4   4、5.陶钵13M44：8、6   6、7.陶熏炉13M44：5、1   8.铁器

高领罐 1件。

标本 13M44：3，泥质灰陶。敛口，方唇，平沿，高领，溜肩，扁鼓腹，最大腹径居中，腹下部斜内收，平底。素面。口径 18.5、腹径 32、底径 10、高 31 厘米（图二八三，2；彩版八六，2）。

盘口罐 1件。

标本 13M44：4，泥质灰陶。残。盘口，尖唇。口径 13、残高 6 厘米（图二八三，3）。

陶钵 2件。

标本 13M44：8，泥质灰陶。敛口，方唇，弧腹，圈平底。素面。口径 15、腹径 16.8、底径 6.4、残高 6 厘米（图二八三，4）。

标本 13M44：6，泥质灰陶。敛口，方唇，折腹，腹下部斜内收，圈平底。器表饰三道弦纹。口径 16.8、腹径 18、底径 6.8、高 6 厘米（图二八三，5；彩版八六，3）。

陶熏炉 2件。

标本 13M44：5，残，泥质灰陶，侈口，方唇，腹弧收，底部微凹，假圈足外撇。口部饰一道精美戳印纹，共 6 组，每组图案由点与三角形元素组成。口径 12.6、底径 5、残高 6.4 厘米（图二八三，6；彩版八六，4）。

标本 13M44：1，泥质灰陶。顶部中心镂空，有三角形与圆点组合的精美纹饰，圈足。腹径 18、底径 13.8、通高 16.4 厘米（图二八三，7；彩版八六，5）。

铁器 1件。

标本 13M44：7，残，锈蚀严重，整体呈不规则状，截面呈长方形，褐色。残长 15.4、最宽 3.6、最厚 0.5 厘米（图二八三，8）。

6.13M45

位于本发掘区的西部。土坑竖穴墓，墓向 110°。墓圹平面呈长方形，直壁，壁面较规整，平底（图二八四）。长 2.7、宽 1.5、深 1.7 米。北壁有壁龛，平底，不规整，长 0.3、高 0.2、进深 0.1 米。墓内填土黄褐色土夹杂石块，应为挖墓圹土回填。经过夯打，有灰色硬土层，夯层及夯窝不十分清晰。有熟土二层台，系挖墓穴时凿出的土回填堆砌而成。台面宽度不一，北台面宽 0.18、南台面宽 0.15、西台面宽 0.24、东台面宽 0.12、高 0.5 米。

有木质葬具，单椁单棺，已朽。椁长 2.2、宽 1.1、高 0.5 米；棺长 1.9、宽 0.7 米。棺内人骨架 1 具，已朽，葬式及头向不明。

随葬品 1件陶瓮，位于北壁壁龛内。

陶瓮 1件。

标本 13M45：1，泥质灰陶。敛口，圆唇，平沿，束颈，斜肩，扁鼓腹，最大腹径居上，腹下部斜内收，平底。腹中部偏上饰一道凹弦纹，腹下部饰纵向绳纹，近底部饰横向绳纹。口径 21、腹径 30、底径 11、高 26 厘米（图二八四，1）。

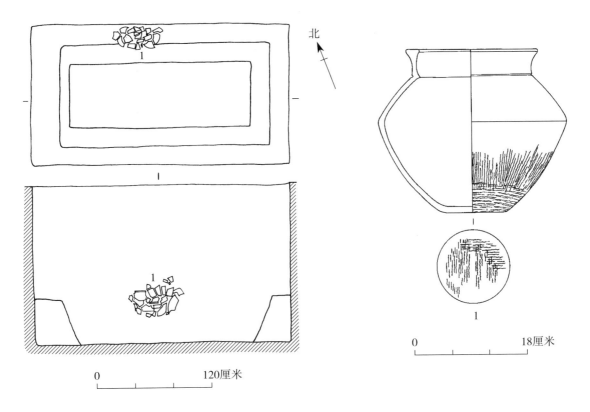

图二八四 13M45 及出土陶器
1.陶瓮13M45：1

7.13M61

位于本发掘区的西部。土坑竖穴墓，墓向 29°。墓圹平面呈长方形，直壁、平底（图二八五）。长 2.7、宽 1.5、深 2.4 米。东壁有壁龛，平底，不十分规整，长 0.94、高 0.5、进深 0.15 米。墓内填土黄褐色砂土，应为挖墓圹土回填。有熟土二层台，系挖墓穴时凿出的黄褐色砂土等回填堆砌而成。台面宽度不一，南台面宽 0.2、北台面宽 0.24、西台面宽 0.3、东台面宽 0.45、高 0.4 米。

有木质葬具，单棺，已朽。长 2.08、宽 0.76、高 0.4 米。棺内人骨架 1 具，已朽。可辨头向北，单人仰身直肢葬。

随葬品共 2 件，均为高领罐，位于墓室底部棺外西侧二层台里。

高领罐 2 件。

标本 13M61：1，泥质黄褐陶。侈口，方唇，平沿，束颈，溜肩，鼓腹，最大腹径居中，腹下部斜内收，平底。肩部饰三道凹弦纹，腹下部至底饰横向绳纹。口径 13.8、腹径 22.4、底径 7.8、高 23.2 厘米（图二八六，1）。

标本 13M61：2，泥质灰陶。侈口，方唇，平沿，束颈，溜肩，鼓腹，最大腹径居中，腹下部斜内收，平底。腹下部至底饰横向绳纹。口径 13.2、腹径 23.6、底径 8.4、高 26 厘米（图二八六，2）。

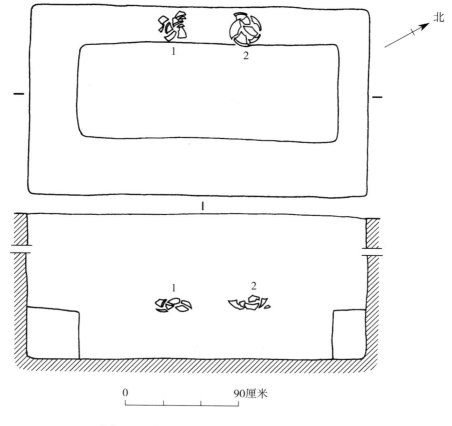

图二八五　13M61 平、剖面图
1、2.高领罐

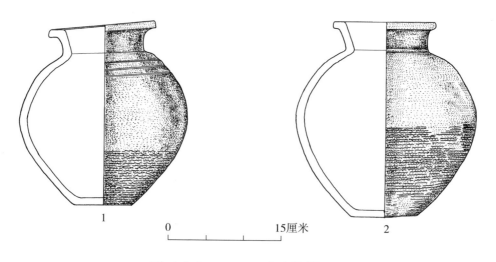

图二八六　13M61 出土陶器
1、2.高领罐13M61：1、2

8.13M62

　　位于本发掘区的西部。土坑竖穴墓，墓向25°。墓圹平面呈长方形，直壁，平底（图二八七）。长2、宽1.05、深1.1米。在西壁有"凹坑"，似壁龛，不十分规整，长0.5、高0.25、

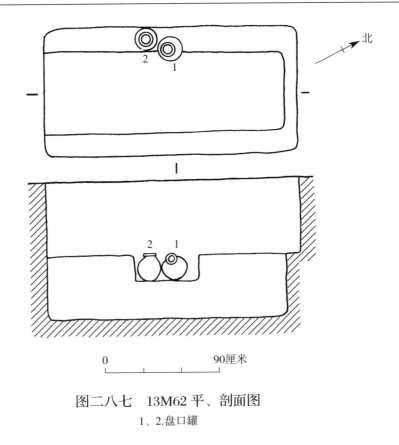

0   90厘米

图二八七 13M62 平、剖面图

1、2.盘口罐

进深 0.27 米。墓内填土黄褐色花土夹杂较多酥石颗粒，应为挖墓圹土回填，土质较硬。东、西和北有生土二层台，宽度不一，东台面宽约 0.18、西台面宽约 0.21、北台面宽约 0.11、高 0.5 米。

有木质葬具，单棺，已朽。长 1.9、宽 0.6、高 0.5 米。棺内人骨架 1 具，已朽。可辨头向北，单人仰身直肢葬。

随葬品共 2 件，均为盘口罐，位于棺外西侧二层台中部的"凹坑"内。

盘口罐 2 件。

标本 13M62：2，泥质土黄陶。盘口，尖唇，束颈，溜肩，鼓腹，最大腹径居中，腹下部弧内收，小平底。腹上部偏下饰两道凹弦纹，腹下部至底饰斜纵向绳纹。口径 11.8、腹径 19.2、底径 6、高 22 厘米（图二八八，1）。

标本 13M62：1，泥质土黄陶，盘口，尖唇，束颈，溜肩，鼓腹，最大腹径居中，腹下部弧内收，平底。腹下部至底饰斜横向绳纹。口径 11、腹径 19.5、底径 7.5、高 24 厘米（图二八八，2）。

9.13M78

位于本发掘区的中部。土坑竖穴墓，墓向 127°。墓圹平面呈长方形，直壁较规整，平底（图二八九）。长 2.8、宽 1.35、深 2.24 米。北壁有壁龛，高 0.46、宽 0.32、进深 0.3 米。墓内填土灰褐色花土夹杂小石块，应为挖墓圹土回填。有熟土二层台，系挖墓穴时凿出的土回填堆砌而成。台面宽度不一，东、西台面均宽 0.2、南台面宽 0.3、北台面宽 0.12、高 0.54 米。

有木质葬具，单棺，已朽，长 2.15、宽 0.8 米。棺内人骨架 1 具，已朽。可辨头向东，单人

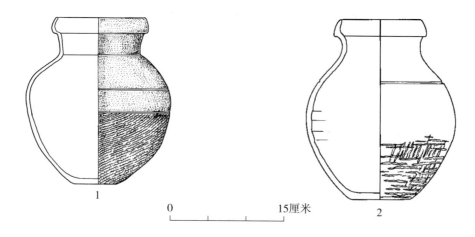

图二八八　13M62 出土陶器
1、2.盘口罐13M62：2、1

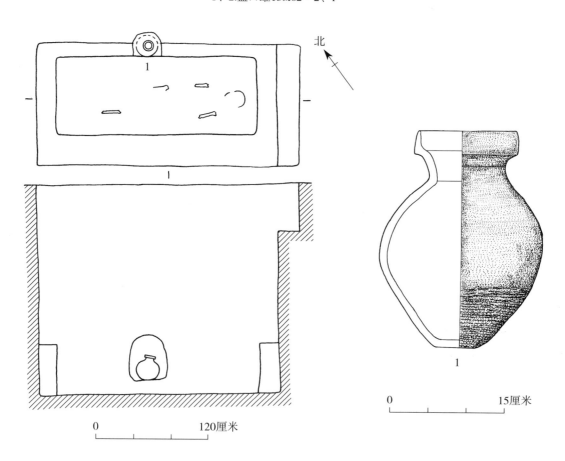

图二八九　13M78 及出土陶器
1.盘口罐13M78：1

仰身直肢葬。

　　随葬品共 1 件，为盘口罐，位于壁龛内。

　　盘口罐　1 件。

　　标本 13M78：1，泥质灰陶。盘口，尖唇，束颈，斜肩，鼓腹，最大腹径居中，腹下部斜内收，小平底。腹下部至底部饰横向绳纹。口径 13、腹径 21.4、底径 5.2、高 28.5 厘米（图二八九，1）。

（五）无壁龛

共 99 座。

1.13M1

位于本发掘区的东北部。土坑竖穴墓，墓向 123°。墓圹平面呈长方形，直壁，壁面较规整光滑，平底（图二九○）。长 2.8、宽 1.6 ～ 1.7、深 2.7 米。墓内填土黄褐色黏土，应为挖墓圹土回填，经过夯打，质地较硬，夯层及夯窝不十分明显。有熟土二层台，系挖墓穴时凿出的黄褐色黏土等回填堆砌而成。台面宽度不一，北台面宽 0.48、南台面宽 0.28、东台面宽 0.44、西台面宽 0.4、高 0.28 米。

有木质葬具，单棺，已朽，长 2、宽 0.7、高 0.28 米。棺内人骨架 1 具，已朽。可辨头向东，侧身向北曲肢。

随葬品共 2 件，其中陶瓮 1 件，平底罐 1 件，位于墓室南侧二层台中部。

陶瓮 1 件。

标本 13M1：1，泥质灰陶。敛口，尖唇，折沿，立领，溜肩，扁鼓腹，最大腹径居中，腹下部斜内收，底部内凹。腹下部饰纵向绳纹，近底部饰横向绳纹。口径 17.4、腹径 31.4、底径 12、高 21 厘米（图二九一，1）。

平底罐 1 件。

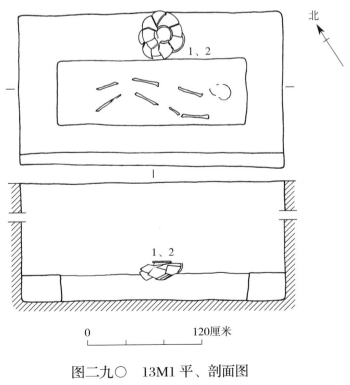

图二九○ 13M1 平、剖面图

1.陶瓮 2.平底罐

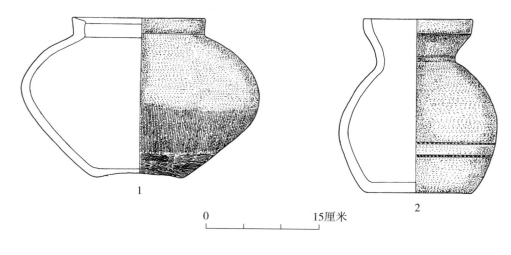

图二九一　13M1 出土陶器
1.陶瓮13M1：1　2.平底罐13M1：2

　　标本 13M1：2，泥质灰陶。侈口，方唇，平沿，束颈，溜肩，鼓腹，最大腹径居中，腹下部弧内收，大平底。腹下部饰两周横向戳刺纹。器表通体磨光。口径 14、腹径 20.6、底径 13.6、高 23 厘米（图二九一，2）。

2.13M6

　　位于本发掘区的东部偏北。土坑竖穴墓，墓向110°。墓圹平面略呈长方形，不十分规整，直壁，平底（图二九二；彩版八七，1）。墓圹开口长 3.15、东端宽 1.85、西端宽 2 米。墓底长 3.3、东端宽 1.95、西端宽 2、深 3.1 米。填土上部分为黑褐色土，下部分尤其接近墓底夹杂酥石碎块逐渐增多至墓底，应为挖墓圹土回填，同时，填土下部分经过夯打，较为坚硬，但夯层及夯窝不明显。有熟土二层台，系挖墓穴时凿出的黄褐色酥石碎块等回填堆砌而成。台面宽度不一，北台面宽 0.24-0.32、南台面宽 0.6、西台面宽 0.56、东台面宽 0.48、高 0.45 米。

　　有木质葬具，单椁单棺，已朽。椁长 2.12、宽 1.1；棺位于椁室的南部，棺长 2.05、宽 0.66 米。棺内人骨架 1 具，已朽。头骨偏离身体的中轴，向南侧歪斜。可辨头向东，单人仰身直肢葬。

　　随葬品共 5 件，其中盘口罐 1 件、陶瓮 2 件，自东向西排列，位于墓室底部椁内棺外北侧。铜镜 1 枚，位于墓室底部棺内墓主人腰部的南侧；铜带钩 1 件，位于墓室底部棺内墓主人腰部的北侧。

　　陶瓮　2 件。

　　标本 13M6：3，泥质灰陶。敛口，圆唇，斜折沿，束颈，溜肩，圆鼓腹，最大腹径居中偏上，腹下部弧内收，平底。腹上部及肩部饰两道凹弦纹，腹下部饰横向绳纹。口径 21.6、腹径 36、底径 10、高 30 厘米（图二九三，1；彩版八七，2）。

　　标本 13M6：1，泥质灰陶。敛口，圆唇，斜沿，束颈，溜肩、扁鼓腹、下腹斜收，平底。肩部饰三道凹弦纹，下腹部饰横向绳纹，底部饰纵横交错绳纹。口径 22、腹径 37.5、底径 10、高 28 厘米（图二九三，2；彩版八七，3）。

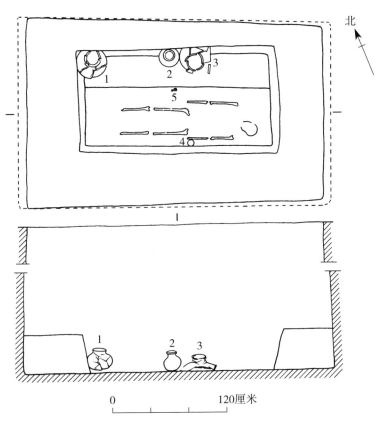

图二九二 13M6 平、剖面图
1、3.陶瓮 2.盘口罐 4.铜镜 5.铜带钩

盘口罐 1 件。

标本 13M6：2，泥质灰陶。盘口，尖唇，束颈，斜肩，鼓腹，最大腹径居中，腹下部弧内收，小平底。腹中部偏下饰两道戳刺纹，腹下部至底饰横向绳纹。口径 12.8、腹径 22.8、底径 7.4、高 25.8 厘米（图二九三，3；彩版八七，4）。

铜镜 1 枚。

标本 13M6：4，残，素面镜，锈蚀严重，纹饰模糊。圆形，圆钮，圆钮座，内弧缘。直径 7.5、边宽约 0.5、钮凸起 0.5 厘米（图二九三，4；彩版八七，5）。

铜带钩 1 件。

标本 13M6：5，锈蚀严重。形体较小，瘦长。琵琶形。钩首残，圆钮位于尾部中间，较矮。残长 5.2、厚约 0.2 ～ 1 厘米（图二九三，5）。

3.13M9

位于本发掘区的东南部。土坑竖穴墓，墓向 32°。墓圹平面呈长方形，直壁，四壁较规整，壁面光滑，平底（图二九四）。长 2.45、宽 1.35、深 2.09 米。墓内填土黄褐色黏土夹杂酥石块，应为挖墓圹土回填。熟土二层台，系挖墓穴时凿出的黄褐色黏土夹杂酥石块等回填堆砌而成。台

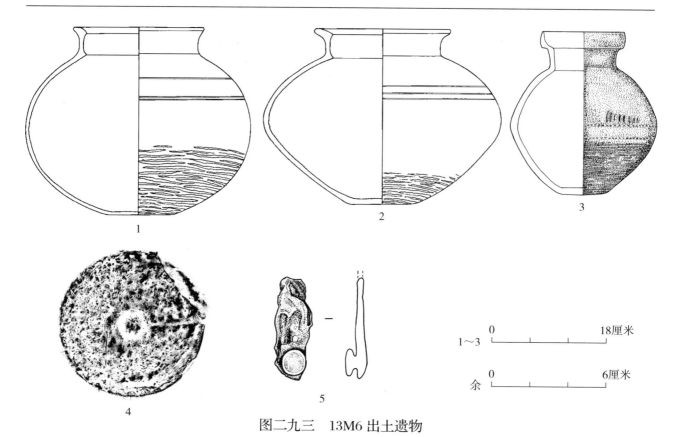

图二九三　13M6 出土遗物

1、2.陶瓮13M6：3、1　3.盘口罐13M6：2　4.铜镜13M6：4　5.铜带钩13M6：5

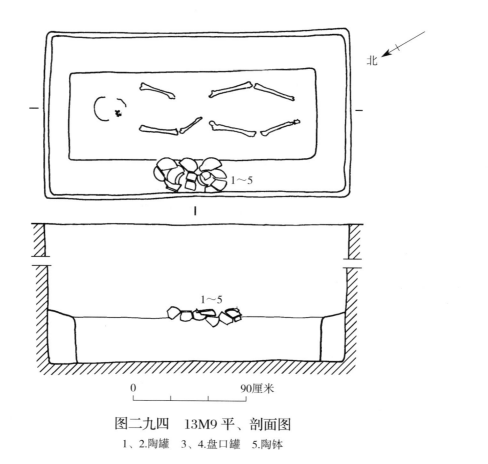

图二九四　13M9 平、剖面图

1、2.陶罐　3、4.盘口罐　5.陶钵

面宽度不一，台面宽 0.2 ～ 0.3、高 0.35 米。

有木质葬具，单棺，已朽。长 1.98、宽 0.72 米。棺内人骨架 1 具，已朽。可辨头向北，但其下肢内曲成"八"字形。

随葬品共 6 件，其中陶罐 2 件、盘口罐 2 件、陶钵 1 件，位于墓室西侧的二层台上。铁削 1 件，位于墓室底部的西南填土内，锈蚀严重。

陶罐　2 件。

标本 13M9：1，残。泥质灰陶。溜肩，鼓腹，腹下部弧内收，小平底，素面。腹径 27、底径 8、残高 22 厘米（图二九五，1）。

标本 13M9：2，残。泥质灰陶。溜肩，鼓腹，腹下部弧内收，平底，素面。腹径 22、底径 7、残高 21 厘米（图二九五，2）。

盘口罐　2 件。

标本 13M9：3，泥质夹砂灰陶。盘口，尖唇，束颈，溜肩，鼓腹，最大腹径居中，腹下部弧内收，小平底。腹中部偏下饰横向绳纹，腹下部近底部饰斜纵向绳纹。口径 12、腹径 20.7、底径 7、高 26 厘米（图二九五，3）。

标本 13M9：4，泥质夹砂灰陶。盘口，尖唇，束颈，溜肩，鼓腹，最大腹径居中，腹下部弧内收，

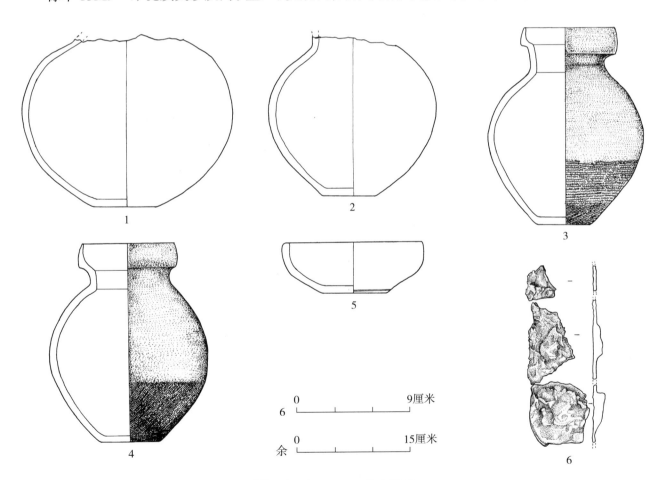

图二九五　13M9 出土遗物

1、2.陶罐 13M9：1、2　3、4.盘口罐 13M9：3、4　5.陶钵 13M9：5　6.铁削 13M9：6

小平底。腹下部偏下饰斜纵向绳纹，近底部饰横向绳纹。口径12、腹径20.8、底径8、高26.2厘米（图二九五，4）。

陶钵　1件。

标本13M9：5，泥质灰陶。敛口，圆唇，弧腹，腹下部弧内收，平底。素面。口径18.4、腹径18.5、底径8、高6.7厘米（图二九五，5）。

铁削　1件。

标本13M9：6，残，锈蚀严重，截面呈近长方形。残长13.8、宽1.2～4.7、壁厚0.3～0.9厘米（图二九五，6）。

4.13M13

位于本发掘区的东南部，西邻13M14。土坑竖穴墓，墓向30°。墓圹平面基本呈长方形，开口不十分规整，直壁，平底（图二九六；彩版八八，1）。墓圹开口长2.86、北端宽1.1、南端宽1.2米，墓底长2.8、北端宽0.95、南端宽1.1、深0.96米。墓内填土黄褐色黏土夹杂较多小酥石块，应为挖墓圹土回填，土质较为疏松。

有木质葬具，单棺，已朽。长2、宽0.58米。棺内人骨架1具，已朽，仅见头骨朽痕及数枚牙齿。可辨头向北。单人仰身直肢葬。

随葬品共5件，其中陶壶3件，位于墓室底部棺外北侧。陶罐1件，位于墓口的东南角；红陶罐1件，位于墓口的西南角。

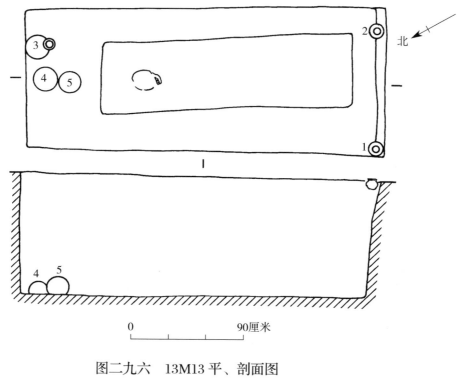

图二九六　13M13 平、剖面图

1、2.陶罐　3～5.陶壶

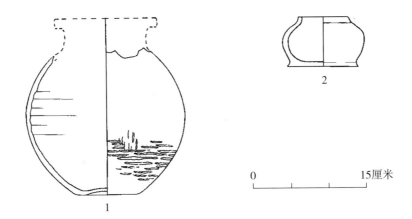

图二九七　13M13 出土陶器

1.陶壶13M13：5　2.陶罐13M13：2

陶壶　1件。

标本 13M13：5，残。泥质灰陶。鼓腹，腹下部弧内收，小平底。腹中下部饰纵向绳纹，腹下部近底部饰横向绳纹。腹径20.7、底径8、残高19厘米（图二九七，1）。

陶罐　件。

标本 13M13：2，泥质灰陶，敛口。圆唇，溜肩，鼓腹，腹下部弧内收，大平底。口径6.6、腹径10.7、底径9.2、高6.6厘米（图二九七，2）。

5.13M14

位于本发掘区的东南部，东邻 13M13。土坑竖穴墓，墓向41°。墓圹平面长方形，直壁，平底（图二九八；彩版八八，1、2）。墓圹开口长 3.1、宽 1.4 米。墓底长 3、宽 1.3、深 1.65 米。墓内填土灰褐色黏土夹杂较多黄褐色酥石碎块，应为挖墓圹土回填。经过夯打，较为致密，坚硬。有熟土二层台，系挖墓穴时凿出的土回填堆砌而成。台面宽 0.1～0.5、高 0.35 米。

有木质葬具，单棺，已朽。长 2、宽 0.72 米。棺内人骨架 1 具，已朽，头向不明。单人葬，葬式不明。

随葬品共 4 件，其中陶罐 2 件、盘口罐 1 件、陶壶 1 件，位于墓室底部棺外北侧。

陶罐　2 件。

标本 13M14：1，泥质灰陶。侈口，方唇，斜折沿，束颈，溜肩，圆鼓腹，最大腹径居中，腹下部弧内收，平底。腹中部偏下饰一道凹弦纹，腹下部至底饰横向绳纹，局部饰纵横交错绳纹。口径17、腹径26、底径10、高25.8厘米（图二九九，1；彩版八八，3）。

标本 13M14：3，泥质黄褐陶。侈口，方唇，斜折沿，束颈，溜肩，鼓腹，最大腹径居中，腹下部斜内收，平底。腹下部饰斜横向绳纹。口径14.5、腹径22.2、底径6.2、高25厘米（图二九九，2；彩版八八，4）。

盘口罐　1 件。

标本 13M14：2，残。泥质灰陶，溜肩，鼓腹，最大腹径居中，腹下部弧内收，平底。腹下

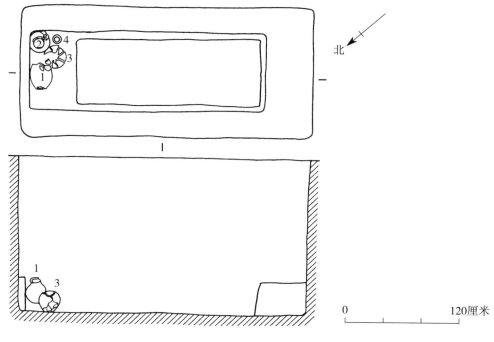

北

0   120厘米

图二九八　13M14 平、剖面图

1、3.陶罐　2.盘口罐　4.陶壶

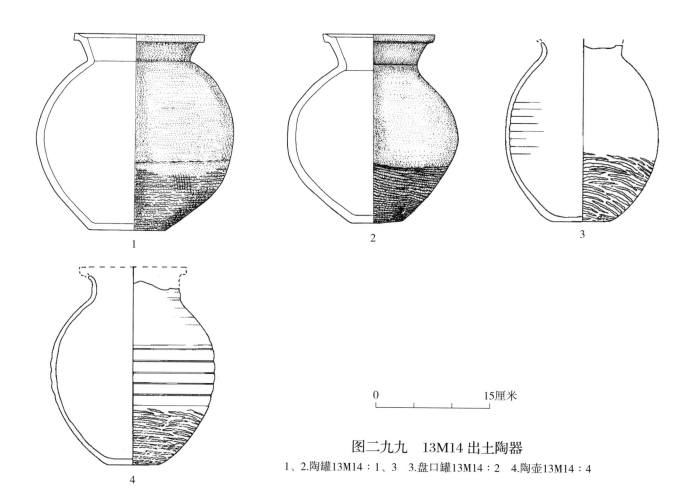

0   15厘米

图二九九　13M14 出土陶器

1、2.陶罐13M14：1、3　3.盘口罐13M14：2　4.陶壶13M14：4

部饰横向绳纹，近底部饰纵横相交绳纹。腹径20、底径7.5、残高24厘米（图二九九，3）。

陶壶　1件。

标本13M14：4，残。泥质灰黄陶。侈口，束颈，溜肩，鼓腹，腹下部弧内收，平底，腹部中饰一道凹弦纹，腹下部饰横向弦纹。腹径21.8、底径6.5、残高25厘米（图二九九，4）。

6.13M15

位于本发掘区的东南部。土坑竖穴墓，墓向25°。墓圹平面长方形，墓圹开口不十分规整，直壁，平底（图三〇〇；彩版八九，1）。墓圹开口长2.2、北端宽0.92、南端宽0.82、深1.6米。墓内填土上部分为黑褐色土，下部分填土为黄褐色土，夹杂较多的酥石碎块，应为挖墓圹土回填。

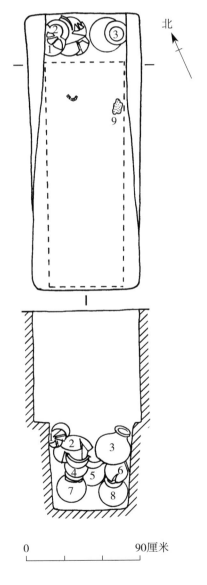

图三〇〇　13M15平、剖面图

1、7、8.陶罐　2、3.高领罐　4、6.陶钵　5.盘口罐　9.漆痕（朱砂）

有生土与熟土结合二层台，位于墓室的东、西两侧，其北段为生土二层台，南段为熟土二层台，系挖墓穴时凿出的黄褐色酥石碎块等回填堆砌而成。台面宽0.12、高0.7米。

有木质葬具，单棺，已朽。长1.95、宽0.58、高0.7米。棺内人骨架1具，已朽，仅见数枚牙齿。可辨头向北。单人葬，葬式不明。

随葬品共8件，分三层叠压。其中陶罐3件、高领罐2件、盘口罐1件、陶钵2件，位于墓室底部北端且紧靠北壁；有红漆器，朽，器形不辨，位于墓室底部棺内墓主人头部东。

陶罐　3件。

标本13M15：1，泥质黄褐陶。敛口，圆唇，斜折沿，束颈，圆折肩，直腹，腹下部近底部折内收，圜底。素面。口径17.2、腹径28、高23厘米（图三〇一，1；彩版八九，2）。

标本13M15：7，泥质灰陶。侈口，方唇，平沿，束颈，溜肩，鼓腹，最大腹径居中，腹下部弧内收，平底。肩部饰有一道凹弦纹，腹下部至底饰横向绳纹。口径16.6、腹径22、底径10、高18厘米（图三〇一，2；彩版八九，3）。

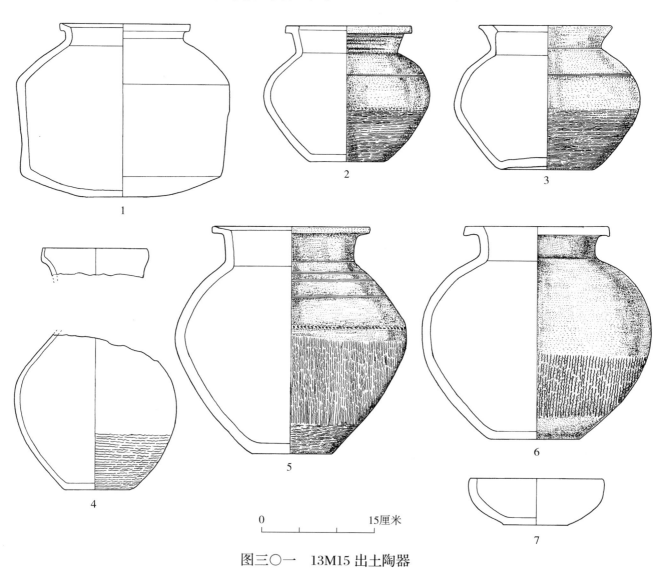

图三〇一　13M15 出土陶器

1～3.陶罐13M15：1、7、8　4.盘口罐13M15：5　5、6.高领罐13M15：2、3　7.陶钵13M15：4

标本 13M15：8，泥质灰陶。侈口，方唇，平沿，束颈，溜肩，鼓腹，最大腹径居中，腹下部弧内收，平底微内凹。肩部饰有一道凹弦纹，腹下部至底饰横向细绳纹。器表通体磨光。口径 17.4、腹径 24.5、底径 12、高 19 厘米（图三〇一，3；彩版八九，4）。

盘口罐　1件。

标本 13M15：5，残。泥质黄陶。盘口，尖唇，束颈，溜肩，鼓腹，最大腹径居中，腹下部弧内收，小平底。腹中下部至底饰横向绳纹。口径 14、腹径 21、底径 8.5、残高 20.5 厘米（图三〇一，4）。

高领罐　2件。

标本 13M15：2，泥质灰陶。侈口，方唇，斜折沿，束颈，溜肩，扁鼓腹，最大腹径居中，腹下部弧内收，平底。肩部饰三道凹弦纹，腹中部有一道戳刺纹，腹下部饰纵向绳纹，近底部饰横向绳纹。口径 20.8、腹径 30.6、底径 10.6、高 30 厘米（图三〇一，5）。

标本 13M15：3，泥质灰陶。侈口，方唇，平沿，束颈，溜肩，圆鼓腹，最大腹径居中，腹下部弧内收，平底。腹中下部饰纵向绳纹。口径 18.6、腹径 30、底径 11.6、高 28.2 厘米（图三〇一，6）。

陶钵　1件。

标本 13M15：4，泥质灰陶。敛口，方唇，弧腹，腹下部弧内收，平底。素面。口径 17.6、高 6.2 厘米（图三〇一，7；彩版八九，5）。

7.13M16

位于本发掘区的东南部。土坑竖穴墓，墓向 32°。墓圹平面长方形，直壁，四壁较规整，平底较平整（图三〇二；彩版九〇，1）。长 3.2、宽 1.8、深 2.7 米。墓内填土黄褐色黏土，应为挖墓圹土回填，土质较致密。有二层台，东为生土二层台，台面宽 0.2、高 0.9 米，西、南、北为熟土二层台，系挖墓穴时凿出黄褐色酥石碎块等回填堆砌而成，台面宽 0.2～0.5、高 0.4 米。

有木质葬具，单椁单棺，已朽。椁长 2.5、宽 1.1、高 0.4 米；棺长 1.9、宽 0.9 米。棺内人骨架 1 具，已朽。单人葬，葬式及头向不明。

随葬品共 5 件，其中高领罐 3 件、陶钵 1 件，小陶罐 1 件，位于墓室底部椁内棺外北侧二层台内。

高领罐　3件。

标本 13M16：2，泥质灰褐陶。侈口，方唇，

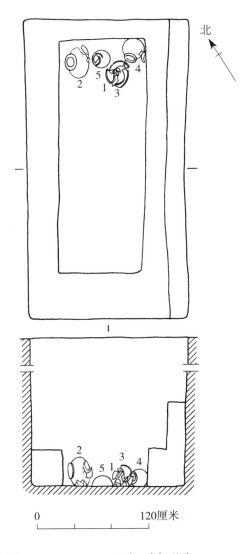

图三〇二　13M16 平、剖面图

1.陶钵　2～4.高领罐　5.小陶罐

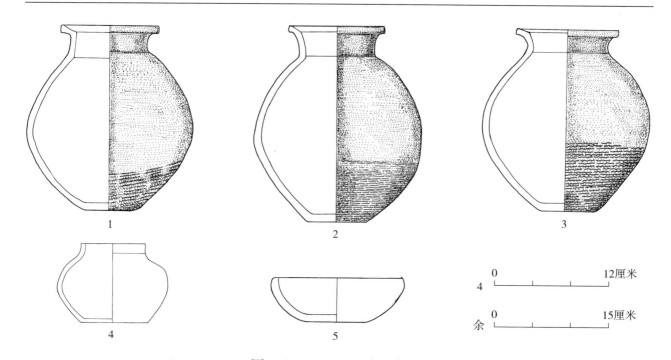

图三〇三　13M16 出土陶器

1～3.高领罐13M16：2～4　4.小陶罐13M16：5　5.陶钵13M16：1

斜折沿，高领，斜肩，鼓腹，最大腹径居中，腹下部弧内收，平底。腹下部至底饰斜横向绳纹，漫漶不清。口径 12.8、腹径 21.8、底径 7、高 24.4 厘米（图三〇三，1；彩版九〇，2）。

标本 13M16：3，泥质夹砂灰褐陶。侈口，方唇，斜折沿，高领，溜肩，鼓腹，最大腹径居中，腹下部弧内收，平底。腹下部至底饰横向绳纹。口径 12.5、腹径 22.2、底径 8、高 26 厘米（图三〇三，2；彩版九〇，3）。

标本 13M16：4，泥质褐陶。侈口，圆唇，斜折沿，束颈，溜肩，鼓腹，最大腹径居中，腹下部弧内收，平底。腹中下部至底饰横向绳纹。口径 13.2、腹径 22、底径 7、高 24 厘米（图三〇三，3；彩版九〇，4）。

小陶罐　1 件。

标本 13M16：5，泥质灰陶。侈口，圆唇，束颈，溜肩，鼓腹，最大腹径居中，腹下部弧内收，平底。素面。口径 6.8、腹径 11.8、底径 7.2、高 8.5 厘米（图三〇三，4）。

陶钵　1 件。

标本 13M16：1，泥质灰陶。敛口，圆唇，弧腹，腹下部弧内收，平底。素面。口径 17.6、底径 8、高 5.9 厘米（图三〇三，5；彩版九〇，5）。

8.13M18

位于本发掘区的东南部。土坑竖穴墓，墓向 30°。墓圹平面长方形，直壁，四壁较规整，平底（图三〇四）。长 3.2、宽 1.54、深 2.28 米。墓内填土上部分系从其他地方搬运而来，精选灰褐色泥质土夹杂极少量泥质灰陶片，土质细腻、致密；下部分黄褐色酥石土，应为挖墓圹土回填。有熟

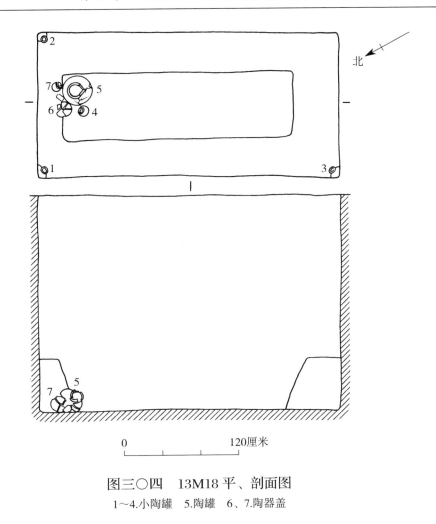

图三〇四 13M18 平、剖面图
1~4.小陶罐 5.陶罐 6、7.陶器盖

土二层台，系挖墓穴时凿出的酥石土回填堆砌而成。台面宽 0.25～0.5、高 0.6 米。

有木质葬具，单棺，已朽，长 2.4、宽 0.7 米。棺内人骨架 1 具，已朽。单人葬，葬式及头向不明。

随葬品共 7 件，其中陶罐 4 件，2 陶罐仅余器盖 2 件，1 小陶罐朽烂，无法提取，位于墓室底部棺外北侧的二层台内；小陶罐 3 件，位于墓圹开口处及上部填土内。

陶罐 1 件。

标本 13M18：5，泥质灰陶。侈口，圆唇，斜折沿，束颈，溜肩，鼓腹，最大腹径居中，腹下部弧内收，平底。肩部饰两道凹弦纹，腹中部偏下饰一道戳刺纹，腹中下部饰纵向绳纹，近底部饰横向绳纹。口径 17.5、腹径 30.8、底径 9、高 25.4 厘米（图三〇五，1）。

小陶罐 3 件。

标本 13M18：1，泥质灰陶。侈口，圆唇，平沿，束颈，溜肩，鼓腹，最大腹径居中，腹下部弧内收，平底。器表有横向轮制加工痕迹。口径 7.6、腹径 12.2、底径 8.2、高 8.5 厘米（图三〇五，2）。

标本 13M18：2，泥质灰陶。侈口，圆唇，平沿，束颈，溜肩，鼓腹，最大腹径居中，腹下部弧内收，平底。器表有横向轮制加工痕迹。口径 7.2、腹径 12.4、底径 9、高 8.2 厘米（图三〇五，3）。

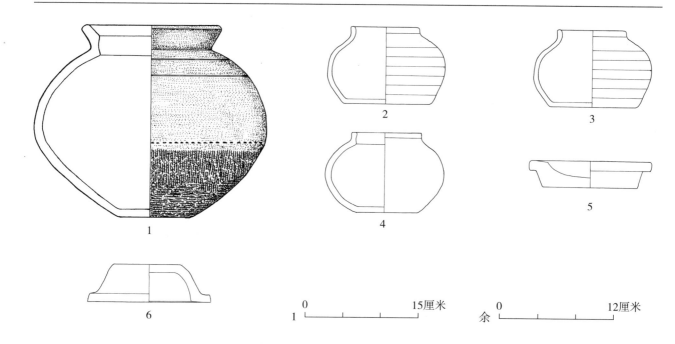

图三〇五 13M18 出土陶器

1.陶罐13M18：5 2～4.小陶罐13M18：1～3 5、6.陶器盖13M18：6、7

标本 13M18：3，泥质灰陶。敛口，圆唇，平沿，束颈，溜肩，鼓腹，最大腹径居中，腹下部弧内收，平底。素面。口径 7.3、腹径 12.6、底径 6.5、高 8.5 厘米（图三〇五，4）。

陶器盖 2 件。

标本 13M18：6，泥质灰黑陶。平顶。方唇。斜折沿。盖径 12.8、高 2.8 厘米（图三〇五，5）。

标本 13M18：7，泥质灰黑陶。平顶。方唇。斜折沿。盖径 13、高 4 厘米（图三〇五，6）。

9.13M19

位于本发掘区的东南部。土坑竖穴墓，墓向 55°。墓圹平面长方形，直壁，四壁较规整，平底较平整（图三〇六；彩版九一，1）。长 2.8、宽 1.4、深 1.75 米。墓内填土灰褐色土。有熟土二层台，系由墓室内填土回填堆砌而成。台面宽 0.16～0.56、高 0.35 米。

有木质葬具，单棺，已朽。长 2、宽 0.7 米。棺内人骨架 1 具，已朽。可辨头向北，单人仰身直肢葬。

随葬品共 7 件，其中盘口罐 3 件，位于墓室北侧二层台上；小陶罐 4 件，位于墓室四角的填土内。

盘口罐 3 件。

标本 13M19：5，泥质灰陶。盘口，尖唇，束颈，溜肩，鼓腹，最大腹径居中，腹下部弧内收，小平底。腹上部饰一道凹弦纹，腹下部至底饰横向绳纹。口径 15、腹径 23、底径 7.2、高 26 厘米（图三〇七，1）。

标本 13M19：6，泥质灰黄陶。盘口，尖唇，束颈，溜肩，鼓腹，最大腹径居中，腹下部弧内收，小平底。腹上部饰一道凹弦纹，腹中部饰一道戳刺纹，腹下部至底饰横向绳纹，局部饰纵横向绳纹。

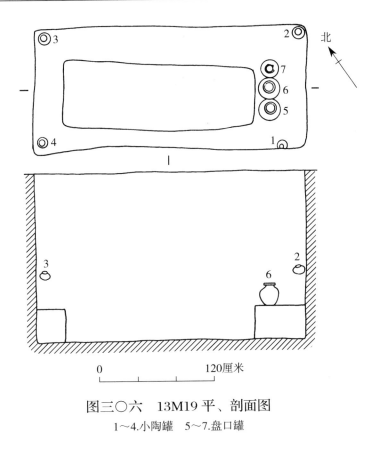

图三〇六　13M19 平、剖面图

1～4.小陶罐　5～7.盘口罐

口径 13、腹径 23.4、底径 7、高 27.5 厘米（图三〇七，2）。

标本 13M19：7，泥质灰陶。盘口，尖唇，束颈，溜肩，鼓腹，最大腹径居中，腹下部弧内收，小平底。腹上部及肩饰四道凹弦纹，腹中部饰一道戳刺纹，腹下部至底饰横向绳纹。口径 14.4、腹径 23、底径 8、高 27 厘米（图三〇七，3；彩版九一，2）。

小陶罐　4 件。

标本 13M19：1，泥质黄陶。侈口，圆唇，平沿，束颈，溜肩，鼓腹，最大腹径居中偏下，腹下部斜内收，平底。素面。口径 8.4、腹径 12.4、底径 5.4、高 8.5 厘米（图三〇七，4；彩版九一，3）。

标本 13M19：2，泥质黄陶。有盖，直壁，平顶微凹。盖径 10.2、高 2.1 厘米。罐，敛口，圆唇，外斜沿，束颈，溜肩，鼓腹，最大腹径居中，腹下部弧内收，平底。素面。口径 8、腹径 12.4、底径 5.8、通高 8.4 厘米（图三〇七，5）。

标本 13M19：3，泥质灰陶。有盖，直壁，平顶微凹。盖径 11、高 2.1 厘米。罐，敛口，圆唇，外斜沿，束颈，溜肩，鼓腹，最大腹径居中，腹下部弧内收，平底。素面。口径 9、腹径 13、底径 9、高 7.5 厘米（图三〇七，6；彩版九一，4）。

标本 13M19：4，泥质灰陶。敛口，方唇，平沿，束颈，溜肩，鼓腹，最大腹径居中偏下，腹下部斜内收，平底。素面。口径 9、腹径 13.6、底径 6、高 8 厘米（图三〇七，7；彩版九一，5）。

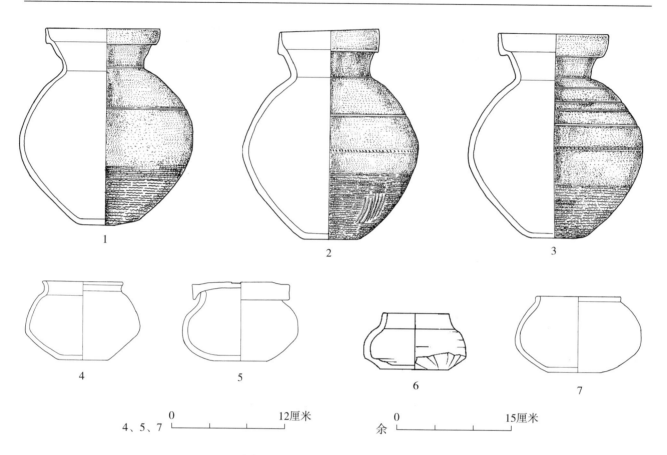

图三〇七　13M19 出土陶器

1～3.盘口罐13M19：5～7　　4～7.小陶罐13M19：1～4

10.13M22

位于本发掘区的东南部。土坑竖穴墓，墓向110°。墓圹平面长方形，直壁，平底（图三〇八）。长2.8、宽1.3、深2.1米。墓内填土灰褐色土夹杂黄褐色土，含较多小石块。经过夯打，夯窝直径9厘米。有熟土二层台。系由墓室内填土回填堆砌而成。台面宽0.3、高0.4米。

有木质葬具，单棺，已朽。长2、宽0.78米。棺内人骨架1具，已朽。可辨头向东，单人仰身直肢葬。

随葬品共4件，其中陶壶2件、小陶罐1件、器盖1件，位于墓室底部东端二层台内。

小陶罐　1件。

标本13M22：1，泥质夹砂灰陶。侈口，圆唇，平沿，束颈，圆肩，鼓腹，最大腹径居中，腹下部弧内收，平底。素面。口径7.7、腹径11.8、底径5、高7.5厘米（图三〇九，1）。

陶壶　2件。

标本13M22：2，泥质黄陶。侈口，尖唇，平沿，长颈，溜肩，圆鼓腹，腹下部弧内收，圈底。腹下部饰一道凹弦纹。口径14.6、腹径21、底径15.6、高24厘米（图三〇九，2）。

标本13M22：3，泥质灰陶。侈口，方唇，平沿，长颈，溜肩，圆腹，腹下部弧内收，平底。

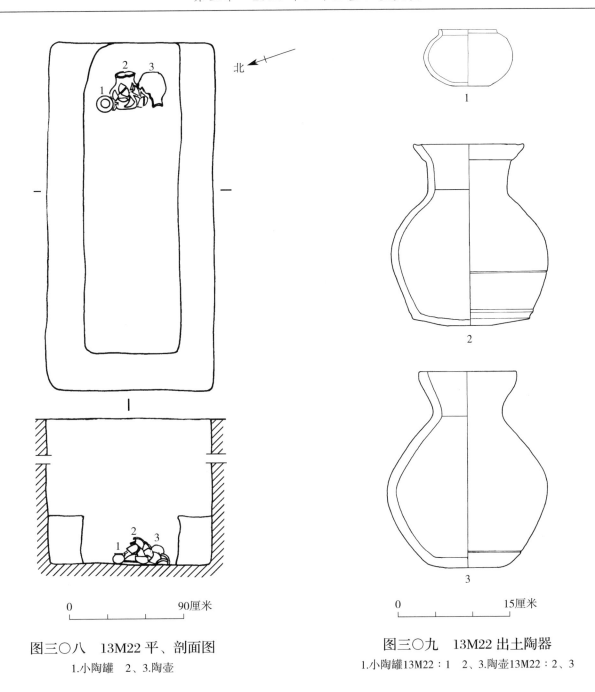

图三〇八 13M22 平、剖面图
1.小陶罐 2、3.陶壶

图三〇九 13M22 出土陶器
1.小陶罐13M22：1 2、3.陶壶13M22：2、3

素面。口径 12.8、腹径 21.2、底径 11、高 26 厘米（图三〇九，3）。

11.13M23

位于本发掘区的中部。土坑竖穴墓，墓向 122°。墓圹平面长方形，直壁，平底（图三一〇）。长 2.3、宽 1.4、深 2.2 米。墓内填土灰褐色土间杂黄褐色土，含较多小石块。有熟土二层台，系由墓室内填土回填堆砌而成。台面宽 0.12～0.3、高 0.4 米。

有木质葬具，单棺，已朽。长 2、宽 0.96 米。棺内人骨架 1 具，已朽。可辨头向东，单人仰身直肢葬。

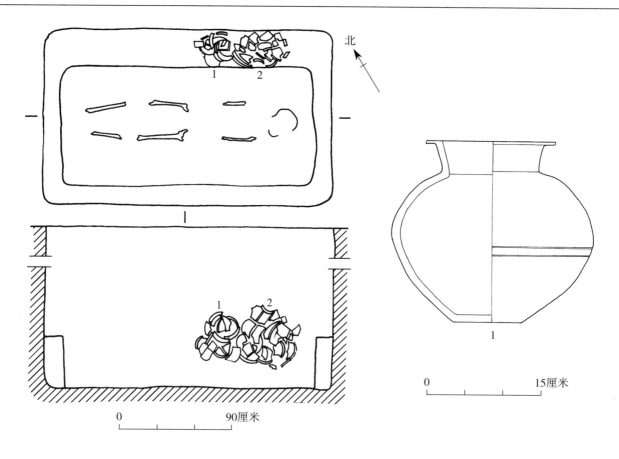

图三一○　13M23 及出土陶器
1.高领罐13M23：1

随葬品共 2 件，其中高领罐 1 件、陶壶 1 件。位于墓室北侧二层台上的偏东部。

高领罐　1 件。

标本 13M23：1，泥质灰陶。侈口，方唇，平折沿，高领，圆溜肩，鼓腹，最大腹径居中，腹下部弧内收，平底。腹中部饰两道凹弦纹。口径 17、腹径 26.4、底径 9、高 24 厘米（图三一○，1）。

12.13M25

位于本发掘区的中部偏南。土坑竖穴墓，墓向 40°。墓圹平面略呈长方形，直壁，平底（图三一一）。长 3.2、宽 1.4、深 0.96 米。墓内填土灰褐色花土夹杂较多的酥石碎块。

无葬具及人骨痕迹，无随葬品，疑似空墓。

13.13M28

位于本发掘区的南部。土坑竖穴墓，墓向 25°。墓圹平面长方形，直壁，平底（图三一二）。长 2.6、宽 1.3、深 1.65 米。墓内填土上部灰褐色花土夹杂少量酥石颗粒和酥石块，土质坚硬；下部分酥石较多，疏松，应为挖墓穴时凿出的酥石土等回填。东、南和北面有熟土二层台，系挖墓穴时凿

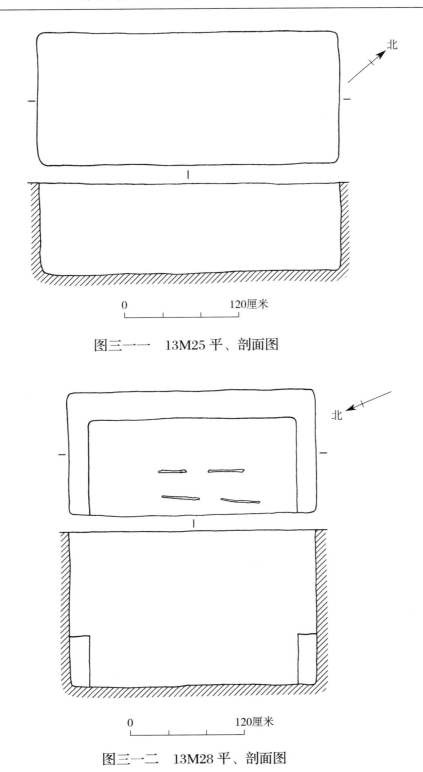

图三一一 13M25 平、剖面图

图三一二 13M28 平、剖面图

出酥石土回填堆砌而成。台面宽 0.2～0.3、高 0.5 米。

有木质葬具，单棺，已朽。长 2.2、宽 0.7 米。棺内人骨架 1 具，已朽。仅见部分四肢痕迹，可辨头向北，单人葬，葬式不明。

随葬品无。

14.13M31

位于本发掘区的西部。土坑竖穴墓，墓向120°。墓圹平面长方形，直壁，平底（图三一三；彩版九二，1）。长3.1、宽1.5、深3.2米。墓内填土灰褐色土夹杂小石块。经过夯打，夯层不十分明显，夯窝直径约10厘米。有熟土二层台，系由墓室内填土回填堆砌而成。台面宽0.3～0.4、高0.6米。

有木质葬具，单椁单棺，已朽。椁长2.6、宽0.9米，棺长2、宽0.7米。棺内人骨架1具，已朽。可辨头向东，单人仰身直肢葬。

随葬品共4件，其中高领罐1件、盘口罐1件、陶壶2件，位于墓室底部椁内棺外东侧二层台内。铁块1件，位于墓室填土内。

高领罐 1件。

标本13M31：1，泥质灰陶。侈口，方唇，平折沿，高领，斜肩，鼓腹，最大腹径居中，腹下部弧内收，平底。腹中下部至底饰横向绳纹，局部饰纵横交错绳纹。口径12.1、腹径20、底径4.6、高22.5厘米（图三一四，1；彩版九二，2）。

盘口罐 1件。

标本13M31：3，泥质灰陶。盘口，尖唇，束颈，溜肩，鼓腹，最大腹径居中，腹下部弧内收，平底。腹中下部至底饰横向绳纹。口径12.6、腹径20.4、底径7、高25厘米（图三一四，2；彩版九二，3）。

陶壶 2件。

标本13M31：2，泥质黄陶。侈口，尖唇，平沿，长颈，斜溜肩，鼓腹，腹下部弧内收，平底。腹上部有轮制加工痕迹。腹中部饰一道戳刺纹，腹下部至底饰横向绳纹，近底部饰纵横交错绳纹。口径12.5、腹径21、底径9.5、高23厘米（图三一四，3；彩版九二，4）。

标本13M31：4，泥质黄陶。侈口，尖唇，平沿，长颈，溜肩，鼓腹，腹下部弧内收，平底。腹上部有轮制加工痕迹。腹中部偏下饰一道戳刺纹，腹下部至底饰横向绳纹，近底部饰纵横交错绳纹。口径

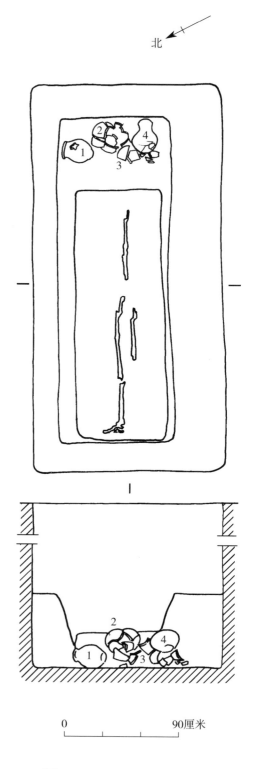

图三一三 13M31 平、剖面图
1.高领罐 2、4.陶壶 3.盘口罐

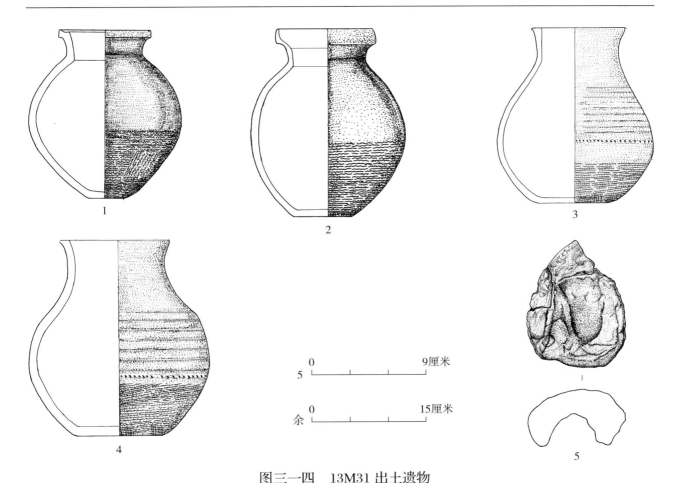

图三一四　13M31 出土遗物

1.高领罐 13M31：1　　2.盘口罐 13M31：3　　3、4.陶壶 13M31：2、4　　5.铁块 13M31：5

14.4、腹径 23.8、底径 12、高 26 厘米（图三一四，4）。

铁块　1 件。

标本 13M31：5，残，褐色，锈蚀严重，表面包裹锈土块，中心有"U"形凹陷，呈不规则状。长 10、宽 0.5 ～ 7.8、厚 3 厘米（图三一四，5；彩版九二，5）。

15.13M37

位于本发掘区的西部。土坑竖穴墓，墓向 119°。墓圹平面长方形，直壁，平底（图三一五）。长 3、宽 1.9、深 2.5 米。墓内填土黄褐色黏土夹杂深褐色泥块，应为挖墓圹土回填。经过夯打，夯层及夯窝不十分明显。有熟土二层台，系挖墓穴时凿出黄褐色黏土等回填堆砌而成。台面宽 0.24 ～ 0.56 米；南、北台面均宽 0.56、高 0.4 米。

有木质葬具，单椁单棺，已朽。椁长 2.05、宽 1.1 米；棺长 1.8、宽 0.5 米。棺内人骨架 1 具，已朽。可辨头向东，单人仰身直肢葬。

随葬品共 3 件，其中高领罐 2 件，盘口罐 1 件。位于墓室底部椁内棺外北侧二层台内。

高领罐　2 件。

标本 13M37：1，口沿残。泥质灰陶。束颈，溜肩，鼓腹，最大腹径居中，腹下部弧内收，

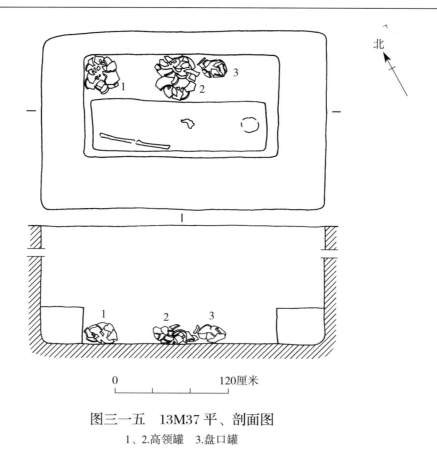

图三一五　13M37 平、剖面图

1、2.高领罐　3.盘口罐

小平底。腹中上部饰一道凹弦纹，腹下部至底部饰横向绳纹，底部饰纵横交错绳纹。腹径 22、底径 6.8、残高 22 厘米（图三一六，1）。

标本 13M37∶2，泥质灰陶。方唇，侈口，束颈，溜肩，圆鼓腹，最大腹径居中，腹下部弧内收，

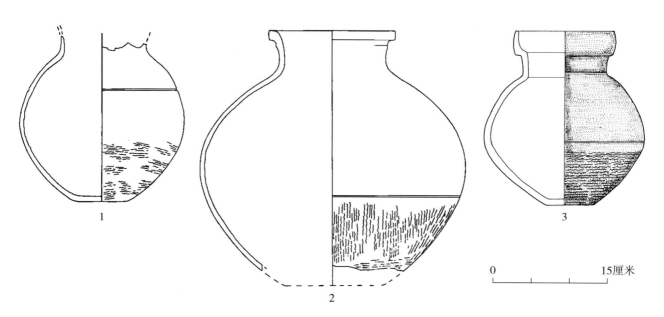

图三一六　13M37 出土陶器

1、2.高领罐13M37∶1、2　3.盘口罐13M37∶3

底部残缺。腹中部偏下饰一道凹弦纹，腹下部饰纵向绳纹，近底部饰横向绳纹。口径16.6、腹径35、残高32厘米（图三一六，2）。

盘口罐　1件。

标本13M37：3，泥质灰陶。侈口，弧沿，方唇，束颈，溜肩，鼓腹，最大腹径居中，腹下部弧内收，小平底。腹中部饰一道凹弦纹，腹下部至底部饰横向绳纹。口径13、腹径21、底径6、高23厘米（图三一六，3）。

16.13M38

位于本发掘区的西部偏北。土坑竖穴墓，墓向120°。墓圹平面长方形，直壁，平底（图三一七；彩版九三，1）。长3.25、宽1.3、深2.48米。墓内填土上部分为纯净黑褐色土，系从别处精选搬运而来；下部分黄褐色土夹杂较多的酥石碎块，应为挖墓圹土回填。经过夯打，夯层及夯窝不十分明显。有熟土二层台，系挖墓穴时凿出的土回填堆砌而成。台面宽0.15～0.4、高0.38米。

有木质葬具，单椁单棺，已朽。椁长2.5、宽0.8米；棺长2、宽0.54米。棺内人骨架1具，已朽。可辨头向东，单人仰身直肢葬。

随葬品共6件，其中陶罐1件、盘口罐2件。位于墓室底部椁内棺外东侧二层台内。小陶罐3件，位于墓室四角附近填土内，其中编号13M38：3的小陶罐，位于北侧二层台的东端上面。

陶罐　1件。

标本13M38：4，残。泥质灰陶。圆唇，侈口，斜沿，束颈，溜肩。口径16.6、残高13.6厘米（图三一八，1；彩版九三，2）。

盘口罐　2件。

标本13M38：5，泥质灰黑陶。盘口，尖唇，束颈，溜肩，鼓腹，最大腹径居中，腹下部弧内收，小平底。腹中部饰一道凹弦纹，腹下部至底饰横向绳纹。口径12.4、腹径21.7、底径6.5、高25.5厘米（图三一八，2；彩版九三，3）。

标本13M38：6，泥质黄陶。盘口，尖唇，束颈，溜肩，圆鼓腹，最大腹径居中，腹下部弧内收，

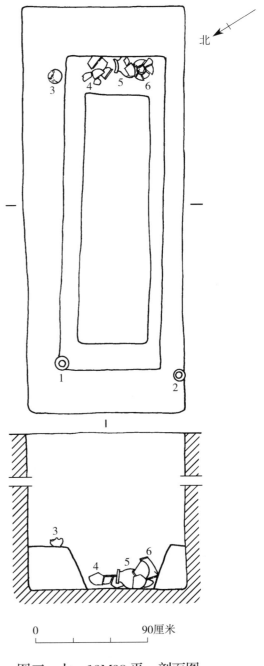

图三一七　13M38平、剖面图

1~3.小陶罐　4.陶罐　5、6.盘口罐

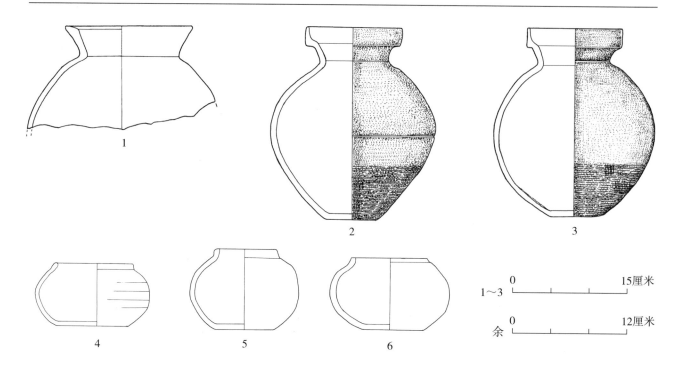

图三一八　13M38 出土陶器

1.陶罐13M38：4　　2、3.盘口罐13M38：5、6　　4～6.小陶罐13M38：1～3

小平底。腹下部至底饰横向绳纹，局部饰纵横交错绳纹。口径12.4、腹径21、底径7、高25厘米（图三一八，3）。

小陶罐　3件。

标本13M38：1，泥质灰陶。敛口，圆唇，平沿，束颈，溜肩，鼓腹，最大腹径居中，腹下部弧内收，平底。素面。口径8.4、腹径12、底径7.2、高6.5厘米（图三一八，4；彩版九三，4）。

标本13M38：2，泥质灰陶。敛口，圆唇，斜沿，束颈，溜肩，鼓腹，最大腹径居中，腹下部弧内收，平底。素面。口径6.6、腹径11.4、底径6.4、高8.5厘米（图三一八，5；彩版九三，5）。

标本13M38：3，泥质灰陶，陶色不十分纯正。敛口，方唇，平沿，束颈，溜肩，鼓腹，最大腹径居中，腹下部弧内收，平底。素面。口径7.8、腹径12.4、底径6.4、高7.5厘米（图三一八，6）。

17.13M39

位于本发掘区的西部偏南。土坑竖穴墓，墓向120°。墓圹平面长方形，直壁，壁面光滑规整，使用土石垫高棺椁，墓底形成3个大小不一的凹坑（图三一九）。长2.7、宽1.5、深1.7米。墓内填土灰褐色土，较为疏松。有熟土二层台，系由墓室内填土回填堆砌而成。台面宽0.2～0.3、高约0.3米。

有木质葬具，单椁单棺，已朽。椁长2.15、宽0.83米；棺长1.9、宽0.5米。棺内人骨架1具，已朽。单人葬，葬式及头向均不明。

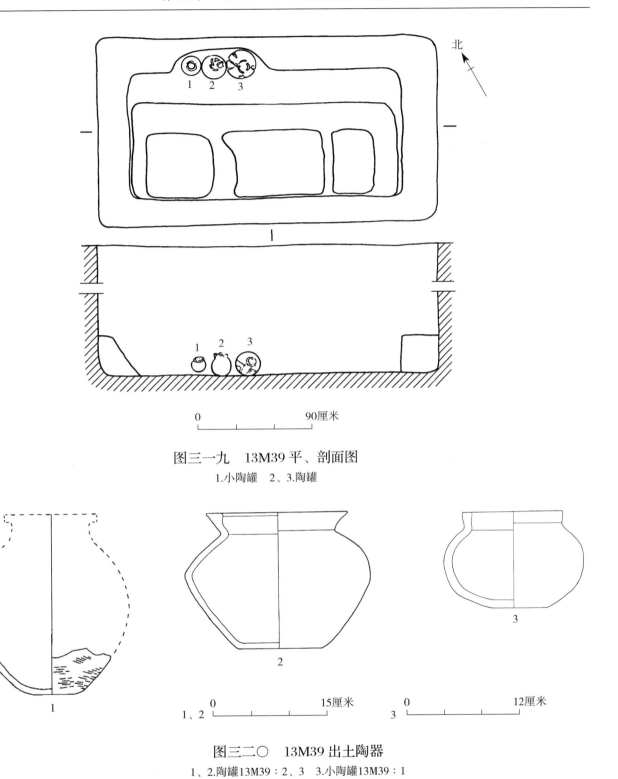

图三一九 13M39 平、剖面图

1.小陶罐 2、3.陶罐

图三二〇 13M39 出土陶器

1、2.陶罐 13M39：2、3 3.小陶罐 13M39：1

随葬品共 3 件，均为陶罐，位于墓室底部北侧二层台里。

陶罐 2 件。

标本 13M39：2，仅余底部。泥质灰陶，腹下部弧内收，平底。腹下部至底饰横向绳纹。底径 6、残高 7.6 厘米（图三二〇，1）。

标本 13M39：3，泥质黄陶。敛口，尖唇，平沿，束颈，斜肩，扁鼓腹，最大腹径居中，腹下部斜内收，平底。器形烧制不十分规整，呈右腹圆，左腹尖。素面。口径 18.4、腹径 24.2、底径 11、高 18 厘米（图三二〇，2）。

小陶罐　1 件。

标本 13M39：1，泥质黄陶。敛口，方唇，平沿，直领，溜肩，鼓腹，最大腹径居中，腹下部弧内收，平底。素面。口径 10.6、腹径 14.8、底径 6、高 10.1 厘米（图三二〇，3）。

18. 13M40

位于本发掘区的西部。土坑竖穴墓，墓向 25°。墓圹平面长方形，直壁，平底（图三二一）。长 2.8、宽 1.4、深 2 米。墓内填土灰褐色花土夹杂较多小石块，应为挖墓圹土回填。有熟土二层台，系由墓室内填土回填堆砌而成。台面均宽 0.2、高 0.5 米。

有木质葬具，单棺，已朽。长 2.4、宽 1、高 0.5 米。棺内人骨架 1 具，已朽，仅存头骨与上肢骨朽痕，可辨头向北，单人仰身直肢葬。

随葬品共 4 件，其中陶罐 1 件、高领罐 3 件，位于墓室底部北侧二层台内。铁器 1 件，位于墓内填土中。

陶罐　1 件。

标本 13M40：4，泥质黄陶。敛口，圆唇，平沿，束颈，溜肩，鼓腹，最大腹径偏上，腹下部弧内收，平底。腹中下部饰横向绳纹，近底部饰纵向绳纹。口径 15.6、腹径 31.2、底径 11、高 25.5 厘米（图三二二，1）。

高领罐　3 件。

标本 13M40：1，泥质灰陶。侈口，方唇，斜折沿，高领，斜肩，鼓腹，最大腹径居中，腹下部弧内收，平底。腹下部至底饰横向绳纹。口径 12.4、腹径 21.6、底径 6.2、高 23.2 厘米（图三二二，2）。

标本 13M40：2，泥质灰陶。侈口，方唇，斜折沿，高领，斜肩，鼓腹，最大腹径居中，腹下部弧内收，

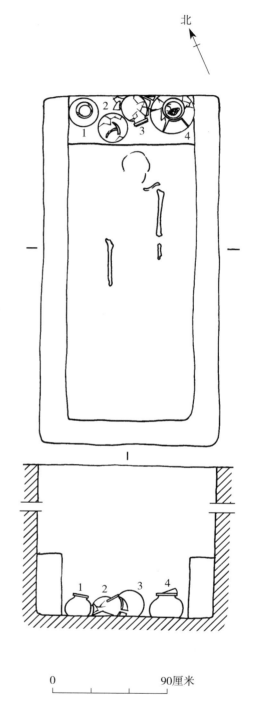

北

图三二一　13M40 平、剖面图
1～3. 高领罐　4. 陶罐

0　　　　　　　　90 厘米

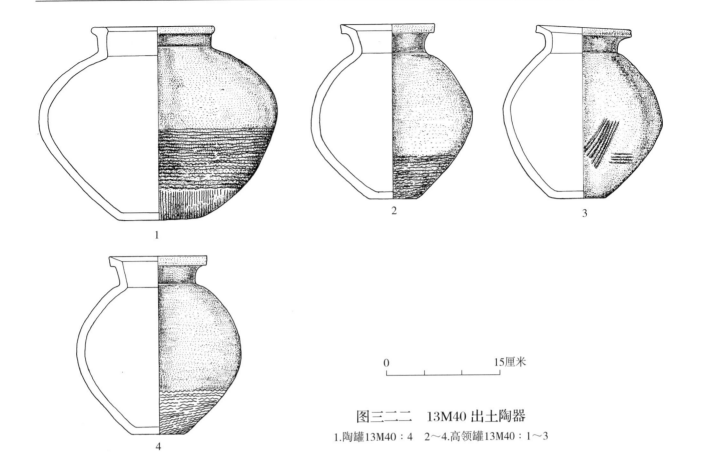

图三二二　13M40 出土陶器

1.陶罐 13M40：4　2～4.高领罐 13M40：1～3

平底。腹下部饰斜纵横向绳纹，漫漶不清。口径 12.4、腹径 21、底径 7.5、高 23 厘米（图三二二，3）。

　　标本 13M40：3，泥质灰陶。侈口，方唇，斜折沿，高领，溜肩，鼓腹，最大腹径居中，腹下部弧内收，平底。腹下部至底饰有横向绳纹。口径 13、腹径 21.6、底径 7、高 23.6 厘米（图三二二，4）。

19.13M41

　　位于本发掘区的西部。土坑竖穴墓，墓向 25°，南壁被 13M47 打破。墓圹平面长方形，直壁，平底（图三二三）。长 2.9、宽 1.4、深 1.3 米。墓内填土灰褐色花土夹杂较多的小石块。有熟土二层台，系由墓室内填土回填堆砌而成。台面宽 0.2～0.4、高 0.3 米。

　　有木质葬具，单棺，已朽。长 1.9、宽 1 米。棺内人骨架 1 具，已朽，仅见下肢朽痕，可辨头向北，单人仰身直肢葬。

　　随葬品共 2 件，为陶罐，位于墓室底部棺外北侧二层台内。

　　陶罐　2 件。

　　标本 13M41：1，泥质夹砂灰陶。侈口，方唇，斜折沿，高束颈，溜肩，鼓腹，最大腹径居中，腹下部弧内收，平底。素面。口径 17.8、腹径 34.8、底径 11、高 30.8 厘米（图三二三，1）。

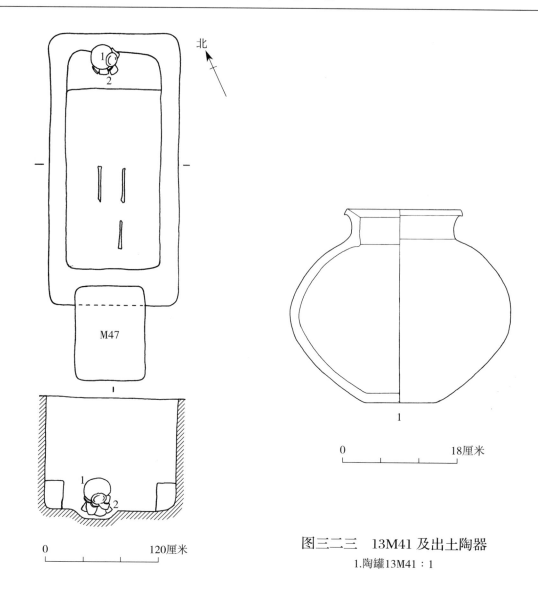

图三二三　13M41 及出土陶器

1.陶罐13M41：1

20.13M46

位于本发掘区的西部。土坑竖穴墓，墓向 108°。墓圹平面长方形，直壁，壁面较规整光滑，平底，平滑（图三二四）。长 2.5、宽 1.5、深 1.7 米。墓内填土黄褐色黏土夹杂酥石碎块，应为挖墓圹土回填。经过夯打，较硬，夯层及夯窝不十分清晰。有熟土二层台，东、南和北三面有，系挖墓穴时凿出的土回填堆砌而成。台面宽 0.08～0.37、高 0.2 米。

有木质葬具，单棺，已朽。长 2.4、宽 0.6 米。棺内人骨架 1 具，已朽，可辨头向东，单人仰身直肢葬。

随葬品 1 件，盘口罐，位于墓室底部北侧二层台中部偏西里。

盘口罐　1 件。

标本 13M46：1，泥质灰陶。盘口，尖唇，束颈，溜肩，鼓腹，最大腹径居中，腹下部弧内收，小平底。素面。口径 12.6、腹径 20、底径 5、高 21.7 厘米（图三二四，1）。

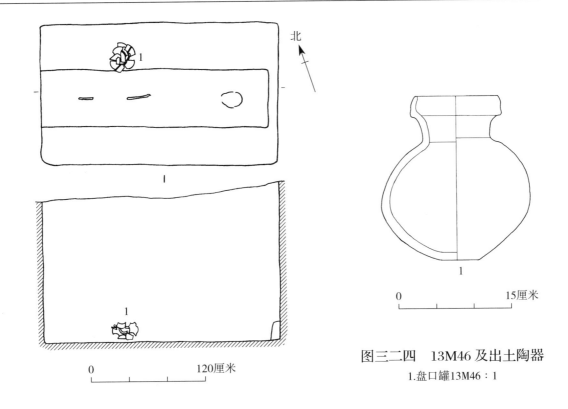

图三二四 13M46 及出土陶器

1.盘口罐13M46：1

21.13M48

位于本发掘区的西部。土坑竖穴墓，墓向120°。墓圹平面长方形，直壁，壁面较规整光滑，平底，平滑（图三二五）。长3、宽1.5、深2.1米。墓内填土黄褐色黏土夹杂酥石碎块，含少量泥质灰陶片。应为挖墓圹土回填。经过夯打，较硬。有熟土二层台，西、南和北三面有，系挖墓穴时凿出黄褐色黏土夹杂酥石碎块等回填堆砌而成。台面宽度不一。西台面宽0.3、南、北台面均宽0.2、高0.5米。

有木质葬具，单椁单棺，已朽。椁长2.7、宽1.1米。棺长2、宽0.65、高0.5米。棺内人骨架1具，已朽，可辨头向东，单人仰身直肢葬。

随葬品共5件，其中陶罐3件、高领罐2件，位于墓室底部椁内棺外东侧二层台内。

高领罐 2件。

标本13M48：4，泥质灰陶，内呈红褐色。侈口，方唇，斜折沿，高领，溜肩，鼓腹，最大腹径居中，腹下部弧内收，平底。腹中下部至底饰横向绳纹。口径13、腹径23.8、底径6.4、高24.3厘米（图三二六，1）。

标本13M48：5，泥质红褐陶。侈口，方唇，斜折沿，高领，溜肩，鼓腹，最大腹径居中，腹下部弧内收，平底。腹下部至底饰横向绳纹。口径13、腹径22、底径8、高23.4厘米（图三二六，2）。

22.13M54

位于本发掘区的西部。土坑竖穴墓，墓向40°。墓圹平面长方形，直壁较规整，平底（图

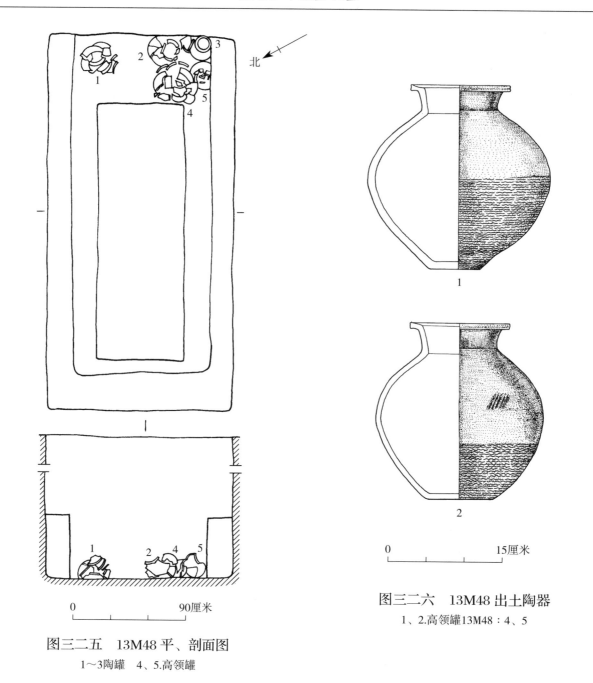

图三二五　13M48 平、剖面图

1～3 陶罐　4、5.高领罐

图三二六　13M48 出土陶器

1、2.高领罐13M48：4、5

三二七）。长 2.35、宽 0.9、深 1.7 米。墓内填土黄褐色砂石土，应为挖墓圹土回填。

有木质葬具，单棺，已朽。棺内人骨架 1 具，已朽，仅见下肢骨朽痕。可辨头向北，单人葬，葬式不明。

随葬品共 5 件，自南向北排列。其中陶罐 3 件，位于墓室底部棺外东北侧，陶钵 1 件，小陶罐 1 件，分别位于墓室内东南、西南两角填土内。

陶罐　3 件。

标本 13M54：3，泥质灰陶。侈口，方唇，斜折沿，束高颈，溜肩，鼓腹，最大腹径居中，腹下部弧内收，平底。腹上部饰一道凹弦纹，腹下部至底饰横向绳纹，局部饰纵横交错绳纹。口

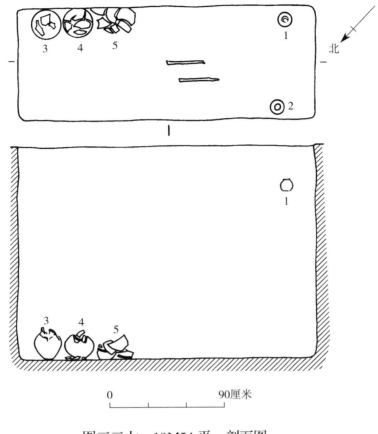

图三二七　13M54 平、剖面图
1.小陶罐　2.陶钵　3~5.陶罐

径 12.6、腹径 24、底径 8.8、高 24 厘米（图三二八，1）。

　　标本 13M54：4，泥质灰陶。侈口，方唇，平沿，束颈，溜肩，鼓腹，最大腹径居中，腹下部弧内收，平底。腹中部饰五道凹弦纹，腹下部及底部饰纵向绳纹，局部饰纵横相交绳纹。口径 12.6、腹径 21.5、底径 6.5、高 25 厘米（图三二八，2）。

　　标本 13M54：5，泥质灰陶。侈口，方唇，斜折沿，束高颈，溜肩，鼓腹，下腹弧内收，平底。腹中部饰两道戳印纹。口径 15.6、腹径 28、底径 6、高 27.6 厘米（图三二八，3）。

　　小陶罐　1件。

　　标本 13M54：1，泥质灰陶。侈口，圆唇，束颈，溜肩，鼓腹，下腹弧收，平底，素面。口径 8.5、腹径 13、底径 5、高 8.6 厘米（图三二八，4）。

　　陶钵　1件。

　　标本 13M54：2，泥质灰陶。敛口，圆唇，鼓腹，平底。下腹有捏折痕迹。口径 11、腹径 13、底径 6、高 6 厘米（图三二八，5）。

23.13M63

　　位于本发掘区的西部。土坑竖穴墓，墓向28°。墓圹平面长方形，直壁，平底（图三二九）。长 3.2、宽 2、深 2.1 米。墓内填土黄褐色夹杂灰褐色土，含酥石碎块，应为挖墓圹土回填。土质结构较

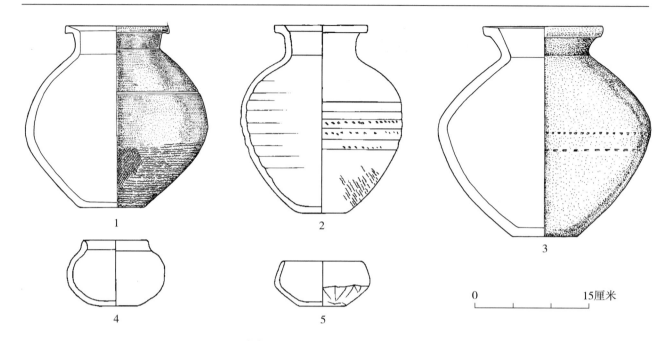

图三二八　13M54 出土陶器

1～3.陶罐13M54：3～5　4.小陶罐13M54：1　5.陶钵13M54：2

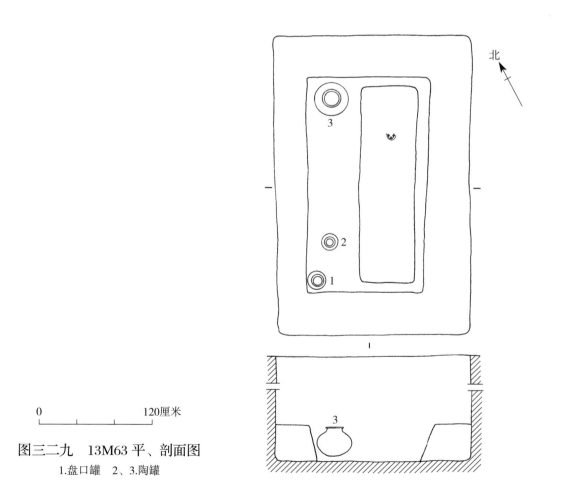

图三二九　13M63 平、剖面图

1.盘口罐　2、3.陶罐

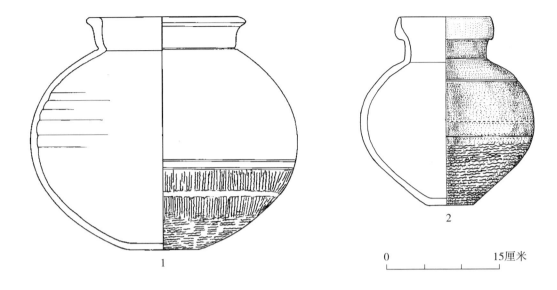

图三三〇 13M63 出土陶器

1.陶罐13M63：3 2.盘口罐13M63：1

为致密。有熟土二层台，系挖墓穴时凿出黄褐色含酥石碎块等回填堆砌而成。台面宽 0.3 ~ 0.5、高 0.4 米。

有木质葬具，单椁单棺，已朽。椁长 2.3、宽 1.3、高 0.4 米；棺位于椁室的东部。棺长 2.1、宽 0.6 米。棺内人骨架 1 具，已朽，仅见牙齿与下颌骨朽痕。可辨头向北，单人仰身直肢葬。

随葬品共 3 件，自南向北依次排列。其中陶罐 1 件、盘口罐 1 件、小陶罐 1 件，位于墓室底部椁内棺外西侧二层台内。

陶罐 1 件。

标本 13M63：3，泥质灰陶。敛口，圆唇，平沿，矮颈，溜肩，圆鼓腹，最大腹径居中，腹下部弧内收，平底。腹中部偏下饰两道凹弦纹，腹下部饰纵向绳纹，腹下部近底及底部饰横向绳纹，局部饰纵横相交绳纹。口径 20、腹径 35、底径 9.5、高 31 厘米（图三三〇，1）。

盘口罐 1 件。

标本 13M63：1，泥质灰陶。盘口，尖唇，束颈，溜肩，鼓腹，最大腹径居中，腹下部弧内收，小平底。肩部饰一道凹弦纹，腹中部饰一道戳刺纹，腹中部偏下饰一道凹弦纹，腹中下部至底饰横向绳纹。口径 12.2、腹径 23、底径 6、高 24.8 厘米（图三三〇，2）。

24.13M64

位于本发掘区的西部。土坑竖穴墓，墓向 25°。墓圹平面略呈长方形，开口略小于底部，略呈袋状。斜直壁，平底（图三三一）。墓圹开口长 3.4、宽 1.9 米，底部长 3.6、宽约 2.3、深 3.15 米。墓内填土黄褐色黏土夹杂大量酥石碎块，应为挖墓圹土回填。经过夯打，土质非常致密，夯层及夯窝不十分明显。有熟土二层台，系挖墓穴时凿出的土回填堆砌而成。台面宽度不一。东台面宽 0.23、西台面宽 0.31、北台面宽 0.54、南台面宽 0.31、高 0.6 米。

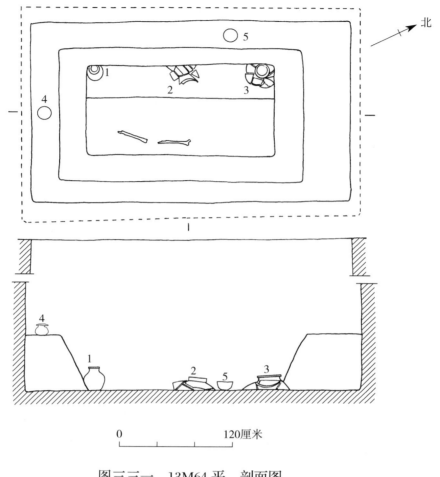

图三三一　13M64 平、剖面图

1、2.陶罐　3.盘口罐　4.小陶罐　5.陶钵　6、7.铁夯

　　有木质葬具，单椁单棺，已朽。椁长 2.6、宽 1.4、高 0.6 米；棺位于椁室的东部，根据朽痕辨认为红漆棺。棺长 2、宽 0.6、高 0.4 米。棺内人骨架 1 具，已朽，仅见下肢骨朽痕，可辨头向北，单人仰身直肢葬。

　　随葬品共 7 件，自南向北依次排列。其中陶罐 2 件、盘口罐 1 件，陶钵 1 件，位于墓室底部椁内棺外西侧，小陶罐 1 件位于二层台上。铁夯 2 件，位于墓室填土里。

　　陶罐　2 件。

　　标本 13M64：1，泥质灰陶。侈口。圆唇，斜沿，束颈，溜肩，鼓腹，腹最大径居中，腹下部弧内收，平底。腹中部饰三道凹弦纹。腹下部饰纵向绳纹由一道凹弦纹分为 2 纹饰带，近底部饰横向绳纹。口径 18、腹径 32、底径 11、高 28 厘米（图三三二，1）。

　　标本 13M64：2，泥质灰陶。侈口。尖唇，斜沿，束颈，溜肩，扁鼓腹，腹下部斜内收，圜平底。腹下部饰斜纵绳纹，近底部饰横向绳纹。口径 19、腹径 34、底径 9、高 26 厘米（图三三二，2）。

　　盘口罐　1 件。

　　标本 13M64：3，泥质灰陶。盘口，尖唇，束颈，溜肩，鼓腹，最大腹径居中，腹下部弧内收，小平底。肩部饰一道凹弦纹，腹下部至底部饰横向绳纹，局部饰纵横交错绳纹。口径 11.6、腹径

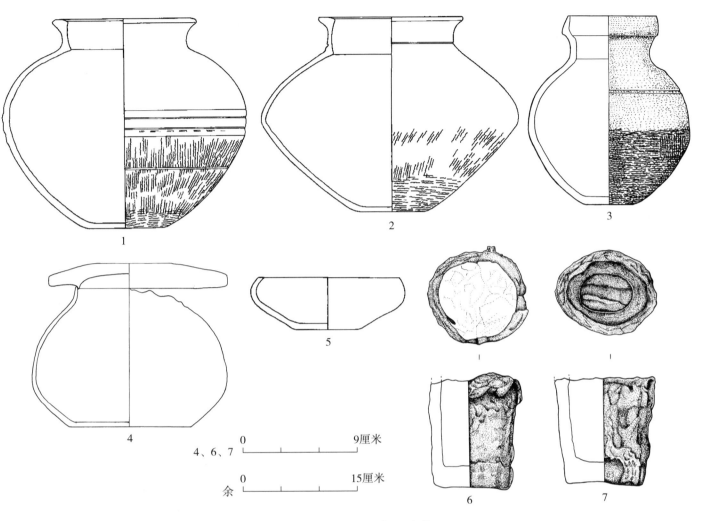

图三三二　13M64出土遗物

1、2.陶罐13M64：1、2　3.盘口罐13M64：3　4.小陶罐13M64：4　5.陶钵13M64：5　6、7.铁夯13M64：6、7

21.4、底径7.2、高25厘米（图三三二，3）。

　　小陶罐　1件。

　　标本13M64：4，器盖，泥质灰陶，斜腹，口径12.6、底径6、高2厘米。罐泥质灰陶，圆唇，侈口，束颈，溜肩，鼓腹，下腹弧收，平底，素面。口径8.5、腹径15.3、底径9.5、高11.2、通高13厘米（图三三二，4）。

　　陶钵　1件。

　　标本13M64：5，泥质黄褐陶。敛口，尖唇，弧腹，腹下部斜内收，平底。素面。口径18.5、腹径20.2、底径8.5、高7厘米（图三三二，5）。

　　铁夯　2件。

　　标本13M64：6，残，体表锈蚀严重，呈土黄色，夯柄残，矮圆桶状，口大底小，内有红土块填充物。方唇，斜直壁，平底。壁厚0.8、底厚1.7、口直径7.5、底直径6、残高9.4厘米（图三三二，6）。

标本 13M64：7，残，体表锈蚀严重，呈土黄色，夯柄残，矮圆桶状，口大底小，空心，方唇，斜直壁，凹底。壁厚 1、底厚 1.6、口部直径 8、底部直径 6、残高 8.4 厘米（图三三二，7）。

25.13M65

位于本发掘区的西部。土坑竖穴墓，墓向 22°。墓圹平面长方形，直壁，平底（图三三三）。长 2.4、宽 1、深 1.75 米。墓内填土黄褐色砂石土，应为挖墓圹土回填。

墓底有葬具，单棺，已朽。平面长方形。棺内人骨架 1 具，已朽，单人葬，葬式不明。

随葬品 1 件，为陶盒，位于墓室底部棺外北侧。

26.13M66

位于本发掘区的西部。土坑竖穴墓，墓向 29°。墓圹平面略呈长方形，墓圹口部北端略宽于南端。直壁，平底（图三三四）。长 3.7、北端宽 2.45、南端宽 2.35、深 2.4 米。墓内填土黄褐色黏土夹杂较多的酥石碎块，应为挖墓圹土回填。经过夯打，夯层及夯窝不十分明显。有熟土二层台，系挖墓穴时凿出黄褐色土夹杂酥石碎块等回填堆砌而成。台面宽 0.5～0.7、高 0.5 米。

有木质葬具，单椁单棺，已朽。椁长 2.4、宽 1.3 米，棺长 2、宽 0.6 米。棺内人骨架 1 具，已朽，可辨头向北，单人葬，葬式不明。

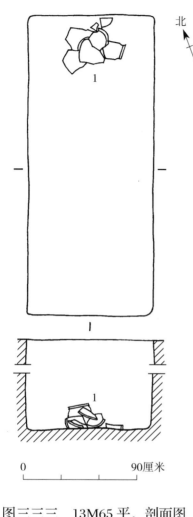

图三三三　　13M65 平、剖面图
1.陶盒

随葬品共 4 件，其中陶罐 3 件，盘口罐 1 件。自南向北依次排列，位于墓室底部椁内棺外西侧。

陶罐　3 件。

标本 13M66：2，口部残。泥质灰陶。束颈，斜肩，扁凸腹，腹下部弧内收，平底。腹中部饰两道锥刺纹，腹下部至底饰横向绳纹，漫漶不清。腹径 30、底径 10、残高 29 厘米（图三三五，1）。

标本 13M66：4，泥质灰陶。圆唇，敛口，弧沿，立颈，圆溜肩，圆鼓腹，下腹弧收，平底。腹下部至底饰横向绳纹，底部饰横向绳纹。口径 18、腹径 36、底径 11、残高 24 厘米（图三三五，2）。

标本 13M66：1，泥质灰陶。方唇，束颈，溜肩，鼓腹，最大腹径居中，腹下部弧内收，小平底。下腹部饰一道凹弦纹，腹下部至底饰横向绳纹。口径 13.5、腹径 22、底径 7、高 24 厘米（图三三五，3）。

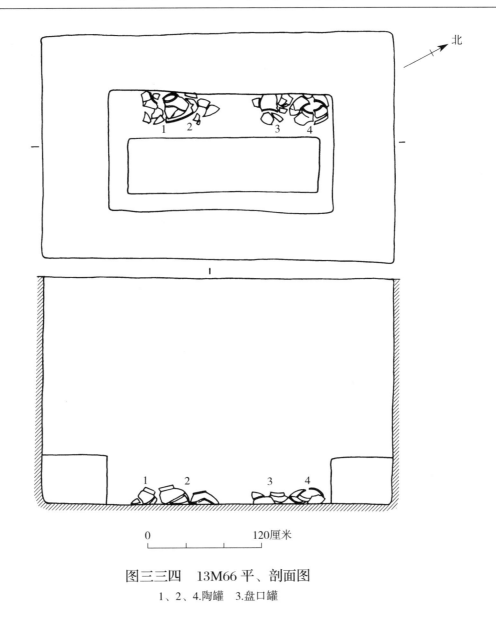

图三三四　13M66 平、剖面图

1、2、4.陶罐　3.盘口罐

盘口罐　1件。

标本 13M66：3，泥质灰陶。盘口，尖唇，束颈，溜肩，鼓腹，最大腹径居中，腹下部弧内收，小平底。腹中部饰一道凹弦纹，腹下部至底饰横向绳纹。口径 13、腹径 21、底径 7、高 23 厘米（图三三五，4）。

27.13M69

位于本发掘区的中部。土坑竖穴墓，墓向 121°。墓圹平面长方形，直壁，由于挖土圹时，墓壁部分石质坚硬，造成壁面外凸。平底（图三三六）。长 3、宽 2.2、深 2.9 米。填土黄褐色酥石碎块，应为挖墓圹土回填，土质结构较坚硬。有熟土二层台，系挖墓穴时凿出黄褐色酥石碎块等回填堆砌而成。台面宽 0.2～0.6、高 0.61～1 米。

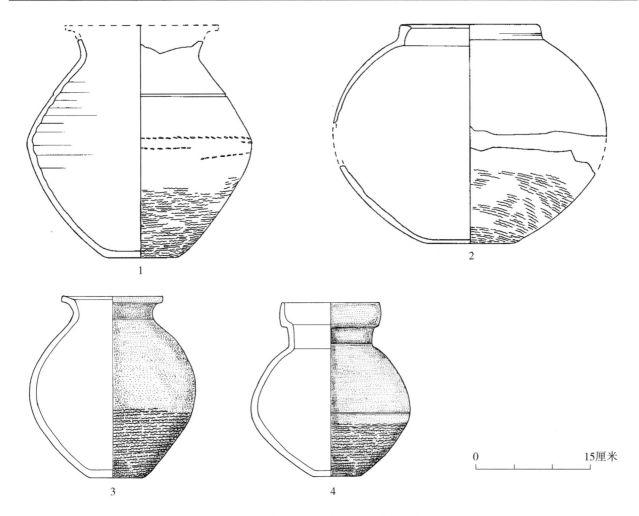

图三三五　13M66 出土陶器
1～3.陶罐13M66：2、4、1　4.盘口罐13M66：3

有木质葬具，单椁单棺，已朽。椁长 0.6、宽 1.1 米；棺长 2.1、宽 0.6 米。棺内人骨架 1 具，已朽，单人葬，葬式及头向不明。

随葬品共 8 件，其中陶瓮 2 件、陶罐 2 件、陶壶 4 件，多位于墓室底部椁内棺外南侧，个别遗物位于东、西二层台上。

陶瓮　2 件。

标本 13M69：1，泥质灰白陶。侈口，圆唇，斜折沿，宽沿，矮颈，圆肩，球腹，腹下部弧内收，最大腹径偏下，圜底。素面。口径 17、腹径 30.8、底径 5、高 29 厘米（图三三七，1）。

标本 13M69：6，泥质灰陶。敛口，方唇，斜折沿，束颈，溜肩，圆鼓腹，最大腹径居中，腹下部弧内收，平底。素面。口径 18.6、腹径 35.5、底径 12、高 31.6 厘米（图三三七，3）。

陶罐　2 件。

标本 13M69：2，泥质灰白陶。侈口，方唇，斜折沿，束颈较高，溜肩，鼓腹，最大腹径居中，腹下部弧内收，平底。腹中下部饰纵向绳纹，腹下部至底饰纵横向绳纹。口径 16、腹径 28.2、底径 10、高 32 厘米（图三三七，2）。

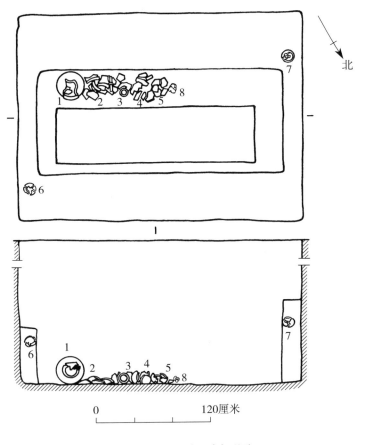

图三三六 13M69平、剖面图
1、6.陶瓮 2、5.陶罐 3、4、7、8.陶壶

标本13M69：5，泥质灰陶。敛口，尖唇，束颈，溜肩，鼓腹，最大腹径居中偏上，腹下部弧内收，小平底。肩部中部饰一道凹弦纹，腹中下部至底饰横向绳纹。口径10.2、腹径20.4、底径5.5、高21.7厘米（图三三七，4）。

陶壶 4件。

标本13M69：3，泥质夹砂灰陶。敛口，圆唇，平沿，长颈，斜肩，圆腹，最大腹径居中，腹下部弧内收，大平底。腹中部偏下饰三道戳刺纹。口径12、腹径20、底径8.8、高28.6厘米（图三三七，5）。

标本13M69：4，泥质夹砂灰陶。侈口，圆唇，平沿，长颈，溜肩，鼓腹，最大腹径居中，腹下部弧内收，大平底。腹下部饰两道戳刺纹。口径12、腹径20、底径14.2、高25.6厘米（图三三七，6）。

标本13M69：7，泥质灰陶。侈口，圆唇，平沿，长颈，溜肩，鼓腹，最大腹径居中，腹下部弧内收，大平底。肩部饰六道弦纹，腹中下部饰两道戳刺纹。口径11.8、腹径20、底径8、高26.5厘米（图三三七，7）。

标本13M69：8，泥质灰陶。敛口，叠唇，斜折沿，束颈，溜肩，鼓腹，最大腹径居中，腹下部弧内收，平底。颈部偏下饰三道凹弦纹，腹中部偏下饰两道戳刺纹。口径12、腹径21.7、底

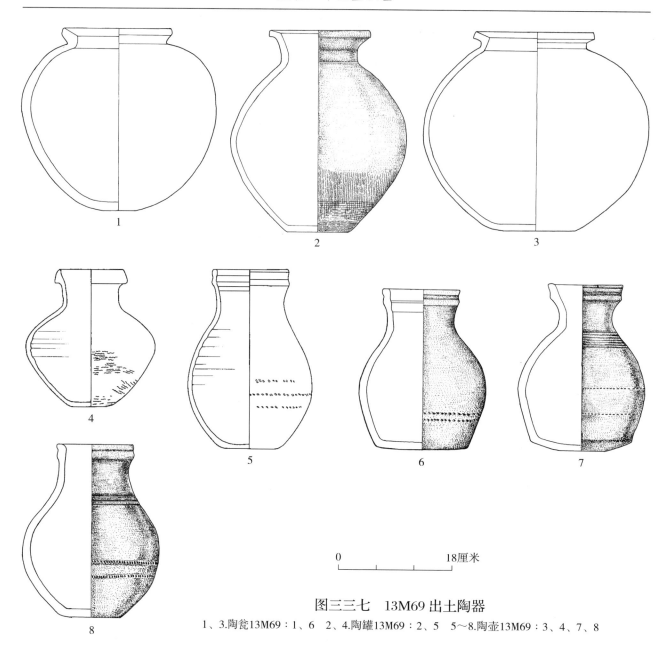

图三三七　13M69 出土陶器

1、3.陶瓮13M69∶1、6　2、4.陶罐13M69∶2、5　5~8.陶壶13M69∶3、4、7、8

径 10、高 27.4 厘米（图三三七，8）。

28.13M70

位于本发掘区的中部，其北壁被编号 13M69 打破。土坑竖穴墓，墓向 110°。墓圹平面长方形，直壁，平底（图三三八）。长 3.1、宽 2.1、深 3 米。墓内填土灰褐色酥石碎块，应为挖墓圹土回填，土质较坚硬。有熟土二层台，系挖墓穴时凿出灰褐色酥石碎块等回填堆砌而成。台面宽度不一。东、西和南均宽 0.5、北台面宽 0.4、高 0.38 米。

有木质葬具，单椁单棺，已朽。椁长 2.1、宽 1.2 米；棺长 2.1、宽 0.8 米。棺内人骨架 1 具，已朽，头向、葬式不明。

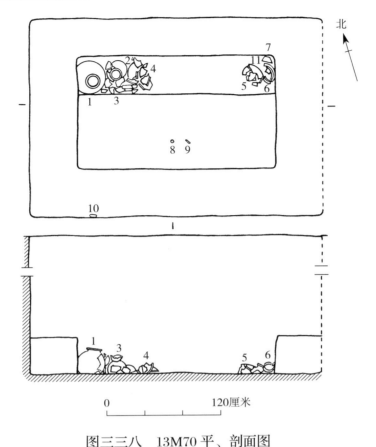

图三三八　13M70 平、剖面图

1.陶罐　2、3、5、7.陶壶　4.陶奁　6.器盖　8.高领罐　9.铜带钩　111.小陶罐

随葬品共 11 件，其中陶罐 1 件、高领罐 1 件、陶壶 4 件、陶奁 1 件、小陶罐 1 件、器盖 1 件位于墓室底部椁内棺外北侧。铜带钩 1 件、铜钱串 1 件，位于棺内。

陶罐　1 件。

标本 13M70：1，泥质灰陶。侈口，方唇，斜沿，束颈，溜肩，圆鼓腹，最大腹径偏上，腹下部弧内收，平底。腹下部至底饰横向弦纹。口径 16、腹径 35.5、底径 13、高 36 厘米（图三三九，1）。

高领罐　1 件。

标本 13M70：8，泥质黄陶。侈口，方唇，斜折沿，高领，溜肩，鼓腹，最大腹径居中，腹下部弧内收，平底。腹下部至底饰横向绳纹。口径 13.4、腹径 22.8、底径 6.4、高 26.5 厘米（图三三九，2；彩版九四，1）。

小陶罐　1 件。

标本 13M70：11，泥质褐陶。直口，圆唇，平沿，矮颈，溜肩，鼓腹，最大腹径居中，腹下部弧内收，平底。素面。口径 7、腹径 10.4、底径 4、高 8 厘米（图三三九，3；彩版九四，2）。

陶壶　4 件。

标本 13M70：2，泥质夹砂灰陶，器表陶色不均匀，局部红褐色。侈口，圆唇，平沿，长颈，溜肩，圆腹，腹下部弧内收，平底，圈足外撇。颈部有多道轮制加工痕迹。口径 13.6、腹径 23.6、底径

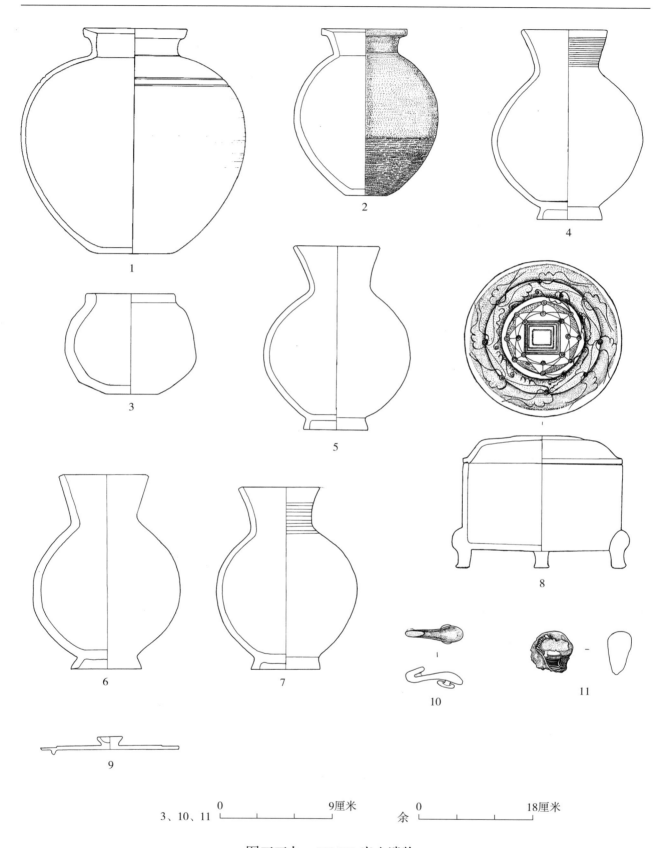

图三三九　13M70 出土遗物

1.陶罐13M70：1　2.高领罐13M70：8　3.小陶罐13M70：11　4～7.陶壶13M70：2、3、5、7　8.陶奁13M70：4　9.陶器盖
13M70：6　10.铜带钩13M70：9　11.铜钱串13M70：10

10、高 30.2 厘米（图三三九，4；彩版九四，3）。

标本 13M70：3，泥质夹砂灰陶。侈口，方唇，平沿，长颈，溜肩，圆腹，腹下部弧内收，平底，圈足外撇。素面。口径 13.6、腹径 23.2、底径 10、高 29.2 厘米（图三三九，5；彩版九四，4）。

标本 13M70：5，泥质灰陶。侈口，圆唇，平沿，长颈，溜肩，圆腹，腹下部弧内收，平底，圈足外撇。素面。口径 12.8、腹径 23.4、底径 11、高 30.8 厘米（图三三九，6）。

标本 13M70：7，泥质夹砂灰陶。侈口，方唇，平沿，长颈，溜肩，圆腹，腹下部弧内收，平底，圈足外撇。素面。口径 13、腹径 22.7、底径 11.2、高 29 厘米（图三三九，7；彩版九四，5）。

陶奁　1 件。

标本 13M70：4，泥质灰陶。有盖，盖顶弧顶近平，方唇，折沿，中部有方形钮，饰精美刻划纹，有透孔。盖径 24.6、高 4.4、厚 0.8 厘米。奁，方唇，圆柱形，平底，有三兽蹄形矮足。素面。口径 25、高 16.6、通高 21 厘米（图三三九，8；彩版九四，6）。

陶器盖　1 件。

标本 13M70：6，泥质夹砂灰陶。圆唇，平顶，中间有圆形钮，子母口。盖径 21.8、高 3 厘米（图三三九，9）。

铜带钩　1 件。

标本 13M70：9，整体呈琵琶状，钩首兽形，体较粗短，圆钮位于钩体背面近尾部，长 4.4、宽 1.6、厚 0.3 厘米（图三三九，10）。

铜钱串　1 件。

标本 13M70：10，可能为钱袋，织物，内包裹有 5 枚铜钱，粘连成串，不易辨识文字。长 3.4、宽 1.8、高 3.5、每枚钱厚 0.1 厘米（图三三九，11）。

29.13M71

位于本发掘区的中部。土坑竖穴墓，墓向 112°。墓圹平面长方形，直壁，平底（图三四〇；彩版九五，1）。长 3.4、宽 1.9、深 2.9 米。墓内填土灰褐色酥石碎块，应为挖墓圹土回填，经过夯打，土质较为致密。夯层及夯窝不十分明显。有熟土二层台，系挖墓穴时凿出灰褐色酥石碎块等回填堆砌而成。台面宽 0.3～0.5、高 0.7 米。

有木质葬具，单椁单棺，已朽。椁长 2.6、宽 1 米；棺长 2.6、宽 0.8 米。棺内人骨架 1 具，已朽，可辨头向东，单人仰身直肢葬。

随葬品共 7 件，其中陶罐 1 件，陶壶 3 件，位于墓室底部椁内棺外北侧二层台内。小陶罐 3 件，位于墓室西北、东北、东南角二层台上，个别陶质差，无法提取。

陶罐　1 件。

标本 13M71：2，泥质灰陶。侈口，圆唇，平沿，束颈，溜肩，鼓腹，腹下部弧内收，最大腹径居中，平底。腹中部偏下饰一道戳刺纹，腹下部至底饰横向绳纹。口径 14、腹径 23.8、底径 9.2、高 27 厘米。

小陶罐　2 件。

标本 13M71：5，泥质灰陶。敛口，圆唇，斜沿，束颈，溜肩，鼓腹，最大腹径居中，腹下

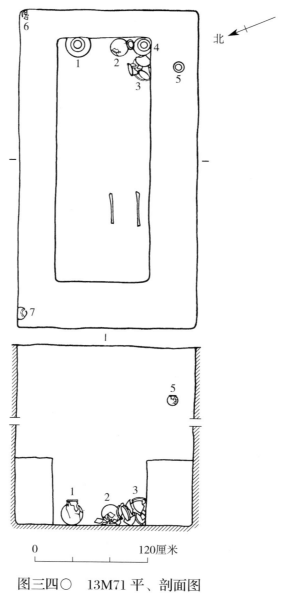

图三四○　13M71 平、剖面图

1、3.陶壶　2.陶罐　4.盘口罐　5-7.小陶罐

部弧内收，平底。素面。口径 9、腹径 12、底径 6、高 8 厘米（图三四一，3；彩版九五，3）。

标本 13M71：6，泥质灰陶。敛口，圆唇，平沿，溜肩，鼓腹，最大腹径居下，平底。素面。口径 9、腹径 12.5、底径 6、高 8.5 厘米（图三四一，4）。

陶壶　3 件。

标本 13M71：1，泥质灰陶。敞口，圆唇，斜沿，束颈，溜肩，鼓腹，腹下部弧内收，平底。腹中部偏下饰三道锥刺纹。腹下部及底部饰横向绳纹。口径 14.6、腹径 23.6、底径 11、高 27 厘米（图三四一，1；彩版九五，4）。

标本 13M71：3，泥质夹砂灰陶。侈口，圆唇，平沿，长颈，溜肩，鼓腹，腹下部弧内收，平底。腹下部至底饰横向绳纹。口径 14.2、腹径 24.4、底径 11、高 28.5 厘米（图三四一，5；彩版九五，5）。

标本 13M71：4，泥质灰陶。敛口，圆唇，斜沿，长束颈，溜肩，鼓腹，最大腹径偏上，腹

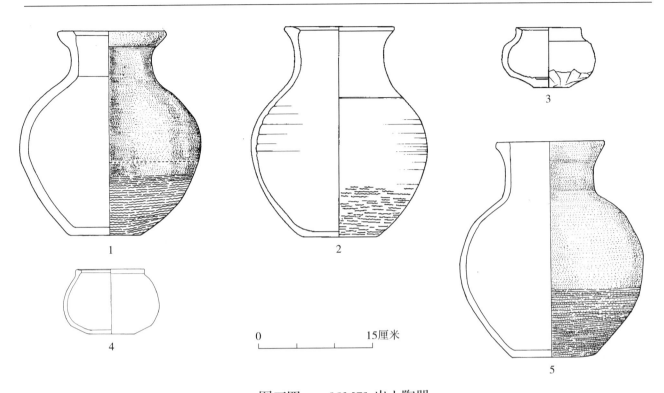

图三四一　13M71 出土陶器

1、2、5.陶壶13M71：1、3、4　3、4.小陶罐13M71：5、6

下部弧内收，平底。肩部饰一道凹弦纹。腹下部至底部饰横向绳纹，底部饰纵横向交互绳纹。口径 14.8、腹径 23.4、底径 10、高 28 厘米（图三四一，2；彩版九五，2）。

30.13M72

位于本发掘区的中部。土坑竖穴墓，墓向 119°。墓圹平面长方形，直壁，平底（图三四二）。长 3.1、宽 2.4、深 3.4 米。墓内填土黄褐色黏土夹杂酥石，应为挖墓圹土回填，经过夯打，土质较为致密，夯窝、夯层清晰。夯层厚 15 ～ 20 厘米。夯窝直径 8 ～ 12 厘米。有熟土二层台，系挖墓穴时凿出黄褐色黏土夹杂酥石等回填堆砌而成。台面宽 0.3 ～ 0.4、高 0.6 米。

有木质葬具，单椁单棺，已朽。椁长 2.35、宽 1.8 米；棺长 2.21、宽 0.8 米。棺内人骨架 1 具，已朽，葬式不明。

随葬品 10 件，其中陶罐 1 件、陶壶 3 件、陶匜 1 件、陶耳杯 1 件、陶方盘 1 件、陶钫 1 件、陶片 1 件位于墓室底部椁内棺外北侧。铜镜 1 枚，位于棺室内。

31.13M75

位于本发掘区的中部偏南。土坑竖穴墓，墓向 122°。墓圹平面长方形，直壁，平底（图三四三）。长 3、宽 1.5、深 3.6 米。墓内填土灰褐色花土夹杂小石块，应为挖墓圹土回填，土质较疏松。有熟土二层台，系挖墓穴时凿出黄褐色酥石块等回填堆砌而成。台面宽 0.2 ～ 0.3、高 0.6 米。

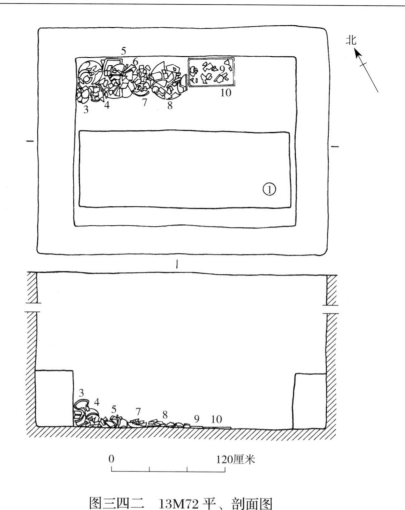

图三四二　13M72 平、剖面图

1.铜镜　2、4、8.陶壶　3.陶罐　5.陶钫　6.陶片　7.陶匜　9.陶耳杯　10.陶方盘

有木质葬具，单椁单棺，已朽。椁长 2.5、宽 0.9 米；棺长 2.04、宽 0.7 米。棺内人骨架 1 具，已朽，可辨头向东，单人仰身直肢葬。

随葬品共 8 件，5 件陶罐位于墓室底部椁内棺外北侧，3 件小陶罐分别位于墓室底部椁内棺外东侧二层台内的东北、西北、西南角。

小陶罐　2 件。

标本 13M75：2，泥质夹砂灰陶，器表泛黄。敛口，圆唇，平沿，溜肩，鼓腹，最大腹径居中，腹下部弧内收，平底。素面。口径 8.8、腹径 11、底径 6.9、高 7.5 厘米（图三四四，1）。

标本 13M75：3，泥质夹砂灰陶，敛口，方唇，平沿，溜肩，鼓腹，最大腹径居中，腹下部弧内收，平底。素面。口径 8、腹径 11、底径 6、高 7.5 厘米（图三四四，2）。

32.13M79

位于本发掘区的中部。土坑竖穴墓，墓向 115°。墓圹平面长方形，直壁，平底（图三四五；彩版九六，1）。长 3.1、宽 1.6、深 2.5 米。墓内填土黄褐色花土。熟土二层台，系墓内填土回填堆砌而成。台面宽度不一。东、南和北台面均宽 0.4、西台面宽 0.44、高 0.6 米。北侧二层台偏东

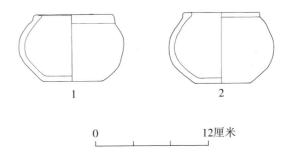

图三四四 13M75 出土陶器
1、2.小陶罐13M75：2、3

处上部用两块地砖砌筑成器物箱，内置随葬品（彩版九六，2）。长 0.77、宽 0.46、深 0.38 米。

有木质葬具，单棺。已朽。棺长 2.25、宽 0.7 米。棺内人骨架 1 具，已朽，可辨头向东，单人仰身直肢葬。

随葬品共 3 件，均为陶罐，位于墓室北侧二层台上的器物箱内。

陶罐 1 件。

标本 13M79：1，泥质灰陶。侈口，方唇，折沿，束颈，溜肩，圆鼓腹，最大腹径居中，腹下部弧内收，平底。腹下部至底饰横向粗绳纹。口径 15、腹径 24.4、底径 7.5、高 24 厘米（图三四五，1）。

33.13M82

位于本发掘区的中部。土坑竖穴墓，墓向 120°。墓圹平面长方形，直壁，光滑平整，有工具痕迹。平底（图三四六）。长 3.3、宽 1.85、深 2.31 米。墓内填土为黄褐色黏土夹杂酥石粉砂土，应为挖墓圹土回填，土质结构较为疏松。有熟土二层台，系挖墓穴时凿出的土回填堆砌而成。台面宽度不一。东台面宽 0.4、西台面宽 0.24、南台面宽 0.44、北台面宽 0.48、高 0.5 米。

有木质葬具，单棺。已朽。长 2.65、宽 0.95 米。棺内人骨架 1 具，已朽，仅见下肢骨朽痕，可辨头向东，单人仰身葬。

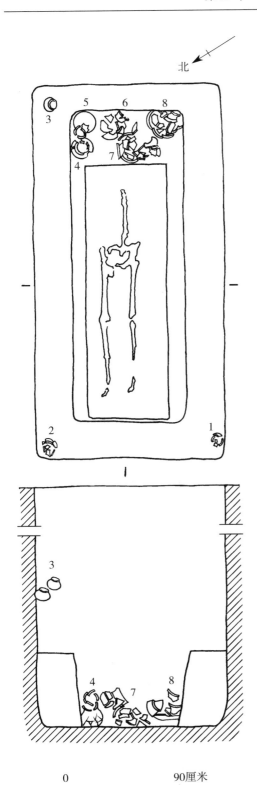

图三四三 13M75 平、剖面图
1～3.小陶罐 4～8.陶罐

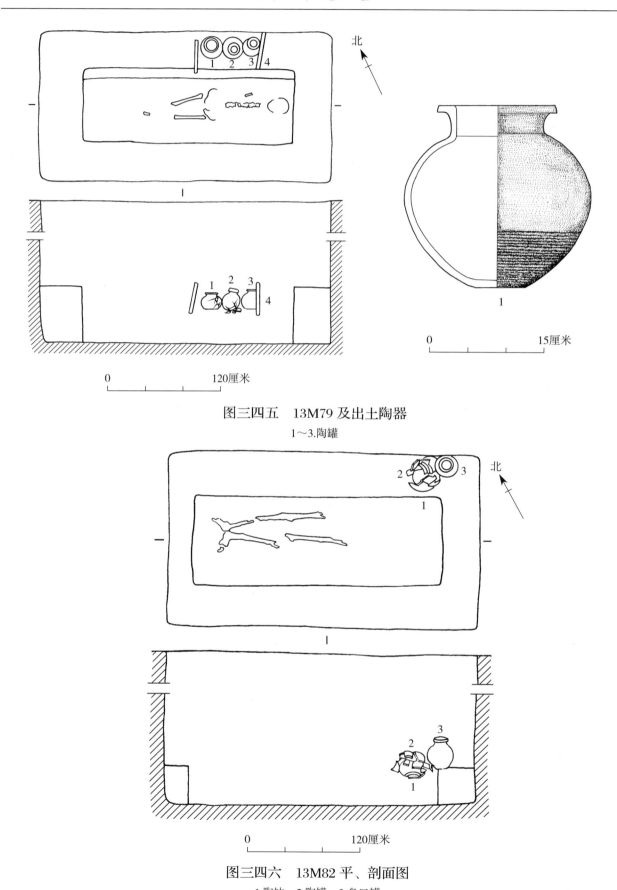

图三四五　13M79 及出土陶器
1～3.陶罐

图三四六　13M82 平、剖面图
1.陶钵　2.陶罐　3.盘口罐

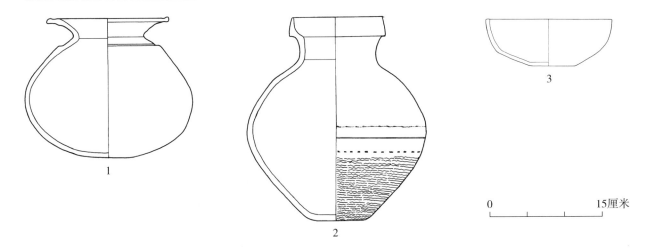

图三四七 13M82 出土陶器

1.陶罐13M82：2 2.盘口罐13M82：3 3.陶钵13M82：1

随葬品共 3 件，其中陶罐 1 件、盘口罐 1 件、陶钵 1 件，位于墓室二层台的东北部。

陶罐 1 件。

标本 13M82：2，泥质灰陶。敛口，方唇，宽平沿，束颈，斜肩，鼓腹，腹下部弧内收，圜底。素面。口径 16、腹径 22、高 18.5 厘米（图三四七，1）。

盘口罐 1 件。

标本 13M82：3，泥质灰陶。盘口，尖唇，束颈，斜肩，扁鼓腹，最大腹径居中，腹下部斜内收，小平底。腹部饰一周凹弦纹和戳刺纹，腹下部至底饰横向绳纹。口径 12、腹径 23.4、底径 7、高 27 厘米（图三四七，2）。

陶钵 1 件。

标本 13M82：1，泥质黄褐陶。敛口，方唇，斜腹，腹下部斜内收，平底。素面。口径 16.8、底径 6、高 6.2 厘米（图三四七，3）。

34.13M85

位于本发掘区的东南部。土坑竖穴墓，墓向 120°。墓圹平面长方形，直壁，较规整，平底有隔梁（图三四八）。长 2.5、宽 1.4、深 1 米。墓内填土黄褐色五花土，应为挖墓圹土回填。有熟土二层台，系挖墓穴时凿出黄褐色土夹杂酥石等回填堆砌而成。台面宽度不一，东台面宽 0.2、西、南台面均宽 0.3、北台面宽 0.35、高 0.3 米。

有木质葬具，单棺。已朽。长 2、宽 0.75 米。棺内人骨架 1 具，已朽，单人葬，葬式及头向不明。

随葬品 1 件陶罐，位于墓室底部棺外北侧二层台里。

35.13M97

位于本发掘区的东南部。土坑竖穴墓，墓向 300°。墓圹平面长方形，直壁，较规整，平底（图三四九）。长 2.7、宽 1.7、深 1.4 米。墓内填土黄褐色五花土。经过夯打。土质结构较硬。夯层

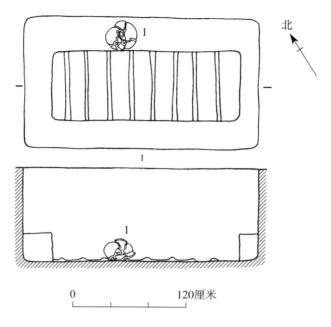

图三四八　13M85 平、剖面图

1.陶罐

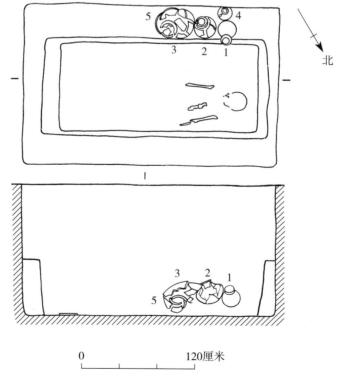

图三四九　13M97 平、剖面图

1.盘口罐　2.陶罐　3.高领罐　4.小陶罐　5.陶片

及夯窝不明显。有熟土二层台，系墓内填土回填堆砌而成。台面宽度不一。东台面宽0.1、西台面宽0.2、南台面宽0.3、北台面宽0.34、高0.6米。

有木质葬具，单棺。棺长2.1、宽0.93米。棺内人骨架1具，已朽，可辨头向东，单人仰身直肢葬。

随葬品共5件，其中陶罐1件、小陶罐1件、高领罐1件、盘口罐1件，陶片1件，位于墓室底部棺外北侧偏东的二层台里。圆形漆盒1件，位于棺室的西南。红色。朽，无法提取。

陶罐　1件。

标本13M97：2，泥质灰陶。敛口，尖唇，斜卷沿，束颈，溜肩，鼓腹，最大腹径偏上，腹下部斜内收，平底。腹中部偏上饰两道凹弦纹，腹下部饰纵向绳纹，近底部饰斜横向绳纹。口径17、腹径30、底径9、高23厘米（图三五〇，1）。

高领罐　1件。

标本13M97：3，泥质灰陶。侈口，方唇，斜折沿，高领，束颈，溜肩，圆鼓腹，最大腹径居中，腹下部弧内收，平底。肩部饰五道凹弦纹，腹下部饰纵向绳纹，近底部饰横向绳纹。口径14、腹径23.2、底径7、高21.6厘米（图三五〇，2）。

盘口罐　1件。

标本13M97：1，泥质灰陶。盘口，尖唇，斜沿，束颈，溜肩，鼓腹，腹下部弧内收，最大腹径居中，小平底。腹下部至底饰横向绳纹。口径12.8、腹径20.2、底径7、高23.8厘米（图三五〇，3）。

小陶罐　1件。

标本13M97：4，泥质灰陶。敛口，圆唇，平沿，束颈，溜肩，圆鼓腹，最大腹径居中，腹

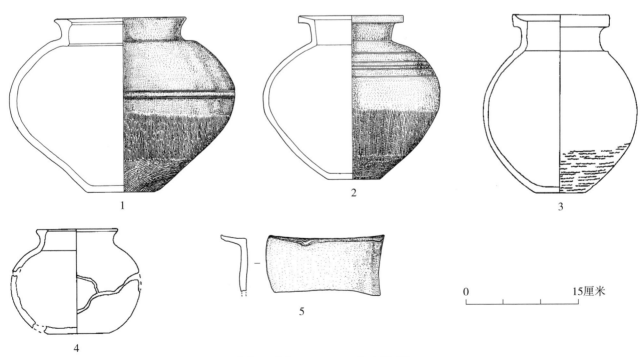

图三五〇　13M97出土陶器

1.陶罐13M97：2　2.高领罐13M97：3　3.盘口罐13M97：1　4.小陶罐13M97：4　5.陶片13M97：5

下部弧内收，平底。素面。口径 11、腹径 16.8、底径 8、高 14 厘米（图三五〇，4）。

陶片　1 件。

标本 13M97：5，口沿残片，侧面呈"L"形。残长 16、残高 8 厘米（图三五〇，5）。

36.13M102

位于本发掘区的东南部。土坑竖穴墓，墓向 120°。墓圹平面长方形，直壁，较规整，平底（图三五一）。长 3、宽 1.8、深 3.3 米。墓内填土上部分较纯净灰褐土，经过夯打，结构致密。厚约 1 米，中间部分灰褐色夹杂黄褐色土，厚约 0.8 米，下部分黄褐色土夹杂较多石块，土质结构较为松散，厚约 1.5 米，应为挖墓圹土回填。东、西和南有熟土二层台，系挖墓穴时凿出黄褐色土夹杂石块等回填堆砌而成。台面宽度不一，东、南台面均宽 0.4、西台面宽 0.3、高 0.31 米。

有木质葬具，单椁单棺，椁长 2.28、宽 1.34 米，棺位于椁室南部，棺长 2.28、宽 0.94 米。棺内人骨架 1 具，已朽，可辨头向东，单人仰身直肢葬。

随葬品共 3 件，其中高领罐 2 件、盘口罐 1 件，位于墓室底部椁内棺外北侧。

高领罐　2 件。

标本 13M102：2，泥质灰陶。直口，方唇，平沿，高领，溜肩，扁鼓腹，最大腹径居中，腹下部斜内收，平底。素面。口径 16.4、腹径 29.8、底径 9.8、高 25 厘米（图三五二，1）。

标本 13M102：3，泥质灰陶。敛口。尖唇，长颈，溜肩，扁鼓腹，最大腹径居中，腹下部弧内收，

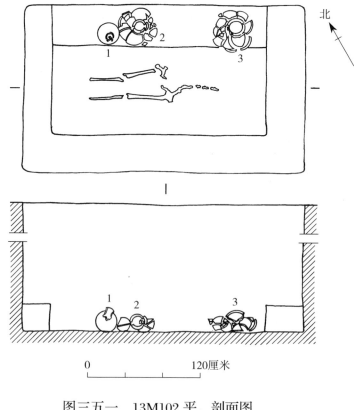

图三五一　13M102 平、剖面图

1.盘口罐　2、3.高领罐

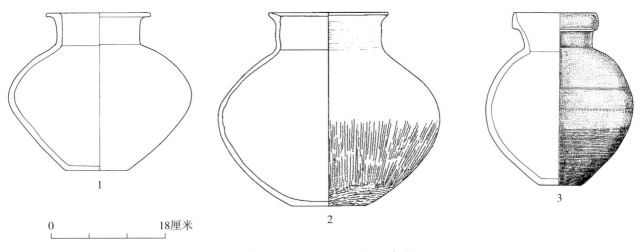

0   18厘米

图三五二 13M102出土陶器

1、2.高领罐13M102：2、3 3.盘口罐13M102：1

平底。颈部饰轮纹，腹下部饰纵绳纹，近底部饰横向绳纹。口径19、腹径35.4、底径12、高31厘米（图三五二，2）。

盘口罐 1件。

标本13M102：1，泥质灰陶。盘口，尖唇，束颈，溜肩，鼓腹，最大腹径居中，腹下部斜内收，小平底。腹中部偏上饰一道凹弦纹，腹中部饰一道戳刺纹，腹下部至底饰横向绳纹。口径13、腹径23.4、底径6.8、高27.5厘米（图三五二，3）。

37.13M104

位于本发掘区的东南部。由于后期破坏，仅存墓室的下部分。土坑竖穴墓，墓向110°。墓圹平面长方形，直壁，平底（图三五三）。长3、宽1.5、深0.9米。墓内填土黄褐色黏土，应为挖墓圹土回填。土质结构较为松散。有熟土二层台，系挖墓穴时凿出黄褐色黏土等回填堆砌而成。台面宽度不一，东、西台面均宽0.4、南、北台面均宽0.3、高0.6米。

有木质葬具，单棺，长2.2、宽0.9米。棺内人骨架1具，已朽，可辨头向东，单人仰身直肢葬。

随葬品1件陶罐，位于棺外北侧二层台上中部偏西。

38.13M105

位于本发掘区的东部偏南。土坑竖穴墓，墓向120°。墓圹平面略呈长方形，直壁，较规整，平底（图三五四；彩版九七，1）。长3、宽1.5、深1.7米。墓内填土黄褐土，应为挖墓圹土回填。土质结构较为松散。有熟土二层台。系挖墓穴时凿出黄褐色土等回填堆砌而成。台面宽度不一，东台面宽0.2、西、北台面均宽0.4、南台面宽0.3、高0.3米。

有木质葬具，单棺。棺长2.4、宽0.8米。棺内人骨架1具，已朽，可辨头向东，单人仰身直肢葬。

随葬品共4件，陶罐2件、高领罐2件，位于墓室底部棺外东侧二层台内。

陶罐 2件。

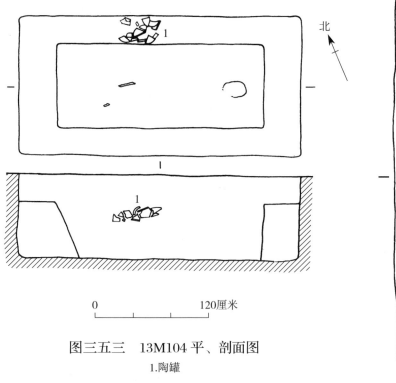

0 ——————— 120厘米

图三五三　　13M104 平、剖面图
1.陶罐

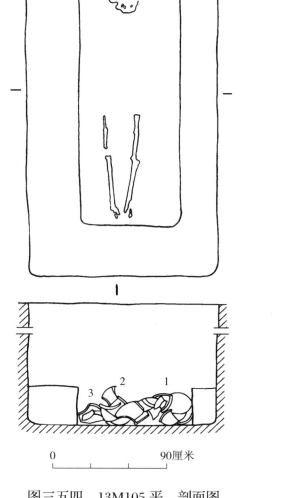

0 ——————— 90厘米

图三五四　　13M105 平、剖面图
1、2.陶罐　3、4.高领罐

标本 13M105：1，泥质灰陶。侈口，圆唇，折沿，束颈，溜肩，鼓腹，最大腹径居中，腹下部斜内收，平底。腹中部饰 3 道凹弦纹，腹下部饰纵向绳纹，近底部饰横向绳纹。口径 17、腹径 32.4、底径 8.5、高 27 厘米（图三五五，1；彩版九七，2）。

标本 13M105：2，泥质夹砂灰陶。侈口，圆唇，折沿，束颈，斜肩，扁鼓腹，最大腹径居中，腹下部弧内收，平底。腹中部饰两道锥刺纹。口径 17.6、腹径 29.8、底径 10.4、高 27 厘米（图三五五，3；彩版九七，4）。

高领罐　2 件。

标本 13M105：3，泥质灰陶。侈口，方唇，平沿，高领，斜肩，鼓腹，最大腹径居中，腹下部斜内收，平底。肩部饰有一道凹弦纹，腹下部至底饰横向绳纹。口径 14、腹径 22.8、底径 4.8、高 24.8 厘米（图三五五，2；彩版九七，3）。

标本 13M105：4，泥质灰陶，侈口，方唇，斜沿，长颈，溜肩，鼓腹，腹下部斜内收，平底，肩部饰一周凹弦纹，腹中部饰一道戳刺纹，腹下部至底饰横向绳纹。口径 13.6、腹径 22、底径 6、高 25 厘米（图三五五，4；彩版九七，5）。

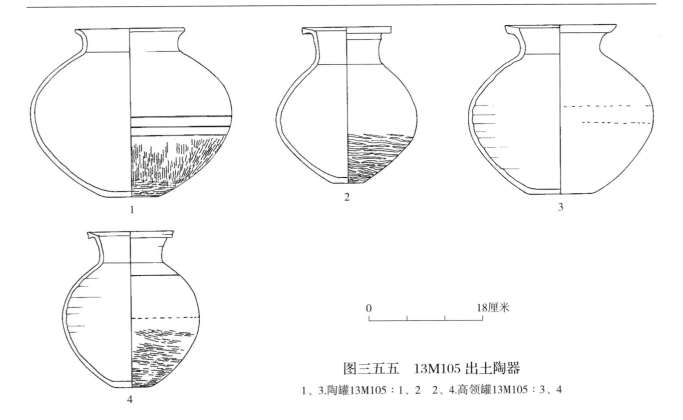

图三五五　13M105 出土陶器

1、3.陶罐13M105：1、2　　2、4.高领罐13M105：3、4

39.13M106

位于本发掘区的北部。土坑竖穴墓，墓向 125°。墓圹平面长方形，直壁，较规整，平底（图三五六）。长 3.1、宽 1.4、深 1.5 米。墓内填土灰褐色花土夹杂小石块，应为挖墓圹土回填。经过夯打，质地致密，夯层及夯窝不明显。有熟土二层台。系挖墓穴时凿出灰褐色花土夹杂小石块等回填堆砌而成。台面宽 0.2～0.3、高 0.4 米。

有木质葬具，单椁单棺。椁长 2.6、宽 1 米，棺长 2、宽 0.6 米。棺内人骨架 1 具，已朽，可辨头向东，单人仰身直肢葬。

随葬品共 4 件，陶罐 3 件、陶壶 1 件，位于墓室底部椁内棺外东侧二层台内。

陶罐　3 件。

标本 13M106：1，泥质灰褐陶。口部残。斜肩，扁鼓腹，最大腹径居中，腹下部斜内收，平底。腹中部饰一道凹弦纹。腹径 24.6、底径 6.8、残高 21 厘米（图三五七，1）。

标本 13M106：2，泥质黄陶。侈口，圆唇，平沿，束颈，溜肩，鼓腹，最大腹径居中，腹下部弧内收，平底。腹中部及肩饰四道凹弦纹，腹下部饰纵向绳纹，近底部饰横向绳纹。口径 20、腹径 31、底径 10、高 29.5 厘米（图三五七，2）。

标本 13M106：4，泥质灰陶。侈口，方唇，平沿，束颈，溜肩，鼓腹，最大腹径居中，腹下部弧内收，平底。腹下部至底饰横向绳纹。口径 13.8、腹径 22.8、底径 6、高 25.7 厘米（图三五七，3）。

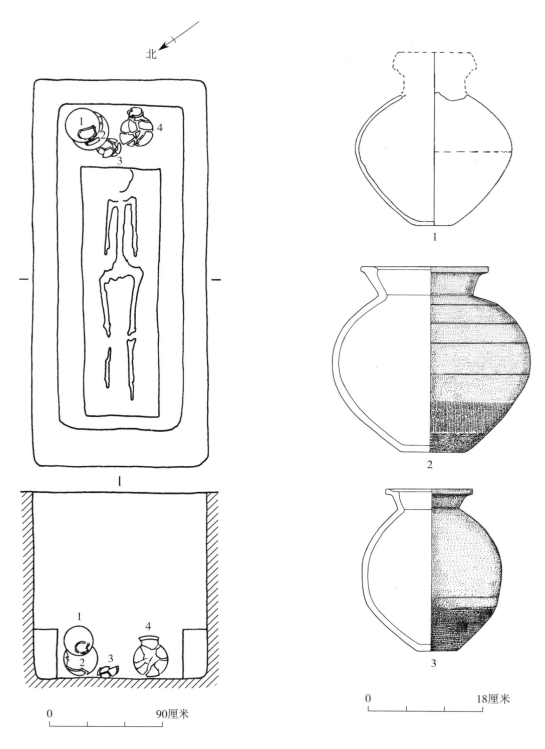

图三五六　13M106 平、剖面图
1、2、4.陶罐　3.陶壶

图三五七　13M106 出土陶罐
1～3.13M106：1、2、4

40.13M111

位于本发掘区的北部。土坑竖穴墓,墓向120°。墓圹平面长方形,直壁,较规整,平底(图三五八)。长2.5、宽1.2、深1.3米。墓内填土黄褐色五花土夹杂小石块,应为挖墓圹土回填。经过夯打,土质结构较坚硬致密,夯层及夯窝不明显。有熟土二层台,系挖墓穴时凿出黄褐色五花土夹杂小石块等回填堆砌而成。台面均宽约0.2、高0.3米。

有木质葬具,单棺。棺长2.1、宽0.7、高0.6米。棺内人骨架1具,已朽,单人葬,葬式及头向不明。

随葬品共5件,其中陶罐1件,位于墓室底部棺外北侧二层台中部偏西内;小陶罐4件,位于墓室四角二层台上。

小陶罐 4件。

标本13M111:1,泥质灰陶。侈口,方唇,直领,溜肩,鼓腹,最大腹径居中,腹下部弧内收,平底。素面。口径8.5、腹径13.6、底径6.8、高9厘米(图三五九,1)。

标本13M111:2,泥质灰陶。敛口,方唇,溜肩,鼓腹,最大腹径居中,腹下部弧内收,平底。素面。口径8.3、腹径13.6、底径4.5、高9.8厘米(图三五九,2)。

标本13M111:3,泥质灰陶。有盖,方唇,弧腹,近弧顶。盖径9.6、高1.5厘米。罐,敛口,方唇,溜肩,鼓腹,最大腹径居中,腹下部弧内收,平底。素面。口径9.5、腹径15、底径6.2、高8.2、通高9.7厘米(图三五九,3)。

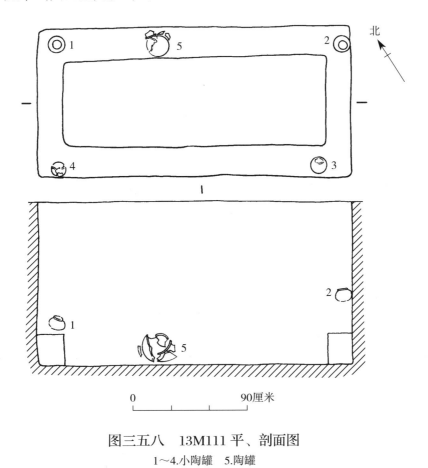

0   90厘米

图三五八 13M111平、剖面图

1～4.小陶罐 5.陶罐

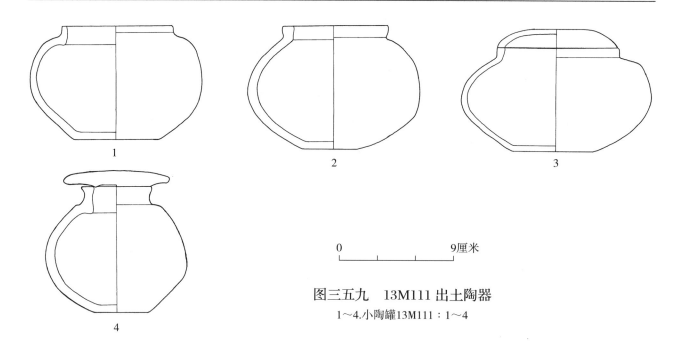

图三五九　　13M111 出土陶器
1～4.小陶罐13M111：1～4

标本 13M111：4，泥质灰陶。有盖，厚圆唇，弧顶近平，子母口。盖径 8.4、高 1.2 厘米。罐，敛口，方唇，束颈，斜肩，鼓腹，最大腹径居中，腹下部弧内收，平底。素面。口径 5.5、腹径 11、底径 4.1、高 10、通高 11.2 厘米（图三五九，4）。

41.13M119

位于本发掘区的东北部。土坑竖穴墓，墓向 125°。墓圹平面长方形，直壁，较规整，平底（图三六〇）。长 2.4、宽 1.2、深 1.25 米。墓内填土黄褐色土夹杂较多的小石块，应为挖墓圹土回填。经过夯打，土质结构较坚硬致密，夯层及夯窝不明显。西、南和北有熟土二层台，系挖墓穴时凿出黄褐色土夹杂较多的小石块等回填堆砌而成。台面宽度不一，西台面宽 0.1、南台面宽 0.2、北台面宽 0.3、高 0.12 米。

有木质葬具，单棺。棺位于墓室东侧，长 2.25、宽 0.7 米。棺内人骨架 1 具，已朽，单人葬。葬式及头向均不明。

随葬品共 1 件，为陶罐。位于墓室底部棺外北侧二层台上。

42.13M120

位于本发掘区的东北部。土坑竖穴墓，墓向 130°。墓圹平面长方形，直壁，较规整，平底（图三六一）。长 2.5、宽 1.6、深 0.72 米。墓内填土黄褐色粉砂黏土，应为挖墓圹土回填。经过夯打，土质结构较坚硬致密，夯层及夯窝不明显。有熟土二层台，系挖墓穴时凿出黄褐色粉砂黏土等回填堆砌而成。台面宽 0.2 ～ 0.75、高 0.2 米。

有木质葬具，单棺。棺室由于后期填土挤压，不十分规整，棺长 1.95、宽 0.6 米。棺内人骨架 1 具，已朽，单人葬。葬式及头向均不明。

随葬品共 4 件，其中盘口罐 2 件、小陶罐 2 件。自西向东排列，位于墓室底部棺外北侧二

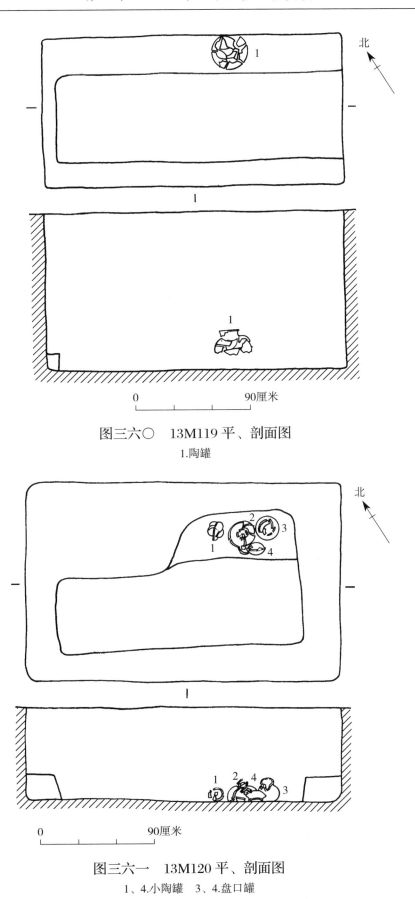

图三六〇　13M119 平、剖面图
1.陶罐

图三六一　13M120 平、剖面图
1、4.小陶罐　3、4.盘口罐

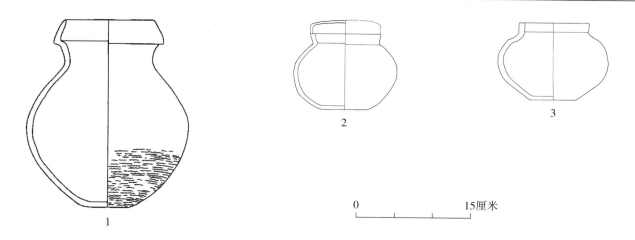

图三六二　　13M120 出土陶器
1.盘口罐13M120：3　2、3.小陶罐13M120：1、4

层台里。

盘口罐　1件。

标本 13M120：3，泥质灰陶。盘口，尖唇，束颈，斜肩，鼓腹，最大腹径居中，腹下部斜内收，小平底。腹下部至底饰横向绳纹。口径 12、腹径 21.2、底径 6、高 25 厘米（图三六二，1）。

小陶罐　2件。

标本 13M120：1，泥质灰陶。有盖，圆唇，折腹，弧顶近平。盖径 9.2、高 1.8 厘米。罐，侈口，方唇，束颈，溜肩，圆鼓腹，最大腹径居中，腹下部弧内收，平底。素面。口径 9.2、腹径 13.6、底径 6、高 10、通高 11.8 厘米（图三六二，2）。

标本 13M120：4，泥质灰陶。直口，方唇，束颈，溜肩，圆鼓腹，最大腹径居中，腹下部弧内收，平底。素面。口径 9、腹径 14.4、底径 6、高 10.2 厘米（图三六二，3）。

43.13M121

位于本发掘区的东北部。土坑竖穴墓，墓向 130°。墓圹平面长方形，直壁，较规整，平底（图三六三；彩版九八，1）。墓底偏北部位于棺下有一东西走向的小沟，长 2、宽 0.5、深 0.08 米。墓圹长 3.2、宽 2.2、深 0.72 米。墓内填土黄褐色粉砂土，应为挖墓圹土回填。经过夯打，夯层明显，厚 15～20 厘米，夯窝，圆形，直径约 8～12 厘米。有熟土二层台，系挖墓穴时凿出黄褐色粉砂黏土等回填堆砌而成。台面宽 0.5～0.7、高 0.3 米。

有木质葬具，单棺。长 2、宽 14 米。棺内人骨架 1 具，已朽，单人葬。葬式及头向均不明。

随葬品共 4 件，其中陶罐 1 件、盘口罐 1 件、小陶罐 1 件、陶钵 1 件，位于墓室底部棺外北侧二层台内。

陶罐　1件。

标本 13M121：4，泥质灰陶。敛口，方唇，平沿，束颈，斜肩，扁鼓腹，最大腹径居中，腹下部斜内收，平底。腹下部饰一道凹弦纹，腹下部饰纵向绳纹，近底部饰横向绳纹。口径 17.6、

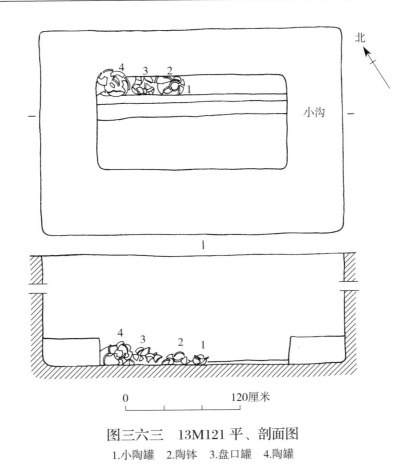

图三六三 13M121平、剖面图
1.小陶罐 2.陶钵 3.盘口罐 4.陶罐

腹径35.2、底径10、高30厘米（图三六四，1；彩版九八，2）。

盘口罐 1件。

标本13M121：3，泥质灰陶。盘口，尖唇，束颈，溜肩，鼓腹，最大腹径居中，腹下部斜内收，小平底。腹中上部饰一道凹弦纹，腹下部至底饰斜纵向与纵向交错绳纹。口径13.4、腹径22.4、底径6、高25.6厘米（图三六四，2；彩版九八，3）。

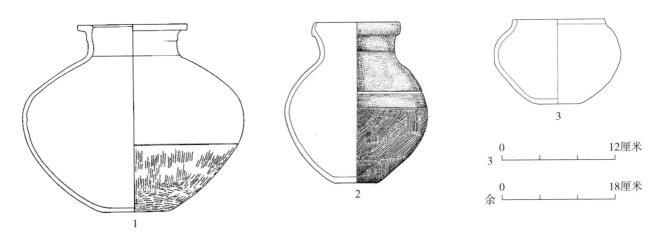

图三六四 13M121出土陶器
1.陶罐13M121：4 2.盘口罐13M121：3 3.小陶罐13M121：1

小陶罐　1件。

标本 13M121：1，泥质灰青陶。敛口，方唇，鼓腹，最大腹径居中，腹下部斜内收，平底。素面。口径 9.7、腹径 13.5、底径 4.8、高 9 厘米（图三六四，3；彩版九八，4）。

陶钵　1件。

标本 13M121：2，泥质灰陶。侈口，最大腹径居上，腹下部弧内收，圜平底。口径 19.2、底径 7、高 7.4 厘米（彩版九八，5）。

44.13M122

位于本发掘区的东北部。土坑竖穴墓，墓向120°。墓圹平面长方形，直壁，较规整，平底（图三六五；彩版九九，1）。长 2.8、宽 1.7、深 1.6 米。墓内填土黄褐色粉砂土，应为挖墓圹土回填。有熟土二层台，系挖墓穴时凿出黄褐色粉砂土等回填堆砌而成。台面宽度不一，东、南台面均宽 0.4、

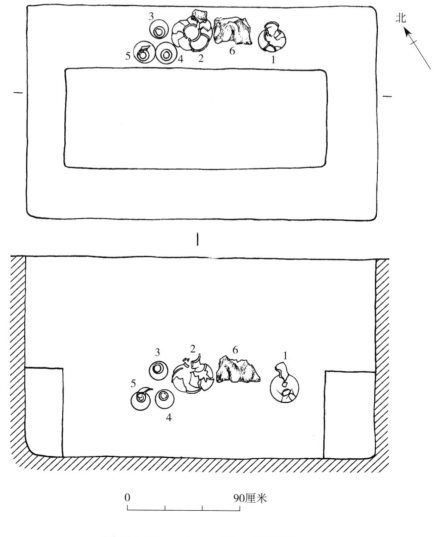

图三六五　13M122 平、剖面图

1.盘口罐　2.陶罐　3～5.小陶罐　6.铁器

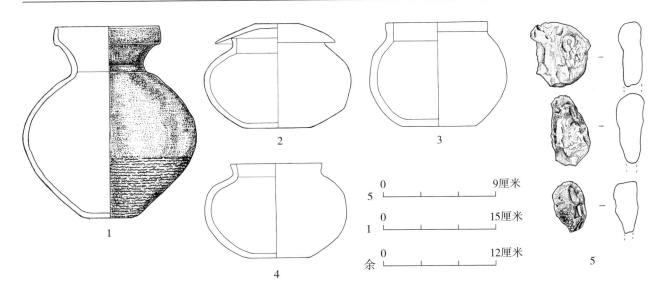

图三六六　13M122 出土遗物

1.盘口罐13M122：1　2～4.小陶罐13M122：3～5　5.铁器13M122：6

西台面宽 0.3、北台面宽 0.5、高 0.7 米。

有木质葬具，单棺。长 2.1、宽 0.8 米。棺内人骨架 1 具，已朽，单人葬，葬式及头向均不明。

随葬品共 6 件，其中陶罐 1 件、盘口罐 1 件、小陶罐 3 件、铁器 1 件。自西向东排列，位于墓室底部棺外北侧二层台上。

盘口罐　1 件。

标本 13M122：1，泥质灰陶。盘口，尖唇，束颈，溜肩，鼓腹，最大腹径居中，腹下部斜内收，小平底。腹下部至底饰横向绳纹。口径 13.5、腹径 22.4、底径 6、高 25.4 厘米（图三六六，1；彩版九九，2）。

小陶罐　3 件。

标本 13M122：3，泥质土黄陶。有盖，尖唇，斜腹，平顶。盖径 12.5、高 2 厘米。罐，敛口，方唇，溜肩，鼓腹，最大腹径居中，腹下部弧内收，平底。素面。口径 9.8、腹径 15.4、底径 7、高 9.5、通高 11 厘米（图三六六，2；彩版九九，3）。

标本 13M122：4，泥质灰陶。侈口，圆唇，平沿，束颈，斜肩，鼓腹，最大腹径居中，腹下部弧内收，平底。素面。口径 10.6、腹径 14.8、底径 7.5、高 11 厘米（图三六六，3；彩版九九，4）。

标本 13M122：5，泥质灰陶。侈口，圆唇，平沿，束颈，斜肩，鼓腹，最大腹径居中，腹下部弧内收，平底。素面。口径 9.2、腹径 14.8、底径 6、高 10 厘米（图三六六，4；彩版九九，5）。

铁器　1 件。

标本 13M122：6，残存三段，锈蚀严重，无法辨识器形。截面呈不规则状。残长 4～5.5、宽 2～4、厚 1～3 厘米（图三六六，5）。

45.13M125

位于本发掘区的东北部。土坑竖穴墓，墓向 120°。墓圹平面长方形，口小底大，呈袋状，四壁均为内斜直壁，较规整，平底（图三六七；彩版一〇〇，1～4）。墓圹口长 2.7、宽 1.5 米，墓圹底部长 3.2、宽 1.9 米，深 2.9 米。墓内填土上部分为比较纯净的灰褐色土，厚约 1.8 米，土质结构致密，下部分黄褐色土夹杂小石块，应为挖墓圹土回填。经过夯打，夯层及夯窝不明显。有二层台，东、西为生土与熟土构成，东侧生土台面宽 0.2、高 0.7 米，熟土台面宽 0.2、高 0.3 米；西侧生土台面宽 0.3、高 0.5 米，熟土台面宽 0.4、高 0.3 米。南、北熟土二层台，台面宽均为 0.4、高 0.3 米，系挖墓穴时凿出黄褐色土夹杂小石块等回填堆砌而成。

有木质葬具，单椁单棺。椁长 2.1、宽 1.1 米；棺长 1.9、宽 0.6 米。墓底有东西长 70、南北宽 40 厘米的红漆范围，分析是红漆棺。棺内人骨架 1 具，已朽，可辨头向东，单人仰身直肢葬。

随葬品共 12 件，其中陶罐 2 件、钵 4 件、器盖 1 件，位于墓室底部椁内棺外北侧二层台偏西。盘口罐 2 件，位于墓室东北及东南角填土里，用陶器底的残片加工为扣盖；小陶罐 3 件，位于墓室西南、西北角及北侧二层台填土里，西南角小陶罐，也用陶器底的残片加工为扣盖。

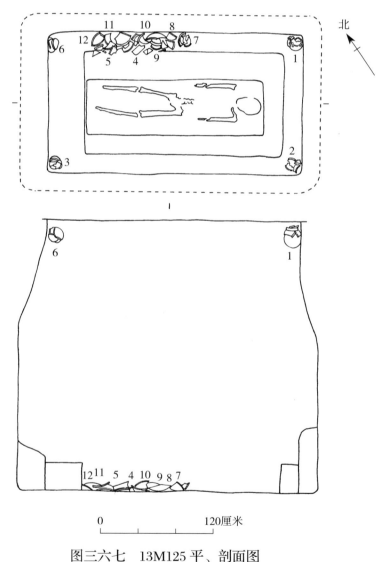

图三六七　13M125 平、剖面图

1、2.盘口罐　3、5、6.小陶罐　4、12.陶罐　7～10.陶钵　11.陶器盖

陶罐 2件。

标本 13M125：4，泥质红陶。侈口。方唇，平沿，束颈，斜肩，扁鼓腹，最大腹径居中，腹下部斜内收，平底。颈部饰两道凹弦纹及纵向刻划纹，腹下部饰纵向绳纹，近底部饰横向绳纹。口径 16.8、腹径 33.6、底径 9、高 25 厘米（图三六八，1）。

标本 13M125：12，残。泥质灰陶。敛口。尖唇，斜沿，束颈，溜肩，鼓腹，最大腹径居中，腹下部弧内收，平底。腹下部饰纵向绳纹，近底部饰横向绳纹。口径 21.6、腹径 37、底径 10、残高 30 厘米（图三六八，2）。

小陶罐 3件。

标本 13M125：3，泥质灰黑陶。罐，直口，方唇，平沿，溜肩，鼓腹，最大腹径居中，腹下部弧内收，平底。腹上部饰轮制纹饰。口径 10.2、腹径 14.5、底径 8.8、高 9.5 厘米（图三六八，3）。

标本 13M125：5，泥质夹砂灰陶。直口，方唇，平沿，溜肩，鼓腹，腹下部弧内收，最大腹径居中，平底。素面。口径 10.7、腹径 14.5、底径 7.8、高 11 厘米（图三六八，4）。

标本 13M125：6，盖，泥质夹砂灰陶。平顶。方唇。素面。盖径 13.5、高 2 厘米。罐，泥质灰陶。敛口，圆唇，平沿，弧腹，腹下部折收，平底。素面。口径 8、底径 9、通高 13 厘米（图三六八，5）。

盘口罐 2件。

标本 13M125：1，泥质灰陶。盘口，尖唇，束颈，溜肩，鼓腹，最大腹径居中，腹下部弧内收，小平底。腹下部至底饰横向绳纹，局部饰纵横交错绳纹。口径 12、腹径 21.4、底径 7、高 25

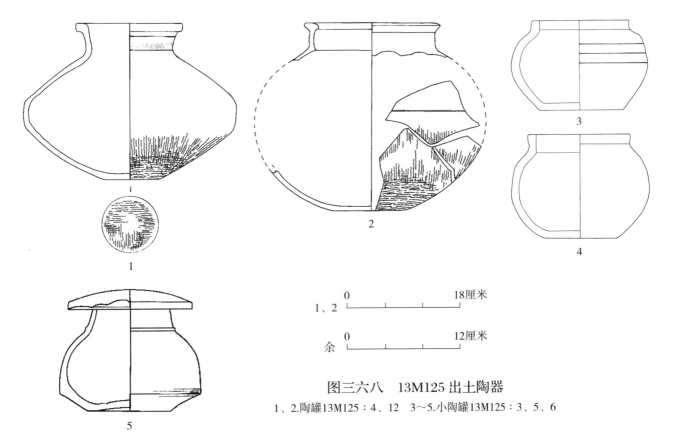

1、2

0   18厘米

余

0   12厘米

图三六八 13M125 出土陶器

1、2.陶罐13M125：4、12 3～5.小陶罐13M125：3、5、6

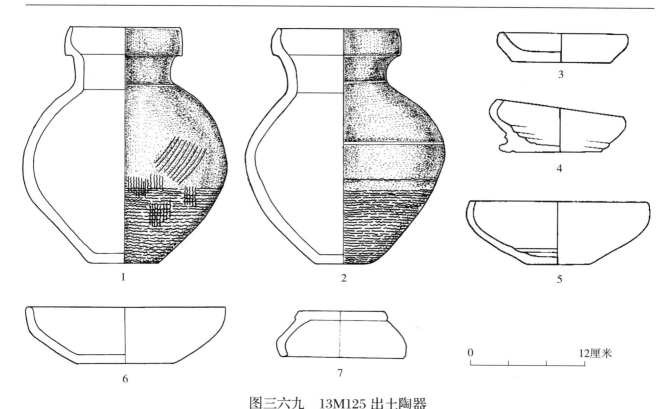

图三六九　13M125 出土陶器
1、2.盘口罐13M125：1、2　　3～6.陶钵13M125：7～10　　7.陶器盖13M125：11

厘米（图三六九，1）。

标本 13M125：2，泥质夹砂灰褐陶。盘口，尖唇，束颈，溜肩，鼓腹，最大腹径居中，腹下部弧内收，小平底。腹中部饰一道凹弦纹，腹下部偏下至底饰横向绳纹。口径 12.6、腹径 21、底径 6、高 25 厘米（图三六九，2）。

陶钵　4件。

标本 13M125：7，泥质灰陶。敛口，方唇，弧腹，腹下部斜内收，平底。素面。口径 13.2、底径 10.2、高 3 厘米（图三六九，3）。

标本 13M125：8，泥质灰陶。敛口，方唇，弧腹，腹下部斜内收，平底。素面。烧制不规整。口径 13.6、底径 10.5、高 5.6 厘米（图三六九，4）。

标本 13M125：9，泥质夹砂黄陶。敛口，方唇，斜腹。素面。口径 1804、底径 6.5、高 6.5 厘米（图三六九，5）。

标本 13M125：10，泥质黄陶。侈口，圆唇，弧腹、平底。素面。口径 20.8、底径 10、高 6 厘米（图三六九，6）。

陶器盖　1个。

标本 13M125：11，泥质夹砂黄陶。素面。口径 13、高 4.8 厘米（图三六九，7）。

46.13M126

位于本发掘区最北部的一座墓葬。土坑竖穴墓，墓向 118°。墓圹平面长方形，直壁，光滑，较规整，平底（图三七〇）。长 2.6、宽 1.6、深 3.4 米。墓内填土黄褐色粉砂土，应为挖墓圹土回填。有熟土二层台，系挖墓穴时凿出黄褐色粉砂土等回填堆砌而成。台面宽度不一。东台面宽 0.3、西台面宽 0.4、南台面宽 0.2、北台面宽 0.15、高 0.5 米。

有木质葬具，单椁单棺。椁长 1.9、宽 1.25 米；棺长 1.9、宽 0.9 米。棺内人骨架 1 具，已朽，单人葬，葬式及头向均不明。

随葬品共 5 件，陶罐 3 件、盘口罐 1 件、圆陶片 1 件，自西向东排列，位于墓室底部椁内棺外北侧二层台西部内。

陶罐　3 件。

标本 13M126：1，泥质灰陶。侈口，方唇，斜折沿，束颈，溜肩，鼓腹，最大腹径居中，腹下部弧内收，平底。腹中部偏下饰两道戳刺纹，腹下部至底饰横向绳纹。口径 12.4、腹径 20.8、底径 8、高 23.5 厘米（图三七一，1）。

标本 13M126：2，泥质灰陶。侈口，方唇，斜折沿，束颈，溜肩，鼓腹，最大腹径居中，

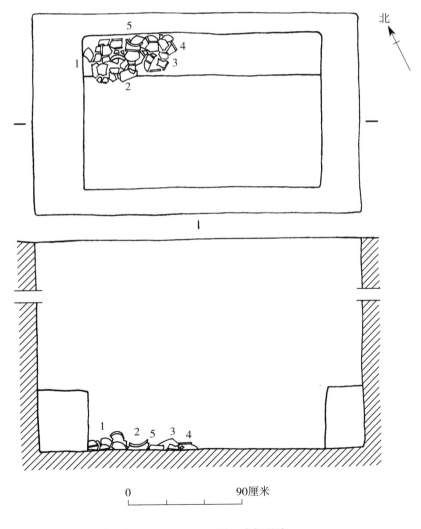

0　　　　　　　　90厘米

图三七〇　13M126 平、剖面图

1～3.陶罐　4.盘口罐　5.圆陶片

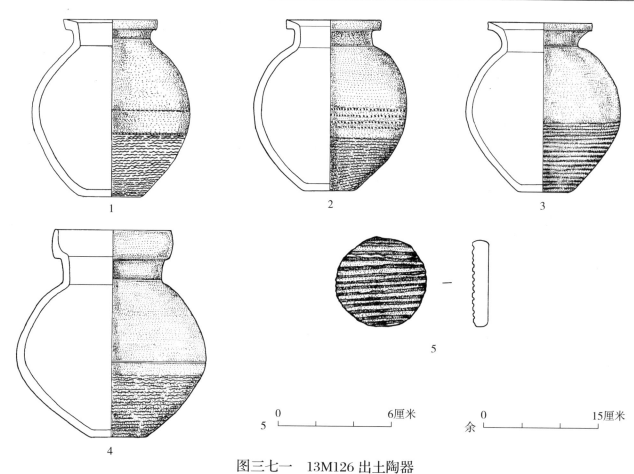

图三七一　13M126 出土陶器
1～3.陶罐13M126：1～3　4.盘口罐13M126：4　5.圆陶片13M126：5

腹下部弧内收，小平底。腹中部偏下饰四道戳刺纹，腹下部至底饰横向绳纹。口径 12.6、腹径 20.2、底径 7、高 22.6 厘米（图三七一，2）。

标本 13M126：3，泥质灰陶。侈口，方唇，斜折沿，束颈，溜肩，鼓腹，最大腹径居中，腹下部弧内收，平底。腹中部偏下饰三道戳刺纹，腹下部至底饰横向绳纹。口径 13.5、腹径 20.1、底径 6.6、高 22.5 厘米（图三七一，3）。

盘口罐　1件。

标本 13M126：4，泥质夹砂灰陶。盘口，方唇，束颈，溜肩，鼓腹，最大腹径居中，腹下部弧内收，平底。腹中部饰一道凹弦纹，腹下部至底饰横向绳纹。口径 15.2、腹径 25、底径 7、高 27.2 厘米（图三七一，4）。

圆陶片　1件。

标本 13M126：5，泥质黄陶，正面为凹弦纹，背面素面，近圆形。直径 4.6、厚 0.8 厘米（图三七一，5）。

47.13M131

位于本发掘区的东北部。土坑竖穴墓，墓向 125°。墓圹平面略呈长方形，墓圹口部宽度不

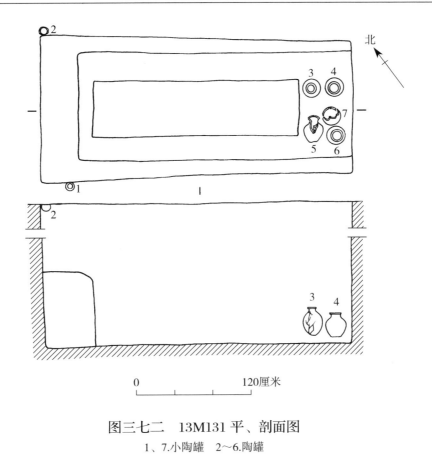

图三七二　13M131 平、剖面图

1、7.小陶罐　2～6.陶罐

一，西端略宽于东端。东、西两壁为直壁，光滑，较规整，南、北两壁中部微外凸，平底（图三七二）。长 3.3、西端宽 1.6、东端宽 1.4、深 2.8 米。墓内填土黄褐色黏土夹杂较多的酥石颗粒，应为挖墓圹土回填。经过夯打，夯层与夯窝不明显。西、南和北侧有熟土二层台，系挖墓穴时凿出黄褐色黏土夹杂较多酥石颗粒等回填堆砌而成。台面宽 0.12～0.4、高 0.8 米。

有木质葬具，单椁单棺，椁长 2.9、宽 1.1、高 0.8 米；棺长 2.15、宽 0.6 米。棺内人骨架 1 具，已朽，单人葬，葬式及头向均不明。

随葬品共 8 件，其中陶罐 5 件，漆盒 1 件。自北向南排列 2 排，位于墓室底部椁内棺外东侧。漆盒，朽，无法提取。小陶罐 2 件，位于墓圹口部的西北角与西南角偏东处填土里。

陶罐　5 件。

标本 13M131：2，泥质灰陶。侈口。方唇，卷沿，束颈，斜肩，鼓腹，最大腹径居中，腹下部弧内收，圜平底。腹中部饰两道戳刺纹。口径 13.6、腹径 21.6、底径 6.6、高 23 厘米（彩版一〇一，1）。

标本 13M131：3，泥质灰陶。侈口。方唇，卷沿，束颈，斜肩，鼓腹，最大腹径居中，腹下部弧内收，平底。腹中部饰两道戳刺纹。口径 13.6、腹径 21.6、底径 6.6、高 23 厘米（图三七三，1；彩版一〇一，2）。

标本 13M131：4，泥质灰陶。侈口。方唇，卷沿，束颈，溜肩，鼓腹，最大腹径偏上，腹下部弧内收，圜底。腹中部饰两道戳刺纹。腹下部至底部饰横向绳纹，底部饰横纵向绳纹。口径

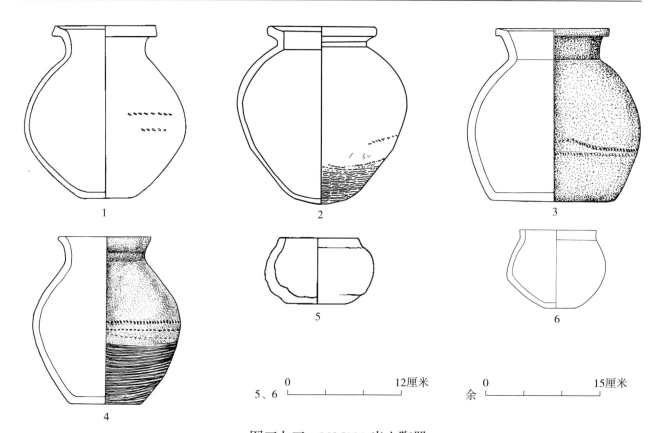

图三七三　13M131 出土陶器

1~4.陶罐13M131：3、4、5、6　5、6.小陶罐13M131：1、7

14.5、腹径 22.5、高 23.5 厘米（图三七三，2；彩版一〇一，3）。

标本 13M131：5，泥质夹砂灰陶。侈口，方唇，斜折沿，束颈，溜肩，鼓腹，最大腹径居中，腹下部弧内收，大平底。腹下部饰两道戳刺纹。口径 14.8、腹径 22.4、底径 16.2、高 23 厘米（图三七三，3；彩版一〇一，4）。

标本 13M131：6，泥质灰陶。侈口，圆唇，卷沿，束颈，溜肩，鼓腹，最大腹径居中，腹下部弧内收，平底。腹中部饰三道戳刺纹。腹下部至底饰横向弦纹。口径 12、腹径 19.4、底径 9、高 22.2 厘米（图三七三，4；彩版一〇一，5）。

小陶罐　2 件。

标本 13M131：1，泥质灰陶。敛口，方唇，溜肩，鼓腹，最大腹径居中，腹下部弧内收，平底。素面。口径 9、腹径 11.4、底径 5.8、高 7 厘米（图三七三，5）。

标本 13M131：7，泥质灰陶。侈口，方唇，束颈，溜肩，鼓腹，最大腹径居中，腹下部弧内收，平底。素面。器形烧制不十分规整。口径 7.7、腹径 10、底径 3、高 8 厘米（图三七三，6；彩版一〇一，6）。

48.13M135

位于本发掘区的东北部。土坑竖穴墓，墓向 135°。墓圹平面长方形，直壁，壁面光滑，较规整，

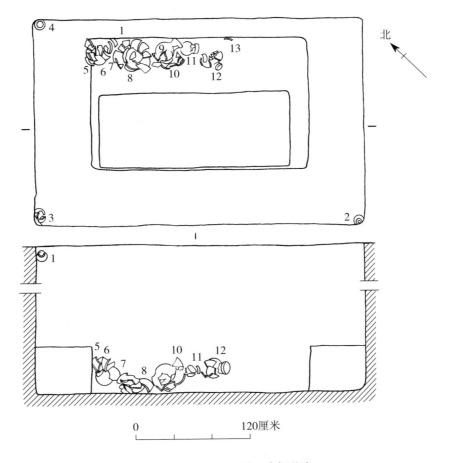

图三七四　13M135 平、剖面图

1、8、10.陶罐　2～4.小陶罐　5～7.盘口罐　9、12.陶壶

平底（图三七四；彩版一〇二，1）。长 3.5、宽 2.2、深 3.4 米。墓内填土黄褐色土夹杂小石块，应为挖墓圹土回填。土质结构较疏松。有熟土二层台，系挖墓穴时凿出黄褐色土夹杂小石块等回填堆砌而成。台面宽度不一。东、西和南台面均宽 0.6 米，北侧台面宽 0.2、高 0.5 米。

有木质葬具，单椁单棺，椁长 2.3、宽 1.4、高 0.5 米，棺长 2、宽 0.8 米。棺内人骨架 1 具，已朽，单人葬。葬式及头向均不明。

随葬品共 13 件，其中陶罐 3 件、盘口罐 3 件、陶壶 2 件、漆器 1 件，自西向东排列，位于墓室底部椁内棺外北侧二层台内。漆器，朽，无法辨别器类。小陶罐 3 件，位于墓圹开口西南、西北及东南角处填土里。此外，墓圹东北角墓圹外地面堆积土内发现壶的底部 1 件。

陶罐　3 件。

标本 13M135：8，泥质灰陶。侈口，圆唇，斜沿，束颈，溜肩，扁鼓腹，最大腹径居中，腹下部弧内收，平底。肩部饰三道凹弦纹，腹下部饰纵向绳纹，近底部饰斜向绳纹。口径 22.8、腹径 33.4、底径 12.6、高 31.4 厘米（图三七五，1；彩版一〇二，2）。

标本 13M135：10，泥质黄陶。敛口，圆唇，平沿，束颈，溜肩，鼓腹，最大腹径居中，腹下部弧内收，平底。腹中部偏下饰两道戳刺纹，腹下部至底饰纵向凹弦纹。口径 19.8、腹径 33.6、底径 12.4、高 28 厘米（图三七五，2；彩版一〇二，3）。

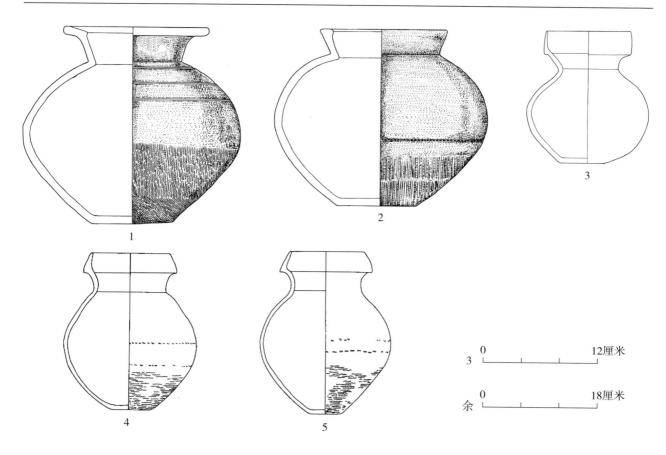

图三七五　13M135 出土陶器

1、2.陶罐13M135：8、10　3~5.盘口罐13M135：5~7

标本 13M135：1，泥质灰黑陶，侈口，方唇，长颈，溜肩，鼓腹，下腹弧收，平底，腹中部饰一周戳印纹。腹下部至底饰横向绳纹。口径 13、腹径 21、底径 6、高 25 厘米（图三七六，4）。

盘口罐　3 件。

标本 13M135：5，泥质灰陶。盘口，尖唇，束颈，溜肩，鼓腹，最大腹径居中，腹下部弧内收，小平底。素面。口径 8.8、腹径 12.9、底径 4.5、高 14 厘米（图三七五，3；彩版一〇二，4）。

标本 13M135：6，泥质灰黑陶。盘口，尖唇，束颈，斜肩，鼓腹，最大腹径居中，腹下部弧内收，小平底。腹中部及偏下饰两道戳印纹，腹下部至底饰横向绳纹。口径 12.8、腹径 21、底径 6、高 25 厘米（图三七五，4；彩版一〇二，5）。

标本 13M135：7，泥质灰陶。盘口，尖唇，束颈，溜肩，鼓腹，最大腹径居中，腹下部弧内收，小平底。腹中部饰两道戳印纹，腹下部至底饰横向绳纹。口径 12、腹径 21、底径 5、高 26 厘米（图三七五，5；彩版一〇三，1）。

小陶罐　3 件。

标本 13M135：2，泥质灰陶。侈口，方唇，矮颈，折肩，折腹，最大腹径居中，腹下部折收，平底。腹部转折处饰两道凹弦纹。口径 8.9、腹径 14.6、底径 5、高 9.5 厘米（图三七六，1；彩版一〇三，2）。

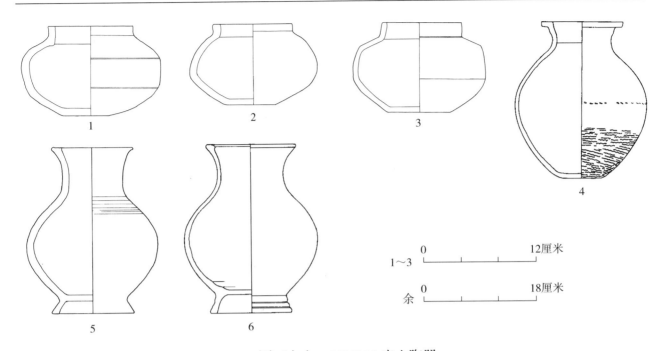

图三七六 13M135 出土陶器

1～3.小陶罐13M135：2～4 4.陶罐13M135：1 5、6.陶壶13M135：9、12

标本 13M135：3，泥质黄陶。直口，方唇，矮颈，溜肩，鼓腹，最大腹径偏下，腹下部斜内收，平底。素面。口径8.2、腹径13.5、底径5.2、高8.5厘米（图三七六，2；彩版一〇三，3）。

标本 13M135：4，泥质灰陶。敛口，方唇，平沿，矮颈，折肩，折腹，最大腹径居中，腹下部折收，平底。素面。口径8.4、腹径14、底径6.8、高9.5厘米（图三七六，3）。

陶壶 2件。

标本 13M135：9，泥质灰陶。敞口，尖唇，长颈，溜肩，圆腹，腹下部弧内收，平底，圈足外撇。肩部饰七道凹弦纹。口径13、腹径20.8、底径13、高26.4厘米（图三七六，5；彩版一〇三，4）。

标本 13M135：12，泥质灰陶。敞口，尖唇，长颈，溜肩，圆腹，腹下部弧内收，平底，圈足外撇。圈足饰两道凹弦纹。口径14、腹径20.8、底径12.8、高26.7厘米（图三七六，6；彩版一〇三，5）。

49.13M136

位于本发掘区的东北部。土坑竖穴墓，墓向115°。墓圹平面长方形，口小庞大，呈袋状，四壁均为外斜直壁，较规整，光滑，平底（图三七七；彩版一〇四，1）。墓圹上部长3.7、宽2.7米，底部长3.98、宽2.9、深4.3米。墓底位于棺下有一条东西走向的小沟，长2.1、宽0.14、深0.07米。墓内填土黑褐色夹杂酥石颗粒，下部酥石碎块较多，应为挖墓圹土回填。经过夯打，土质结构致密，夯层及夯窝不明显。有熟土二层台，系挖墓穴时凿出黑褐色夹杂酥石颗粒及酥石碎块等回填堆砌而成。台面宽度不一，东、西台面均宽0.1、南宽0.32、北宽0.22、高1.1米。

有木质葬具，单椁单棺，椁盖板长2.7、宽1.9米，椁室东西长2.5、宽1.35、高1.15米，棺位于椁室中部，朽，棺灰较厚，棺长2.1、宽0.8、高0.7米。棺内人骨架1具，已朽，单人葬。

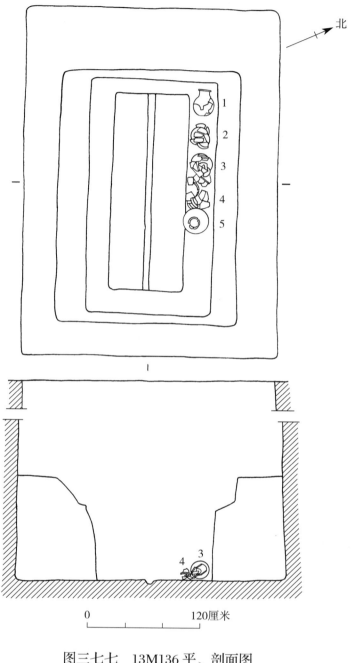

图三七七　13M136平、剖面图
1、2.盘口罐　3、4.陶罐　5.平底罐

葬式及头向均不明。

随葬品共5件，其中陶罐2件、平底罐1件、盘口罐2件，自西向东排列，位于墓室底部椁内棺外北侧二层台内。

陶罐　2件。

标本13M136：3，泥质灰陶。侈口，方唇，斜折沿，束颈，溜肩，鼓腹，最大腹径居中，腹下部弧内收，平底。腹中部饰一道戳刺纹，腹下部至底饰横向绳纹。口径12.2、腹径22.4、底径6、

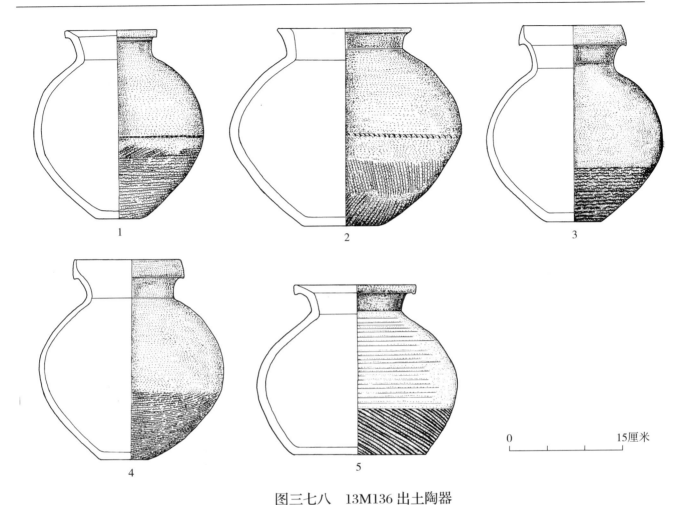

图三七八 13M136出土陶器

1、2.陶罐13M136：3、4 3、4.盘口罐13M136：1、2 5.平底罐13M136：5

高25厘米（图三七八，1；彩版一〇四，2）。

标本13M136：4，泥质灰陶。侈口，圆唇，平沿，束颈，溜肩，鼓腹，最大腹径居中，腹下部弧内收，平底。腹中部饰一道戳刺纹，腹下部至底饰纵横交错绳纹，但漫漶不清。口径17.4、腹径30.7、底径10、高26.2厘米（图三七八，2；彩版一〇四，3）。

盘口罐 2件。

标本13M136：1，泥质灰陶。盘口，尖唇，束颈，溜肩，鼓腹，最大腹径居中，腹下部弧内收，小平底。腹下部至底饰横向绳纹。口径13、腹径23.4、底径7、高26厘米（图三七八，3；彩版一〇四，4）。

标本13M136：2，泥质灰陶。盘口，尖唇，束颈，溜肩，鼓腹，最大腹径居中，腹下部弧内收，小平底。腹下部至底饰斜横向绳纹。口径14、腹径24.3、底径6、高26.5厘米（图三七八，4）。

平底罐 1件。

标本13M136：5，泥质灰陶。侈口，方唇，斜折沿，束颈，溜肩，鼓腹，最大腹径居中，腹下部弧内收，大平底。腹上部饰弦纹，腹下部至底饰斜向弦纹。口径16、腹径26.5、底径17.6、高22.5厘米（图三七八，5；彩版一〇四，5）。

50.13M139

位于本发掘区的中部偏北。土坑竖穴墓，墓向116°。墓圹平面长方形，该墓后期毁坏，仅存墓室下部，直壁，平底（图三七九；彩版一○五，1）。长3、宽1.9、残深0.5米。墓内填土黄褐色黏土夹杂酥石颗粒，应为挖墓圹土回填。经过夯打，土质结构致密，夯层及夯窝不明显。有熟土二层台，系挖墓穴时凿出黄褐色黏土夹杂酥石颗粒等回填堆砌而成。台面宽约0.3、高0.5米。

有木质葬具，单椁单棺，椁长2.4、宽1.3、高0.5米，棺位于椁室南部，红漆棺。棺长2.1、宽0.9米。棺内人骨架1具，已朽，单人葬。葬式及头向均不明。

随葬品共5件，其中高领罐2件，器盖1件，其他2件，器形不辨。自西向东排列。位于墓室底部椁内棺外北侧偏西二层台内。

陶罐　1件。

标本13M139：1，泥质灰陶。方唇，敛口，短立颈，溜肩，鼓腹，下腹弧收，平底，素面。口径17.3、腹径30.6、底径10.5、高25.5厘米（图三七九，1；彩版一○五，2）。

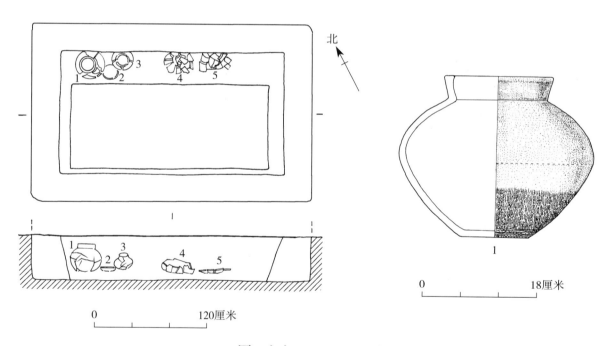

图三七九　13M139及出土陶器
1.陶罐13M139：1

51.13M140

位于本发掘区的中部偏北。土坑竖穴墓，墓向120°。墓圹平面长方形，直壁较规整，平底（图三八○）。长3.6、宽2.3、深2.3米。墓内填土黄褐色黏土，应为挖墓圹土回填。经过夯打，土质结构致密，坚硬，夯层及夯窝不明显。有熟土二层台，系挖墓穴时凿出黄褐色黏土等回填堆砌而成。台面宽度不一。东台面宽0.3、西台面宽0.5、南台面宽0.4、北台面宽0.2、高1米。

有木质葬具，单椁单棺，椁长2.8、宽1.7米，棺位于椁室中部，棺长2、宽0.7米。棺内人

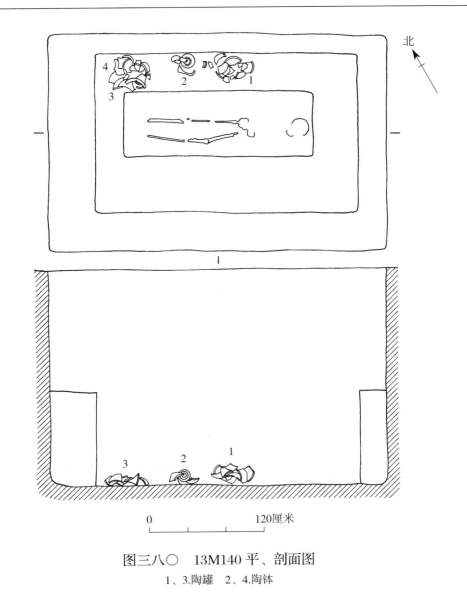

图三八〇　13M140 平、剖面图

1、3.陶罐　2、4.陶钵

骨架 1 具，已朽，可辨头向东。单人仰身直肢葬。

随葬品共 4 件，其中陶罐 2 件、陶钵 2 件，自东向西排列。位于墓室底部椁内棺外北侧西端二层台内。

陶罐　2 件。

标本 13M140：1，泥质灰陶。侈口，尖唇，平沿，束颈，溜肩，扁鼓腹，最大腹径居中，腹下部弧内收，平底。素面。口径 18、腹径 25.8、底径 10.5、高 18.5 厘米（图三八一，1）。

标本 13M140：3，泥质灰陶。敛口，圆唇，平沿，束颈，溜肩，扁鼓腹，最大腹径居中，腹下部弧内收，平底。素面。口径 17.4、腹径 25.2、底径 8.8、高 18 厘米（图三八一，2）。

陶钵　2 件。

标本 13M140：2，泥质灰陶。敛口，圆唇，鼓腹，最大腹径居中，腹下部弧内收，平底。素面。口径 14、底径 8.5、高 6 厘米（图三八一，3）。

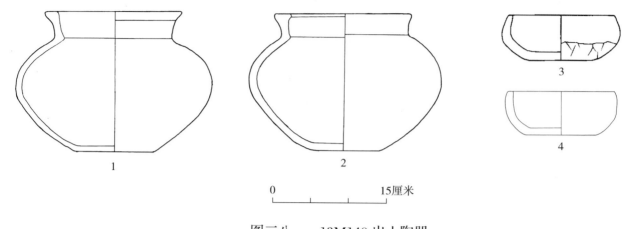

图三八一　13M140 出土陶器

1、2.陶罐13M140：1、3　3、4.陶钵13M140：2、4

标本 13M140：4，泥质灰陶。直口，方唇，弧腹，平底。素面。口径14、底径9、高5.8厘米（图三八一，4）。

52.13M141

位于本发掘区的中部偏北。土坑竖穴墓，墓向120°。墓圹平面长方形，该墓后期毁坏，仅存墓室下部，直壁，平底（图三八二；彩版一〇五，3）。长2.9、宽1.8、残深0.7米。墓内填土黄褐色黏土。应为挖墓圹土回填。经过夯打，土质结构致密，坚硬，夯层及夯窝不明显。有熟土二层台，系挖墓穴时凿出黄褐色黏土等回填堆砌而成。台面宽度不一。东台面宽0.3、西、南和

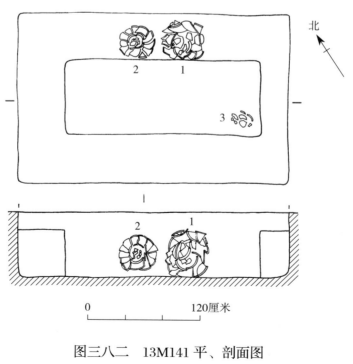

图三八二　13M141 平、剖面图

1、3.陶罐　2.小陶钵

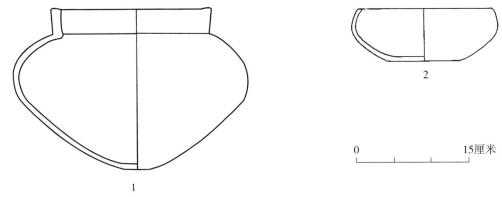

图三八三　13M141 出土陶器

1.陶罐13M141∶1　2.陶钵13M141∶2

北台面均宽 0.5、高 0.5 米。

有木质葬具，单棺，长 2.1、宽 0.8 米。棺内人骨架 1 具，已朽，仅见头骨朽痕，可辨头向东。单人葬，葬式及头向均不明。

随葬品共 3 件，其中陶罐 2 件，自西向东排列。位于墓室底部棺外北侧二层台中部。小陶钵 1 件，位于墓室底部棺内东南处。

陶罐　2 件。

标本 13M141∶1，泥质红陶。直口，圆唇，束颈，溜肩，扁鼓腹，最大腹径偏上，腹下部斜内收，圜底。素面。口径 20.8、腹径 30.5、高 21.5 厘米（图三八三，1；彩版一〇五，4）。

陶钵　1 件。

标本 13M141∶2，泥质灰陶。敛口，圆唇，腹下部斜内收，平底。素面。口径 15、腹径 19.6、底径 10、高 7 厘米（图三八三，2）。

53.13M142

位于本发掘区的东北部。土坑竖穴墓，墓向 125°。墓圹平面长方形，直壁，平底（图三八四）。长 2.34、宽 1.3、深 1.85 米。墓内填土黄褐色黏土夹杂酥石块，应为挖墓圹土回填。经过夯打，土质结构致密，坚硬，夯层及夯窝不明显。三面有熟土二层台，系挖墓穴时凿出黄褐色黏土夹杂酥石块等回填堆砌而成。台面宽度不一，东台面宽 0.04、西台面宽 0.1、南台面宽 0.2、高 0.24 米。

有木质葬具，单椁单棺，椁位于墓室北侧，椁长 2.2、宽 1.1、高 0.25 米，棺位于椁室南部，棺长 2.1、宽 0.7 米。墓主骨骼保存差，已朽。单人葬。葬式及头向均不明。

无随葬品。

54.13M145

位于本发掘区的东北部。土坑竖穴墓，墓向 110°。墓圹平面长方形，直壁，壁面光滑、规整，平底（图三八五）。长 3、宽 1.9、深 2.65 米。墓内填土黄褐色土夹杂少量酥石块，应为挖墓圹

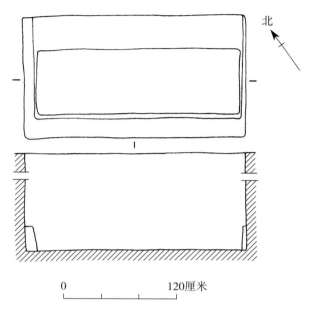

图三八四 13M142 平、剖面图

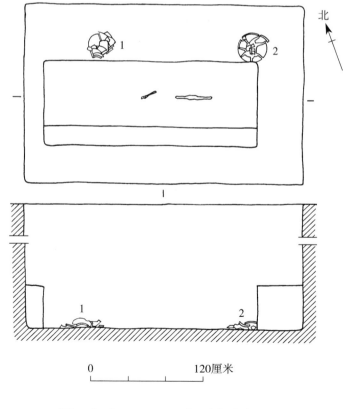

图三八五 13M145 平、剖面图

1.陶罐 2.盘口罐

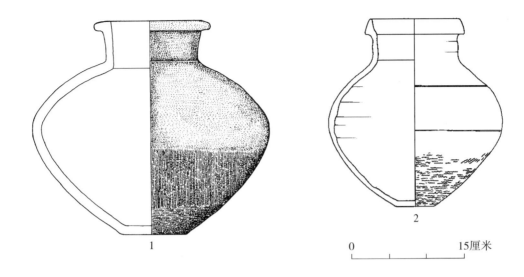

图三八六　13M145 出土陶器

1.陶罐13M145：1　2.盘口罐13M145：2

土回填。有熟土二层台，系挖墓穴时凿出黄褐色花土夹杂酥石块等回填堆砌而成。台面宽度不一。东台面宽 0.5、西台面宽 0.2、南台面宽 0.4、北台面宽 0.6、高 0.42 米。

有木质葬具，单棺，长 2.3、宽 0.9 米。棺内人骨架 1 具，已朽，可辨头向东，单人葬。葬式不明。

随葬品共 2 件，其中陶罐 1 件，盘口罐 1 件。自西向东排列，位于墓室底部棺外北侧二层台里。

陶罐　1 件。

标本 13M145：1，泥质灰陶。侈口，圆唇，外斜沿，束颈较高。溜肩，扁鼓腹，最大腹径偏上，腹下部弧内收，平底。腹中部偏下饰纵向绳纹，近底部饰横向绳纹。器表通体磨光。口径 15、腹径 31、底径 8.5、高 28 厘米（图三八六，1）。

盘口罐　1 件。

标本 13M145：2，泥质灰陶。盘口，尖唇，束颈，溜肩，鼓腹，最大腹径居中，腹下部弧内收，小平底。腹中部及肩部饰两道凹弦纹，腹下部至底饰横向绳纹。口径 12、腹径 22.8、底径 5.8、高 25 厘米（图三八六，2）。

55.13M146

位于本发掘区的中部偏东。土坑竖穴墓，墓向 122°。墓圹平面长方形，直壁，平底（图三八七；彩版一〇六，1）。长 3.5、宽 2.5、深 4 米。墓内填土黄褐色土夹杂酥石块，应为挖墓圹土回填。土质结构致密。有熟土二层台，系挖墓穴时凿出的土回填堆砌而成。台面宽约 0.5、高 0.5 米。

有木质葬具，单椁单棺，椁长 2.5、宽 1.5 米，棺位于椁室偏南部，棺长 2.1、宽 0.8 米。棺内人骨架 1 具，已朽，可辨头向东，单人仰身直肢葬。

随葬品共 7 件，其中陶罐 4 件、小陶罐 2 件、陶钵 1 件。自西向东排列，位于墓室底部椁内

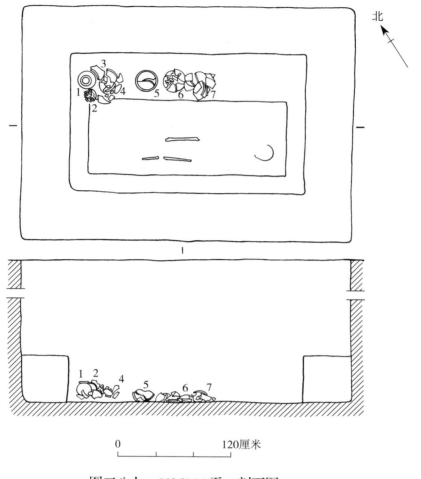

图三八七　13M146 平、剖面图
1、6.小陶罐　2、3、4、7.陶罐　5.陶钵

棺外北侧二层台偏西内。

陶罐　2件。

标本 13M146：4，泥质灰陶。敛口，圆唇，外斜沿，溜肩，鼓腹，最大腹径偏上，腹下部弧内收，平底。肩部有刻划字符，不明，腹中部饰两道戳刺纹，腹下部至底饰横向绳纹。口径 20、腹径 34、底径 15、高 27 厘米（图三八八，1；彩版一〇六，2）。

标本 13M146：7，泥质灰陶，圆唇，侈口，外斜沿，束颈，溜肩，鼓腹，最大腹径居中，腹下部弧内收，平底，腹部饰两道弦纹，腹下部饰 2 组竖向绳纹，中间用凹弦纹隔开，近底部饰横纵交错绳纹。口径 19.6、腹径 35.8、底径 12、高 29 厘米（图三八八，2；彩版一〇六，3）。

小陶罐　1件。

标本 13M146：1，泥质褐陶。侈口，圆唇，束颈，溜肩，鼓腹，最大腹径居中，腹下部弧内收，平底。素面。口径 15.7、腹径 23、底径 10.8、高 15 厘米（图三八八，3；彩版一〇六，4）。

陶钵　1件。

标本 13M146：5，泥质灰陶。敛口，方唇，弧腹，最大腹径居中，腹下部斜内收，平底。素面。口径 14、腹径 18.2、底径 8.4、高 5.5 厘米（彩版一〇六，5）。

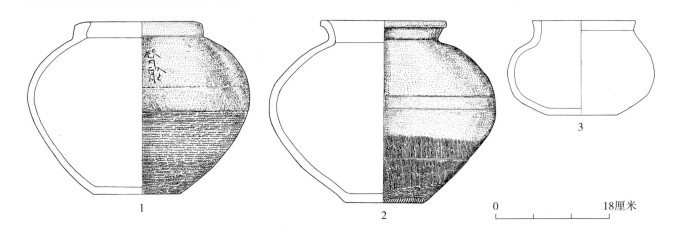

图三八八　13M146 出土陶器

1、2.陶罐13M146：4、7　3.小陶罐13M146：1

56.13M147

位于本发掘区的中部偏东。土坑竖穴墓，墓向120°。墓圹平面长方形，直壁，平底（图三八九）。长3.2、宽2.3、深2.8米。墓内填土黄褐色黏土夹杂酥石块，应为挖墓圹土回填。土质结构致密。有熟土二层台，系挖墓穴时凿出黄褐色黏土夹杂较多的酥石碎块等回填堆砌而成。台面宽度不一，东、西台面均宽0.4、北台面宽0.6、南台面宽0.5、高0.5米。

有木质葬具，单椁单棺，椁长2.2、宽1.1米，棺位于椁室南部，红漆棺。棺长2、宽0.6米。棺内人骨架1具，已朽，可辨头向东，单人仰身直肢葬。

随葬品共3件，均为陶罐。自西向东排列，位于墓室底部椁内棺外北侧二层台偏西内。

57.13M148

位于本发掘区的中部偏东。土坑竖穴墓，墓向110°。墓圹平面长方形，该墓后期毁坏，仅存墓室下部。直壁，平底（图三九〇）。长2.9、宽1.7、残深0.5米。墓内填土黄褐色黏土夹杂酥石块，应为挖墓圹土回填。土质结构致密，较坚硬。有熟土二层台，系挖墓穴时凿出黄褐色花土夹杂较多的酥石碎块等回填堆砌而成。台面宽度不一，东台面宽0.3、西台面宽0.4、南台面宽0.2、北台面宽0.6、高0.2米。

有木质葬具，单棺，棺长2.2、宽0.9米。棺内人骨架1具，已朽，单人葬，葬式及头向不明。

随葬品共4件，其中陶罐3件，2件已朽，不可提取，小陶罐1件，位于墓室底部棺外北侧二层台里。

陶罐　1件。

标本13M148：1，泥质灰陶。侈口，尖唇，斜沿，束颈，溜肩，鼓腹，最大腹径偏上，腹下部弧内收，平底。腹下部饰纵向绳纹，近底部饰横向绳纹。口径16.8、腹径28.6、底径9、高23厘米（图三九一，1）。

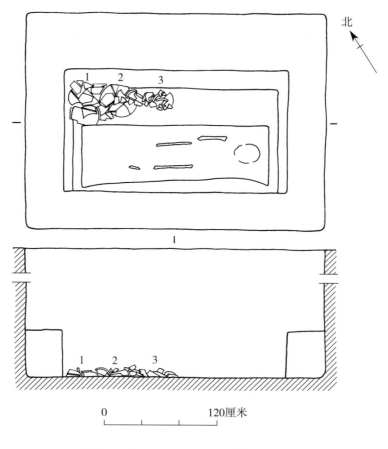

图三八九　13M147 平、剖面图

1～3.陶罐

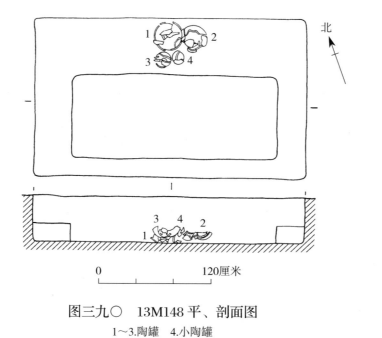

图三九○　13M148 平、剖面图

1～3.陶罐　4.小陶罐

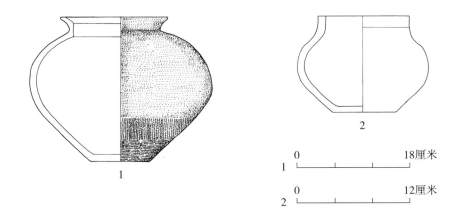

图三九一　13M148出土陶器
1.陶罐13M148∶1　2.小陶罐13M148∶4

小陶罐　1件。

标本13M148∶4，泥质灰褐陶。直口，方唇，束颈，溜肩，鼓腹，最大腹径居中，腹下部斜内收，平底。素面。口径9.6、腹径13.8、底径6.6、高10.2厘米（图三九一，2）。

58.13M149

位于本发掘区的中部偏东。土坑竖穴墓，墓向110°。墓圹平面长方形，该墓后期毁坏，仅存墓室底部。直壁，凹底，不十分规整（图三九二）。长2.4、宽1.1、残深0.4米。墓内填土黄褐色土夹杂酥石块，应为挖墓圹土回填。土质结构致密。有熟土二层台，系挖墓穴时凿出黄褐色花土夹杂较多的酥石碎块等回填堆砌而成。台面宽度不一，东、北和南台面均宽0.2、西台面宽0.1、高0.04米。

有木质葬具，单棺，长2.1、宽0.7米。棺内人骨架1具，已朽，单人葬，葬式及头向不明。无随葬品。

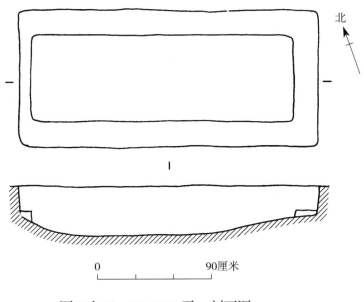

图三九二　13M149平、剖面图

59.13M150

位于本发掘区的中部偏东。土坑竖穴墓，墓向 117°。墓圹平面长方形，直壁，平底（图三九三；彩版一〇七，1）。长 3.6、宽 2.7、深 2.4 米。墓内填土上部分为灰褐色黏土夹杂少量的小石块，厚 70 厘米；中部分为灰褐土夹杂黄褐土，含较多石块，厚 90 厘米；下部分黄褐土夹杂大量石块，厚 80 厘米，应为挖墓圹土回填。经过夯打，土质结构致密，坚硬，夯层及夯窝不明显。有熟土二层台，系挖墓穴时凿出黄褐色花土夹杂较多的碎石块等回填堆砌而成。台面宽 0.6～0.7、高 0.4 米。

有木质葬具，单椁单棺，椁长 2.2、宽 1.5 米，棺位于椁室南部。棺长 2.2、宽 0.9 米。棺内人骨架 1 具，已朽，单人葬。葬式及头向不明。

随葬品共 8 件，其中陶罐 2 件、盘口罐 1 件、小陶罐 2 件、陶壶 3 件。自西向东排列，位于墓室底部椁内棺外北侧二层台内。此外，编号 13M150：6、13M150：7 陶壶内有液体。

陶罐　1 件。

标本 13M150：5，泥质灰陶。敛口，尖唇，斜折沿，束颈，溜肩，鼓腹，最大腹径偏上，腹下部弧内收，平底。腹上部及肩饰轮制纹饰，腹下部饰横向绳纹，近底部饰纵向绳纹，局部纵横

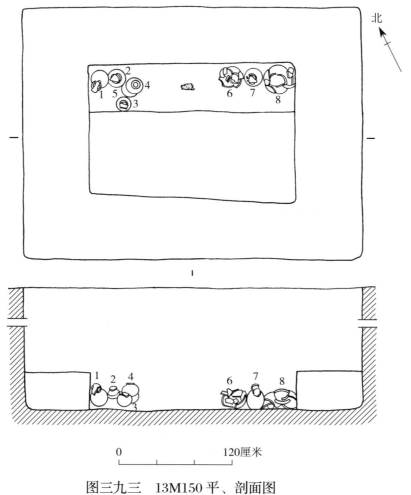

0　　　　　　　　　　　120厘米

图三九三　13M150 平、剖面图

1.盘口罐　2、4.小陶罐　3、6、7.陶壶　5、8.陶罐

相交绳纹。口径20、腹径34.2、底径12、高30厘米（图三九四，1；彩版一〇七，2）。

　　盘口罐　1件。

　　标本13M150：1，泥质灰陶。盘口，子母沿，圆唇，束颈，溜肩，鼓腹，最大腹径居中，腹下部弧内收，小平底。颈部饰一道凹弦纹，腹中部饰三道戳刺纹，腹下部至底饰横向绳纹，局部饰纵横向交错绳纹。口径13、腹径22.9、底径7、高27厘米（图三九四，2；彩版一〇七，3）。

　　小陶罐　2件。

　　标本13M150：2，泥质灰陶。有盖，圆唇，平顶。盖径12.8、高4厘米。罐，敛口，尖唇，束颈，斜折肩，折腹，最大腹径偏上，腹下部弧内收，平底。素面。罐体口沿处有2处对称缺口。器表通体磨光。口径13、腹径19.4、底径7、高11、通高13厘米（图三九四，3；彩版一〇七，4）。

　　标本13M150：8，泥质灰陶。敛口，圆唇，束颈，溜肩，圆鼓腹，最大腹径居中，腹下部斜内收，平底。素面。口径9.4、腹径17.4、底径10、高9.5厘米（图三九四，4；彩版一〇七，5）。

　　陶壶　2件。

　　标本13M150：6，泥质灰陶。敞口，圆唇，长颈，溜肩，圆腹，最大腹径居中，腹下部弧内收，平底，圈足外撇。颈部偏下饰一道凹弦纹。口径12.6、腹径21.5、底径14.6、高26厘米（图

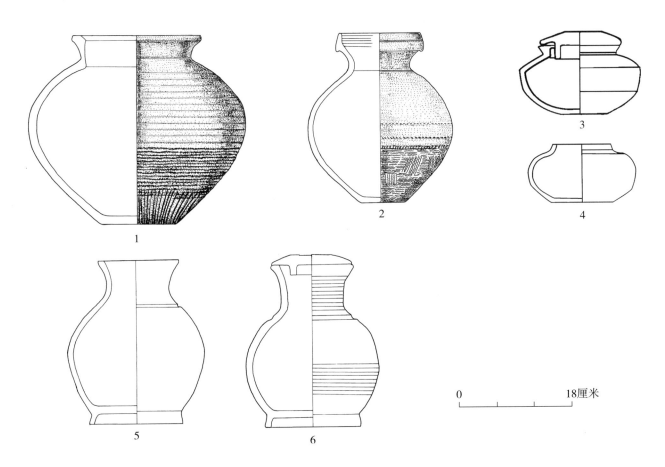

0　　　　　　　　　　　　　18厘米

图三九四　13M150出土陶器

1.陶罐13M150：5　2.盘口罐13M150：1　3、4.小陶罐13M150：2、8　5、6.陶壶13M150：6、7

三九四，5）。

标本13M150：7，泥质灰陶。有盖，覆钵形，尖唇，平顶。子母口。盖径12、顶径7、高3.4厘米。壶，泥质灰褐陶。敞口，圆唇，平沿，长颈，溜肩，圆腹，腹下部弧内收，平底，圈足外撇。颈部有轮制加工痕迹，颈与肩交接处饰一周凹弦纹，腹下部饰九周凹弦纹。通体抛光。口径12、腹径21.6、底径15.6、通高27厘米（图三九四，6）。

二　瓦棺葬

共5座。现叙述如下。

1.13M47

位于本发掘区的中西部，打破13M41。方向24°。墓圹平面呈长方形，墓壁较直，平底（图三九五；彩版一〇八，1）。土圹长1、宽0.76、深0.52米。填土为灰褐花土，含较多小石子。

葬具单棺为瓦棺，由筒瓦与折腹盆组成，瓦棺长0.9、直径最宽0.89、高0.79米（彩版一〇八，2）。

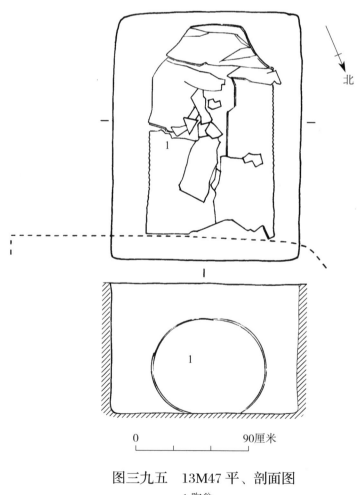

0　　　　　　　　　90厘米

图三九五　13M47平、剖面图

1.陶瓮

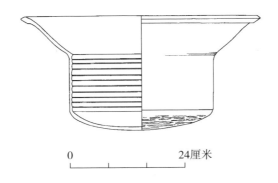

图三九六   13M47 出土折腹盆 13M47：2

墓主骨骼保存差，已朽，葬式及头向不明。

葬具包含板瓦 1 件、折腹盆 1 件。

板瓦   1 件。

标本 13M47：1，泥质灰褐陶。外壁饰瓦棱纹与细绳纹。长 0.7、直径 0.5 米。

折腹盆   1 件。

标本 13M47：2，泥质灰陶。敞口，尖唇，斜卷沿，直腹，圜底，近底部饰横向绳纹。口径 49、腹径 29.5、高 24 厘米（图三九六；彩版一〇八，3）。

2.13M88

位于本发掘区的东南部。方向 125°。仅残存底部。墓圹平面呈长方形，平底（图三九七）。土圹长 0.74、宽 0.55、深约 0.5 米。填土黄褐色黏土，较致密。

葬具瓦棺，由筒形瓮与折腹盆组成。筒形瓮位于西边，折腹盆位于东边，盆扣在瓮上。瓦棺长 0.48、宽 0.44 米。墓主骨骼保存差，已朽。葬式及头向不明。

随葬品无。

3.13M89

位于本发掘区的东南部。瓦棺墓，方向 107°。仅残存底部。墓圹平面呈长方形，平底（图三九八）。土圹长 1.25、宽 0.55、深约 0.55 米。填土黄褐色黏土，较致密。

葬具瓦棺，由两个深腹盆相扣而成。瓦棺长 1.1、宽 0.4 米。墓主骨骼保存差，已朽。葬式及头向不明。

随葬品无。

4.13M90

位于本发掘区的东南部。瓦棺墓，方向 120°。仅残存底部。墓圹平面呈长方形，平底（图三九九）。土圹长 1、宽 0.45、深约 0.08 米。填土黄褐色黏土，较为致密。

葬具瓦棺，由 1 件筒形瓮和 1 件折腹盆相扣组成。西部为筒形瓮，东部为折腹盆。瓦棺长 0.9、

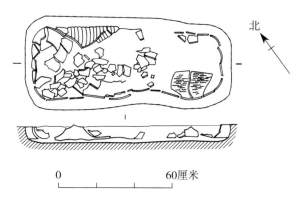

图三九七　13M88 平、剖面图

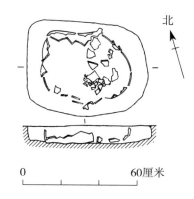

图三九八　13M89 平、剖面图

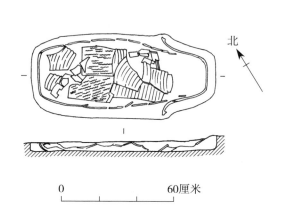

图三九九　13M90 及出土陶器
1.筒形瓮13M90：1

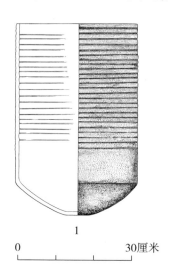

宽 0.45 米。墓主骨骼保存差，已朽。葬式及头向不明。

　　葬具

　　筒形瓮　1 件。

　　标本 13M90：1，泥质黄褐陶，平唇，直口，圆桶状，圈底，器表饰粗凸弦纹。高 51、直径 33 厘米（图三九九，1）。

　　随葬品无。

5.13M103

　　位于本发掘区的东南部。后期破坏严重（图四〇〇），仅存底部。圆形坑，葬具有 1 件陶盆，覆置，底上口下，直径 0.6、残深 0.1 米。人骨朽烂。

　　未见随葬品。

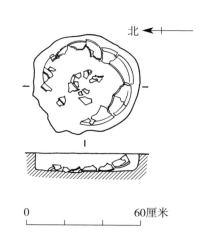

图四〇〇　13M103 平、剖面图

三　砖室墓

共 5 座。详情如下。

1.13M26

位于本发掘区的南部。单室墓，土坑竖穴砖室墓，墓向 35°。墓圹平面长方形，直壁，平底（图四〇一）。土圹长 2.5、宽 1.1、深 0.6 米。墓室用青砖砌筑，由于后期破坏，现南壁仅存 2 砖，北壁存 1 砖。填土灰褐色花土夹杂较多墓砖残块。

有木质葬具，已朽，在砖室墓底发现少量棺灰。墓主骨骼保存差，已朽。葬式及头向不明。

随葬品为 1 件陶罐，残片出土于填土内。墓砖侧面模印菱形花纹。砖长 30、宽 15、厚 6 厘米。

陶罐　1 件。

标本 13M26：1，泥质灰陶。侈口，方唇，平沿，束颈较高，溜肩，鼓腹，最大腹径居中，腹下部弧内收，平底。腹上部饰三道凹弦纹，腹下部至底饰斜纵向弦纹。口径 13.6、腹径 20.7、底径 8、高 24.3 厘米（图四〇一，1）。

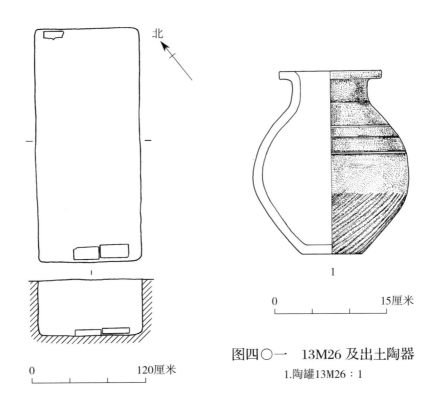

图四〇一　13M26 及出土陶器

1.陶罐 13M26：1

2.13M27

位于本发掘区的南部，单室墓，墓向 208°。平面略呈“凸”字形，由墓道、墓门和墓室组成（图四〇二；彩版一〇九，1、2）。后期破坏严重，顶部情况不明。

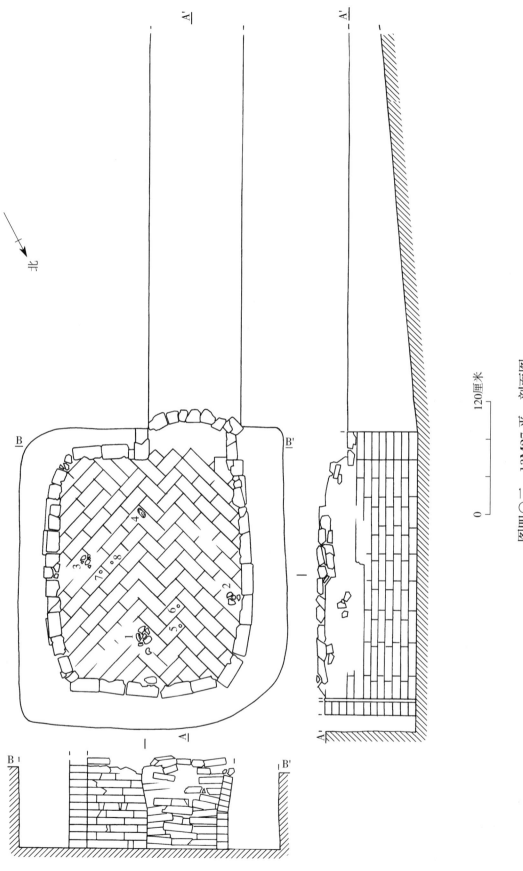

图四〇二　13M27 平、剖面图

1、2.陶扁壶　3.陶钵　4.铁器　5、6.五铢

墓道长4、宽1.02、深0.25～0.7米。位于墓室南侧。平面呈长条形,底部自东北向西南呈缓坡状。

墓门宽0.8、高1.12、进深0.4米。开在墓室南壁中部偏西。封门砖砌筑单砖错缝平铺循环方式,略外凸。

墓室略呈长方形。墓室先挖土圹,土圹长3.2、宽2.85、残深0.85米,后砌砖室。先平铺一层砖作底,再用砖砌筑墓室四壁。除南壁较直外,其余三壁均略外弧。墓室四壁现存10层。采用单砖错缝平铺循环方式砌筑。用砖长侧面纹饰朝向墓室。墓室四壁相交处折角明显,采用对头齐缝方式砌筑。墓底较平整,单层,单砖交错斜铺呈"人"字形。填土灰褐土夹杂较多墓砖残块。

有木质葬具,已朽。墓主骨骼保存差,仅见头骨朽痕,葬式及头向均不明。

随葬品共8件,其中陶扁壶2件、陶钵1件,位于椁内棺外北侧。铁器1件,锈蚀严重,器类不辨,铜钱4枚,随意散布在头骨的西南及东南。墓葬用砖,一种长侧面模印菱形花纹。砖长30、宽15、厚6厘米。

陶扁壶　2件。

标本13M27:1,夹砂白陶。直口,圆唇,折沿,矮颈,溜肩,鼓腹,最大腹径居中偏上,腹下部斜直内收,凹底。素面。口径8.4、腹径15.2、底径9.6、高13厘米(图四○三,1;彩版一一○,1)。

标本13M27:2,夹砂白陶。直口,圆唇,折沿,矮颈,斜肩,弧腹,最大腹径偏上,腹下部弧内收,大平底。肩部有两个对称的桥形耳,穿孔与肩线平行,素面。口径12、腹径23.4、底

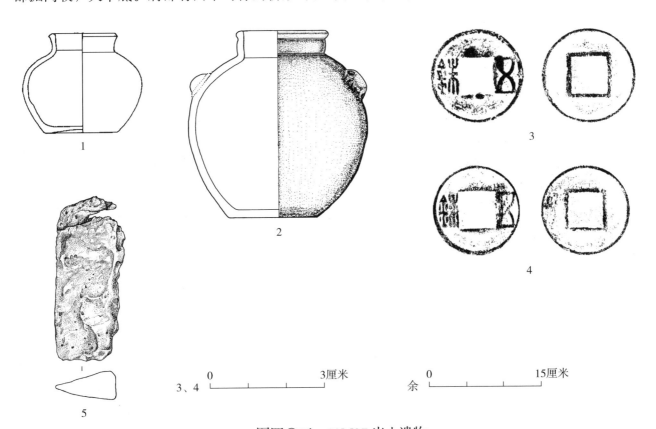

0　　　　　　　3厘米
3、4

0　　　　　　　15厘米
余

图四○三　13M27 出土遗物

1、2.陶扁壶13M27:1、2　3、4.五珠M27:5、6　5.铁器M27:4

径 11.4、高 24.8 厘米（图四〇三，2；彩版一一〇，2）。

陶钵　1件。

标本 13M27：3，泥质灰陶。侈口，方唇，束颈，弧腹，平底。素面。口径 23、底径 15、高 9 厘米（彩版一一〇，3）。

五铢　2枚。

标本 13M27：5，字体较宽，"五"字中间两交笔弯曲，"铢"字的"金"字头呈三角形，"朱"字头方折，正面穿上一横，金字头与朱字头相等齐。直径 2.5、穿径 1 厘米（图四〇三，3；彩版一一〇，4）。

标本 13M27：6，字体瘦长，"五"字中间两交笔弯曲，"铢"字"金"字头呈三角形，"朱"字头圆折，正面穿上一横，金字头较朱字头低。直径 2.3、穿径 1 厘米（图四〇三，4；彩版一一〇，5）。

铁器　1件。

标本 13M27：4，锈蚀严重，形似刀，单侧刃，厚背。长 14.5、宽 5.8、刃厚 0.2、背厚 2.5 厘米（图四〇三，5；彩版一一〇，6）。

3.13M29

位于本发掘区南部，本次发掘区域最南端的一座墓葬。单室砖室墓，墓向 302°。平面略呈"凸"字形，由墓道、墓门和墓室组成（图四〇四；彩版一一一，1）。后期破坏严重，顶部情况不明。

墓道残长 2.3、西宽 1、深 0.26 ～ 1 米。位于墓室西侧，仅清理剩余部分，南、北两壁规整平滑，宽度不一，靠近墓门处较宽。平面呈长条形，底部自东向西呈缓坡状。

墓门宽 1、高 1、进深 0.42 米。开在墓室西壁中部。墓门两侧立柱由单砖自上而下平垛而成。封门砖在底部为一行砖顺砌在墓门之间，然后采用单砖错缝平铺循环方式砌筑封堵。

墓室略呈长方形。砖室长 3.2、宽 2.76、残深 1.2 米。墓室先挖土圹，长 3.4、宽 3 米，后砌砖室。先平铺一层砖作底，再用砖砌筑墓室四壁。除西壁较直外，其余三壁均略外弧。北壁现存 14 层，南壁现存 13 层，东壁现存 10 层，西壁现存 15 层。采用单砖错缝平铺循环方式砌筑。用砖长侧面纹饰朝向墓室。墓室四壁相交处折角明显，采用对头齐缝方式砌筑。墓底较平整，单层，单砖交错斜铺呈"人"字形。填土细致灰褐色夹杂少量砾石颗粒及墓砖残块，墓顶人为破坏所致。

有木质葬具，已朽，墓底部有棺灰痕迹。墓主骨骼保存差，仅见部分肢骨痕迹，根据朽痕可辨人骨架 2 具，分别位于东南角与墓室中间位置，葬式及头向均不明。

随葬品共 19 件，其中陶罐 4 件、铜镜 2 枚，分别位于墓底东南角头骨北和西北角；铜扣 3 个，位于墓底中部；铜钱 10 枚，散布在东南角铜镜附近。墓葬用砖，有的长侧面模印菱形纹，子母口，根据纹饰的不同，可分为一种模印菱形纹饰较小，砖长 29、宽 13、厚 7 厘米；一种模印菱形纹饰较大。砖长 30、宽 14、厚 7 厘米；一种模印菱形花纹两头内弧，长 30、宽 14、厚 7 厘米。

陶罐　1件。

标本 13M29：2，泥质灰陶。侈口，方唇，平折沿，束颈，溜肩，鼓腹，最大腹径居中，

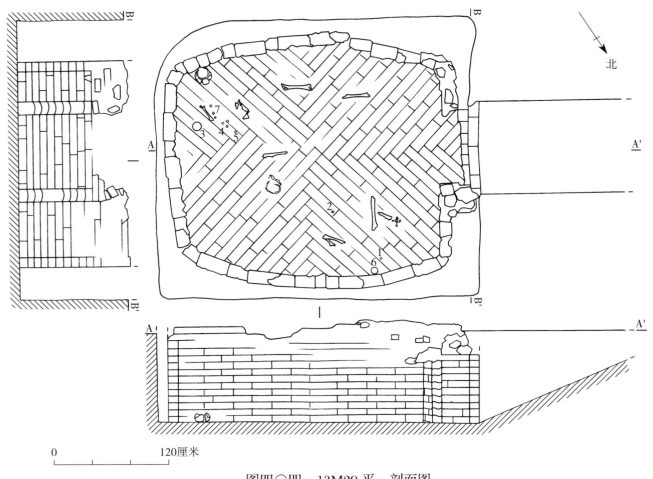

0　　　　　　　　120厘米

图四〇四　13M29 平、剖面图
1、4、5.五铢　2.陶罐　3、6.铜镜　7.铜扣

腹下部弧内收，平底。腹下部至底饰横向绳纹。口径 15、腹径 24、底径 8.8、高 24 厘米（图
四〇五，1；彩版一一一，2）。

　　铜镜　2 枚。

　　标本 13M29：3，完整。四乳神兽镜。圆形，圆钮，圆钮座，座外一周短线纹，弦纹之间为主纹，
四圆座乳丁和神兽纹。每个乳丁之间有浮雕神兽为龙、虎、朱雀、鹿神兽，外两圈弦纹、一圈短线纹，
宽缘上两圈外锯齿纹，缘边厚近三角缘。直径 10、边宽约 0.6、钮凸起 0.5 厘米（图四〇五，2；
彩版一一一，3）。

　　标本 13M29：6，完整。神兽镜，圆形，圆钮，圆钮座，座外凸起浮雕形象锈蚀严重不辨
识，两周弦纹，宽缘上两周锯齿纹。直径 12.5、边宽约 1、钮凸起 0.5 厘米（图四〇五，3；彩版
一一一，4）。

　　铜扣　1 个。

　　标本 13M29：7，正面呈帽状，背部较平，中心一凸起。直径 2.2、厚 1.5、边长 0.4 厘米（图
四〇五，4；彩版一一一，5）。

五铢　5枚。

标本13M29：1，字体略宽，"五"字中间两交笔弯曲，末端近平行，"铢"字模糊难辨识。直径2.5、穿径1厘米（图四〇五，5）。

标本13M29：4-2，字体较宽，"五"字中间两交笔弯曲，"铢"字的"金"字头呈三角形，"朱"字头方折，正面穿一横。直径2.5、穿径1厘米（图四〇五，6）。

标本13M29：5-1，字体瘦长，"五"字中间两交笔弯曲，末端近平行，"铢"字的"金"字头不全，"朱"字头方折，正面穿上一横。直径2.5、穿径1厘米（图四〇五，7）。

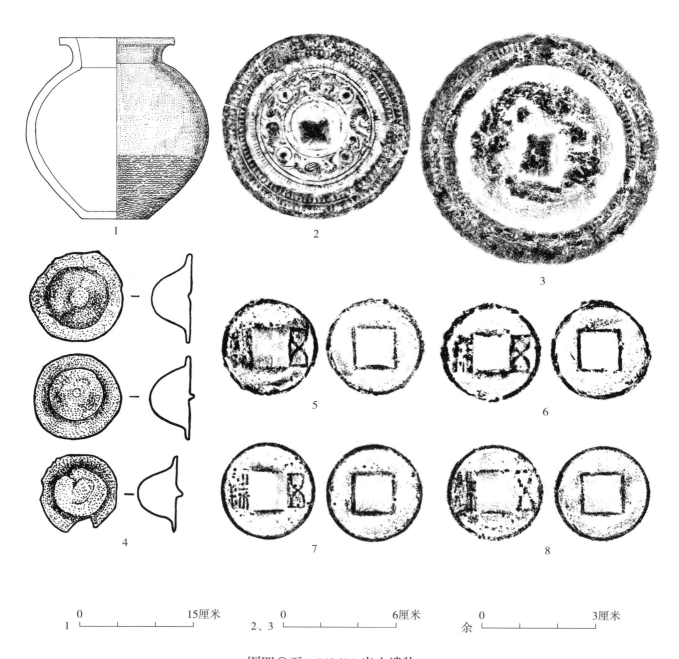

0　　　　　　　15厘米　　　　0　　　　　　　6厘米　　　　0　　　　3厘米
1　　　　　　　　　　　　　2、3　　　　　　　　　　　余

图四〇五　13M29出土遗物

1.陶罐13M29：2　2、3.铜镜13M29：3、6　4.铜扣13M29：7　5～9.五铢13M29：1、4-2、5-1、5-2、5-4

标本 13M29：5-2，字体略宽，"五"字中间两交笔较直，"铢"字的"金"字头呈三角形，"朱"字头方折，正面穿上一横。直径 2.5、穿径 1 厘米（图四〇五，8）。

标本 13M29：5-4，字体瘦长，"五"字中间两交笔较直，"铢"字较模糊。直径 2.5、穿径 1 厘米。

4.13M30

位于本发掘区的西部。单室砖室墓，墓向 125°。墓圹平面呈长方形，直壁，平底（图四〇六）。土圹长 2.7、宽 1.6、深 0.6 米。墓室用青砖砌筑，仅墓室西壁残存砖。残深 0.6 米。填土灰褐色花土。

有木质葬具，已朽。墓主骨骼保存差，已朽，葬式及头向不明。

随葬品共 1 件陶罐，残，不可复原。墓葬用砖，一种长侧面模印菱形花纹。砖长 30、宽 15、厚 6 厘米。

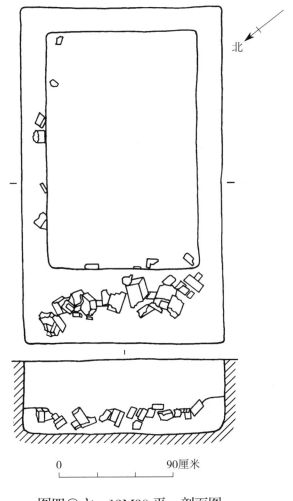

北

0　　　　　　90厘米

图四〇六　13M30 平、剖面图

5.13M60

位于本发掘区西部的台地上。单室砖室墓,墓向125°。墓圹平面呈长方形,直壁,平底。由墓门、墓室组成(图四〇七;彩版一一二,1)。

墓门位于北壁。残,现只存西侧3层砖,长宽不明。

墓室先挖土圹,长3.1、宽1.4、残深0.52米,后砌砖室。墓室用青砖砌筑,略呈长方形。长2.8、宽1.3、残深0.65米,先平铺一层砖作底,再用砖砌筑墓室四壁,四壁偏出二分之一底面砖。砖室与土圹之间用土和小碎砖块填平。南、北、西壁较直,东壁稍外弧。东壁现存9层砖,西壁现存8层砖,南壁现存8层砖,北壁现存6层砖。采用单砖错缝平铺循环方式砌筑。用砖长侧面纹饰朝向墓室。墓室四壁相交处采用交错相交方式砌筑。墓底较平整,单层,采用单砖"一"字形错缝砌筑。填土灰褐花土。

有木质葬具,已朽,在砖室墓底南端发现少量棺灰,略呈长方形,具体情况不明。墓主骨骼保存差,已朽,仅见下肢骨朽痕,可辨头向东,葬式不明。

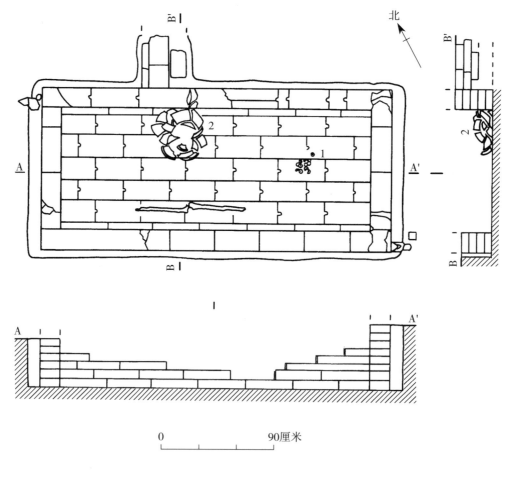

图四〇七　13M60平、剖面图

1.五铢　2.陶罐

随葬品11件，其中陶罐1件，位于墓底靠近墓门处。铜钱10枚，均为五铢，堆放散布在墓室东部。墓葬用砖，一种长侧面模印菱形花纹。砖长36、宽16、厚6厘米。

陶罐　1件。

标本13M60：2，泥质灰陶。侈口，方唇，卷沿，束颈，溜肩，圆鼓腹，最大腹径居中，腹下部弧内收，圜平底。肩部饰数周波浪纹，腹中部饰一道戳刺纹。口径13.8、腹径27、底径11、高26厘米（图四〇八，1；彩版一一二，2）。

五铢　2枚。

标本13M60：1-1，字体较宽，"五"字中间两交笔弯曲，上、下两横出头，"铢"字的"金"字头呈等腰三角形，"朱"字头圆折，正面穿上一横。直径2.5、穿径1厘米（图四〇八，2；彩版一一二，3）。

标本13M60：1-3，字体瘦长，"五"字中间两交笔略弯，"铢"字"金"字头呈锋锐三角形，"朱"字头方折，正面穿上一横。直径2.5、穿径1厘米（图四〇八，3；彩版一一二，4）。

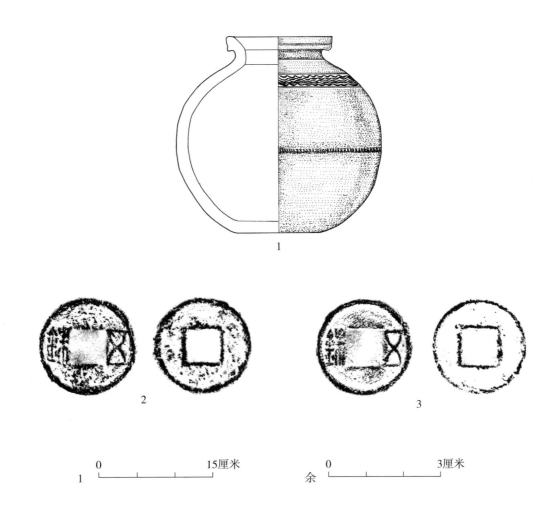

图四〇八　13M60 出土遗物

1.陶罐13M60：2　2、3.五铢13M60：1-1、1-3

第三节　结语

　　三十里堡墓地是一处范围较大、分布集中、使用有联系性的墓地。这里是一片广阔的海滩平原，海拔仅数米的一处隆起的丘陵地带，是古人选择墓地的理想之地。这次发掘的 151 座墓葬，位于西墓区的西侧，竖穴土圹墓绝大部分保存较好，出土遗物较丰富；砖室墓保存差，均遭不同程度的破坏，出土遗物较少，由于未发现有具体纪年的文字记载，这批墓葬的年代判断依据墓葬的形制结构、布局及出土遗物的特征作大致推测。

（一）墓葬特征与时代

　　首先，从墓葬形制分析，墓葬分为土坑竖穴墓、砖室墓和瓦棺墓三类，土坑竖穴墓，平面基本呈长方形，木椁形式墓，葬具木质棺椁，多为单椁单棺，少量的单棺，仅见 1 座墓葬（编号 13M24）葬具为单椁双棺。其次是瓦棺墓，这两类形制墓葬，根据以往的考古发现及研究成果 [1]，在胶东地区主要流行于西汉时期，是这一时期最为常见的墓葬形制。砖室墓，在胶东地区最早出现在西汉晚期王莽时期，主要流行于东汉时期及以后魏晋时期。由此分析，说明三十里堡墓地应属于两汉时期的墓葬。从墓地分布排列及墓葬分布情况观察，该墓地墓葬分片成组、两两并排的现象较为多见，土坑竖穴墓也是多见两两并排，根据墓葬形制、随葬器物等分析，这些墓葬的时代较为接近，墓主应为夫妻并穴合葬。仅有一座墓葬（编号 13M24）夫妻同穴合葬。由此分析，分片成组的现象应属不同姓氏的家族墓地。

　　其次，从出土遗物来看，随葬品虽然多寡不一，但是不丰富，个别墓葬甚至无随葬品（附表二）。一是土坑竖穴墓随葬器物多陶器，个别墓葬有铜器、铁器、漆器等，其中陶器数量最多，种类丰富，以泥质灰陶为主，极少量土黄陶、红陶等。器物多见轮制修整痕迹，部分器为手制。器类有鼎、瓮、罐、盘口罐、壶、高领罐、钵、盆等几种，器物组合以罐、盘口罐和钵为主。铜器以铜镜为主，少量带钩等；铁器为铁夯、环首刀等；漆器多腐朽，仅根据痕迹判断为圆形漆盒，个别有案（或几）。铜钱为五铢。仅有个别墓葬无随葬品如编号 13M149 等；这些器类各地汉墓中常见。随葬器物中的盘口罐（编号 13M30：1）与山东莱州朱郎埠所出土的盘口壶（编号 13M11：1、13M22：1）相似，朱郎埠墓地其年代为西汉前期，同时，这两个墓地另外一些特征如：多数墓的填土都经夯打、并穴合葬现象，以及陶器的腹下部密饰绳纹都极为类似。由此看，该墓地发现的土坑竖穴墓的年代应属西汉时期 [2]。出土铜镜皆为汉镜形式，出土铜钱都属于两汉时期。值得注意的是，在个别墓葬中出土的陶罐，在肩部刻有文字等，刻字多少不一，这些刻字的含义如何？有待于进一步研究。瓦棺墓的年代，根据以往考古发掘研究，其时代与

---

　　[1]　烟台市博物馆考古发掘资料，现存于本馆文物库房。

　　[2]　烟台市博物馆：《山东莱州市朱郎埠墓群发掘报告》，《华夏考古》2009年第1期。

土坑竖穴墓时代相近，均属西汉时期[1]。

三是在墓室内二层台上的四角有随葬小陶罐的习俗；四是砖室墓，随葬品较少，五铢多见，个别随葬有铜镜，在胶东地区常见于东汉时期。由此分析，可以确认三十里堡发现的土圹墓、瓦棺墓时代为西汉时期，砖室墓出现于西汉晚期王莽时期，主要流行于东汉时期。

（二）几点认识

1. 关于当时胶东地区丧葬习俗之变化

其一，并穴合葬墓的出现。据已知的考古资料，可证并穴合葬墓出现于西汉中期，合葬墓一般处于同一座封土下，应是夫妻关系。这类墓葬在胶东半岛以往的考古发掘中已有多例，如莱州朱郎埠墓群[2]，也有多组并穴合葬墓，其年代都不早于西汉中期。这种墓葬形式至西汉晚期已成为主要的丧葬形式。在开发区三十里堡墓地中，仅发现了一座夫妻同穴合葬墓编号M24。其他墓葬均为并穴合葬墓。可见并穴合葬已成当时家族丧葬风俗之定式。

其二，丧葬风俗与西部更加趋于一致性。自东周时齐国灭莱统一胶东半岛区域后，该地区的丧葬习俗便逐渐被齐文化同化。开发区三十里堡土坑竖穴墓随葬器物，无论组合形式还是在器物形制上，基本与山东中西部的同期丧葬文化一致。如陶器或漆器的组合都是山东中西部地区习用的葬俗[3]。

其三，随着墓室布置日益居室化，世俗信仰的阴间观念得到加强，阴宅即死人的宅院是当时民众普遍认同的观念。墓室的仿居室化出现，说明到东汉时，本地区的墓葬形制发生了很大的变化，砖室墓逐渐取代了土坑竖穴墓，并迅速流行起来，成为当地墓葬的主要形制。这一时期的砖室墓的形制以平面呈"凸"字形为主要特点，有斜坡状墓道、墓门和墓室[4]。

2. 西汉酒的发现

我国的酒文化源远流长，最早可以上溯到远古时期，大量文献记载和丰富的考古出土物均表明酒文化历史悠久。但早期的酒均为酿造酒，与酿造酒相比，蒸馏酒在制造工艺上多了一道蒸馏工序，是通过使用谷物原料酿造之后再进行蒸馏而获得。关于中国蒸馏酒的起源，历来众说纷纭，本次考古发现用陶器盛置的酒，酒液无色、透明，保持了酒的原色。样本送检测出乙醇、异丁醇、

[1]　烟台市博物馆考古发掘资料，现存于本馆文物库房。

[2]　烟台市博物馆：《山东莱州市朱郎埠墓群发掘报告》，《华夏考古》2009年第1期。

[3]　济青公路文物考古队绣惠分队：《章丘女郎山战国、汉代墓地考古发掘报告》，《济青高级公路（章丘工段）考古发掘报告集》，齐鲁书社，1993年。

[4]　烟台市博物馆等：《烟台莱山区南沙子、三十里堡和轸格庄汉墓发掘简报》，《海岱考古》第13辑，科学出版社，2020年。

乙酸乙酯和己酸乙酯等成分，结合汉代马王堆汉墓简帛中有关白酒的记载及江西汉代南昌海昏侯墓出土青铜蒸馏器。可见早在西汉时期，我国的蒸馏酒技术可能已出现，至东汉时期，蒸馏酒技术日渐成熟[1]。

附记：参加发掘的工作人员有：烟台市博物馆闫勇、侯建业、江泓、张文明；莱州市博物馆张英军；山东省文物考古研究院闫明；牟氏庄园管理处高大美；招远市文物管理所杨文玉。

---

[1] 闫勇、王述全、张帅：《烟台三十里堡西汉墓地出土酒类遗存》，《东方考古》第17集，科学出版社，2020年。

下篇：考古研究

第四章 试论胶东地区汉代墓葬形制

胶东地区是指胶莱河以东的半岛区域，两汉时期，主要包括胶东国、东莱郡及北海郡的一部分。按现在的行政区域划分，主要包括现在的青岛市、烟台市、威海市三市及所辖市县区。随着田野考古工作全面展开，本地区发现的汉代墓葬数量不断增多，分布涵盖了整个地区。

本文拟就对本地区汉代墓葬的发掘情况作简单总结，并以此对墓葬形制特征试作探讨，望能起到抛砖引玉的作用。

一 胶东地区汉代墓葬发掘概况

胶东地区的汉墓发现情况，大致可以分为两个阶段，第一阶段，自20世纪50年代至80年代末，本地区陆续发现和清理了一些汉墓；第二阶段，自20世纪90年代至21世纪初，随着国家经济建设的快速发展，在配合大型工程建设和其他一些基本建设中，如铁路、高速路等，这些破土工程的实施，抢救性发掘了一批汉代墓葬，使许多未见记载的古墓葬由此而揭露出来，丰富了本地区汉代的墓葬资料。

本地区最早发掘的汉代墓葬为1953年春，山东省文物管理处派员清理福山县东留公村1座砖、石混建的画像石墓[1]。1966年又在此墓的附近清理了一座画像石墓，仅发现了两处画像石[2]。1955年6月，文登县宋村镇石羊村挖毁两座木椁墓，山东省文物处派员进行调查[3]。1974年，烟台地区文物组与福山县文化馆在福山县岗嵛村附近联合清理了一座带有阶梯式墓道的土坑竖穴墓[4]。1977年，福山县岗嵛村的村民挖毁了一座砖室墓，墓中出土有铜双鱼洗、玉片人像及汉五铢等随葬品[5]。1978年1月，青岛崂山县城阳公社古庙大队，文物工作者清理汉墓3座[6]，12月，烟台地区文物组抢救发掘莱西岱墅汉墓[7]。1979年，文登市文化馆文物组清理了莒山镇新权村建房发现的两座汉墓，其中一座为砖室墓，券顶，大型空心砖、方砖砌成，出土五铢等[8]。1981年

---

[1] 李克敏：《山东福山东留公村汉墓清理简报》，《考古通讯》1956年第5期。

[2] 福山县文化馆图博组：《山东福山县东留公村汉墓画像石》，《文物资料丛刊》第四辑，文物出版社，1981年。

[3] 山东省文物管理处：《山东文登汉木椁墓和漆器》，《考古学报》1957年第1期。

[4] 资料现存福山区文物管理所。

[5] 资料现存福山区文物管理所。

[6] 孙善德等：《青岛崂山县发现一座西汉夫妇合葬墓》，《文物资料丛刊·9》，文物出版社，1985年。时桂山：《山东崂山古庙汉墓》，《文物资料丛刊·4》，文物出版社，1981年。

[7] 烟台地区文物管理组：《山东莱西县岱野西汉木椁墓》，《文物》1980年第12期。

[8] 威海市文物管理办公室张云涛提供资料。

4月，烟台博物馆清理了荣成市梁南庄的2座汉墓[1]。1983年11月，烟台市文管会、烟台市博物馆联合清理了毓璜顶一座殉鹿砖室墓，发现五铢40余枚，钱形规整，铸造精致，有四枚为剪轮五铢[2]。1985年，烟台市博物馆、蓬莱阁文物管理所联合清理蓬莱县崮寺店乡小迟家村发现了一座土坑竖穴墓[3]。1986年3月，烟台市博物馆在牟平发动机厂工地清理汉代墓葬5座，其中1座墓为画像石墓[4]。1987年7月，烟台市博物馆在栖霞县铁口峨山庄抢救发掘一座石椁墓[5]。

20世纪90年代至21世纪初，这一时期，随着国家经济的快速发展，胶东地区的汉代墓葬考古工作也得到快速的发展，1993年春，栖霞市文物管理处在观里村抢救性清理了一座长方形土坑竖穴石椁墓[6]。1994年4月，威海市博物馆发掘了大天东两座汉墓，出土各类文物60余件[7]。1995年，烟台市博物馆、蓬莱阁文物管理所联合在蓬莱大迟家村联合清理了一座土坑竖穴墓[8]。1996年1月，文登市宋村镇大寨村建房发现两座汉墓，出土铜镇、铜鼎、铜壶等铜器[9]。1996年4月，烟台市博物馆等文博单位联合对福山东留公墓群进行抢救性发掘，清理土坑竖穴墓10多座，墓上有较大封土，封土下多异穴夫妻合葬墓[10]。1996年，招远文管所对位于招远县城西北约五十五华里的辛庄镇大宋家村发现的一座砖室墓进行清理[11]。1998年，烟台市博物馆在福山冈嵛清理了三座砖室墓[12]。1999年7月，牟平文管所对烟台市牟平区房产公司在城区施工发现的一座砖室墓进行清理[13]。1999年10月，烟台市博物馆与莱州市博物馆、牟平文管所等单位联合对朱郎埠墓群进行了抢救发掘，发现墓葬40多座，为战国到汉代。多土坑竖穴墓[14]。1999年，山东省考古研究所与莱州市博物馆联合对莱州市驿道镇朱汉墓地进行了抢救性发掘，共清理汉代墓葬280座，墓葬形制为长方形土坑竖穴墓和砖椁墓等，以土坑竖穴墓数量最多[15]。2000年5月至6月，青岛市文物局与平度市博物馆联合对平度市界山汉墓进行发掘汉墓3座[16]。2001年12月，烟台市博物馆在烟台开发区新上海投资公司工地清理了3座砖室墓[17]。2002年12月，威海市博物馆清理了温泉镇河西汉墓和羊亭镇十六中东北的四座砖室墓[18]。同时，海阳市博物馆对海阳开发区的四

[1]　烟台市文物管理委员会：《山东荣成梁南庄汉墓发掘简报》，《考古》1994年第12期。

[2]　林仙庭：《烟台市区发现殉鹿汉墓》，《考古》1985年第8期。

[3]　罗世恒等：《山东蓬莱市大迟家两座西汉墓》，《考古》2006年第3期。

[4]　资料现存烟台市博物馆。

[5]　烟台市博物馆等：《山东栖霞汉画像石墓》，《文物》2002年第7期。

[6]　栖霞市牟氏庄园管理处：《山东栖霞市观里汉墓清理简报》，《华夏考古》2004年第4期。

[7]　威海市博物馆：《山东威海市蒿泊大天东村西汉墓》，《考古》1998年第2期。

[8]　罗世恒等：《山东蓬莱市大迟家两座西汉墓》，《考古》2006年第3期。

[9]　威海市文物管理办公室张云涛提供资料。

[10]　资料现存烟台市博物馆。

[11]　资料现存招远市文物管理所。

[12]　资料现存烟台市博物馆。

[13]　资料现存牟平区博物馆。

[14]　烟台市博物馆：《山东莱州市朱郎埠墓群发掘报告》，《华夏考古》2009年第1期。

[15]　党浩：《山东莱州抢救发掘一批汉代墓葬》，《中国文物报》2003年4月18日。

[16]　青岛市文物局、平度市博物馆：《山东青岛市平度界山汉墓发掘》，《考古》2005年第6期。

[17]　资料现存烟台市博物馆。

[18]　威海市文物管理办公室张云涛提供资料。

座古墓进行清理[1]。2003 年 6 月，烟台市博物馆与蓬莱市文物管理处联合对蓬莱市唐家泊村墓地和木基迟家墓地进行抢救性发掘，清理了 6 座砖室墓[2]。2003 年 9～10 月，烟台市博物馆对烟台市开发区在工程建设中发现的东汉砖室墓进行了抢救性的考古发掘，清理古墓 10 座[3]。青岛市文物保护考古研究所抢救发掘胶南海青廒上汉墓 1 座[4]。2005 年 9 月，烟台市博物馆联合清理了莱山区解甲镇南沙子墓地及莱山区西轸格庄墓群墓地[5]。2005 年 11 月、2006 年 11 月，青岛市文物保护考古研究所两次抢救发掘黄岛台头遗址，清理汉墓 6 座，包括瓮棺葬、瓦棺葬[6]。2007 年 1 月，青岛市文物保护考古研究所抢救发掘青岛城阳区后桃林汉墓，清理汉墓 1 座[7]。2007 年 4 月，青岛市文物保护考古研究所抢救发掘唐家莹墓地，清理汉墓 1 座[8]。2007 年 8 月，龙口市东羔遗址清理 2 座土坑墓，出土陶罐、“大泉五十”等[9]。2008 年 9 月，青岛市文物保护考古研究所清理发掘青岛城阳区文阳路汉墓 3 座[10]。2009 年 4 月，青岛市文物保护考古研究所抢救发掘胶南殷家庄汉墓，清理汉墓 2 座[11]。2009 年 8 月，青岛市文物保护考古研究所与胶州市博物馆联合发掘胶州大闹埠汉墓 12 座，包括土坑墓 10 座、砖室墓 2 座[12]。2009 年 8 月，胶州市博物馆抢救发掘胶州盛家庄汉墓 3 座积贝墓[13]。2010 年 5 月，青岛市文物保护考古研究所清理青岛城阳区后桃林汉墓 12 座，包括石椁墓、砖椁墓[14]。2010 年 7 月，青岛市文物保护考古研究所与胶州市博物馆抢救发掘胶州盛家庄汉墓 31 座，包括土坑墓、积贝墓和贝砖墓[15]。

目前，胶东地区正式发掘并见诸报道主要有蓬莱大迟家村汉墓[16]、烟台毓璜顶汉墓[17]、福山东留公汉墓[18]、莱州朱汉墓地[19]、威海市大天东村汉墓[20]、文登石羊村汉墓[21]、荣成梁南庄汉

[1]　海阳市博物馆：《山东海阳市开发区发现一座西汉墓》，《考古》2007年第12期。

[2]　资料现存烟台市博物馆。

[3]　资料现存烟台市博物馆。

[4]　青岛市文物保护考古研究所：《胶南海青廒上村西汉墓发掘报告》，《青岛考古》，科学出版社，2011年。

[5]　资料现存烟台市博物馆。

[6]　青岛市文物保护考古研究所：《黄岛台头遗址发掘报告》，《青岛考古》，科学出版社，2011年。

[7]　青岛市文物保护考古研究所：《城阳后桃林汉墓发掘报告》，《青岛考古》，科学出版社，2011年。

[8]　青岛市文物保护考古研究所：《黄岛唐家莹遗址发掘报告》，《青岛考古》，科学出版社，2011年。

[9]　资料现存烟台市博物馆。

[10]　青岛市文物保护考古研究所：《城阳文阳路汉墓发掘报告》，《青岛考古》，科学出版社，2011年。

[11]　青岛市文物保护考古研究所：《胶南殷家庄汉墓发掘报告》，《青岛考古》，科学出版社，2011年。

[12]　青岛市文物保护考古研究所：《胶州大闹埠汉墓发掘报告》，《青岛考古》，科学出版社，2011年。

[13]　青岛市文物保护考古研究所：《胶州盛家庄汉墓发掘报告》，《青岛考古》，科学出版社，2011年。

[14]　青岛市文物保护考古研究所：《城阳后桃林汉墓发掘报告》，《青岛考古》，科学出版社，2011年。

[15]　青岛市文物保护考古研究所：《胶州盛家庄汉墓发掘报告》，《青岛考古》，科学出版社，2011年。

[16]　罗世恒等：《山东蓬莱市大迟家两座西汉墓》，《考古》2006年第3期。

[17]　林仙庭：《烟台市区发现殉鹿汉墓》，《考古》1985年第8期。

[18]　资料现存烟台市博物馆。

[19]　党浩：《山东莱州抢救发掘一批汉代墓葬》，《中国文物报》2003年4月18日。

[20]　威海市博物馆：《山东威海市蒿泊大天东村西汉墓》，《考古》1998年第2期。

[21]　山东省文物管理处：《山东文登汉木椁墓和漆器》，《考古学报》1957年第1期。

墓[1]、青岛古庙[2]、莱西岱墅汉墓[3]、平度界山汉墓[4]、莱州朱郎埠汉墓[5]、栖霞画像石墓[6]、海阳开发区汉墓[7]、招远辛庄画像石墓[8]、栖霞观里汉墓[9]、黄岛唐家汉墓[10]、胶南廒上村汉墓[11]和殷家庄汉墓[12]、青岛城阳后桃林汉墓[13]和文阳路汉墓[14]、胶州盛家庄汉墓[15]和大闹埠汉墓[16]等，同时，许多新发现、发掘的汉墓资料，如：烟台开发区三十里堡汉墓、威海羊亭汉墓等正在整理中（图四〇九）。

据不完全的统计，迄今为止，胶东地区经科学发掘的汉代墓葬约400座，绝大部分属于中小型墓葬，其中莱州朱汉墓地发现的汉墓数量达280座，发现的墓葬和随葬品数量之多是烟台地区发现汉墓之冠。

二　胶东地区汉代墓葬形制特征

根据墓室布局及墓室建筑方法、构造和构筑材料等要素的不同，将本地区已发现的汉代墓葬的墓葬形制，分为不同类别及不同型式。本地区的墓葬形制可分为土坑墓、砖椁墓、石椁墓、砖室墓、瓮棺墓、瓦棺墓和积贝墓。

（一）土坑墓

土坑墓指由地面往下挖掘土坑，放入棺椁等葬具，或者直接放入死者尸体的墓葬，其形制多为长方形竖穴土坑，胶东地区发现的数量最多，分布的范围也较广，多是一些中小型墓葬。由于地理条件不同，土坑既有掘土为坑，也有凿石为坑，如平度界山汉墓等。

根据墓葬平面形制的差异，可以分为以下几种形制。

A 型　"甲"字形竖穴土（岩）坑墓，为长方形竖穴土（岩）坑，带有长斜坡墓道，墓室内设有二层台。墓葬举例如下。

[1]　烟台市文物管理委员会：《山东荣成梁南庄汉墓发掘简报》，《考古》1994年第12期。

[2]　孙善德等：《青岛崂山县发现一座西汉夫妇合葬墓》，《文物资料丛刊·9》，文物出版社，1985年。时桂山：《山东崂山古庙汉墓》，《文物资料丛刊·4》，文物出版社，1981年。

[3]　烟台地区文物管理组：《山东莱西县岱墅西汉木椁墓》，《文物》1980年第12期。

[4]　青岛市文物局、平度市博物馆：《山东青岛市平度界山汉墓发掘》，《考古》2005年第6期。

[5]　烟台市博物馆：《山东莱州市朱郎埠墓群发掘报告》，《华夏考古》2009年第1期。

[6]　烟台市博物馆等：《山东栖霞汉画像石墓》，《文物》2002年第7期。

[7]　海阳市博物馆：《山东海阳市开发区发现一座西汉墓》，《考古》2007年第12期。

[8]　杨文玉等：《山东招远辛庄石墓画像》，《中国文物报》2008年2月20日。

[9]　栖霞市牟氏庄园管理处：《山东栖霞市观里汉墓清理简报》，《华夏考古》2004年第4期。

[10]　青岛市文物保护考古研究所：《黄岛唐家莹遗址发掘报告》，《青岛考古》，科学出版社，2011年。

[11]　青岛市文物保护考古研究所：《胶南海青廒上村西汉墓发掘报告》，《青岛考古》，科学出版社，2011年。

[12]　青岛市文物保护考古研究所：《胶南殷家庄汉墓发掘报告》，《青岛考古》，科学出版社，2011年。

[13]　青岛市文物保护考古研究所：《城阳后桃林汉墓发掘报告》，《青岛考古》，科学出版社，2011年。

[14]　青岛市文物保护考古研究所：《城阳文阳路汉墓发掘报告》，《青岛考古》，科学出版社，2011年。

[15]　青岛市文物保护考古研究所：《胶州盛家庄汉墓发掘报告》，《青岛考古》，科学出版社，2011年。

[16]　青岛市文物保护考古研究所：《胶州大闹埠汉墓发掘报告》，《青岛考古》，科学出版社，2011年。

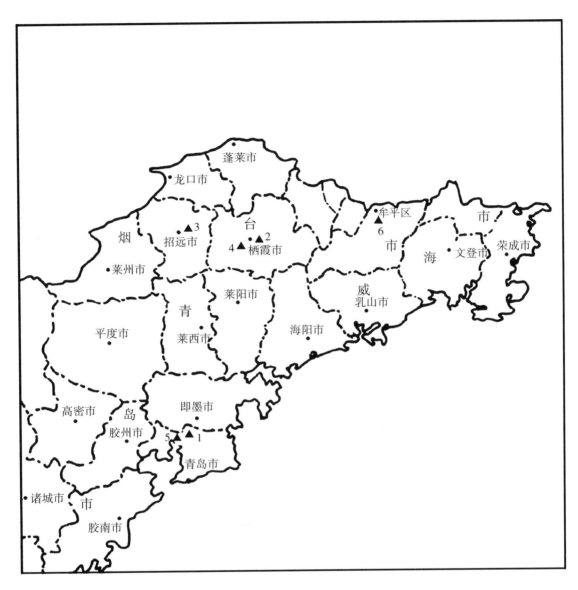

图四〇九　烟台、威海汉墓分布示意图

平度界山汉墓编号 M2，长方形竖穴岩坑，凿石为圹，墓向朝南，墓道位于墓室的南侧，长斜坡，墓道长 13 米。墓室为长方形，南北长 6、东西宽 3 米，墓底因石质坚硬，不甚规整。最深处距墓口 3.5 米。墓室内东、西两侧用乱石砌成宽 0.45、高约 1.2 米的石椁。填土经过夯打，有夯窝。墓室南壁靠近墓道口处留有南北宽约 0.25、高约 0.4 米的二层台，上铺一层厚约 5 厘米黄色细沙土（图四一〇，1）。

B 型　不带墓道。根据墓葬有无二层台、壁龛、腰坑和器物箱等，可区分为五亚型。

Ba 型　无二层台。墓葬举例如下。

胶州大闹埠墓地编号 M7，长方形竖穴土坑墓，墓向 95°。长 3.5、宽 2、深 3.6 米。直壁，平底。

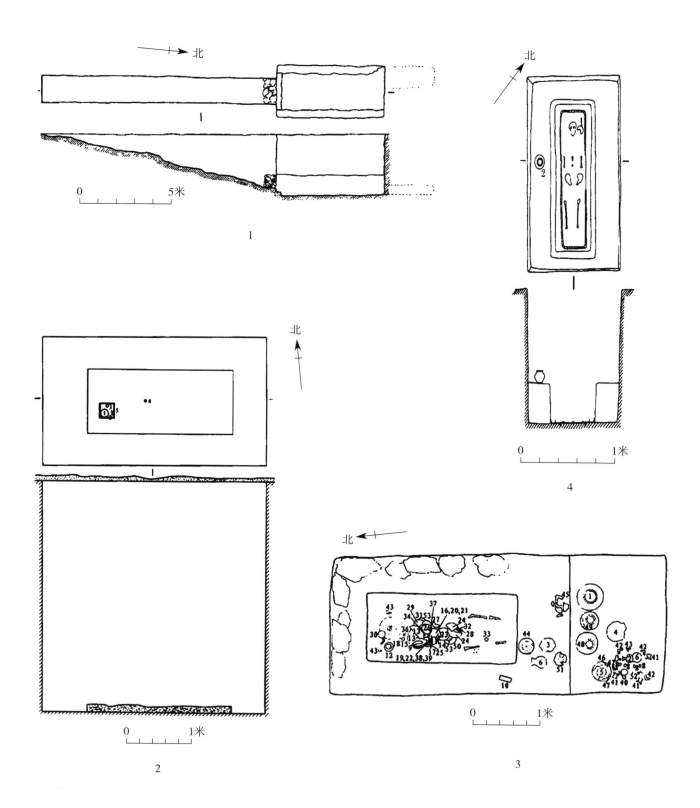

图四一〇　土坑墓

1.平度界山M2　2.胶州大闸埠M7　3.平度界山M1　4.莱州朱郎埠M21

无二层台（图四一〇，2）。

Bb 型　有二层台，但有生土和熟土之分。生土二层台仅分布在墓坑的某端或两侧；熟土二层台的分布也不同，一种分布在墓坑的四周，一种是分布在墓坑的两端或侧面。墓葬举例如下。

平度界山墓地编号 M1，长方形竖穴岩坑，凿石为圹，墓向 90°，墓室为长方形，南北长 5.7、东西宽 4.2、深 7.85 米。墓坑向下逐渐内收，墓底南北长 4.9、东西宽约 2.1 米。四壁经过修整，但东、北两壁不很规整，在东南及西南角交错排列供上下的脚窝。填土经过夯打，有夯窝。墓室底部紧靠墓壁，用乱石砌成一圈高约 1.2、宽 0.4～0.6 米不等的石椁。墓底用一层厚约 10 厘米的纯净红褐色细土填实铺平，南部留有宽 1.4、高约 0.2 米的生土二层台。用于放置随葬品。填土经过夯打，有夯窝（图四一〇，3）。

莱州朱郎埠墓地编号 M21，长方形土坑竖穴，墓圹呈口大底小状。墓口长 2.76、宽 1.90、墓底长 2.70、宽 1.76、深 1.90 米。墓向 104°。墓室四周有熟土二层台，南北两面二层台较宽，宽约 0.40～0.46 米，东西两面二层台较窄，宽 0.14～0.26 米，二层台高 0.6 米。填土经过夯打，有夯窝（图四一〇，4）。

Bc 型　有壁龛。墓葬举例如下。

莱州朱郎埠墓地编号 M38，长方形土坑竖穴，墓口长约 320、宽 250 厘米。墓向 10°。墓圹的西壁偏南有壁龛 1，壁龛略呈长方形，内端角略弧，外端长 150、进深约 48、高 130 厘米。填土未经夯打。随葬器物置于壁龛内（图四一一，1）。

Bd 型　有腰坑。墓葬举例如下。

蓬莱小迟家墓地编号 M4，长方形土坑竖穴墓，墓圹东西长 3.9、东西宽 2.96、深 3.6 米。墓向 183°，墓坑内有二层台，长 1.04、宽 0.48 米。在椁室底板下发现有一个直径 0.6、深 0.7 米的圆形坑，为腰坑，内置一陶瓮。填土夯打（图四一一，2）。

Be 型　在墓室的一侧专设器物箱。墓葬举例如下。

胶南殷家庄墓地编号 M1，长方形土坑竖穴墓，墓口平面呈长方形，长 5、宽 3.5、深 4.3 米，在墓室的南侧设有一长 4.6、宽 2.7、深 3.2 米的器物坑（图四一一，3）。

（二）砖椁墓

长方形土坑，单室，墓室无墓门。自墓底四周以单砖平砌为椁，即指在土坑内用砖砌成椁或棺的墓葬形制。根据墓葬的平面形制及附设构筑等，可分为以下几种形制。

根据墓葬有无二层台、壁龛和头箱可分一种形制四个亚型。

Aa 型　有二层台。墓葬举例如下。

威海大天东编号 M3，长方形竖穴墓，凿石为圹，长 4.6、宽 3.5、深 3 米。四壁修整光滑，部分塌陷，东南角有两行便于上下的脚窝交错排列。椁盖板由原木构成，四角交叉，腐朽后连同蛎壳一起塌落在墓底。墓圹下部用长方形青砖砌椁壁，砖与圹壁之间用沙质土填实，其上再横砌四层双排砖或纵砌四层单排砖。因有二层台，四角留有椁盖原木交叉的出头口。椁底平铺长方形青砖一层、"人"字形排列。椁长 3.8、宽 2.5、高 1.3 米。其下再铺厚约 6 厘米的蛎壳。椁内东置一棺，棺木已朽成灰。长 2.24、宽 0.82 米（图四一一，4）。

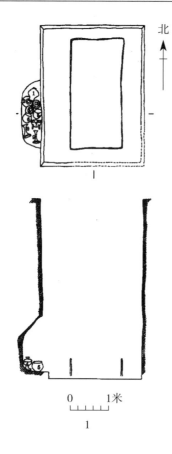

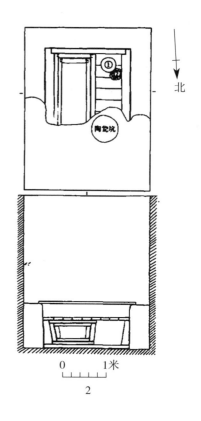

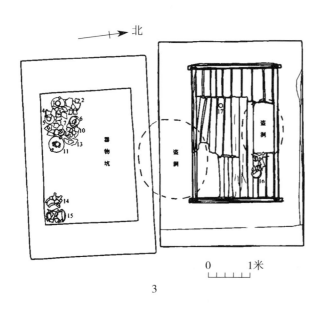

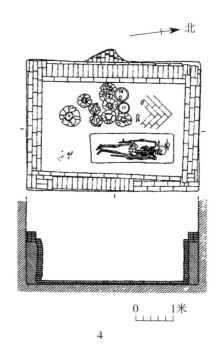

图四一一　土坑墓

1.莱州朱郎埠M38　2.蓬莱小迟家M4　3.胶南殷家庄M1　4.威海大天东M3

Ab 型　无二层台。墓葬举例如下。

荣成梁南墓地编号 M2，长方形竖穴石圹，墓口东西长 5.3、宽 4.55、深 4.4 米。底稍大，墓边略内弧，唯南壁造圹时坍塌为不规则的外弧形。墓四壁以砖砌成椁壁，高 1.5、厚 0.50～0.80 米，均为立砖。墓底平铺一层砖，排成直行（图四一二，1）。

青岛城阳文阳路墓地编号 M3，长方形土坑竖穴砖椁墓，墓向 10°。墓圹长约 3.7、宽 1.8 米，砖椁残高约 0.6 米。为错缝平砌，底部为双层，上层为单砖，呈人字形铺砌；下层铺砌分两种，北面 8 排为单砖侧立，南部为单砖交错铺砌两层侧砖。砖椁之上加盖木质椁盖板（图四一二，2）。

Ac 型　有壁龛。墓葬举例如下。

胶州盛家庄墓地编号 M29，长方形竖穴土坑墓，用青砖砌筑砖椁。墓向 84°。总长 3.2、宽 1.8、深 3.76 米，椁室内长 2.6、宽 1.1、高 1 米。墓底铺人字缝地砖一层。墓圹东壁设有土质壁龛，进深 0.48、高 1.6 米。砖椁砌法为自墓底单砖顺砌 10 层，然后平砖丁砌 10 层，椁壁上有放置木椁盖板的凹槽，东西两面有插木挡板的凹槽（图四一二，3）。

Ad 型　有头箱。墓葬举例如下。

胶州盛家庄墓地编号 M32，长方形，南北向，墓向 358°。长 3.5、宽 1.9、深 2.3 米。椁室为青砖砌筑，东、西、南三面椁壁，下部为单砖横砖砌筑，上部为单砖平铺丁砌，在椁室的北侧有头箱，用单砖侧立东西向砌筑。墓底为单砖顺砌。填土上部为灰褐色细沙土，下部为红褐色砂石黏土层。随葬品陶罐放置在头箱内（图四一二，4）。

（三）砖室墓

与砖椁墓不同的是，这种墓葬多属于较大的中型墓葬。长方形竖穴土坑，一般由墓道、墓门和墓室等部分组成，墓道为土质斜坡，墓室的主体部分，如墓壁、墓顶、墓底均用不同类型的砖构筑而成，如用砖砌筑墓室四壁。顶部为券顶或穹隆顶，也有的是砖石两种建筑材料建筑而成，即墓室用砖构筑外，墓门的横梁等采用石料构筑，但墓室的总体仍以砖为主要建筑材料。砖壁与土圹之间用土填实。

根据墓葬平面形制的差异，可分为以下几种形制。

A 型　双室墓，一般由前、后两墓室组成。墓葬举例如下。

福山东留公砖室墓，由墓道、甬道、墓门及前后两个墓室组成，使用砖、石两种建筑材料。墓向偏西 10°。墓室平面皆为圆角长方形，四壁均外弧。前室长 6、宽 5.3 米。后室长 6.4、宽 5.13 米。其间以甬道相通，甬道系长方形，长 1.8、宽 6.4、高 1 米。甬道中部用石条砌在墙内，作为墙壁中的骨干，上部原有的砖砌的拱券顶已毁。甬道外口用砖封。甬道与墓室之间有一石门，上面原有石雕门楼。根据墓室四壁圆角、外弧等情况看，其墓顶应为穹隆顶或券顶。整个墓底用多层砖铺成，最上一层用方砖正铺。墓壁用花纹砖砌成，砌法是三横一竖。花纹一律向内（图四一三，1）。

胶州大闹埠墓地编号 M11，砖室墓。由墓道、甬道、墓门、前室、过道、后室等组成。墓向 285°。土质斜坡墓道，残长约 1.2 米。甬道连接墓道与墓门，现仅存南北砖墙，高约 1.2、残长 0.68 米。墓门顶部用楔形砖拱券，拱高 1.2、内宽 1 米。先挖土圹，再铺砌砖墙，形成墓室，墓室总长约 5.5 米。前室为四面结顶的穹隆顶，顶部残损，残高 2.3 米，底部呈方形，南北长 2.1、东西宽 1.5 米。

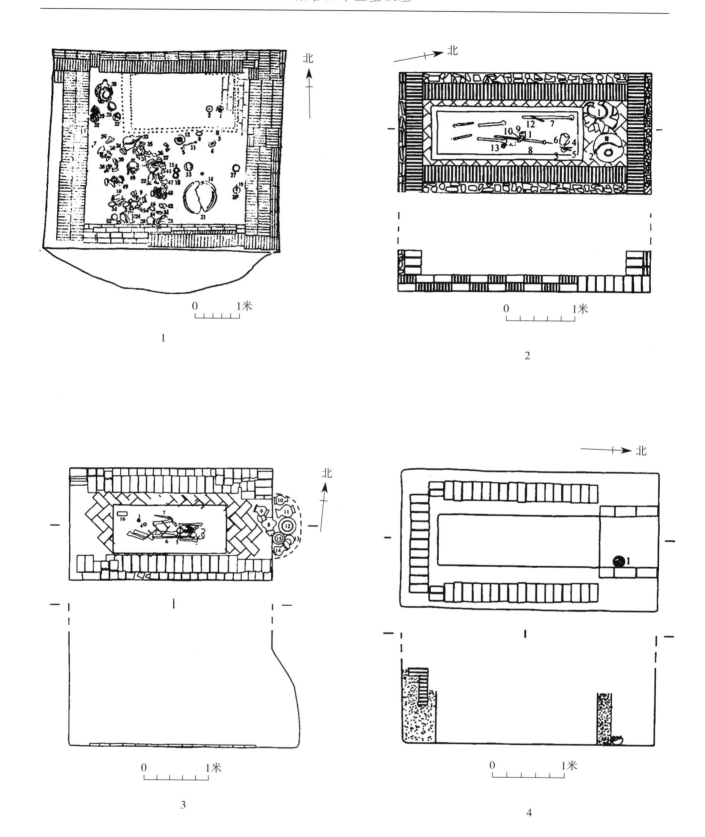

图四一二　砖椁墓
1.荣成梁南M2　2.青岛城阳文阳路M3　3.胶州盛家庄M29　4.胶州盛家庄M32

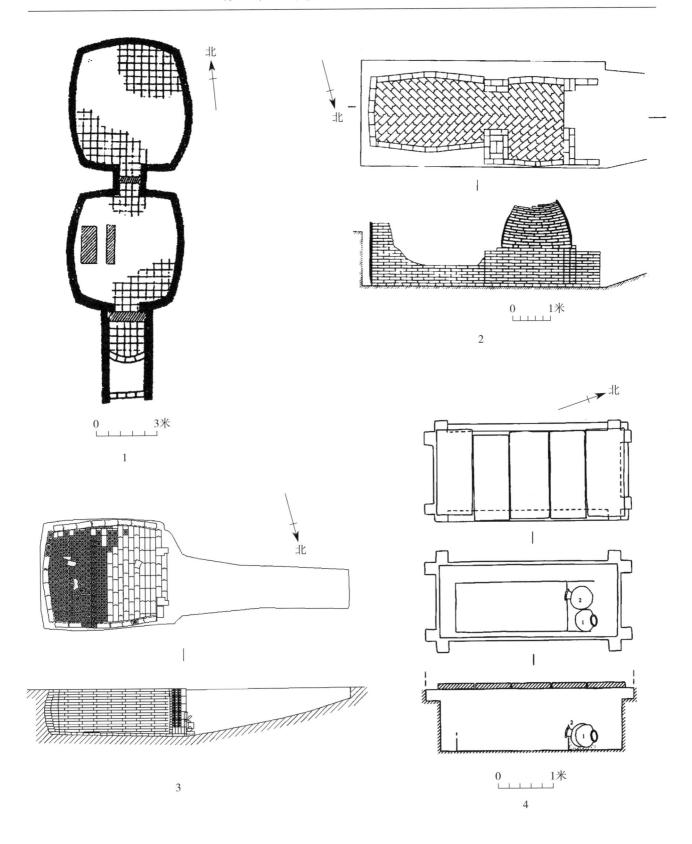

图四一三　砖室墓

1.福山东留公　2.胶州大闹埠M11　3.烟台莱山南沙子M1　4.青岛城阳后桃林M3

后室平面略呈长方形，中部略外鼓，长 2.9、最宽处宽 1.84 米。北壁保存稍好，残高 0.4～1.5 米。前后室间有宽 1、长 0.66 米较短过道（图四一三，2）。

B 型　单室墓。长方形竖穴土坑，由墓道、墓门和墓室等组成，平面略呈"凸"字形或长方形。墓葬举例如下。

烟台莱山南沙子墓地编号 M1，由墓道、墓门和墓室组成。墓道，直接凿在生土上，方向为西略偏北，呈斜坡状，前端较窄，后端较宽。长约 450、前端宽 100、尾端最宽处 170 厘米。墓道尾端最深处为 100 厘米。墓门为券顶，单砖侧立。顶上现存南北向的两个较为完整的墓砖，可能是门楣。券顶向墓室内倾斜。砌券顶用砖为特制的楔形砖。墓室，平面略呈"凸"字形，顶部已破坏。墓室先挖土圹，后紧贴土圹用砖砌成墓的四壁，墓壁略呈弧形。东西长 3.2、南北宽 2.8、残深 1 米。墓的西壁较直。墓底用砖铺砌而成，南北向错缝铺砌而成（图四一三，3）。

（四）石椁墓

又称石圹墓或石匣墓，指整个墓室由石板构筑而成的墓葬形制，即在墓室中利用加工后的石板砌筑椁室的四壁，面向墓室一面的石板经加工，粗糙的一面面向墓室的外侧；也有利用岩坑为椁室的四壁而盖以石板者。与砖椁墓的构筑形制基本相似，墓葬平面为长方形，无墓门。

根据墓葬的平面形制及附设构筑等，可以分为以下几种形制。

A 型　单室石椁墓。根据墓葬的平面形制的差别可分为两个亚型。

Aa 型　以竖穴岩坑作为椁的底板及全部椁壁，其上加盖石质盖板，有的墓葬还在墓口四角凿出放置石盖板的凹槽，显示石椁的形制。墓葬举例如下。

青岛城阳后桃林汉墓编号 M3，长方形，南北向，墓口用块状石板东西向加盖，石板长方形，雕凿规整，墓口四角开凿处井字圹。南侧有头箱（图四一三，4）。

Ab 型　在竖穴岩坑墓室内用石板侧立，设置头箱，上面加以盖板。墓葬举例如下。

青岛城阳后桃林汉墓编号 M1，长方形竖穴土坑，南北向，墓口长 3.25、宽 1.4 米。墓底长 3.05、宽 0.85 米。墓底距地表约 1.75 米。生土二层台，其上并排放置四块东西长 1.5、宽约 0.95 米的砂岩石板，墓室北侧用石板侧立，将墓室分为两部分，南侧为放置棺的棺室；北侧为放置随葬品的头箱（图四一四，1）。

Ac 型　墓葬的椁室四壁均由石板拼接而成，椁室中使用的石材一般都雕刻着画像，故称"画像石墓"。墓葬举例如下。

栖霞县峨山庄墓地石椁墓，长方形墓圹，系在酥石层上挖成，竖穴。东西长约 3.34、南北宽 1.72、深约 1.23 米。方向为 100°。石椁，系用规整的花岗岩石板围成。椁底，用石板两块铺垫，东部一块，南北长 1.00、东西宽 0.76、厚约 0.14 米。西部一块，东西宽 1.74、南北宽 0.94、厚约 0.18 米。石板的上部找平。椁帮，用四块石板扣合而成。南壁长 2.28、深 0.84、上厚 0.18、下部厚 0.16 米；北壁长 2.28、深 0.84、上厚 0.16、下部厚 0.22 米。东堵头，宽 1.04、深 0.84、上部厚 0.18、下部厚 0.20 米。西堵头，宽 1.07、深 0.84、上部厚 0.30、下部厚 0.16 米。东西堵头的两头内侧，都凿有约 1.5 厘米深的凹槽，使四块石板扣合得更加紧密，并且增强了牢固程度。北壁内侧，刻有阴线图案，椁室内部，长约 2.27、宽约 0.84、深约 0.84 米。基本上长方形，石椁的盖板有三块

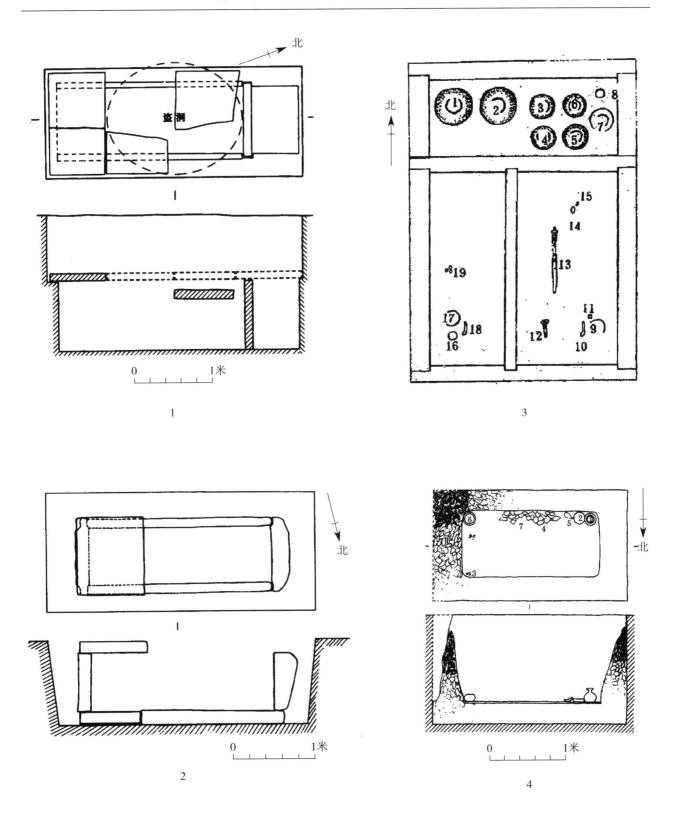

图四一四 石椁墓

1.青岛城阳后桃林M1　2.栖霞县峨山庄　3.青岛崂山古庙M2　4.莱州朱郎埠M1

石板组成，东面一块南北长 1.10、东西宽 0.85、厚约 0.14 米。中部一块，东西宽约 0.82、南北长
1.10、厚约 0.20 米。西部一块，东西宽约 0.75、南北长 1.05、厚约 0.14 米。石板均未进行特别加
工，只是利用其较平的一面，作为石椁的内侧，而石板外侧，更显得凹凸不平（图四一四，2）。

　　B 型　双室石椁墓。墓葬举例如下。

　　青岛崂山古庙编号 M2，长方形竖穴，南北向，墓坑长 2.57、宽 1.10、高 1.00 米，墓底用五
块大石平铺，四壁各用两块大石砌筑，石长 2.57、宽 0.46、厚 0.25 米。石筑椁壁，以石块铺底，
椁北部设有一个与椁等宽的小器物箱，夫妻合葬墓，两椁室东西并列，中间用石板隔开，共用一
个头箱，头箱依椁壁而建，与椁室等宽（图四一四，3）。

（五）积贝墓

　　又称作"贝壳墓"。形制与土坑竖穴墓基本相同，其区别是在墓葬建造时或多或少地填埋贝壳，
即以牡蛎、海螺、鲍鱼等海产软体动物贝壳为填土填埋在墓室内。

　　根据墓葬结构及积贝堆积，可分为以下几种形制。

　　A 型　土坑积贝。墓葬举例如下。

　　莱州朱郎埠墓地编号 M1，长方形土坑竖穴墓，墓向 270°。墓圹长 2.60、宽 1.60、残深 1.40 米，
直壁，墓底铺约 28 厘米厚的海蛎壳，棺四周填塞海蛎壳，棺顶亦覆盖海蛎壳。墓内填土与海蛎
壳可分两层，上层为黄沙夹杂少量黑色黏土和蛎壳的花土，下层则海蛎壳较多。随葬器物置于棺
内南侧（图四一四，4）。

　　B 型　砖棺积贝。墓葬举例如下。

　　胶州盛家庄墓地编号 M9，长方形，东西向，长 3.3、宽 1.2、深 2.9 米。墓向 86°。上层填土
为黄褐色花土，深约 1.5 米；下层为积贝，深约 1.4 米。棺为青砖砌筑，其结构为先在墓底铺垫
一层贝壳厚约 0.2 米，其上用青砖单砖铺砌，呈人字形，四周以木板为支撑，人字形砖四周砌筑
砖为棺的四周挡板，砖棺侧面略呈梯形，高 0.3 米，棺室东侧挡板略高两层，高 0.5 米。砖棺东
侧随葬陶扁壶、陶罐各一（图四一五，1）。

　　C 型　砖室积贝。墓葬举例如下。

　　梁南汉墓 M2　长方形竖穴石圹，墓口东西长 5.3、宽 4.55、深 4.4 米。底稍大，墓边略内弧，
唯南壁造圹时坍塌为不规则的外弧形。墓四壁以砖砌成椁壁，高 1.5、厚 0.50～0.80 米，均为立砖。
墓底平铺一层砖，排成直行。砖长约 29、宽约 12、厚 5.5～6 厘米的素面灰砖。椁盖板已朽，其
上的海蛎壳与填土坍落墓室（图四一五，2）。

（六）瓮（瓦）棺墓

　　长方形竖穴土坑，使用陶容器如：瓮、盆等作为葬具的墓葬形制；瓦棺墓，用瓦片正反扣合
而成作为葬具。墓葬举例如下。

　　胶州盛家庄墓地编号 M25，长方形竖穴土坑墓，东西向，墓向 112°。土坑长 1.2、宽 0.55～0.6、
深 1.6 米。瓮棺结构为东边蛋形瓮口套入西边尖底形瓮内，瓮棺内人骨已朽（图四一五，3）。

　　黄岛台头遗址编号 M1　长方形竖穴土坑，墓向 171°。上部破坏，棺四周用板瓦作为挡板对

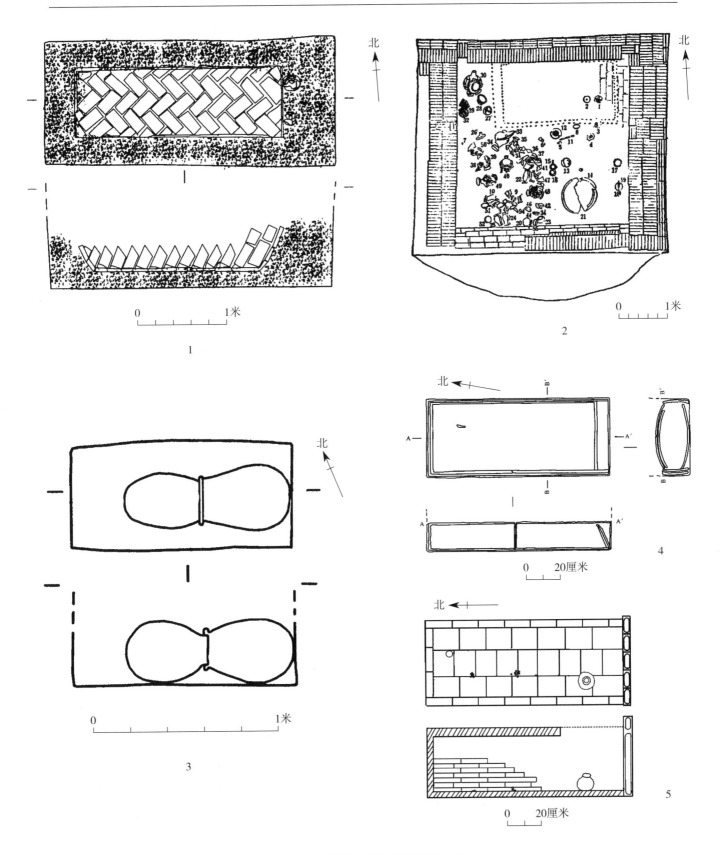

图四一五　积贝墓

1.胶州盛家庄M9　2.梁南M2　3.胶州盛家庄M25　4.黄岛台头M1　5.威海羊亭M1

接而成，其具体做法为底部铺板瓦两块，四周各竖两层，上部再盖两层作为盖，板瓦为泥质灰陶，正面饰有瓦棱纹（图四一五，4）。

（七）空心砖墓

长方形墓室，由墓道、墓门和券形顶等组成。墓葬举例如下。

威海羊亭墓地编号 M1，长方形墓室，有斜坡形墓道，南面有墓门，墓门中间有 3 个雕有图案的空心砖，两侧各有一个带槽的边砖，东、北、西三面为墓壁，分别用 7 层砖砌成，墓室顶拱起，用 21 排带榫口的子母口砖券成券形顶。墓室底铺砌 3 排方砖（图四一五，5）。

三 几点认识

两汉时期是中国墓葬制度发生重要变革时期，随着社会的发展而产生的思想观念和汉代的厚葬之风都影响了墓葬礼俗等方面的变化。

胶东地区自东周时齐国灭莱统一后，本地区的丧葬习俗便渐渐被齐文化所同化。胶东地区发现的战国等早期墓葬无论是墓葬形制还是随葬器物的组合或器物形制，基本与山东中西部的同期文化一致，至汉代，这种一致性得到了进一步的加强。但是由于各地的社会发展不平衡，必然在政治、经济、文化等各个领域存在着差异，墓葬形制上的不同就是这种差异的反映。

本地区在墓葬分布方面有以下特点：一组墓葬共同埋葬于同一个封土之下，或封土之中的现象，如荣成的梁南庄墓地、烟台开发区三十里堡墓地等，这种埋葬方式，在胶东地区的汉代墓葬中反映得尤其明显，从分布情况分析，可能代表了胶东沿海的一种葬俗，是本地区汉墓的代表性的特征之一。同时，各个墓地中发现了有规模相当的墓葬两两并列的现象，个别如朱郎埠墓地、朱汉墓地等，部分墓葬之间存在打破关系，如一墓葬打破另一个墓的一角或一边，这种并列或打破关系应是有意识的，其不仅仅是单纯表示时间的早晚关系，而是用以表现墓主之间的较密切的亲缘关系。

本地区在墓葬形制方面有以下特征。

第一，土坑墓发现的数量最多，分布的范围也较广，墓葬形制普遍采用长方形土坑竖穴，主要流行于西汉时期，同时，这一时期，本地区还流行一种特殊形制的墓葬，即积贝墓，其形制与土坑竖穴墓基本相同，其区别在于积贝墓的填土中或多或少地使用了贝壳，进入东汉以后，土坑积贝墓也随之趋于消失。

第二，西汉中期以后，本地区出现了夫妻异穴合葬墓，如福山东留公墓地、三十里堡墓地和莱州朱郎埠墓地等，都发现了许多这种形制的墓葬。西汉晚期以后，本地区这种夫妻异穴合葬墓已成为主要的丧葬形式，如莱州的朱郎埠墓地发现的异穴合葬墓，不仅规模较大的墓是异穴合葬，就连规模较小的墓也实行异穴合葬的形式，足见已成当时风俗之定式。到了东汉时期，石椁墓也延续了夫妻合葬形制特征，如青岛古庙夫妻合葬墓。

第三，西汉晚期，本地区出现了一种石椁墓，墓室使用的石材，一般雕刻着画像，故称"画像石墓"。这种形制墓葬发现的数量较少，仅在牟平、栖霞等地发现。

　　第四，随着墓室日益居室化，世俗信仰的阴间观念得到了加强，阴宅即死人的宅院的观念在民众中被普遍认同。墓室的仿居室化出现，到东汉时，本地区的墓葬形制发生了很大的变化，砖室墓逐渐取代了土坑墓，并迅速流行起来，成为烟台地区墓葬的主要形制。这一时期的砖室墓形制以平面呈"凸"字形为主要特点，有斜坡状墓道、墓门和墓室。有少量的砖室墓形制较大，并使用砖、石两种建筑材料，其有墓道、墓门，并设有前、后两个墓室，如福山东留公发现的砖室墓。这一时期，还有一种砖椁墓，这类墓葬的规模一般较小，发现的数量也较少。个别地区也发现空心砖墓、瓮棺墓和瓦棺墓等，发现数量极少，仅仅为零星发现。

第五章　胶东地区石椁墓及相关问题初探

　　胶东地区是指胶莱河以东的半岛区域，两汉时期，主要包括胶东国、东莱郡及北海郡的一部分。按现在的行政区域划分，主要包括现在的青岛市、烟台市、威海市三市及所辖市县区。随着田野考古工作全面展开，作为较为独特的一种墓葬形制石椁墓，在本地区也有发现。本文拟就对本地区汉代石椁墓的发掘情况作简单总结，并以此对其墓葬形制特征等总结，望能起到抛砖引玉的作用。

一　发掘概况

　　据不完全统计，迄今为止，胶东地区发现石椁墓 15 座，见诸报道的石椁墓 14 座，主要有青岛古庙[1]、峨山庄画像石墓[2]、招远辛庄画像石墓[3]、观里汉墓[4]、青岛城阳后桃林汉墓[5] 和牟平画像石墓[6] 等（图四一六）。

　　辛庄画像石墓，1 座（M1），位于招远市辛庄镇湖汪村南一处台地上。该墓是一座大型画像石墓，由于墓葬被毁，仅存画像石后被招远市文化馆征集，现存招远市文物管理所。

　　青岛古庙汉墓，3 座（M1～M3），位于原青岛市北郊崂山县城阳公社古庙大队村南 200 米处俗称为“龙王庙”的台地上。M2、M3 夫妻合葬墓。石筑椁壁，以石块铺底，两椁室东西并列，中间用石板隔开，共用一个头箱，头箱依椁壁而建，与椁室等宽。

　　牟平画像石墓，5 座（M1～M5），位于牟平城区原牟平发动机厂内，其中土坑墓 4 座，石椁墓 1 座。M1，石椁墓。长方形土坑竖穴，椁室四壁由石板扣合而成。

　　峨山庄画像石墓，1 座（M1），位于栖霞市铁口乡峨山庄东南 500 米的山冈上，墓上现存封土底径为 13、顶部直径约 4.7、高 4 米。墓圹，直接凿在酥石层，长方形竖穴。石椁，用规整的花岗岩石板。椁底，用石板两块铺垫；椁壁，用四块石板扣合。东西堵头两头内侧均凿有凹槽，四块石板均镶嵌在槽内。长方形，石椁的盖板由三块石板组成封盖。

　　观里汉墓，1 座（M1），位于栖霞市观里镇观里村村东 500 米俗称“庙儿夼”处。长方形土

　　[1]　孙善德等：《青岛崂山县发现一座西汉夫妇合葬墓》，《文物资料丛刊·9》，文物出版社，1985年。时桂山：《山东崂山古庙汉墓》，《文物资料丛刊·4》，文物出版社，1981年。

　　[2]　烟台市博物馆等：《山东栖霞汉画像石墓》，《文物》2002年第7期。

　　[3]　杨文玉等：《山东招远辛庄石墓画像》，《中国文物报》2008年2月20日。

　　[4]　栖霞市牟氏庄园管理处：《山东栖霞市观里汉墓清理简报》，《华夏考古》2004年第4期。

　　[5]　青岛市文物保护考古研究所：《青岛考古》，科学出版社，2011年。

　　[6]　资料现存烟台市博物馆，正在整理中。

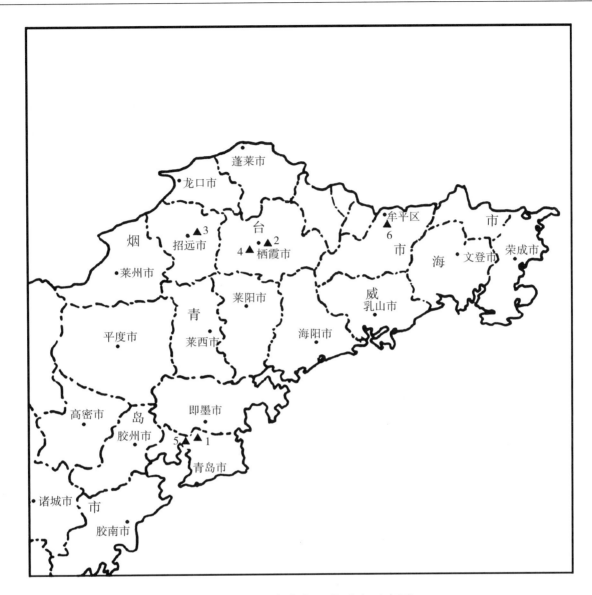

图四一六　山东半岛汉墓分布示意图

1.青岛古庙石椁墓　2.栖霞峨山庄石椁墓　3.招远辛庄石椁墓　4.栖霞观里石椁墓　5.青岛城阳后桃林汉墓　6.牟平石椁墓

坑竖穴墓。墓圹直接凿在较酥软的岩石上。石椁，椁底用三块石板顺排平铺，南北刻有两道凹槽；东西两壁为两块大石板，底边凿成凸榫，与底面石凹槽相扣合；南北两端以二石板封堵，内面亦凿凹槽，与东西两壁石板扣合；椁盖板由三块石板组成封盖。椁室整体结构牢固。石椁外近墓圹西壁处，有长220、宽36厘米范围板灰痕迹，应为放置随葬器物的木箱。

后桃林汉墓，12座（M1～M12），位于青岛市城阳区后桃林村东约1千米的高岭之上。其中，砖椁墓1座，岩坑墓11座。岩坑墓直接凿在岩石上，然后在墓室顶部加盖石质盖板，个别的墓室还在墓口的四角凿出放置石质盖板凹槽，以显示石椁形制。M3，长方形，墓口用石板东西向组成封盖，石质盖板系长方形，雕凿规整，墓室上口四角开凿处，平面呈"井"字形。墓室南侧设有头箱。

二　墓葬形制

石椁墓，又称石圹墓或石匣墓，一般是在竖穴墓室中利用加工后的石板砌筑椁室四壁的墓葬，或由地表开掘或岩石凿成长方形竖穴构筑石撑，以石代木作撑板，其构造为前后挡板、左右侧板各一块，底板、盖板各数块，面向墓室的一面经加工，粗糙的一面朝向墓室外侧。侧板两端与挡板结合处多为榫卯相扣。也包括利用岩坑为椁室四壁而盖以石板者，或在四壁的挡板上刻画像的墓葬。墓葬长方形，无墓门。

根据墓葬的形制及附设构筑等，可以分为以下几种：

（一）单室石椁墓

A 型　石盖板墓。根据具体差别又可分为两个亚型。

Aa 型　以竖穴岩坑作为椁的底板及全部椁壁，其上加盖石质盖板，有的墓葬还在墓口四角凿出放置石盖板凹槽，显示石椁。墓葬举例如下。

后桃林汉墓 M3，长方形，墓室上口用石板东西向组成封盖，石盖板雕凿规整，长方形。墓室上口四角开凿，平面呈"井"字形（图四一七，1）。

Ab 型　在竖穴岩坑墓室用石板侧立，设置头箱，上面加以盖板。墓葬举例如下。

后桃林汉墓 1 座（M1），长方形竖穴土坑，南北向，墓口长 325、宽 140、深 175 厘米。生土二层台。墓室上口由并排放置的四块东西长 150、宽约 95 厘米的砂岩石板组成封盖。在墓室的北侧，用 1 块石板侧立，将墓室分为两部分，南侧为棺室，放置棺；北侧为头箱，放置随葬品（图四一七，2）。

B 型　墓葬的椁室四壁均由石板拼接而成，一种椁室石质四壁为素面，另一种椁室中使用的石材一般都雕刻着画像，故称"画像石墓"。墓葬举例如下。

观里石椁墓 M1，长方形土坑竖穴墓。口大底小，墓口长 3.3、宽 2.5 米。墓底长 3.15、宽 2.05、深 3.5 米。墓圹系在较酥软的岩石上直接凿成，墓壁斜直。东壁北端自上而下凿有三个半圆形脚窝，当为挖土圹时，供上下工作之用。有熟土二层台。填土为黄褐色土。葬具为单棺单椁。椁长 2.72、宽 1.12、高 1.17 米，用材为紫红色花岗岩石板，较规整，粗加刻凿。椁底用三块石板顺排平铺，南北刻有两道凹槽；东西两壁为两块大石板，底边凿成凸榫，与底面石凹槽相扣合；南北两端以二石板封堵，内面亦凿凹槽，与东西两壁石板扣合；椁盖板用三块石板封盖。椁室整体结构牢固。椁外部均涂 2～3 厘米厚白膏泥。近墓圹西壁处，有大约长 2.2、宽 0.36 米范围板灰痕迹，应为放置随葬器物的木箱。内有陶质高领壶、盘各 1 件（图四一七，3）。

峨山庄石椁墓 M1，长方形墓圹，系在酥石层上挖成，竖穴。东西长约 3.34、南北宽 1.72、深约 1.23 米。石椁，系用规整的花岗岩石板围成。椁底，用石板两块铺垫，东部一块，南北长 1.00、东西宽 0.76、厚约 0.14 米。西部一块，东西宽 1.74、南北宽 0.94、厚约 0.18 米。石板的上部找平。椁帮，用四块石板扣合而成。南壁上 2.28、深 0.84、上厚 0.18、下部厚 0.16 米；北壁长 2.28、深 0.84、上厚 0.16、下部厚 0.22 米。东堵头，宽 1.04、深 0.84、上部厚 0.18、下部厚 0.20 米。西堵头，

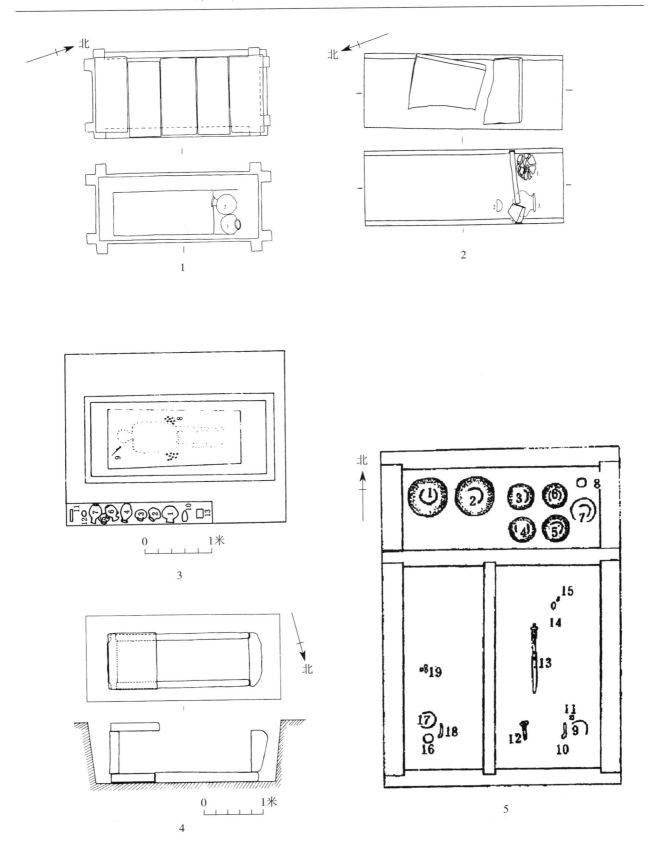

图四一七　汉墓形制图

1.单室Aa型后桃林M3　2.单室Ab型后桃林M1　3.单室B型观里M1　4.单室B型峨山庄M1　5.双室古庙M2

宽 1.07、深 0.84、上部厚 0.30、下部厚 0.16 米。东西内侧，都凿有约 1.5 厘米深凹槽，使四块石板扣合更加紧密，并且增强了牢固程度。北壁内侧，刻有阴线图案，椁室内部，长约 2.27、宽约 0.84、深约 0.84 米。基本上长方形，石椁的盖板有三块石板组成，东面一块南北长 1.10、东西宽 0.85、厚约 0.14 米。中部一块，东西宽约 0.82、南北长 1.10、厚约 0.20 米。西部一块，东西宽约 0.75、南北长 1.05、厚约 0.14 米。石板均进行特别加工，只是利用其较平一面，作为石椁内侧，而石板外侧，凹凸不平（图四一七，4）。

（二）双室石椁墓

两椁室并列，中间用石板隔开，共用一个头箱。墓葬举例如下。

古庙汉墓 M2，夫妻合葬墓。长方形竖穴，南北向，墓坑长 2.57、宽 1.1、高 1 米，墓底用五块大石平铺，四壁各用两块大石砌筑，石长 2.57、宽 0.46、厚 0.25 米。M3 南北向，长方形砖石竖穴墓，紧靠 M2，墓坑长 2.8、宽 0.8、高 0.7 厘米。石筑椁壁，以石块铺底，两椁室东西并列，中间用石板隔开，一个头箱，依椁壁而建，与椁室等宽（图四一七，5）。

三　画像内容

西汉时期至东汉早期这一时期可以称为汉代画像石艺术的滥觞期。位于两汉王朝边陲的胶东地区发现的画像石墓较少，墓室构造比较粗糙，制作画像石板经过稍微加工，同时，早期画像石图案也比较简单，晚期画像石制作得比较精致，主要有以下几处：

1. 牟平画像石

画像勾勒、内容简单，东壁是双蛇，西壁是双阙，南北两壁，云纹和穿壁纹组合，四壁的画面四周均饰有重菱格形纹饰。

2. 辛庄画像石

制作比较精致，内容相对复杂，共 9 块画像石。其中石门两合 4 扇，纵长均为 99、横长 39 ~ 45 厘米。石门画像图案基本相同，中间浮雕神兽人物，兽头人面蛇身，胸部雕饰对称两尾鱼。其中有两扇门上的人物脚下雕刻一尾大鱼。神兽边有框栏，分别浮刻三角形纹、水波纹和垂幛纹饰。另外 5 块画像石，第一石：纵 37 厘米 ×165 厘米，车骑出行图，有三辆载人轺车自左向右驶向一府邸，车前有一侍从肩扛仪仗引路，在府第门前左旁主人手捧礼器躬身相迎，门右边马的后臀清晰可见，似为前续人马。三辆轺车车篷各异，中间轺车饰有帷帐，一人驾车，余二车前后各乘二人。拉车的马，头高仰，目视前方，做奔驰状，姿态威武矫健。四边有框栏，分别浮刻垂幛纹和水波纹（图四一八）；第二石：纵 41 厘米 ×165 厘米，左浮雕白虎，右浮雕青龙，中间浮雕一仰首、张翅翘尾作行走状朱雀。边有框栏，分别浮刻三角形和垂幛纹饰；第三石：纵 106 厘米 ×31 厘米，上方浮雕一站立大人，高 61 厘米。下方浮雕一呈蹲状、手持火把，同时，怀里持有一瓶小人，高 19 厘米。人物均头戴前低后高帽，眉清目秀，身着长袍，束腰。边有框栏，

图四一八　汉代画像石

图四一九　峨山庄画像石

分别浮刻水波纹、菱形纹、三角形纹和垂幛纹饰；第四石：纵 106 厘米 ×31 厘米，上方浮雕一昂首张口，尾上翘，似奔走状的青龙，高 51 厘米；下方一做奔跑状的小人，似在追龙，高 24 厘米。边有框栏，纹饰与第三石框栏相似；第五石：纵 43 厘米 ×167 厘米，中间浮雕对称的两个绵羊头，面部装饰各异。两侧浮雕对称朱雀，头向左，昂首，尾均向内，衔玉瓶，似行走状。边有框栏，绵羊头打破框栏外凸，中间有三行 14 个乳丁纹饰，其中 1 ～ 2 行各 4 个，3 行 6 个。下面纹饰中间有一小绵羊头，将两侧对称菱形连接的圆环形图案分开，余为水波形纹饰。

3. 峨山庄画像石

北挡板是车马人物图，前面一人手拿戟，面向马车，中间是两人站立，驾驶马车，一人为驾车者，另一人可能为主人，后面跟着两人，手里捧有物品，最后为房屋，一老妇人扶柱而立，可能为送行。北壁刻有简略的车马人图，人物呆板，显得比较古板（图四一九）。

四　与山东内陆地区比较

胶东地区发现的石椁墓与山东内陆地区相比，在墓葬形制方面基本相同，单室石椁墓的数量较多，双椁墓较少，但胶东地区无三椁及三椁以上者，多数石椁墓的形制和建构方法与鲁中南地区相同；早期的石盖板墓，其形制与石椁墓相似，应为其雏形。

土坑墓、砖椁墓是胶东地区主流的墓葬形制，与鲁北、鲁东南地区相同，石椁墓均发现的数量较少，并部分与土坑墓、砖椁墓共存于同一墓地中；鲁中南地区，石椁墓是主要墓葬形式，土坑墓数量相对较少，砖椁墓的发现也极少。至东汉时期，胶东地区虽然部分墓葬地上也有较大封土，每个墓地一般有 2～3 座封土墓，并排列、分布有序，如观里汉代墓地、辛庄汉代墓地等，但最终没有形成较大规模的以石椁墓为主要形制的家族墓地。

石椁墓作为汉代石构墓室的早期形态，是汉画像石的早期载体。胶东与山东内陆地区的石椁墓中，存在一定数量的画像石墓，画像的位置一般是立板的内侧，内陆地区少数立板外侧或底板内侧也有画像，甚至个别盖板内侧也有画像。画像雕刻技法基本相同，整体看来早期雕刻技法较单纯，普遍采用阴线刻，画面、构图粗糙简单，图案简单拙朴，轮廓模糊。图案抽象，纹饰不规整，规律性不强；晚期采用浮雕技法，画面构成要素较多，构图复杂又能做到布局合理，显得较饱满；刻画得较为生动。图案布局较合理，轮廓清晰可辨，细部刻划也较精致。

胶东地区画像图案内容主要有双阙、云纹、穿璧纹和羊头纹饰、车马出行等，主体图案之外，四周有边框栏，饰三角形纹、水波纹、垂幛纹、菱形纹；内陆地区图案内容主要有常青树、圆璧、十字穿璧或穿环、绶带挂璧、菱形纹、三角纹、波折纹等，个别画面中可见人物形象。主体图案之外，填充以细密的竖向或斜向平行阴线刻划。

总之，胶东地区画像石墓发现数量较少，但具有较高的艺术价值和历史价值。如辛庄汉画像石，画像风格粗犷，造型典雅古朴，形象生动活泼，线条流畅匀称。其车马出行图，通过马尾、马缰、人物服饰等流畅线条，把扬蹄奋进的马及人物刻划得栩栩如生，在汉画像石中不为多见；峨山庄画像石图案勾勒丰富，造型古朴，风格粗犷，形象生动，体态自然，线条流畅。

五　余论

根据考古发掘资料，石椁墓的时代大约春秋战国时期，但画像石墓出现的时代大约在西汉文帝、景帝时期。

胶东地区石椁墓数量少，鲜有成规模的以石椁墓为主的墓地。年代也较晚，多为西汉中晚期及以后。综合考虑，这些地区的典型石椁墓应是从鲁中南地区传来的。作为一种文化传统的传播，推测主要由人口迁徙实现。尤其是零星发现的石椁墓，可能与特定的人员流动有关[1]，也可能是墓葬葬俗受内陆地区影响而形成的。

[1]　吕凯：《鲁中南地区汉代石椁墓初步研究》，山东大学2011年硕士论文。

第六章 三十里堡西汉墓地出土酒类遗存

三十里堡汉墓群位于山东省烟台市烟台开发区（原属于烟台市福山区）古现办事处三十里堡及岗嵛村南一线南约 5 里处的黄海海滨的丘陵地带，北距海岸约 2 里，面积约为东西 7.5、南北 3.5 千米的一片山冈上。

据《福山县志稿》记载："福山县西北去三十里，牟子国城后山冈，有土冢若干。"当地人称牟城 72 冢。随着农业生产及城市化的发展，北部和西部的土冢逐渐被平掉。现存墓群分东、西两大墓区，相距 2.5 千米，有封土墓 60 余座。东墓区东起岗嵛山，西至西留沟，主要分布在岗嵛村西山冈上，南北宽约 1.5 千米，有汉墓 23 座。西墓区西望磁山、凤凰岭，长江路将其分为南、北两部分，南部分主要分布在陈家村西山顶及大王家村北山顶和东南坡上，南北长约 3000、东西宽约 900 米的范围内，有汉墓 17 座；北部分主要分布在邻近三十里堡故城址南城墙的山顶及东南山坡上，约有 20 座。墓群总体保存基本完好，为山东省省级文物保护单位。

一 墓地考古发掘工作概述

2013 年 3 ～ 7 月，为配合烟台开发区工程建设，烟台市博物馆组织人员成立考古队，对工程占地部分进行考古发掘。本次发掘区域位于三十里堡汉墓群西墓区建设控制地带内，共清理墓葬 151 座。

根据墓葬形制，墓葬可分为土坑墓、砖室墓和瓦棺墓三种类型。其中土坑墓 71 座，墓向为东西向或南北向。平面呈长方形，为土坑竖穴墓，长 2 ～ 4、宽 1.5 ～ 3 米，深度不一，个别墓葬的深度达到 4 米。以夫妻并穴合葬多见。墓上原有封土已被平整，现多不见。填土为黄褐色回填土，个别填鹅卵石，多夯打，较坚硬，一般为圆夯。墓室内多设有熟土二层台，少量生土二层台。个别墓葬有头龛或壁龛。葬具一般单棺、单棺单椁、单椁双棺等。葬式常见单人仰身直肢葬，个别为曲肢葬。随葬品根据质地可分为陶器、铜器等，以陶器为主，器类有鼎、罐、壶、钵、耳杯、匜、熏炉等，铜器常见铜镜、铜钱等。少量的墓葬存在打破关系。

二 M73 介绍

M73 位于本次考古发掘工地的西侧，属于墓葬分布的集中区域。长方形土坑竖穴墓。东西向。与编号 M72 南北并列，相距较近，二者为夫妻并穴合葬墓。

M73 为土坑竖穴墓。方向 115°。直壁。壁面光滑，平整，有工具加工的痕迹。平底。长 3.1、

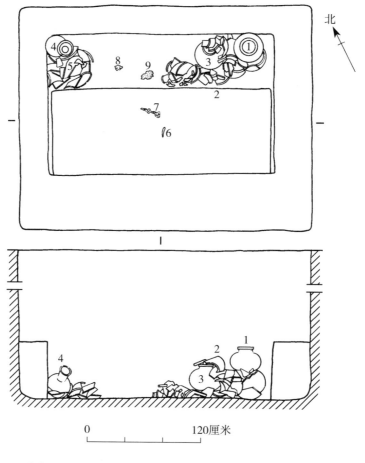

图四二〇　三十里堡汉墓 M73 平、剖面图

1~3.陶罐　4、5.陶壶　6.铜带钩　7.铁削　8.铜饰　9.残漆色

宽 2.4、深 3.6 米。填土黄褐色酥石块，为原土回填，较疏松。熟土二层台，西、北台面均宽 0.3、东台面宽 0.4、南台面宽 0.6、高 0.6 米。

墓底有葬具单椁单棺，已朽。椁室平面呈长方形，椁长 2.4、宽 1.5 米；棺长 2.3、宽 0.9 米。棺内人骨架 1 具，保存很差，朽。可辨头向东，单人葬。

随葬品 8 件，其中陶罐 3 件、陶壶 2 件，铜饰 1 件，位于椁内棺外北侧自东向西依次排列。铜带钩 1 件、铁削 1 件，位于棺室内，此外，椁内棺外北侧发现有漆器，朽，仅存铜饰件，无法辨认器形（图四二〇；彩版五七）。

陶罐　3 件。均为泥质灰陶。

标本 M73：1，泥质灰陶，完整。方唇，口微侈，斜沿，短颈，溜肩，鼓腹，腹下部斜内收，小平底。腹中部器表饰两周不规则戳印纹，漫漶不清。口径 17.5、腹径 31、底径 9、高 30 厘米（图四二一，1；彩版五八，1）。

标本 M73：2　泥质灰褐陶，残，可复原。方唇，侈口，斜沿，短颈，溜肩，鼓腹，腹下部斜内收，小平底。腹下部至底饰竖向绳纹。口径 18、腹径 35.5、底径 10、高 33.5 厘米（图四二一，4；彩版五八，2）。

　　标本 M73：3，泥质灰陶。口部微残。方唇，直口，平沿外卷，短颈，圆鼓腹，腹下部斜内收，小平底。腹中部器表饰两周不规则的戳印纹，腹下部器表表面局部亦饰少量戳印痕。纹饰均漫漶不清。口径 16.2、腹径 30.8、底径 10、高 29.5 厘米（图四二一，2；彩版五八，3）。

　　陶壶　2 件。形制相近，均为泥质陶，夹杂少量云母。

　　标本 M73：5，泥质灰陶，完整。侈口，方唇，斜沿，长斜颈，斜肩，鼓腹，腹下部斜收，大平底。通体素面。口径 16.1、底径 16.3、高 26.5 厘米（图四二一，3）。

　　标本 M73：4，泥质灰褐陶。残，可复原。侈口，方唇，平沿，沿面中部微凹，长斜颈，鼓腹，腹下部斜收，大平底。腹中部及下部偏上饰两周戳印痕，均漫漶不清。口径 16.1、底径 16.3、高 26.5 厘米（图四二一，5；彩版五八，4）。

　　铁削　1 件。

　　标本 M73：7，锈蚀严重。椭圆形环首，直柄。直背，直刃，刀柄与刀身基本等宽。

　　铜带钩　1 件。

　　标本 M73：6，整体呈琵琶形，钩首兽首形，体较粗短，鼓腹，断面近半圆形，圆形钮位于

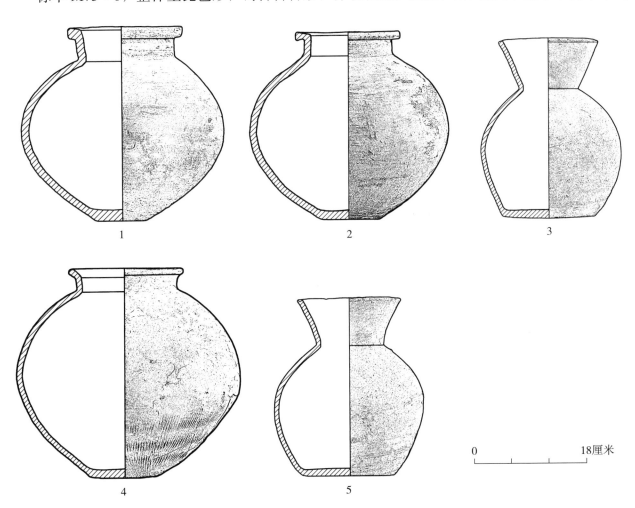

0　　　　　　　18厘米

图四二一　M73 出土器物
1.陶罐（M73：1）　2.陶罐（M73：3）　3.陶壶（M73：5）　4.陶罐（M73：2）　5.陶壶（M73：4）

构体背面近尾部。

　　三十里堡发现的这批墓葬年代，由于没有发现有具体纪年的文字记载，主要依据墓葬的形制结构、墓葬布局及出土遗物的特征作大致推测。首先，从墓葬形制分析，土圹竖穴墓，葬具为木质棺椁，这类土坑竖穴木椁形式墓，根据以往的考古发现及研究成果表明，在胶东地区，为汉代最为常见的墓葬形制[1]。其次，从出土遗物分析，绝大多数是陶器，器物组合为罐、壶或盘口罐；或鼎、钫、壶、奁、耳杯等仿铜礼器等。出土铜镜皆为汉镜形式，出土铜钱多见五铢。这些多为各地汉墓中习见。三是，三十里堡墓地出土的随葬器物中的盘口罐、高领罐、直口罐（M30∶1）、钫、奁、耳杯及魁等器物与山东莱州朱郎埠所出土的盘口壶（M11∶1，M22∶1）、高领罐（M23∶5）、壶（M1∶2，M35∶3）、钫（M37∶4）、奁（M35∶6、M37∶2）、耳杯（M35∶11）和魁（M37∶3）相似，朱郎埠墓地的年代为西汉前期，同时，这两个墓地另外一些特征如：多数墓的填土都经夯打、并穴合葬现象，以及陶器的下腹部密饰绳纹等特征都极为类似，该墓地发现的土圹竖穴墓的年代应属西汉时期。

　　从以上几个方面，可以确认三十里堡发现的土坑墓时代应为西汉时期[2]。

三　西汉墓地酒类遗存发现经过与检测报告

（一）西汉墓地酒类遗存发现经过

　　2013年5月16日，按照田野考古发掘操作规程，开始清理M73的椁室与棺室，工作人员首先自东向西清理棺外椁内北侧的随葬器物，在清理一些破碎的陶器残片时，偶然发现，去掉了陶器残片后，其下面的一件完整的陶罐内，盛有大半罐水样的液体（彩版五七，3），这些液体清澈透明，非常纯净，透过这些液体可以清晰看到罐内底部的较小的陶器残片及沉淀的土，引起了工作人员的注意。

　　根据考古发掘现场，墓葬所处地势较高，墓室室内干燥，没有积水痕迹，不是雨水渗入。同时，陶罐其东紧邻的完整陶罐及西侧完整的陶壶内均无水样液体，其内部也无水渍，由此分析，这些水样液体应是人为放置。结合史料记载，汉代有"瓦器盛酒"之说，因此，大家认为这可能随葬的酒。为了防止陶器内液体的挥发，现场马上采取保护措施，包装封存，并联系相关人员提取罐内液体，采样送测机构进行检测。

　　陶罐（编号M73∶3）内的水样液体为何可以保存至今？根据墓葬考古发掘现场情况分析其原因，随葬的3件陶罐集中放置在椁内棺外的东侧，并且三件陶器是上下两层放置，其中2件陶罐（M73∶1、M73∶3）放置在下面，另一个形制最大的陶罐（M73∶2）放置在上面，并且恰好叠压在盛水样液体的陶罐（M73∶3）口上，后期封闭墓室，填土，造成其破碎，该陶罐的器底偶然把下面陶罐（M73∶3）口部盖上，使罐内的水样液体因此隔绝空气得到封存，继而墓内的

---

[1]　山东省烟台市博物馆考古发掘资料。

[2]　烟台市博物馆：《山东莱州市朱郎埠墓群发掘报告》，《华夏考古》2009年第1期，第39～64页。

填土也进一步起到封闭的作用，同时，陶罐本体的质量好，无渗透，结果保存至今。

（二）检测报告

2013 年 5 月 24 日，采样由国家葡萄酒及白酒、露酒产品质量监督检验中心（烟台）进行检测。5 月 27 日，国家葡萄酒及白酒、露酒产品质量监督检验中心（烟台）出具检测报告，对水样液体的检测结果如下：甲醇：9mg/L、乙醇：34mg/L、乙酸乙酯：52mg/L，确认是酒的基本成分（图四二二～四二五）。

为了进一步验证 M73 陶罐内液体的组成成分，时隔近 10 个月后，2014 年 3 月 19 日，再次采样送至中国食品发酵工业研究院（北京）进行检测。5 月 8 日，该院出具检测报告：根据"烟台开发区考古发掘编号 M73 出土陶罐内的液体"，采用现代浓缩提取方式，结合气相色谱－质谱联用技术进行乙醇含量检测及微量香味组分剖析，进行定性、定量分析，经确认除乙醇外，液体中尚含有极微量异丁醇、乙酸乙酯和己酸乙酯等酒类基本组分，还初步推断含有其他类化合物。结果显示：样品中乙醇含量为 204.3μg／L，异丁醇、乙酸乙酯和己酸乙酯含量分别为 3.6μg／L，2.2μg／L 和 0.3μg／L，这些化合物均属酒类的基本组成，含量极低（图四二六～四三四）。

由于水样液体经过近 10 个多月的挥发，中国食品发酵工业研究院检测报告显示，虽然乙醇、乙酸乙酯与国家葡萄酒及白酒、露酒产品质量监督检验中心（烟台）的检测时的含量大幅度降低，但是，属酒类的基本组成乙醇、甲醇、异丁醇、乙酸乙酯和己酸乙酯等这些化合物均存在。

四　几点认识

我国的酒文化源远流长，大量文献记载和丰富的考古学证据都表明酒文化的悠久历史。相对来讲，与早期的酿造酒相比，蒸馏酒通过使用谷物原料酿造之后再进行蒸馏而获得，在制造工艺上多了一道蒸馏工序。关于中国蒸馏酒的起源，历来众说纷纭[1]，20 世纪 80 年代末，有学者提出了我国的蒸馏酒起源于东汉时期的观点[2]。笔者根据三十里堡墓地及其他各地发现的西汉酒类残留物等酒类遗存，结合文献记载，认为我国的蒸馏酒技术在西汉时期已出现，至东汉时期，蒸馏酒技术十分成熟。现从以下几个方面说明，请各方师友指正，起到抛砖引玉之作用。

一是在文献方面，最早的文献记载是《战国策·魏策二》中"昔者帝女令仪狄作酒而美，进之禹，禹饮而甘之"。说明先人很早就掌握了酿酒技术。至周代，《礼记·月令》还详细记录了酿造酒时必须注意的事项："仲冬之月……乃命大酋，秫稻必齐，曲蘖必时，湛炽必洁，水泉必香，陶器必良，火齐必得，兼用六物，大酋监之，毋有差贷。"并提出了用曲酿酒技术。长沙马王堆西汉墓中出土的帛书《养生方》和《杂疗方》迄今为止发现的最早的酿酒工艺记载。其"醪利中"的制法是我国最早的一个较为完整的酿酒工艺技术文字记载，同时，有白酒、米酒等相关记载[3]。东汉后期出现的"九酝"酿酒法等方法，采用蒸馏技术。

---

[1] 赵建华等：《蒸馏酒的起源》，《酿酒技术》2007年第11期，第61～63页。

[2] 王有鹏：《试论我国蒸馏酒之起源》，《四川文物》1989年第4期，第27～31页。

[3] 湖南省博物馆、湖南省文物考古研究所：《长沙马王堆二、三号汉墓》，文物出版社，2004年。

2013001035Z　　（2013）国认监认字（186）号　　F2013000395　　　　　CNAS L1550

检 验 报 告

TEST REPORT

NO.（2013）2110787

产品名称：编号73墓葬内陪葬陶器内部提取液

规格型号：/

受检单位：烟台市博物馆

检验类别：委托检验

国家葡萄酒及白酒、露酒产品质量监督检验中心
China National Wine and Spirits Testing Authority

图四二二　　国家葡萄酒及白酒、露酒产品质量监督检验中心（烟台）检验报告

注　意　事　项

1、报告无"检验报告专用章"或检验单位公章无效。

2、报告无编制、审核、批准人签章无效。报告涂改无效。

3、对检验报告若有异议，请于收到报告之日起十五日内向我中心提出。

4、委托检验仅对来样负责。

5、检验合格以及一般不合格、标识不合格的剩余样品，在收到检验报告后 30 日内，由受检单位持抽样单到抽样单或委托单位领回，逾期不领我单位将自行处理。

6、查询样品催领情况请登录烟台质量网 WWW.yt315.net

NOTES

1. This report will be invalid if it has no the special seal exclusively for the purpose of test reports or the official seal of the testing unit.
2. This report will be invalid if it has no the signatures of the typist, the reviewer and the approver or be altered.
3. If there is any discrepancy to this test report, please submit them to this center within 15 days after receipt of this report.
4. Commissioned inspections shall be responsible only for the received samples.
5. The surplus samples of Passed, Generally Not Passed, and Labels Not Passed could be taken back by the inspected parties with sample receipts. The overdue surplus samples for being taking back shall be treated freely by us.
6. For any information about surplus samples, please visit www.yt315.gov.cn.

地址：山东省烟台市莱山区新苑路 17 号　　Add：17,Xinyuan Road,LaiShan,YanTai,ShanDong Province
邮编：264003　　　　　　　　　　　　　　Post Code：264003
电话：0535-6920256；0535-6910268　　　　Tel：0535-6920256；0535-6910268
传真：0535-6920345　　　　　　　　　　　Fax：0535-6920345
E-mail：ytzjs@12365.sd.cn　　　　　　　　E-mail：ytzjs@12365.sd.cn
网址：www.yt315.net　　　　　　　　　　　Website：www.yt315.net
　　　www.pt9.cn　　　　　　　　　　　　　　　　www.pt9.cn

图四二九　国家葡萄酒及白酒、露酒产品质量监督检验中心（烟台）检验报告

国家葡萄酒及白酒、露酒产品质量监督检验中心

检 验 报 告

No. (2013) 2110787

共 2 页 第 1 页

产品名称	编号73墓葬内陪葬陶器内部提取液	注册商标	/
规格型号	/	检验类别	委托检验
受检单位	烟台市博物馆	样品等级	/
生产单位	开发区三十里堡考古工地	送 样 人	自勇
抽样地点	/	送样日期	2013-05-24
样品数量	35 ml	检验日期	2013-05-24
样品基数	/	样品编号	211130594
样品状态	液体	生产日期	/
检验环境条件	温度: / ℃ 相对湿度: / % 气压: / MPa		
检验依据	GB/T5009.48-2003		
检验结论			
	签发日期: 2013年5月27日 (盖章)		
备注	/		

批准: 李燕　　　审核: 王开宇　　　编制: 韩亚军

图四二四　国家葡萄酒及白酒、露酒产品质量监督检验中心(烟台)检验报告

国家葡萄酒及白酒、露酒产品质量监督检验中心

检验报告附页

NO. (2013) 2110787

序号	检验项目名称	技术标准要求	检验结果	单项判定
1	甲醇，mg/L	/	9	/
2	乙醇，mg/L	/	34	/
3	乙酸乙酯，mg/L	/	52	/

以下空白

图四二五　国家葡萄酒及白酒、露酒产品质量监督检验中心（烟台）检验报告

中国食品发酵工业研究院

检 验 报 告

样品名称　　烟台开发区三十里堡汉墓群考古发掘中
　　　　　　编号 M73 墓葬内出土陶罐内的液体

送检单位　　　　　　烟台市博物馆

报告日期　　　　　　2014 年 5 月 8 日

图四二六　　中国食品发酵工业研究院检验报告

1.前言

本研究采用现代浓缩提取方式，结合气相色谱-质谱联用技术（GC-MS）对烟台市博物馆送检的"烟台开发区三十里堡汉墓群考古发掘中编号 M73 墓葬内出土陶罐内的液体"（以下简称样品）进行乙醇含量检测及微量香味组分剖析。经确认，除乙醇外，液体中尚含有极微量的异丁醇、乙酸乙酯、己酸乙酯等酒类基本组分，还初步推断含有其他类化合物。

2 实验部分

2.1 实验材料

样品由烟台市博物馆提供并对其真实性负责，样品状态为液态，约 100mL，分装于两个棕色玻璃广口瓶中，采用固体石蜡密封。

某品牌浓香型白酒，由本实验室提供。

标准品乙醇（99%）、正丙醇（99%）、异丁醇（99%）、异戊醇（99%）、乙酸乙酯（99%）、己酸乙酯（99%）， 均购自 Sigma-Aldrich 公司。

实验用水均为超纯水，美国 Millipore 公司。

2.2 实验装置

气相色谱-质谱联用仪：GC-MS QP2010 Ultra，日本岛津公司；

固相微萃取装置：SPME 手柄，85μmPA 萃取头，美国 Supelco 公司；

色谱柱：CP-Wax 57CB 毛细管色谱柱（50 m × 0.25 mm × 0.2 μm），美国安捷伦公司。

2.3 实验方法

本研究主要采用以下方式对样品进行检测：

（1）采用直接进样结合气相色谱质谱联用技术，通过全扫描（SCAN）模式对样品和浓香型白酒中微量香味组分进行定性分析和比较，初步判断样品中组分含量，选择并优化检验方法；

（2）采用顶空固相微萃取（HS-SPME）结合气相色谱质谱联用技术（GC/MS），通过全扫描（SCAN）模式对样品中微量香味组分进行定性分析；

（3）采用顶空固相微萃取（HS-SPME）结合气相色谱质谱联用技术（GC/MS），通

图四二七 中国食品发酵工业研究院检验报告

过特征选择离子监测扫描（SIM）模式对样品中乙醇及其他挥发性醇类、酯类等酒类特征骨架成分进行定量分析。

3 结果与讨论

3.1 样品中组分含量的初步确定及检测方法的选择和优化

本研究首先采用酒类常规定性分析模式，即直接进样结合气相色谱质谱全扫描（SCAN）模式分别对浓香型白酒和送检样品进行分析，色谱图分别见图1和图2。可以看出，白酒中可鉴定出46种化合物，而在相同分析条件下，样品除乙醇外，未鉴定出任何组分。由此可以初步判断样品中各类化合物含量低微，常规样品处理方式已无法满足低含量组分检测的需要。

固相微萃取作为日臻完善的样品前处理技术，具有高度富集作用，可大大提高检测灵敏度，方法的测定下限可延伸至 μg/L 乃至 ng/L 级别，因此本研究将顶空固相微萃取（HS-SPME）方式作为样品的前处理方法，与气相色谱-质谱（GC-MS）联用技术的定性、定量功能结合，通过大量条件试验对检测方法充分优化，实现对痕量化合物更准确的分析。

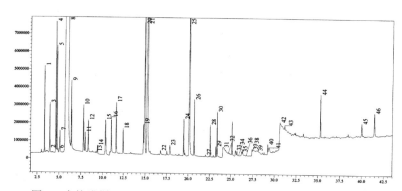

图 1　直接进样-GC/MS-Scan 分析某品牌浓香型白酒的总离子流色谱图

1.乙醛 2.异丁醛 3.丙酮 4.乙酸乙酯 5.乙缩醛 6.2-丁酮 7.异戊醛 8.乙醇 9.2-戊酮 10.丁酸乙酯 11.仲丁醇 12.正丙醇 13. 1,1-二乙氧基-2-甲基丁烷 14. 1,1-二乙氧基-3-甲基丁烷 15.异丁醇 16.戊酸乙酯 17..2-戊醇 18.正丁醇 19.活性戊醇 20.异戊醇 21.己酸乙酯 22.正戊醇 23.3-羟基-2-丁酮 24.庚酸乙酯 25.乳酸乙酯 26.正己醇 27.己酸丁酯 28.辛酸乙酯 29.己酸异戊酯 30.糠醛 31.乙酸 32.苯甲醛 33.2,3-丁二醇（左旋）34.丙酸 35.2,3-丁二醇（内消旋）36.癸酸乙酯 37.糠醇 38.丁二酸二乙酯 39.丁酸 40.苯乙酸乙酯 41.戊酸 42.己酸 43.β-苯乙醇 44.棕榈酸乙酯 45.油酸乙酯 46.亚油酸乙酯

图四二八　中国食品发酵工业研究院检验报告

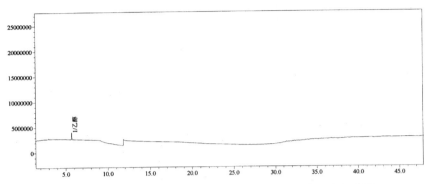

图2　直接进样-GC/MS-Scan 分析样品的总离子流色谱图

3.2　样品中微量香味组分的定性分析

采用顶空固相微萃取（HS-SPME）结合 GC/MS 全扫描（SCAN）模式对样品进行分析，定性结果见图3。利用 NIST11 谱库对各组分峰的 MS 图谱作检索，将可能的结果与 MS 标准图谱作比较，并结合组分峰的色谱保留规律加以确认，初步推断出 38 种组分，包括：烃类化合物、酯类化合物、醇类化合物、羰基化合物、酚类化合物及含氮杂环化合物，另有几种邻苯二甲酸酯类物质。

其中，烷烃类化合物可能为送检样品在封存时所使用的固体石蜡带入的，而邻苯二甲酸酯类物质可能为环境带入。在推断出的其他组分中，挥发性组分所占比例较小，而高沸点的较难挥发性组分数量较多。可能的原因是样品年代久远，在漫长的贮存过程中，低沸点组分易流失，导致含量过低，甚至低于测定方法的检出限而无法被鉴定出来，而高沸点组分数量相对较高。

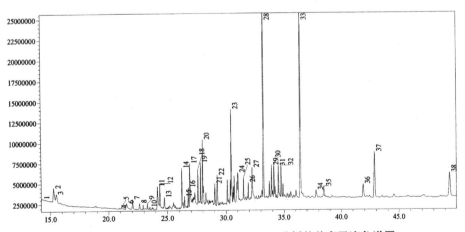

图3　样品 HS-SPME-GC/MS-Scan 分析的总离子流色谱图

图四二九　中国食品发酵工业研究院检验报告

3.3 样品中乙醇及其他主要微量香味组分含量的测定

本次检测将目标设定为酒类特征骨架成分，即乙醇、正丙醇、异丁醇、异戊醇、乙酸乙酯和己酸乙酯等组分的确证和定量；其他组分的确证，则需进一步深入研究。

由于样品中挥发性物质含量过低，测定难度很大，因此本研究采用气质联用特征选择离子监测扫描（SIM）模式，对样品中的醇类和酯类分组进行分析，以碎片的丰度比定性，定量离子外标法定量，不仅保证了定性的准确性，还大大提高了检测灵敏度。

样品与标准品的总离子流色谱图、质谱图分别见图4~图15，定性、定量结果见表1和表2，可以看出，样品中除准确鉴定出乙醇外，还鉴定出异丁醇、乙酸乙酯和己酸乙酯，含量分别为：乙醇204.3μg/L，异丁醇3.6μg/L、乙酸乙酯2.2μg/L、己酸乙酯0.30μg/L；这些化合物均属酒类的基本组成，但含量极低。

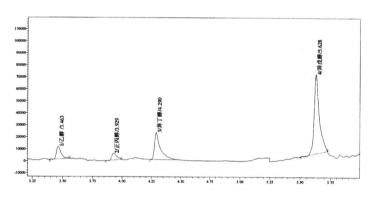

图4　醇类标准混合溶液 HS-SPME-GC/MS-Sim 分析的总离子流色谱图

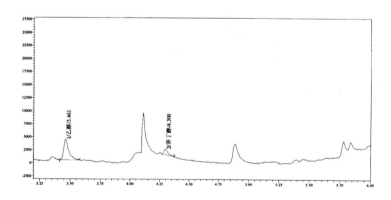

图5　样品中醇类 HS-SPME-GC/MS-Sim 分析的总离子流色谱图

图四三○　中国食品发酵工业研究院检验报告

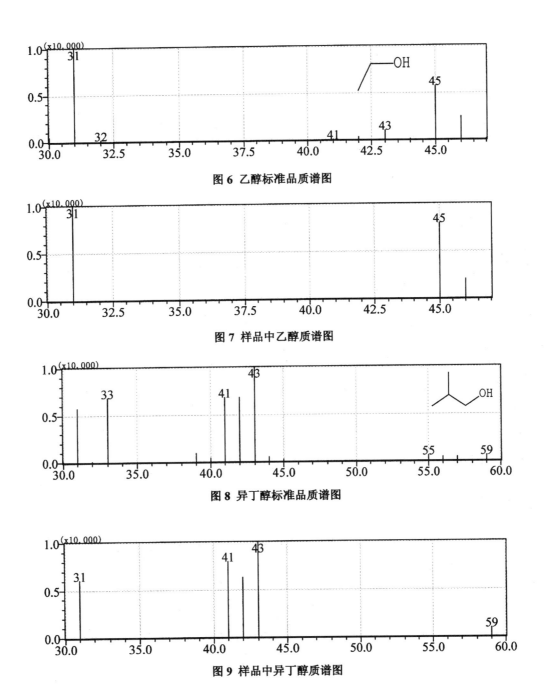

图 6　乙醇标准品质谱图

图 7　样品中乙醇质谱图

图 8　异丁醇标准品质谱图

图 9　样品中异丁醇质谱图

图四三一　中国食品发酵工业研究院检验报告

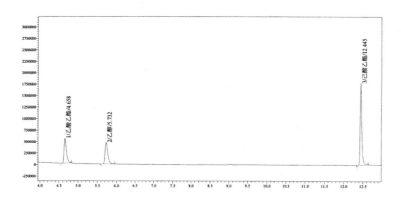

图 10 酯类标准混合溶液 HS-SPME-GC/MS-Sim 分析的总离子流色谱图

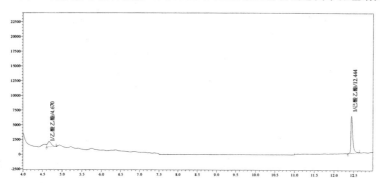

图 11 样品中酯类 HS-SPME-GC/MS-Sim 分析的总离子流色谱图

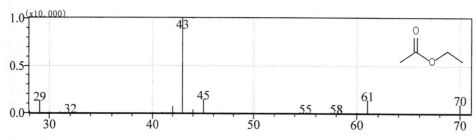

图 12 乙酸乙酯标准品质谱图

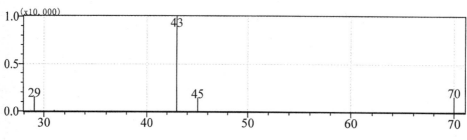

图 13 样品中乙酸乙酯质谱图

图四三二　中国食品发酵工业研究院检验报告

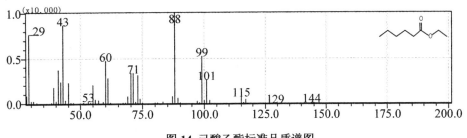

图 14　己酸乙酯标准品质谱图

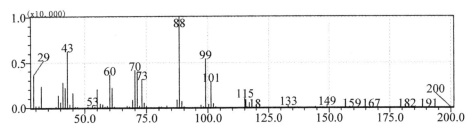

图 15　样品中己酸乙酯质谱图

表 1　样品 HS-SPME-GC/MS-Sim 定性分析结果

序号	化合物	定量离子	定性离子及其丰度比	
			标准品	样品
1	乙醇	31	31:45:46（100:57.3:24.6）	31:45:46（100:55.6:22.0）
2	异丁醇	43	43:41:42（100:59.4:57.3）	43:41:42（100:59.6:51.8）
3	乙酸乙酯	43	43:45:29（100:14.2:12.3）	43:45:29（100:14.2:14.2）
4	己酸乙酯	88	88:43:99（100:86.8:51.8）	88:43:99（100:78.7:53.3）

表 2　样品 HS-SPME-GC/MS-Sim 定量分析结果

序号	组分名称	含量（μg/L）
1	乙醇	204.3
2	异丁醇	3.6
3	乙酸乙酯	2.2
4	己酸乙酯	0.30

图四三三　中国食品发酵工业研究院检验报告

4.总结

本研究分别采用直接进样结合 GC/MS 全扫描（SCAN）模式、顶空固相微萃取（HS-SPME）结合 GC/MS 全扫描（SCAN）和特征选择离子监测扫描（SIM）模式对烟台市博物馆送检的"烟台开发区三十里堡汉墓群考古发掘中编号 M73 墓葬内出土陶罐内的液体"进行定性、定量分析。

结果显示：样品中乙醇含量为 204.3μg/L，异丁醇、乙酸乙酯和己酸乙酯含量分别为 3.6μg/L、2.2μg/L 和 0.30μg/L，这些化合物均属酒类的基本组成，含量极低；此外，还初步推断出一些其他类化合物，对这些组分的确证，尚需进一步深入研究。

检测人：张晓磊　李春扬

2014 年 5 月 8 日

中国食品发酵工业研究院

图四三四　中国食品发酵工业研究院检验报告

　　二是在考古发现方面，在考古发掘中与酒有关的遗存也颇多[1]，出土的液体酒有河南信阳商代墓葬中铜卣内保存的酒[2]、河北平山县中山罂墓出土古酒[3]、西安西汉古酒[4]、河南濮阳汉墓[5]等。

　　三是在考古遗存中的酒类遗存研究方面，早在 20 世纪 70 年代末，在河北省平山县三汲乡战国中山罂墓中发现的 2 件铜壶液体，经北京市发酵工业研究所初步鉴定均含有乙醇、乳酸、丁酸和氮等 10 余种成分，因此确定是酒[6]。至 20 世纪 80 年代始，我国学者关注考古遗存中酒类遗存的研究[7]，如河南罗山莽张天湖商代墓葬中先后三次出土了内含液体的青铜提梁卣。北京大学化学系、北京市轻工食品研究所和河南省食品工业研究所联合采用湿化学法先后对其中两件提梁卣中的液体进行了成分分析，从而确认这些液体是残留酒液，这也是我国目前为止发现的最早的酒液[8]。2003 年在西安市北郊一座西汉墓出土的凤首青铜钟内的疑似酒液，经中国发酵食品工业研究院的分析检测，确认其为西汉古酒[9]。还有河南省濮阳市盘锦花园汉墓铜提梁壶内液体，送检数据均含酒类成分[10]。此外，通过科技分析对考古出土的固体酒残留物进行研究也取得一定成果。在河南舞阳县北舞渡镇贾湖遗址[11]；山东日照两城镇遗址[12]出土器物内壁沉积物进行化学分析，均含酒的成分。山西绛县横水西周墓地出土的一件青铜盂和一件青铜觯残留物进行了分析，主要采用快速溶剂萃取法（ASE）和高效液相色谱法（HPLC）提取残留物并定性分析，研究表明谷物发酵酒也含有酒石酸，推断这些青铜器在下葬时可能盛有酒[13]。

　　四是蒸馏器的发明是蒸馏酒起源的前提条件，早在秦汉时期，炼丹家已应用蒸馏器了，它的出现并不是蒸馏酒起源的绝对条件，但是蒸馏酒出现的最重要的物质条件。上海博物馆收藏一件青铜蒸馏器，马承源先生用此蒸馏器进行蒸馏实验，提取蒸馏酒，所得酒的最高度数为 26.6°，最低为 14.7°，平均 20° 左右。而且"酒香、味甚佳"[14]。

[1]　傅金泉：《中国古代酿酒遗址及出土古酒文化》，《酿酒科技》2004年第6期，第77～79页。

[2]　河南省信阳地区文管会、河南省罗山县文化馆：《罗山天湖商周墓地》，《考古学报》1986年第2期，第153～203页。

[3]　刘耒成：《河北平山县战国时期中山国墓葬发掘简报》，《文物》1979年第1期，第3～33、99～107页。

[4]　杨永林：《西汉美酒现身西安——保存之好、数量之多前所罕见》，《光明日报》2003年6月21日。

[5]　陈伟：《两千多年前"西汉美酒"，濮阳古墓葬挖出一壶》，《大河报》2011年5月11日。

[6]　北京市发酵工业研究所：《中山王墓出土铜壶中的液体的初步鉴定》，《故宫博物院院刊》1979年第4期，第92～97页。

[7]　傅金泉：《中国古代酿酒遗址及出土古酒文化》，《酿酒科技》2004年第6期，第77～79页。

[8]　河南省信阳地区文管会、河南省罗山县文化馆：《罗山天湖商周墓地》，《考古学报》1986年第2期，第153～203页。

[9]　温睿：《考古遗存中酒类残留物的研究进展》，《西北大学学报（哲学社会科学版）》2017年第1期，第160～166页。

[10]　王有鹏：《试论我国蒸馏酒之起源》，《四川文物》1989年第4期，第27～31页。

[11]　河南省文物考古研究所：《舞阳贾湖》，科学出版社，1999年。

[12]　麦戈文、方辉、栾丰实等：《山东日照市两城镇遗址龙山文化酒遗存的化学分析——兼谈酒在史前时期的文化意义》，《考古》2005年第3期，第2、75～87页。

[13]　杨益民、郭怡、马颖等：《出土青铜酒器残留物分析的尝试》，《南方文物》2008年第1期，第113～116页。

[14]　马承源：《汉代青铜蒸馏器的考察和实验》，《上海博物馆集刊——建馆四十周年特辑（第六期）》，上海古籍出版社，1992年，第183～192页。

　　再是在江西南昌西汉海昏侯墓的考古发掘中，发现一件青铜蒸馏器[1]，为西汉出现蒸馏酒又提供了新的有力证据。

　　总之，目前有关蒸馏酒方面的相关资料仍然匮乏，但随着考古发掘资料的不断丰富，今后将提供更多新的实物证据，同时，积极开展多学科交叉如考古与化学、生命科学等不同学科的紧密合作，探索新的研究路径，提高学者对蒸馏酒起源的认识。但是，不论我国蒸馏酒始于何时，都是中华民族祖先勤劳智慧的结晶和发明创造。

---

　　[1]　江西省文物考古研究所、南昌市博物馆：《南昌市西汉海昏侯墓》，《考古》2016年第7期，第47～64页。

第七章　胶东地区出土西汉酒及相关问题探讨

　　我国酿酒历史十分悠久，酒文化源远流长，最早可以上溯到远古时期，但早期的酒均为酿造酒，与酿造酒相比，蒸馏酒在制造工艺上多了一道蒸馏工序，是通过使用谷物原料酿造之后再进行蒸馏而获得。中国蒸馏酒的起源，历来众说纷纭[1]，对此，笔者根据胶东地区考古发现的西汉酒，同时，结合全国各地考古发现的酒相关资料，提出早在西汉时期，我国可能已出现蒸馏酒的观点，请各方师友指正，起到抛砖引玉之作用。

一　酒的起源文献记载与考古学证据概述

　　我国酿酒历史十分悠久，酒文化源远流长，大量的文献、文字学资料和丰富的考古学证据都表明，我们的祖先很早就懂得酿酒技术。

　　在文献、文字资料方面多有记载，如《战国策·魏策二》是最早文字记载仪狄作酒，其曰："昔者帝女令仪狄作酒而美，进之禹，禹饮而甘之。"在《吕氏春秋》中也有："仪狄作酒"的记载。此外，《世本》亦讲："少康作秫酒。"少康即杜康，是夏朝第五代国君。这些记载说明，我们的祖先，很早就掌握了酿酒技术，至夏代，酿酒业已发展到一定水平。商代，酿酒业也相当发达，在甲骨文中已有"酒"（酓）字，同时，《尚书·说命》就曾记载了武丁的说法："若作酒醴，尔惟麹蘖；若作和羹，尔惟盐梅。"由此可见，那时酿酒运用了今天所用的酵母，古称"麹蘖"，"醴"是一种甜味的酒。到了周代，酿酒业更为发达，为了加强管理，设有专门管理酿酒的官员，称"酒正""酒人"。《周礼·天官》中记载："酒正，中士四人，下士八人，府二人，史八人，胥八人，徒八十人。""酒正掌酒之政令，以式法授酒材……辨五齐之名，一曰泛齐，二曰醴齐，三曰盎齐，四曰缇齐，五曰沈齐。辨三酒之物，一曰事酒，二曰昔酒，三曰清酒。"在《礼记·月令》中，详细记录了酿造酒时必须注意的事项："仲冬之月……乃命大酋，秫稻必齐，曲蘖必时，湛炽必洁，水泉必香，陶器必良，火齐必得，兼用六物，大酋监之，无有差贷。"其命人酿造酒，从原料选择到制曲、渍料、蒸煮、用水、掌握火候和挑选设备等详列出来，尤其是提出酒曲的制造，是酿酒时要掌握的六大原则问题。

　　在考古学方面，许多证据都表明，酿酒技术可以上溯到远古时期，对河南舞阳县北舞渡镇贾湖遗址出土的陶器内壁上沉积物进行化学分析，发现酒的成分，说明在距今9000多年前，我们

---

[1]　赵建华：《蒸馏酒的起源》，《酿酒技术》2007年第11期。

的先民已经开始发酵酿酒了 [1]；在日照两城镇遗址，根据出土的酒具器物的内壁上的沉积物进行化学分析，发现龙山文化时期的混合型酒 [2]。

商代，在河北藁城台西商代遗址酿酒作坊中发现了确凿的酵母遗存，酵母残渣发现于陶瓮之内，重达 8.5 千克，推测为发酵酒的残留物 [3]。在河南安阳郭家庄一座商代墓中出土 1 件青铜卣，"卣内存液体，……白色透明，内有杂质，似植物纤维状。液体估计是酒" [4]。在河南罗山天湖商代墓葬中出土的 1 件铜卣，在卣内残存有液体 [5]，后经北京大学取样进行乙醇检测，认为是商代的酒 [6]。

战国时期，1977 年，在河北省石家庄市平山县发掘战国时中山王墓的两个铜壶内装有液体。1978 年 10 月，故宫博物院委托北京市发酵工业研究所对壶中的液体进行鉴定。鉴定结果：（1）两壶液体均含有乙醇；（2）液体的沉淀物很多，不是蒸馏酒；（3）不含有酒石酸盐，故不是水果酒；（4）含氮量较高，含有乳酸、丁酸。确定氮是属于动物性或植物性蛋白物质，判定该液体为奶汁或谷物酿造的酒 [7]。

汉代，1995 年春，在江苏省徐州市狮子山楚王陵的考古发掘中，国家文物局组织的考古队的考古发掘人员，清理发现了三个封装完好的酒坛，其上清晰地显示兰陵酒，距今已有 2148 年，是目前出土最久远的有具体纪年的酒 [8]。

2003 年 3 月到 6 月，西安市文物保护考古所在西安市北郊文景路一工地发掘了一座大型积炭墓，坐北朝南，长斜坡墓道，在墓道的东壁有侧室，依次整齐地摆放着 2 件锺、4 件钫、4 件鼎等 17 件青铜器及 5 件茧形陶壶。当考古人员将出土的文物运回库房后，发现一件青铜锺有液体渗出，随即对渗出的液体进行了化验。经中国食品发酵工业研究院采用现代浓缩提取技术——固相微萃取技术，结合高效毛细管色谱方法对液体成分作了分析，确认液体中除含相对多量的乙醇外，还有正丙醇、异丙醇、异戊醇及 β - 苯乙醇等微量酒类的基本组成成分，可以认定这些液体的属性为酒，随后，在"西安出土西汉酒研讨会"上，邀请的文物、考古及酿酒等专家、学者，一致认为这次出土的 26 千克液体，是我国考古出土古酒中保存最好、存量最大、年代最久的古酒，根据墓葬结构及出土遗物一致认为，墓葬时代应在西汉早期偏晚，即文帝景帝和武帝之间，是一座西汉时期不低于列侯的高级贵族墓 [9]。

2011 年 4 月 10 日，文物工作者在河南省濮阳市东环干城附近的盘锦花园建设施工中发现的

[1] 河南省文物考古研究所：《舞阳贾湖》，科学出版社，1999 年。

[2] 麦戈文：《山东日照市两城镇遗址龙山文化酒遗存的化学分析——兼谈酒在史前时期的文化意义》，《考古》2005 年第 3 期。

[3] 方心芳：《再论我国曲蘖酿酒的起源与发展》，《中国酒文化和中国名酒》，中国食品出版社，1989 年。

[4] 安阳市博物馆：《安阳郭家庄的一座殷墓》，《考古》1986 年第 8 期。

[5] 河南省信阳地区文管会：《罗山天湖商周墓地》，《考古学报》1986 年第 2 期。

[6] 欧潭生：《三千年古酒出土记》，《中国酒文化研究文集》，广东人民出版社，1985 年。

[7] 北京市发酵工业研究所：《中山王墓出土铜壶中的液体的初步鉴定》，《故宫博物院院刊》1979 年第 4 期。

[8] 王恺：《徐州狮子山西汉楚王陵发掘简报》，《文物》1998 年第 8 期。

[9] 杨永林：《西汉美酒现身西安——保存之好、数量之多前所罕见》，《光明日报》2003 年 6 月 21 日。孟西安：《专家共探西汉古酒之秘成分奇特主人高贵》，人民网西安，2003 年 7 月 12 日。

一处西汉中前期的古墓葬群进行了抢救性发掘。考古人员清理第134号墓，墓主是男性。随葬品有1个铜提梁壶、铜盆和铜勺各1件，此外有2件陶罐、1件陶壶。在起取铜提梁壶时，意外听到壶里有液体的声音，怀疑铜壶内装的液体极可能是埋藏了两千多年的美酒，考古人员迅速对该壶采取保护措施，随后，将液体抽取送检。5月5日上午，经中国科学院北京质谱中心专家对该液体进行初步检测，数据显示，该液体属酒类成分，其乙醇等含量还需进一步检测。根据出土器物及墓葬形制分析，该墓时代为西汉时期[1]。

二　胶东地区出土西汉酒

胶东地区是指胶莱河以东的半岛区域，两汉时期，主要包括胶东国、东莱郡及北海郡的一部分。按现在的行政区域划分，主要包括现在的青岛市、烟台市、威海市三市及所辖市县区，发现西汉酒的三十里堡考古发掘工地位于烟台市经济开发区（原属于福山区）。

三十里堡墓群位于烟台市的西部，墓群分布范围广，分东墓区和西墓区。西墓区位于三十里堡村南400米，东西宽约1、南北长约2千米，根据以往的考古发掘，其墓葬形制、出土遗物等，确定三十里堡墓群为汉代墓群。

2013年3月，为了配合工程建设，经国家文物局批准，烟台市博物馆考古队对工程所在地西墓区西侧的建设控制地带内进行抢救性考古发掘。2013年5月16日，通过几天的发掘，编号M73时墓室内填土已基本清理完毕（彩版五七，2），当考古工作人员在清理椁室与棺室，当将一些碎陶片清理好后，发现在其叠压下面的一件完整的陶罐内有大半罐水样的液体（彩版五七，3），这些液体清澈透明，非常纯净，可以看到罐底下的小陶器碎片。该墓地势较高，室内干燥，没有积水痕迹。同时，与该陶罐东临的一件随葬的陶罐及位于其西侧随葬的一件完整陶壶均无水样液体，并且其内部也无水渍，根据墓葬所处的环境，我们认为这些水样液体应是人为放置，我们及时采取保护措施，并采样送检。

2013年5月24日，国家葡萄酒及白酒、露酒产品质量监督检验中心（烟台）对水样液体的检测结果如下：甲醇：9mg/L、乙醇：34mg/L、乙酸乙酯：52mg/L，确认是酒的基本成分（见图四二二、四二五）。

2014年3月19日，为证明检测结果，再次派人携带M73出土的水样液体前往中国食品发酵工业研究院进行再次检测。5月8日，该院出具检测报告：根据"烟台开发区考古发掘编号M73出土陶罐内的液体"进行定性、定量分析，结果显示：样品中乙醇含量为204.3μg／L，异丁醇、乙酸乙酯和己酸乙酯含量分别为3.6μg／L，2.2μg／L和0.3μg／L，这些化合物均属酒类的基本组成，含量极低（见图四二六、四三四）[2]。

编号M73，长方形土坑竖穴墓，东西向，与编号M72为夫妻并穴合葬墓。东西长3.10、南北宽2.40、深3.60米。有熟土二层台，葬具与人骨已朽。根据朽痕分析，葬具为单棺单椁。随葬

---

[1] 陈伟：《两千多年前"西汉美酒"，濮阳古墓葬挖出一壶》，《大河报》2011年5月11日。

[2] 胶东出土西汉酒有关资料，现存山东省烟台市博物馆。

器物可分为铜器、铁器及陶器。铜器为带钩,铁器为铁刀,均随葬在棺室内。陶器均随葬在椁室的北侧,自东向西排列,其中东侧的陶罐可分为上下两层叠压。

根据编号M73的墓葬形制、随葬品等,结合考古发掘工地其他墓葬的墓葬形制、随葬品的特征,该墓葬的时代为西汉时期。

三 出土文物中所见汉代酿酒资料概述

中国是制曲酿酒的发源地,有着悠久的历史,用曲酿酒在中国酿酒工艺中具有独一无二的特点,该酿酒技术也是世界独创的。

两汉时期,我国的酿酒业有一个飞跃的发展,主要表现在制曲技术的提高和酿酒方法的创新,同时,酿酒除了传统的方法外,还有"酎酒法"、东汉后期出现的"九酝"酿酒法等方法。酿酒中开始采用蒸馏技术,许多文献资料记载,同时,在考古发掘出土的文物中也得到证明,现概述如下。

1. 马王堆汉墓出土简帛资料 [1]

长沙马王堆西汉墓中出土的帛书《养生方》和《杂疗方》中可看到我国迄今为止发现的最早的酿酒工艺记载。其中有一例"醪利中"的制法共包括了十道工序,这也是我国最早的一个较为完整的酿酒工艺技术文字记载,反映的都是先秦时期的情况,采用了两种酒曲,酒曲先浸泡,取曲汁用于酿酒。发酵后期,在酒醪中分三次加入好酒,这就是古代所说的"三重醇酒",即"酎酒"的特有工艺技术。

马王堆汉墓出土的简帛资料中有许多关于酒的记载并记述酒的品类、盛酒之器等。如马王堆一号墓出土遣策(随葬器物清单)中记酒名者凡十四简。其中,简一〇八、一〇九、一一〇与一一一直接记酒的品类及数量,简一六八、一六九、一七〇、一七二、一七三、一七四、一七六、一七七、一八一与二二一则是记酒器及其所盛酒的品类。M1∶108 白酒二资,M1∶109 温酒二资,M1∶110 助酒二资,M1∶111 米酒二资,三号墓出土遣策中记酒名者凡二简:M3∶120 温酒二,M3∶121 助酒二。综合二墓遣策所载,言"白酒"者二,言"温酒"者六,言"助酒"者二,言"沮酒"者一,言"米酒"者六。基于以上考释,将简文所记酒的品类加以归纳,有白酒、米酒、温酒和肋酒四种,在一号墓出土的漆器中,有 12 件漆器上书有"君幸酒"的字样,同时,一号墓和三号墓出土大量贮酒器和饮酒器,M1∶168(漆)画壶一,有盖,盛沮酒,M1∶169(漆)画壶二,皆有盖,盛米酒,M1∶172(漆)画枋(钫)二,有盖,盛白酒,M1∶177(漆)画橦(锺)一,有盖,盛温酒 [2]。

[1] 湖南省博物馆、中国科学院考古研究所:《长沙马王堆一号汉墓》,文物出版社,1973年。湖南省博物馆、湖南省文物考古研究所:《长沙马王堆二、三号汉墓》,文物出版社,2004年。

[2] 张海燕:《谈马王堆汉墓简帛材料中的"酒"》,《首都师范大学学报(社会科学版)》2011年第S1期。

2. 汉画像石、画像砖酿酒图

山东诸城凉台东汉时期的一座画像石墓，其中的一幅庖厨图中的一部分把酿酒的全过程都表现出来[1]，画面中一人跪着正在捣碎曲块，旁边有一口陶缸应为曲末的浸泡，一人正在加柴烧饭，一人正在劈柴，一人在甑旁拨弄着米饭，一人负责曲汁过滤到米饭中去，并把发酵醪拌匀地操作。有两人负责酒的过滤，还有一人拿着勺子，大概是要把酒液装入酒瓶。下面是发酵用的大酒缸，都安放在酒垆之中。酒的过滤大概是用绢袋，并用手挤干。过滤后的酒放入小口瓶，进一步陈酿。根据此图可以整理出东汉时期酿酒工艺路线是：酒曲块 酿酒原料—捣碎蒸熟—浸曲冷却—过滤曲汁—入大口缸发酵（酒垆）—过滤—入小口酒瓶，这一酿酒工艺路线，可以说是汉代及其以前很长一段历史时期酿酒的主要操作法，新汉王莽当权，恢复西汉时期酒的专卖，为此，制定了详细的酿酒原料的配比，即一酿用粗米二斛，曲一斛，得成酒六斛六斗，出酒率220%，这个比例与现在的也很接近，从中也可看出，酒曲的用量很大（占酿酒用米的50%），这说明酒曲的糖化发酵力不高。

在四川彭县和新都县先后两次出土的东汉"酿酒"画像砖，其画面应为生产蒸馏酒和卖酒的手工作坊的情景。画面中有一酿酒作坊，正中大釜为酿缸，一妇人左手扶缸，右手在釜内操作，好像在和曲，其右一男人似在协助酿酒。灶前有酒炉一座，内有三坛，坛上有螺旋圆圈，连一直管通至炉上。左侧是一推独轮车者车上置酒，其下一人挑着酒正朝店外走去[2]。

3. 蒸馏器的使用

蒸馏器的发明是蒸馏酒起源的前提条件，早在秦汉时代，炼丹家已应用蒸馏器了，蒸馏器的出现并不是蒸馏酒起源的绝对条件，但是蒸馏酒出现的最重要的物质条件。

上海博物馆收藏的一件青铜蒸馏器，经过青铜专家鉴定时代确认东汉早期或中期。马承源先生在《汉代青铜蒸馏器的考察和实验》一文中介绍了该青铜蒸馏器，其由甑和釜两部组合而成。通高53.9厘米，凝露室容积为7500毫升，储料室容积1900毫升，釜体下部可容水10500毫升，在甑内壁的下部有一圈弯形的斜隔层，从而积贮蒸馏液，而且有小流管导流至外。马先生用此蒸馏器进行蒸馏实验，提取蒸馏酒，所得酒的最高度数为26.6度，最低为14.7度，平均20度左右。而且"酒香、味甚佳"[3]。

2015年，江西南昌西汉海昏侯墓的考古发掘，随葬器物中有一件青铜蒸馏器，器形浑圆如桶，底部有菱形镂空，设有双足，经专家组认定，这是一件西汉时期的蒸馏器。专家认为，南昌海昏侯西汉古墓中发现的蒸馏器更新了我国的酿酒史，对蒸馏酒的认识提早了1000年[4]。

---

[1] 郭春艳：《从四川画像砖看汉代手工业》，《大众文艺》2012年第21期。

[2] 王有鹏：《试论我国蒸馏酒之起源》，《四川文物》1989年第4期。

[3] 马承源：《汉代青铜蒸馏器的考察和实验》，《上海博物馆集刊——建馆四十周年特辑（第六期）》，上海古籍出版社，1992年，第183～192页。

[4] 谢子玥：《南昌海昏侯墓出土蒸馏器，蒸馏酒历史或因此提早千年》，中国江西网2015年11月9日。

四　结论

关于中国蒸馏酒的起源，20 世纪 80 年代末，有学者提出了我国的蒸馏酒起源于东汉时期的观点 [1]，但由于无酒的实物资料的存在，许多专家学者提出了质疑。随着考古发掘资料不断丰富，陕西西安、河南濮阳和胶东地区三地西汉酒的发现，尤其是胶东地区出土的西汉酒，因用陶器盛置，酒液冰清玉洁，无色、清澈透明，保持了酒的原色，该酒与陕西西安出土酒的酒样均送中国食品发酵工业研究院测定，西安出土的酒经检测其酒精含量为 0.10%，此外还含有正丙醇、异丁醇、异戊醇、β - 苯乙醇等微量香味组分，胶东地区出土的酒乙醇含量为 204.3μg／L，还含有异丁醇、乙酸乙酯和己酸乙酯，通过检测报告，我们可以了解到：二者包含化合物均属酒类的基本组成，由于年代久远，乙醇含量均十分低；陕西西安、胶东地区出土的西汉酒，其成分为乙醇、异丁醇、乙酸乙酯和己酸乙酯等，尤其是西安出土的酒，现代的黄酒、葡萄酒和米酒的有些成分在样酒中没有出现，但酒中有 8 种有机酸，种类多，数量大，其组成也很奇特。河南濮阳出土的酒，经中国科学院北京质谱研究中心检测，数据显示，该液体含酒类成分。

综上所述，通过以上各地考古发现，尤其是胶东地区发现的西汉酒实物资料，结合马王堆汉墓简帛有关白酒的记载，特别是江西南昌海昏侯墓出土青铜蒸馏器，我认为早在西汉时期，我国的蒸馏酒技术已出现，至东汉时期，蒸馏酒技术十分成熟。由于目前蒸馏酒方面的相关资料匮乏，但随着考古发掘资料的不断丰富，今后将提供更多新的实物证据，提高学者对蒸馏酒起源的认识。可是，不论我国蒸馏酒始于何时，都是中华民族祖先勤劳智慧的结晶和发明创造。

---

[1] 王有鹏：《试论我国蒸馏酒之起源》，《四川文物》1989年第4期。

附　表

附表一　山东烟台开发区三十里堡墓葬器物组合一览表（2006）

墓号	器物组合	备注
06M1	铁器 1 件，位于墓底	
06M2	五铢 16 枚，位于墓室内	
06M3	五铢 18 枚，位于墓室内	
06M4	五铢 4 枚，位于墓室内。白陶扁壶 2 件，位于墓道	
06M5	无	
06M6	无	
06M7	铜镜 2 枚，位于墓室内	
06M8	铜镜 1 枚，位于墓室内	
06M9	陶罐 2、陶壶 1 件，位于墓室内	五铢锈蚀严重，无法提取
06Z18	白陶罐 4、陶罐 2、器盖 2 件，位于椁内棺外西侧和南侧。铜镜 2、铜带钩 1、铜印章 1、铜刷柄 2、铜环 2、铜饰件 8、蹄足 1、铜纽扣 1、铁剪 1、铁器 1、铜钱 52 枚和动物牙 3 个，位于棺室内。漆盒、漆奁和案（几），位于棺室内	木漆器已朽，可辨器形为漆盒、漆奁等。案（几），其呈窗格形，东西长约 70、南北宽约 110、各格之间间距约 2 厘米
06M21	陶壶 6、陶钵 4，位于椁内棺外北侧。铜镜 1 枚，位于棺内	
06M25	陶鼎 1、陶瓮 1、陶罐 6、陶壶 6、陶盆 1、陶钫 1、陶奁 2、熏炉 1、方炉 1、陶魁 1、陶盉 1、耳杯 3、器盖 3、陶勺 1、研磨板 1 件，位于椁内棺外南侧边箱内。铜镜 1 枚，位于棺内。铁夯具 1，位于生土二层台上。铜钱 3 枚，位于墓室填土内	
06M27	陶罐 2 件，位于脚箱内。漆盒 1 件，位于棺内南侧	漆盒 1，略呈圆形，朽，无法提取
06M28	盘口罐 1、陶罐 1，位于棺外北侧二层台内。漆器 2 件，位于棺内西北方向，墓主人脚的位置	漆器 2，朽，无法提取
06M29	陶罐 2、高领罐 2、盘口罐 1 件，位于边箱内。铜带钩 1、铜纽扣 1、铁镢头 1 件，位于填土内	

墓号		器物组合	备注
06M30		陶罐 1、盘口罐 2，位于西南二层台内。漆盒 1 件，位于棺内北部偏东	漆盒 1，位于棺内北部偏东，朽，无法提取
06M31		铜镜 1 枚，在墓室底部东南。铜钱 16 枚，位于墓室底部	铜钱有五铢、大泉五十
06M33		陶罐 1、盘口罐 4、环状削柄 1 件，位于棺室西侧。漆案 1 件，位于棺室西侧内。铁镢 1 件，位于填土内	
06M34		陶罐 2、盘口罐 1 件，位于棺外西侧二层台偏南处内。漆盒 1、漆器 1、铜饰件 1 件，棺内北偏东	漆盒 1，圆形，漆器 1，器类无法辨别。均朽，无法提取
06M35		陶罐 2、高领罐 3 件，位于棺外西侧二层台内。铜镜 1 枚，位于棺内东南部	
06M36		高领罐 1、陶盂 1 件，位于墓室西侧二层台中部偏上。铁夯具 1 件，位于填土内	
06M37		盘口罐 2、高领罐 3、陶钵 2 件，位于边箱内	
06M38		陶瓮 2 件，位于棺外北侧二层台内	
06Z20		陶鼎 1、陶罐 2、陶壶 2、陶盆 1、陶钫 1、陶仓 1、陶钵 1 件和器盖 4 件，均为采集的器物	
06Z22（M22）		五铢 26 枚，在墓室内	
06Z23	M1	陶罐 2、直领罐 1、高领罐 3、陶壶 1、陶钵 1 件。位于椁内棺外西侧。铜镜 1、木梳 1 把，位于棺内东南角的漆盒内。五铢 100 枚，位于棺内东北角。铜包角 5 个、铜包边 2 个、铜泡 36 个，位于棺室内。铁镢 1、铁器 1 件，位于填土内	
	M2	陶罐 2、高领罐 4、大口罐 2、彩绘壶 4 件，位于椁内棺外西侧。漆器 1 件，位于椁内棺外东侧	漆器，已朽，无法提取
06Z24	M1	陶鼎 1、陶罐 3、高领罐 2、陶壶 5、陶钫 1、陶瓮 1、熏炉 1、折腹盆 1 件，位于椁内棺外南侧。陶钵 4 件，2 件位于墓圹四角高出二层台上填土内，另 2 件位于封土下	
	M2	陶鼎 1、陶罐 6、高领罐 2、陶瓮 1、陶壶 7、陶钫 2、陶瓮 2、陶盆 5、陶方炉 2、耳杯 2、研磨板 1、器盖 16 件位于椁内棺外南、北边箱内。陶钵 4 件，位于墓室的四角高出二层台上	
06Z26	M1	陶瓮 1、陶罐 1、铜饰件 2、蹄足 1 件，位于椁内棺外西北角。铜镜 1、铜刷柄 1 件，位于棺内位于墓室的四角高出二层台上	
	M2	陶瓮 1、陶罐 4、大口罐 1、陶壶 4、陶板 1、铁剑 1、铜带钩 1、铜构件 1 组 3、木器 1、木条 1 件，位于椁内棺外西边箱。陶钵 4 件，位于墓室四角高出二层台上	

附表二　山东烟台开发区三十里堡墓葬器物组合一览表（2013）

墓号	器物组合	备注
13M1	陶瓮1、平底罐1，位于墓室南侧二层台中部	
13M2	陶罐1、高领罐1、盘口罐1、小陶罐3，位于墓室底部棺外北侧二层台偏东内	个别陶罐表面有漆皮，应为漆器朽后留下，器形无法辨别
13M3	陶罐1、盘口罐1，二层台内	
13M4	陶瓮1、高领罐2、盘口罐1、小陶罐3，位于墓室底部椁内棺外北侧	
13M5	陶瓮2、盘口罐1件。位于墓室底部椁室内棺外北侧偏西	
13M6	大口罐2、盘口罐1件。椁室内棺外北侧。铜镜1，铜带钩1件。棺室内墓主腰部	
13M7	陶罐1、盘口罐1、陶钵2，位于壁龛内	
13M8	无	
13M9	陶罐2、盘口罐2、陶钵1，位于墓室西侧的二层台上。铁削1，位于墓室底部的西南填土内。	铁块1，位于墓室底部的西南填土内，锈蚀严重，似遗弃的工具，器类辨别不清
13M10	盘口罐1、小陶罐1，位于墓室底部棺外西侧二层台内	
13M11	陶瓮1、盘口罐2，位于墓室底部棺外西侧二层台内	
13M12	盘口罐4，上下叠压两层，位于墓室北侧及壁龛内。铜镜1，残，位于墓室底部西南端漆盒内，漆盒朽，无法提取。长形圆棍状铁器1，残，位于墓室底部西端铜镜北	铜镜1，残，位于墓室底部西南端漆盒内，漆盒朽，无法提取。长形圆棍状铁器1，残，位于墓室底部西端铜镜北
13M13	陶壶3，位于墓室底部棺外北侧。陶罐1，位于墓开口的东南角；红陶罐1，位于墓开口的西南角	
13M14	陶罐2、盘口罐1、陶壶1，位于墓室底部棺外北侧	
13M15	陶罐3、高领罐2、盘口罐1、陶钵1，位于墓室底部北端且紧靠北壁。	有红漆器，朽，器形不辨，位于墓室底部棺内墓主人头部东
13M16	高领罐3、陶钵1、小陶罐1，位于墓室底部椁内棺外北侧二层台内	
13M17	陶罐1、高领罐1，放置于东侧壁龛内	
13M18	小陶罐4、陶器4件。位于墓圹开口四角填土中及北侧二层台内	小陶罐4，位于墓圹开口处及上部填土内
13M19	盘口罐3，位于墓室北侧二层台上；小陶罐4，位于墓室四角的填土内	小陶罐4，位于墓室四角的填土内
13M20	随葬品共1件为高领罐，位于墓室底部椁内棺外西北部	
13M21	陶瓮1、陶罐1、陶壶1件。位于墓室底部棺外东侧二层台内	
13M22	陶壶2、小陶罐1、器盖1，位于墓室底部东端二层台内	
13M23	高领罐1、陶壶1件。位于墓室北侧二层台上的偏东部	

墓号	器物组合	备注
13M24	高领罐 2、盘口罐 2，位于椁内两棺之间	
13M25	无	无葬具及人骨痕迹，疑似空墓
13M26	陶罐，照片中未见	砖室墓
13M27	陶罐 1、陶钵 1、扁壶 1，位于椁内棺外北侧。铁器 1，锈蚀严重，器类不辨。铜钱 4 枚。随意散布在头骨的西南及东南	砖室墓
13M28	无	
13M29	铜扣 3 个，位于墓底中部；铜钱 10，散布在东南角铜镜附近	砖室墓
13M30	无	
13M31	高领罐 1、盘口罐 1、陶壶 2，位于墓室底部椁内棺外东侧二层台内。铁块 1，位于墓室填土内	铁器残片 1，位于墓室填土内
13M32	陶罐 1、盘口罐 1，自北向南排列，位于墓室底部棺外西侧的熟土二层台内	
13M33	陶瓮 1、陶罐 1，位于墓室底部棺外西南角	
13M34	高领罐 1、陶钵 1、陶方砖 1、石块 2，位于壁龛内	
13M35	陶瓮 1、高领罐 3、盘口罐 1，位于墓室底部棺外东侧二层台上	
13M36	盘口罐 2、陶钵 1，位于墓室底部棺外北侧二层台上	
13M37	高领罐 2、盘口罐 1 件。位于墓室底部椁内棺外北侧二层台内。	
13M38	陶罐 1、盘口罐 2 件。位于墓室底部椁内棺外东侧二层台内。小陶罐 3，位于墓室四角附近填土内，其中小陶罐 1，位于北侧二层台的东端上面	陶钵 4，位于墓室四角附近填土内，其中编号 13M38：3 的小陶罐，位于北侧二层台的东端上面
13M39	陶罐 2、小陶罐 1，均位于墓室底部北侧二层台里	
13M40	陶罐 1、高领罐 3，位于墓室底部北侧二层台内。铁器 1，位于墓内填土中	铁器 1，位于墓内填土中
13M41	陶罐 2 件。位于墓室底部棺外北侧	
13M42	陶罐 1、盘口罐 1，位于墓室底部椁内棺外内北侧偏西；陶钵 1，位于墓圹开口填土内。	
13M43	陶罐 1、高领罐 1、盘口罐 2，位于墓室底部棺外北侧二层台上	
13M44	陶罐 1、高领罐 2、陶碗 1、陶杯 1、陶钵 2、铁器 1 件。陶罐位于北侧二层台上。陶碗、陶杯位于北侧二层台中段台面及壁龛内，陶钵、陶壶、位于北侧二层台东端台面上。铁器位于北侧二层台西端填土内	
13M45	1 件陶瓮，位于北壁壁龛内	
13M46	盘口罐 1，位于墓室底部北侧二层台中部偏西里	
13M47	板瓦 1、折腹盆 1 件	瓦棺墓

墓号	器物组合	备注
13M48	陶器 5 件。位于墓室底部椁内棺外东侧二层台内	
13M49	盘口罐 1，位于北壁壁龛内。铁钎 2，位于墓室填土内	
13M50	陶瓮 2、陶罐 1、小陶罐 2，位于墓室底部椁外北侧二层台内	
13M51	陶罐 1、盘口罐 1、小陶罐 1，位于墓室底部椁内棺外西侧二层台内。铁器 1，为铁盉，位于棺内墓主人右手位置	铁器 1，位于棺内墓主人右手位置，器形不辨，无法提取
13M52	陶罐 1、盘口罐 1、陶钵 1，位于墓室底部西侧二层台里	
13M53	陶罐 2、高领罐 2，位于墓室底部棺外北侧二层台内	
13M54	陶罐 3，位于墓室底部棺外东北侧、陶钵 2，位于墓室内东南、西南两角填土内	
13M55	高领罐 2、陶罐 2，位于墓室底部棺外东侧二层台里	
13M56	陶器 3、小陶罐 1 件。东侧二层台和墓室东北角填土内	小陶罐 1，位于墓室东北角的填土内
13M57	陶瓮 1、高领罐 1、盘口罐 1，自南向北排列，位于墓室底部椁内棺外西侧二层台内	小陶罐 1，位于墓室东北角的填土内
13M58	陶瓮 1、盘口罐 1，位于墓室底部椁内棺外北侧。铁器 1，位于填土内	
13M59	陶罐 1、陶钵 2，位于墓室东北、西北和西南角填土内	
13M60	陶罐 1、铜钱 10，随意散布在墓室东部墓葬用砖	砖室墓
13M61	陶罐 2，位于墓室底部棺外西侧二层台里	
13M62	高领罐 2 件。位于西侧二层台上凹坑内	
13M63	陶罐 1、盘口罐 1、小陶罐 1，位于墓室底部椁内棺外西侧二层台内	
13M64	陶罐 2、盘口罐 1、陶钵 1，位于墓室底部椁内棺外西侧，小陶罐 1 件位于二层台上。铁夯 2，位于墓室填土里	铁夯 2，位于墓室填土里
13M65	陶盒 1 件。位于椁内棺外北侧	
13M66	陶罐 4 件。自南向北依次排列，位于墓室底部椁内棺外西侧	
13M67	陶罐 1，位于东侧二层台上，陶瓮 2、陶罐 1、高领罐 2、盘口罐 1 件位于墓室底部椁内棺外北侧	陶钵 5，位于墓室四角填土内及东侧二层台上
13M68	陶罐 6、陶瓮 2、陶罐、盘口罐、陶壶、小陶罐各 1 件。位于墓室底部椁内棺外北侧	
13M69	陶瓮 1、陶罐 3、盘口罐 1、陶壶 3，位于墓室底部椁内棺外南侧	
13M70	陶罐 1、高领罐 1、陶壶 4、陶奁 1、小陶罐 1、器盖 1 件位于墓室底部椁内棺外北侧。铜带钩 1、铜钱 1，位于棺内	
13M71	陶罐 1，位于墓罐 4，位于墓室四角二层台上	陶钵 4，位于墓室四角二层台上，陶质极差，无法提取

续表

墓号	器物组合	备注
13M72	陶罐 2、陶壶 3、陶匜 1、耳杯 2、陶方盘 1、件位于墓室底部椁内棺外北侧。铜镜 1，位于棺室内	
13M73	陶罐 2、陶壶 3、陶匜 1、耳杯 2、陶方盘 1、件位于墓室底部椁内棺外北侧。铜镜 1，位于棺室内	在棺室内发现有漆器，朽，无法辨认器形。其中一件陶罐内盛有酒
13M74	陶盆 1，位于墓室底部南侧偏西；陶钵 1，位于墓室中部偏南	
13M75	陶罐 5，位于墓室底部椁内棺外北侧，其中小陶罐 3，位于墓室底部椁内棺外东侧二层台内	
13M76	陶罐 1、盘口罐 1、陶钵 1，位于墓室底部棺外东侧二层台内	
13M77	陶罐 2，位于壁龛内	
13M78	盘口罐 1，位于壁龛内	
13M79	陶罐 3 件。位于北侧二层台中部器物箱内	
13M80	高领罐 3、小陶罐 4 件。铁矛 1 件。铜构件 1 件。位于椁内棺外北侧及墓室四角填土内	铜构件 1，位于椁内棺外的西北部二层台内，疑似漆盒的构，朽，无法提取。铁矛 1，位于墓室底部棺内
13M81	陶罐 1、陶壶 2、小陶罐 5，其中 2 件东西向排列，位于墓室底部椁内棺外北侧二层台内，另外 3 件位于墓圹东北、东南和西北角的填土内	小陶罐 3，位于墓圹东北、东南和西北角的填土内
13M82	陶罐 1、盘口罐 1、陶钵 1，位于墓室底部东侧二层台的上偏东北	
13M83	陶罐 1、盘口罐 1，位于墓室底部北侧二层台中部上	
13M84	陶罐 1、陶壶 1 件。自东向西排列，位于墓室底部椁内棺外北侧二层台上	
13M85	陶罐 1 件。位于墓室底部棺外北侧二层台里	
13M86	陶瓮 1、陶罐 1，位于墓室底部椁内棺外北侧	在棺室内发现大面积的红漆，似漆器，无法提取
13M87	陶罐 2、盘口罐 1，位于墓室底部椁内棺外北侧二层台内	此外，在陶器下面有漆器，朽，器类不明，无法提取
13M88	无	瓦棺墓
13M89	无	瓦棺墓
13M90	无	瓦棺墓
13M91	陶瓮 1、高领罐 1、小陶罐 1，位于墓室底部棺外北侧二层台里	
13M92	陶罐 2、圈足壶 3、平底壶 1，位于墓室底部椁内棺外西北；小陶罐 4，位于墓圹四角二层台上；鎏金铜车马器约 1 件（套），鎏金铜饰件 1，位于壁龛内；漆木棺鎏金铜饰件 1 套，其中鎏金铜泡 37、鎏金铜包角 4、鎏金铜包边 8，位于墓室漆木棺上	随葬品共 18，其中陶罐 2、陶壶 4，位于墓室底部椁内棺外西北，小陶罐 4，位于墓圹四角二层台上；摇钱树 1 株、小饰件约 10，鎏金，但锈蚀严重，无法提取，于壁位于壁龛内
13M93	陶瓮 2、盘口罐 2，自西向东排列，位于墓室底部椁内棺外北北侧二层台内	

墓号	器物组合	备注
13M94	陶罐 1、高领罐 1、陶壶 1、小陶罐 1，自西向东排列，位于墓室底部椁内棺外东北。滑石器 1，位于棺内墓主头骨的北侧；1 组鹅卵石、2 件陶贝。位于棺内墓主颈部	装饰品 1 组，鹅卵石组合，中间一鹅卵石，周围放置一些小鹅卵石及加工后的 2 件陶珠，可能是一组装饰品。位于棺内墓主颈部
13M95	陶钵 7，位于墓室底部椁内棺外东侧	随葬品共 7，均为敛口小陶罐，位于墓室底部椁内棺外东。冥器。火候较低，无法提取
13M96	小陶罐 3、器盖 1，位于墓室底部棺外东二层台内	
13M97	陶罐 2、小陶罐 1、高领罐 1，位于墓室底部棺外北侧偏东的二层台里	圆形漆盒 1，位于棺室的西南。红色。朽，无法提取
13M98	小陶罐 1 件。位于棺外西侧二层台中部内	
13M99	高领罐 1、盘口罐 3，位于墓室底部棺外西侧二层台里。铜镜 1，位于墓室底部棺内	圆形漆盒 1，朽，无法提取
13M100	陶罐 2、高领罐 1，自东向西排列，位于墓室底部椁内棺外北侧	
13M101	高领罐 2、高领罐 1、器盖 1，位于墓室底部椁内棺外北侧	
13M102	高领罐 2、盘口罐 1，位于墓室底部椁内棺外北侧中部	
13M103	无	瓦棺墓，破坏严重
13M104	陶器 1 件。位于棺外北侧二层台上中部偏西	
13M105	陶罐 3 件。位于墓室底部棺外东侧二层台内	
13M106	陶罐 4 件。位于墓室底部椁内棺外东侧二层台内	
13M107	陶鼎 1、陶罐 1、陶壶 5、陶瓿 1、陶钵 1，自西向东依次排列，位于墓室底部椁内棺外东南二层台内。小陶罐 4，位于墓室四角二层台上；铜刷柄 1，位于棺内墓主头部；铁削 1，位于棺内墓主腰部	
13M108	陶壶 2，自西向东依次排列，位于墓室底部椁内棺外西侧二层台内。小陶罐 4，位于墓室四角二层台上；铜钱 36，使用绳子串联，表面有织物残痕，位于棺内墓主右手处	小陶罐 4，位于墓室四角二层台上；铜钱 1 串，位于棺内墓主右手处
13M109	高领罐 4，位于墓室底部椁内棺外北侧的二层台上	
13M110	盘口罐 4，位于墓室底部椁内棺外西侧二层台内	
13M111	陶罐 1，位于墓室底部棺外北侧二层台中部偏西内；小陶罐 4，位于墓室四角二层台上	陶钵 4，位于墓室四角二层台上
13M112	陶罐 3 件。位于棺外北侧二层台中部上	
13M113	盘口罐 1、小陶罐 2，位于墓室底部棺外北侧二层台里	
13M114	陶罐 2、盘口罐 1，位于墓室底部棺外北侧二层台里	
13M115	陶瓮 1、陶罐 1、盘口罐 2，自西向东排列，位于墓室底部棺外北侧二层台里	

墓号	器物组合	备注
13M116	陶瓮 1、陶罐 1、盘口罐 1，自西向东排列，位于墓室底部棺外北侧二层台内。小陶罐 1，位于墓室填土里	陶钵 1，位于墓室填土里
13M117	盘口罐 1，位于墓室底部棺外北侧二层台里	
13M118	盘口罐 1、陶盂 1，自西向东排列，位于墓室底部棺外北侧二层台中部里	
13M119	陶罐 1，位于棺外北侧二层台上	
13M120	陶罐 2、盘口罐 1、小陶罐 1，位于棺外北侧二层台偏东内	
13M121	陶罐 1、盘口罐 1、陶钵 1、小陶罐 1，自西向东排列，位于墓室底部棺外北侧二层台偏西内	
13M122	陶罐 1、陶壶 1、小陶罐 3、青石 1 件。位于棺外北侧二层台中部上	
13M123	高领罐 1、盘口罐 1，位于墓室底部棺外北侧二层台中部里	
13M124	盘口罐 3，位于墓室底部棺外北侧二层台中部及东北角里。铁镢 1，位于填土内	
13M125	陶罐 2、壶 1，位于墓室底部椁内棺外北侧二层台偏西里。盘口壶 2，位于墓室东北及东南角填土里，用陶器底的残片并加工之扣盖；小陶罐 2，位于墓室西南及西北角填土里，西南角小陶罐，也用陶器底的残片并加工成扣盖	陶壶 2，位于墓室东北及东南角填土里，用陶器底的残片并加工之扣盖；小陶罐 2，位于墓室西南及西北角填土里，西南角小陶罐，也用陶器底的残片并加工之扣盖
13M126	陶罐 3，位于椁内棺外北侧二层台西部内	
13M127	陶瓮 1、盘口罐 1 件。位于棺外北侧二层台中部内	
13M128	3 件陶瓮，其中带钵形盖的陶瓮 1、自西向东排列，位于墓室底部棺外北侧二层台中部内	
13M129	陶罐 1、陶壶 1 件。位于棺外北侧二层台中部内	
13M130	盘口罐 1、小陶罐 2 件。自西向东排列，位于墓室底部棺外北侧二层台内。铁夯锤位于填土内	
13M131	高领罐 4、漆盒 1 件。自北向南排列 2 排，位于墓室底部椁内棺外东侧。漆盒，朽，无法提取。陶钵 2，位于墓圹口部的西北角与西南角偏东处填土里	。漆盒，朽，无法提取。小陶罐 2，位于墓圹口部的西北角与西南角偏东处填土里
13M132	陶罐 3、盘口罐 1、陶壶 1、小陶罐 3、漆盒 1，自西向东排列，位于墓室底部椁内棺外北侧二层台内。漆盒，朽，仅余饰，余漆皮，无法提取。铁器 1，位于棺内	漆盒，朽，仅余饰，无法提取。铁器 1，位于棺内
13M133	陶罐 1、盘口罐 1，位于墓室底部棺外北侧二层台里	
13M134	高领罐 1、陶罐 3、小陶罐 1，自西向东排列。位于墓室底部椁内棺外北部偏西二层台内。玉玦 1，位于棺内墓主头部。铁斧 1，位于墓主左腿外侧	
13M135	陶罐 3、陶壶 6、漆器 1，自西向东排列，位于墓室底部椁内棺外北侧二层台内。漆器，朽，无法辨别器类。小陶罐 3，位于墓圹开口西南、西北及东南角处填土里。此外，墓圹东北角墓圹外地面堆积土内发现壶的底部 1 件	漆器，朽，无法辨别器类。陶钵 3，位于墓圹开口西南、西北及东南角处填土里。此外，墓圹东北角墓圹外地面堆积土内发现壶的底部 1 件

墓号	器物组合	备注
13M136	陶罐 2、平底罐 1、盘口罐 2，自西向东排列，位于墓室底部椁内棺外北侧二层台内	
13M137	盘口罐 2、陶壶 1 件。自西向东排列。位于墓室底部椁内棺外北侧二层台西端里	
13M138	盘口罐 2、小陶罐 1 件。自西向东排列。位于墓室底部椁内棺外北侧中部。陶钵 1，位于墓圹开口西南角填土里，墓葬原有封土毁，分析该陶钵应埋在封土下	。陶钵 1，位于墓圹开口西南角填土里，墓葬原有封土毁，分析该陶钵应埋在封土下
13M139	高领罐 2、器盖 1、其他 2，器形不辨。位于椁内棺外北侧偏西	
13M140	陶罐 2、陶钵 2，位于墓室底部椁内棺外北侧西端二层台内	
13M141	带盖红陶罐 2 件。位于棺外北侧二层台中部内。小陶钵 1，位于墓室底部棺内东南处	
13M142	陶罐 2、陶壶 1，自西向东排列。位于墓室底部椁内棺外北侧西端二层台内	
13M143	盘口罐 2、小陶罐 1 件。位于墓室底部棺外西侧二层台内	
13M144	盘口罐 2、直口罐 1 件。自西向东排列，位于墓室底部棺外北侧二层台中部内	
13M145	陶罐 1、盘口罐 1 件。自西向东排列，位于墓室底部棺外北侧二层台里	
13M146	陶罐 4、小陶罐 2、陶壶 1 件。自西向东排列，位于墓室底部椁内棺外北侧二层台偏西	
13M147	陶罐 3 件。位于墓室底部椁内棺外北侧二层台偏西内	
13M148	陶罐 2、陶钵 1，位于墓室底部棺外北侧二层台里	
13M149	无	
13M150	陶罐 5、陶壶 3 件。位于墓室底部椁内棺外北侧二层台内	编号 13M150：1，13M150：17 陶壶内有液体
13M151	高领罐 3、盘口罐 1、敛口小陶罐 1 件。自西向东排列，位于墓室底部椁内棺外北侧西二层台内。铜镜 1，位于棺内	

后　记

美丽的烟台近年来被罩上了许多耀眼的光环：中国历史文化名城、全国平安城市"长安杯"、联合国"人居奖""全国最佳魅力城市""全国文明城市"等。但人们很少知道，这座活力四射的现代城市其实有着一个悠久而灿烂的昨天。那深厚的历史文化底蕴，也许正是今日烟台腾飞发展的历史潜质，烟台三十里堡汉墓的考古发掘是多年来众多考古发掘工作之一，为研究胶东地区的汉代文化提供了新的实物资料。通过考古发掘，我们这些烟台的考古工作者在家乡的土地上收获了丰富的文物瑰宝，将它们呈献于关心烟台的人们面前是我们长久以来的心愿，这本《烟台三十里堡汉墓》终于在今天编成出版。

烟台三十里堡汉墓群位于山东省烟台市开发区（原属于烟台市福山区）古现办事处三十里堡及岗嵛村南一线约 5 里处的黄海海滨的丘陵地带，北距海岸约 2 里，分布在东西长 7.5、南北宽 3.5 千米的一片山冈上，现在分东、西两个墓区。1974 年，当地村民在东墓区的岗嵛村附近，挖毁 3 座墓葬，文物工作者对墓葬进行了发掘；自 20 世纪 90 年代至 21 世纪初，随着开发区内工程建设不断推进，经上级文物管理部门批准，烟台市博物馆组成考古工作队先后多次对工程所占墓群建设控制地带区域内进行考古发掘，清理两汉墓葬近 200 座，获得了丰富的汉代墓葬资料，为研究本地区两汉时期的葬俗、社会生活等提供了新的资料。

《烟台三十里堡汉墓》编写，其根据汉墓特点，本着方便使用的原则，按照考古发掘的先后时间，将墓葬的面貌、翔实地呈现在读者面前，分别编写报告，同时，根据考古发掘资料，学者对胶东地区的汉墓等发掘资料进行了研究，提出个人的观点，也为各界文史研究者提供实物资料。

参加三十里堡汉墓发掘的工作人员有烟台市博物馆林仙庭、闫勇、于晓丽、侯建业、王富强、王金定、赵娟、徐明江、张文明、江泓；山东省文物考古研究院闫明；福山区文物管理所高崇远；牟平区文物管理所张凌波、唐忠诚；莱州市博物馆张英军；招远市文物管理所杨文玉；栖霞牟氏庄园管理处高大美。考古绘图由闫明、烟台市博物馆陈梅完成，摄影由烟台市博物馆李健、赵娟和张帅完成。铜镜、铜钱等拓印由烟台市博物馆宋松完成，文物修复由烟台市博物馆张文明、杨大鹏和山东省文物考古研究院闫明完成。

参加三十里堡汉墓考古发掘资料整理人员主要是烟台市博物馆考古部的同志，闫勇同志总负责，侯建业、江泓、王欣、赵娟、张帅和陈梅等先后参加了考古发掘资料的整理工作，经过多年努力，终于编辑出版，其中，张帅撰写第一、二章，赵娟撰写第三章，陈梅编写第四～七章，最后，由闫勇完成报告的通稿。

值此《烟台三十里堡汉墓》付梓出版之际，谨向烟台市文化和旅游局领导对考古工作一直关心和大力支持，感谢烟台市博物馆的领导对考古工作一直关心和大力支持。对为本书书写序的中国社会科学院考古研究所原副所长、山东大学讲席教授白云翔先生表示衷心感谢；对为本书书写前言的烟台市博物馆馆长夏文森先生表示衷心感谢，对为本书题写书名的著名书法家、烟台市书法家协会副主席潘英琪先生表示衷心感谢。同时，本书得以梓行，文物出版社的编辑费心不少，对学术的严谨，让我们铭感，表示衷心感谢！

　　当《烟台三十里堡汉墓》完成之时，我们心中却有一些遗憾，由于我们水平有限，加之时间仓促，书中必有错讹不妥之处，还恳请各位领导、各界人士和广大读者不吝赐教，提出宝贵的意见，我们必将认真听取并且在以后的工作中改正。

闫　勇

2024 年 2 月

1.03CJZ16M1

2.03CJZ16M2

彩版一　三十里堡汉墓群西墓区 03CJZ16M1、M2

1.03CJZ16M2 墓室

2. 陶罐 03CJZ16M2：18

3. 陶罐 03CJZ16M2：18 肩部文字

4. 陶罐 03CJZ16M2：25

5. 陶罐 03CJZ16M2：27

彩版二　三十里堡汉墓群西墓区 03CJZ16M2 及出土陶器

1. 陶罐 03CJZ16M2：28

2. 陶罐 03CJZ16M2：52

3. 高领罐 03CJZ16M2：24

4. 高领罐 03CJZ16M2：26

5. 高领罐 03CJZ16M2：35

6. 小陶罐 03CJZ16M2：20

彩版三　三十里堡汉墓群西墓区 03CJZ16M2 出土陶器

1. 小陶罐 03CJZ16M2：21

2. 小陶罐 03CJZ16M2：22

3. 陶壶 03CJZ16M2：17–1

4. 陶盘 03CJZ16M2：19

5. 陶盘 03CJZ16M2：19 纹饰

彩版四　三十里堡汉墓群西墓区 03CJZ16M2 出土陶器

1. 陶钵 03CJZ16M2：23-1

2. 陶钵 03CJZ16M2：23-2

3. 陶钵 03CJZ16M2：29

4. 陶钵 03CJZ16M2：30

5. 陶钵 03CJZ16M2：31

6. 陶钵 03CJZ16M2：32

彩版五　三十里堡汉墓群西墓区 03CJZ16M2 出土陶器

1. 石玲 03CJZ16M2：33

2. 铜带钩 03CJZ16M2：46

3. 铜铺首 03CJZ16M2：34

4. 铜泡 03CJZ16M2：36

5. 铜包角 03CJZ16M2：41

6. 铜包边 03CJZ16M2：44

彩版六　三十里堡汉墓群西墓区 03CJZ16M2 出土遗物

1.03CJZ16M3

2. 陶罐 03CJZ16M3∶2

3. 陶罐 03CJZ16M3∶5

4. 陶罐 03CJZ16M3∶7

5. 陶罐 03CJZ16M3∶8

彩版七　三十里堡汉墓群西墓区 03CJZ16M3 及出土陶器

1. 白陶罐 03CJZ16M3：1

2. 彩绘罐 03CJZ16M3：3

3. 彩绘罐 03CJZ16M3：4

4. 彩绘罐 03CJZ16M3：6

5. 铜镜 03CJZ16M3：9

彩版八　三十里堡汉墓群西墓区 03CJZ16M3 出土遗物

1. 陶鼎 K.3.131

2. 陶罐 K.3.70

3. 陶罐 K.3.7

4. 陶壶 K.3.28

5. 陶壶 K.3.8

6. 陶壶 K.3.132

彩版九　三十里堡汉墓群采集陶器

1. 陶罐 14QLSM1：4

2. 陶壶 14QLSM1：2

3. 陶盘 14QLSM1：1

4. 博山炉 14QLSM1：5

彩版一〇　青龙山墓地 14QLSM1 出土陶器

1. 陶扁壶 74GYM1：2

2. 陶奁 74GYM1：3

3. 博山炉 74GYM1：9

4. 陶圆炉 74GYM1：8

5. 玭瑁盒 74GYM1：4

6. 陶鱼形盒 74GYM1：5

彩版一一　三十里堡墓群东墓区（岗嵛）出土陶器

1. 陶蟾洗 74GYM1：6

2. 陶龟形器（砚）74GYM1：7

3. 平底罐 05ZJM1：2

4. 釉陶壶 05ZJM1：1

彩版一二　三十里堡墓群东墓区（岗崶）及郑家庄墓地出土陶器

1.06Z23M1、M2（南—北）

2.06Z23M1（西—东）

彩版一三　三十里堡汉墓06Z23

1. 陶罐 06Z23M1：4

2. 陶罐 06Z23M1：4 肩部文字

3. 陶罐 06Z23M1：5

4. 直领罐 06Z23M1：6

5. 高领罐 06Z23M1：3

6. 陶壶 06Z23M1：7

彩版一四　三十里堡汉墓 06Z23M1 出土陶器

1. 小陶罐 06Z23M1：8

2. 铜镜 06Z23M1：9

3. 铜包角 06Z23M1：13（左）、铜包边 06Z23M1：18（右）、
铜泡 06Z23M1：20（中）

4. 五铢 06Z23M1：56

5. 铁镢 06Z23M1：11

6. 木梳 06Z23M1：10

彩版一五　三十里堡汉墓 06Z23M1 出土遗物

1.06Z23M2（东—西）

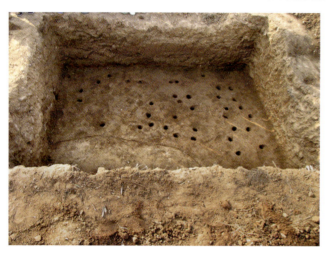

2.06Z23M2 木棍夯洞分布图（东—西）

3.06Z23M2 夯窝

4. 陶罐 06Z23M2：7

5. 高领罐 06Z23M2：12

彩版一六　三十里堡汉墓 06Z23M2 及出土陶器

1. 大口罐 06Z23M2：1

2. 大口罐 06Z23M2：2

3. 彩绘壶 06Z23M2：3

4. 彩绘壶 06Z23M2：4

5. 彩绘壶 06Z23M2：5

6. 彩绘壶 06Z23M2：6

彩版一七　三十里堡汉墓 06Z23M2 出土陶器

1.06Z24M1（南一北）

2.06Z24M1 夯面

3. 陶罐 06Z24M1：4

4. 陶罐 06Z24M1：5

彩版一八　三十里堡汉墓 06Z24M1 及出土陶器

1. 陶鼎 06Z24M1：22

2. 高领罐 06Z24M1：2

3. 高领罐 06Z24M1：6

4. 陶壶 06Z24M1：8

5. 陶壶 06Z24M1：10

6. 陶壶 06Z24M1：11

彩版一九　三十里堡汉墓 06Z24M1 出土陶器

1. 折腹盆 06Z24M1：24

2. 小陶罐 06Z24M1：12、13

3. 小陶罐 06Z24M1 封土下 F：1

4. 陶奁 06Z24M1：20

5. 陶熏炉 06Z24M1：21

6. 铜饰件 06Z24M1：19

彩版二〇　三十里堡汉墓 06Z24M1 出土遗物

1.06Z24M2

2. 陶鼎 06Z24M2：30

3. 陶瓮 06Z24M2：1

4. 陶罐 06Z24M2：2

5. 陶罐 06Z24M2：3

彩版二一　三十里堡汉墓 06Z24M2 及出土陶器

1. 高领罐 06Z24M2∶4

2. 高领罐 06Z24M2∶8

3. 陶壶 06Z24M2∶19

4. 陶钫 06Z24M2∶21

5. 陶钫 06Z24M2∶22

6. 小陶罐 06Z24M2∶11

彩版二二　三十里堡汉墓 06Z24M2 出土陶器

1. 陶盆 06Z24M2：31

2. 陶盆 06Z24M2：31 内底纹饰

3. 陶奁 06Z24M2：23

4. 陶奁 06Z24M2：24 刻划铺首

5. 陶方炉 06Z24M2：25

6. 陶方炉 06Z24M2：26

彩版二三　三十里堡汉墓 06Z24M2 出土陶器

1. 陶瓮 06Z26M1：1

2. 陶罐 06Z26M1：2

3. 铜镜 06Z26M1：3

4. 铜刷柄 06Z26M1：4

5. 铜饰件 06Z26M1：5、6

6. 铜蹄足 06Z26M1：7

彩版二四　三十里堡汉墓 06Z26M1 出土遗物

1.06Z26M2

2. 陶罐 06Z26M2：3

3. 彩绘壶 06Z26M2：6

4. 彩绘壶 06Z26M2：7

5. 彩绘壶 06Z26M2：8

彩版二五　三十里堡汉墓 06Z26M2 及出土陶器

1. 小陶罐 06Z26M2：11、10、9、12

2. 陶板 06Z26M2：13

3. 铜镜 06Z26M2：17

4. 铜带钩 06Z26M2：14

5. 铜饰件 06Z26M2：15

6. 铁环首刀 06Z26M2：19

彩版二六　三十里堡汉墓 06Z26M2 出土遗物

1.06Z18 封土（南—北）

2.06Z18 墓室

3. 白陶罐 06Z18：2

4. 白陶罐 06Z18：5

彩版二七　三十里堡汉墓 06Z18 及出土陶器

1. 铜镜 06Z18：10

2. 铜镜 06Z18：11

3. 铜带钩 06Z18：12

4. 铺首衔环 06Z18：17

5. 铜印章 06Z18：13

6. 铜印章 06Z18：13

彩版二八　三十里堡汉墓 06Z18 出土遗物

1. 陶壶 06M21：1

2. 陶壶 06M21：3

3. 陶壶 06M21：4

4. 陶壶 06M21：9

5. 陶钵 06M21：6

6. 陶钵 06M21：5

彩版二九　三十里堡汉墓06M21出土陶器

1.06M25（西—东）

2. 陶鼎 06M25：16

3. 陶瓮 06M25：31

4. 陶壶 06M25：22

5. 陶钫 06M25：32

彩版三〇　三十里堡汉墓 06M25 及出土陶器

1. 陶盉 06M25：15

2. 陶盆 06M25：17

3. 陶奁 06M25：11

4. 陶奁 06M25：12

5. 陶魁 06M25：8

6. 铜镜 06M25：35

彩版三一　三十里堡汉墓 06M25 出土遗物

1.06M28（南—北）

2.06M28 漆器痕迹

3.06M29（东—西）

彩版三二　三十里堡汉墓 06M28、M29

1.06M29 漆棺

2. 高领罐 06M29：4

3. 盘口罐 06M29：5

4. 铜带钩 06M29：6

5. 铁臿 06M29：8

彩版三三 三十里堡汉墓 06M29 及出土遗物

1.06M37（南—北）

2.高领罐 06M37：2

3.盘口罐 06M37：4

4.小陶罐 06M37：6

5.小陶罐 06M37：7

彩版三四　三十里堡汉墓06M37及出土陶器

1.06Z22 封土

2.06Z22（东—西）

3.06Z22 墓室（东—西）

彩版三五　三十里堡汉墓06Z22

1.06M2（东—西）

2.06M4（东—西）

彩版三六　三十里堡汉墓 06M2、M4

1.06M6（北—南）

2.06M31（东—西）

3.铜镜 06M31：1

彩版三七　三十里堡汉墓 06M6、M31 及 06M31 出土铜器

1.2013 年三十里堡汉墓发掘现场

2.2013 年三十里堡汉墓发掘现场

彩版三八　2013 年三十里堡汉墓发掘现场

1.13M2 与 13M3

2.13M2（西—东）

3.13M3（西—东）

彩版三九　三十里堡汉墓 13M2 与 13M3

1. 高领罐 13M2：2

2. 盘口罐 13M2：6

3. 小陶罐 13M2：3

4. 小陶罐 13M2：4

5. 小陶罐 13M2：5

6. 高领罐 13M3：2

彩版四〇　三十里堡汉墓 13M2、M3 出土陶器

1.13M4（西—东）

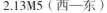

2.13M5（西—东）

3. 陶瓮 13M4：1

4. 盘口罐 13M4：3

彩版四一　三十里堡汉墓 13M4、13M5 及 13M4 出土陶器

1. 高领罐 13M4：2

2. 高领罐 13M4：2 模印文字

3. 小陶罐 13M4：4

4. 陶瓮 13M5：1

5. 陶瓮 13M5：3

6. 盘口罐 13M5：2

彩版四二　三十里堡汉墓 13M4、M5 出土陶器

1.13M10（南—北）

3.13M11（南—北）

2. 盘口罐 13M10：1

4. 盘口罐 13M11：2

彩版四三　三十里堡汉墓 13M10 与 13M11 及出土陶器

1.13M20 与 13M21

2.13M20（西—东）

3.13M21（南—北）

彩版四四　三十里堡汉墓 13M20 与 13M21

1. 陶瓮 13M21：3

2. 陶罐 13M21：1

3. 陶罐 13M21：4

4. 陶罐 13M32：2

5. 盘口罐 13M32：1

6. 陶罐 13M33：1

彩版四五　三十里堡汉墓 13M21 等出土陶器

1.13M32 与 13M33（西—东）

2.13M32（南—北）

3.13M33（南—北）

彩版四六　三十里堡汉墓 13M32 与 13M33

1.13M42 与 13M43（东—西）

2.13M42（西—东）

3.13M43（西—东）

彩版四七　三十里堡汉墓 13M42 与 13M43

1.13M50（西—东）

2.陶瓮 13M50：1

3.陶瓮 13M50：3

4.陶瓮 13M50：2

5.小陶罐 13M50：5

彩版四八　三十里堡汉墓 13M50 及出土陶器

1.13M51（南—北）

3.13M52（南—北）

2. 盘口罐 13M51：2

4. 盘口罐 13M52：1

彩版四九　三十里堡汉墓 13M51 与 13M52 及出土陶器

1.13M53 与 13M59（北—南）

2.13M53（南—北）

3.13M59（南—北）

彩版五〇　三十里堡汉墓 13M53 与 13M59

1. 高领罐 13M53：2

2. 高领罐 13M53：3

3. 高领罐 13M53：1

4. 高领罐 13M53：4

5. 陶钵 13M59：1

6. 陶钵 13M59：2

彩版五一　三十里堡汉墓 13M53、M59 出土陶器

1.13M55 与 13M56

2.13M55（南—北）

3.13M56（南—北）

彩版五二　三十里堡汉墓 13M55 与 13M56

1.13M57（南—北）

2. 陶瓮 13M57：2

3. 高领罐 13M57：3

4. 盘口罐 13M57：1

5. 盘口罐 13M58：2

彩版五三　三十里堡汉墓 13M57、M58 及出土陶器

1.13M67 与 13M68（西—东）

2.13M67（西—东）

3.13M68（西—东）

彩版五四　三十里堡汉墓 13M67 与 13M68

1. 陶瓮 13M67：2

2. 陶瓮 13M67：3

3. 高领罐 13M67：1

4. 高领罐 13M67：5

5. 盘口罐 13M67：6

6. 陶钵 13M67：7

彩版五五　三十里堡汉墓 13M67 出土陶器

1. 陶瓮 13M68：1

2. 陶罐 13M68：5

3. 陶罐 13M68：3

4. 盘口罐 13M68：4

5. 陶壶 13M68：2

6. 小陶罐 13M68：6

彩版五六　三十里堡汉墓 13M68 出土陶器

1.13M73（西—东）

3.13M73（盛酒陶罐）

2.13M73（南—北）

彩版五七　三十里堡汉墓 13M73

1. 陶罐 13M73：1

2. 陶罐 13M73：2

3. 陶罐 13M73：3

4. 陶壶 13M73：4

5. 陶壶 13M73：6

6. 圆陶片 13M73：13、12

彩版五八　三十里堡汉墓 13M73 出土陶器

1.13M83 与 13M84（西—东）

2.13M83（西—东）

3.13M84（西—东）

4. 陶罐 13M84：2

彩版五九　三十里堡汉墓 13M83、M84 及 13M84 出土陶器

1.13M86（西—东）

2.13M86 漆器痕迹

3.13M87（西—东）

彩版六〇　三十里堡汉墓 13M86 与 13M87

1. 13M91 与 13M92

2. 13M91（西—东）

3. 13M92（东—西）

彩版六一　三十里堡汉墓 13M91 与 13M92

1.13M92 壁龛

2.13M92 铜车马器出土状况

3. 鎏金铜泡 13M92：13

4. 鎏金铜饰件 13M92：15

5. 鎏金铜饰件 13M92：16

6. 鎏金铜包角 13M92：11

7. 铜包边 13M92：12

彩版六二　三十里堡汉墓 13M92 及出土遗物

1. 陶罐 13M93：1

2. 陶罐 13M93：2

3. 盘口罐 13M93：3

4. 陶罐 13M94：6

5. 盘口罐 13M94：4

6. 陶网坠 13M94：7-1、7-2

7. 滑石器 13M94：1

彩版六三　三十里堡汉墓 13M93、M94 出土遗物

1.13M99（西—东）

2. 高领罐 13M99：3

3. 盘口罐 13M99：2

4. 盘口罐 13M99：4

5. 铜镜 13M99：1

彩版六四　三十里堡汉墓 13M99 及出土遗物

1.13M100（西—东）

3.13M101（西—东）

2. 陶罐 13M100：1

4. 陶罐 13M101：1

彩版六五　三十里堡汉墓 13M100、M101 及出土陶器

1.13M107（南—北）

2.13M107 东北角

3.13M107 东南角

4.13M107 西南角

5.13M107 铜刷柄出土状况

彩版六六　　三十里堡汉墓 13M107

1. 陶鼎 13M107：4

2. 陶罐 13M107：5

3. 小陶罐 13M107：8

4. 陶壶 13M107：14

5. 陶奁 13M107：3

6. 铜刷柄 13M107：1

彩版六七　三十里堡汉墓 13M107 出土遗物

1.13M109 与 13M110（南—北）

2.13M109（南—北）

3.13M110（南—北）

彩版六八　三十里堡汉墓 13M109 与 13M110

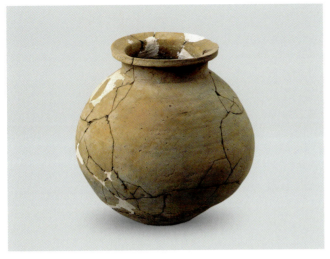

1. 高领罐 13M109：1

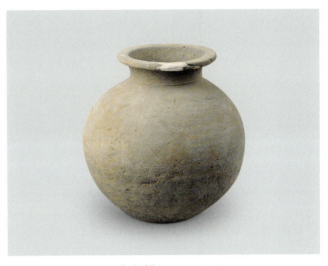

2. 高领罐 13M109：2

3. 盘口罐 13M110：1

4. 盘口罐 13M110：2

5. 盘口罐 13M110：3

6. 盘口罐 13M110：4

彩版六九　三十里堡汉墓 13M109、M110 出土陶器

1. 陶罐 13M115∶1

2. 盘口罐 13M115∶2

3. 盘口罐 13M115∶4

4. 陶瓮 13M116∶1

5. 盘口罐 13M116∶3

6. 小陶罐 13M116∶4

彩版七〇　三十里堡汉墓 13M115、M116 出土陶器

1.13M117（西—东）

3.13M118（西—东）

2. 盘口罐 13M117：1

4. 陶盂 13M118：2

彩版七一　三十里堡汉墓 13M117 与 13M118 及出土陶器

1.13M127（西—东）

3.13M128（西—东）

2.陶瓮 13M127：2

4.陶钵 13M128：1

彩版七二　三十里堡汉墓 13M127 与 13M128 及出土陶器

1.13M130（东—西）

2. 盘口罐 13M130：3

3. 小陶罐 13M130：1

4. 小陶罐 13M130：5

5. 铁夯锤 13M130：2

彩版七三　三十里堡汉墓 13M130 及出土遗物

1. 陶罐 13M132：7

2. 盘口罐 13M132：8

3. 小陶罐 13M132：4

4. 小陶罐 13M132：2-3

5. 陶壶 13M132：9

6. 铜环 13M132：5

彩版七四　三十里堡汉墓 13M132 出土遗物

1. 陶罐 13M134：1

2. 高领罐 13M134：4

3. 小陶罐 13M134：2

4. 陶熏炉 13M134：5

5. 玉剑璏 13M134：7

6. 铁斧 13M134：8

彩版七五　三十里堡汉墓 13M134 出土遗物

1.13M137（西—东）

3.13M138（西—东）

2. 盘口罐 13M137：2

4. 盘口罐 13M138：2

彩版七六　三十里堡汉墓 13M137、M138 及出土陶器

1.13M144（西—东）

2. 盘口罐 13M144：1

3. 盘口罐 13M144：3

4. 陶罐 13M144：2

彩版七七　三十里堡汉墓 13M144 及出土陶器

1.13M34、13M35 与 13M36（北一南）

2.13M34（西一东）

3.13M35（西一东）

彩版七八　三十里堡汉墓 13M34、13M35 与 13M36

1. 高领罐 13M34：3

2. 陶钵 13M34：4

3. 石块 13M34：5

4. 陶罐 13M35：3

5. 高领罐 13M35：4

6. 高领罐 13M35：1

彩版七九　三十里堡汉墓 13M34、13M35 出土遗物

1. 盘口罐 13M35：2

2. 陶钵 13M35：5

3.13M36（西—东）

4. 盘口罐 13M36：1

5. 陶钵 13M36：2

彩版八〇　三十里堡汉墓 13M36 及 13M35、13M36 出土陶器

1.13M112（西—东）

2.13M113（西—东）

3.13M114（西—东）

彩版八一　三十里堡汉墓 13M112、13M113 与 13M114

1. 盘口罐 13M113：3

2. 小陶罐 13M113：1

3. 小陶罐 13M113：2

4. 陶罐 13M114：2

5. 陶罐 13M114：3

6. 盘口罐 13M114：1

彩版八二　三十里堡汉墓 13M113、M114 出土陶器

1.13M24（西—东）

2. 盘口罐 13M24：3

3. 盘口罐 13M24：4

彩版八三　三十里堡汉墓 13M24 及出土陶器

1.13M7（西—东）

2.陶罐 13M7：2

3.盘口罐 13M7：1

4.陶钵 13M7：3

5.陶钵 13M7：4

彩版八四 三十里堡汉墓 13M7 及出土陶器

1.13M12（南—北）

2. 盘口罐 13M12：3

3. 盘口罐 13M12：5

4. 盘口罐 13M12：6

5. 铜镜 13M12：1

彩版八五　三十里堡汉墓 13M12 及出土遗物

1.13M44（南—北）

2. 高领罐 13M44：3

3. 陶钵 13M44：6

4. 陶熏炉 13M44：5

5. 陶熏炉 13M44：1

彩版八六　三十里堡汉墓 13M44 及出土陶器

1.13M6

2. 陶瓮 13M6：3

3. 陶瓮 13M6：1

4. 盘口罐 13M6：2

5. 铜镜 13M6：4

彩版八七　三十里堡汉墓 13M6 及出土遗物

1.13M14 打破 13M13

2.13M14

3. 盘口罐 13M14：1

4. 陶罐 13M14：3

彩版八八　三十里堡汉墓 13M13、M14 及 13M14 出土陶器

1.13M15

2. 陶罐 13M15：1

3. 陶罐 13M15：7

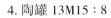

4. 陶罐 13M15：8

5. 陶钵 13M15：4

彩版八九　三十里堡汉墓 13M15 及出土陶器

1.13M16

2. 高领罐 13M16：2

3. 高领罐 13M16：3

4. 高领罐 13M16：4

5. 陶钵 13M16：1

彩版九〇　三十里堡汉墓 13M16 及出土陶器

1.13M19（南—北）

2. 盘口罐 13M19：7

3. 小陶罐 13M19：1

4. 小陶罐 13M19：3

5. 小陶罐 13M19：4

彩版九一　三十里堡汉墓 13M19 及出土陶器

1.13M31（西—东）

2. 高领罐 13M31：1

3. 盘口罐 13M31：3

4. 陶壶 13M31：2

5. 铁块 13M31：5

彩版九二　三十里堡汉墓 13M31 及出土遗物

1.13M38（西—东）

2.陶罐 13M38：4

3.盘口罐 13M38：5

4.小陶罐 13M38：1

5.小陶罐 13M38：2

彩版九三　三十里堡汉墓 13M38 及出土陶器

1. 高领罐 13M70：8

2. 小陶罐 13M70：9

3. 陶壶 13M70：2

4. 陶壶 13M70：3

5. 陶壶 13M70：7

6. 陶奁 13M70：4

彩版九四　三十里堡汉墓 13M70 出土陶器

1.13M71（西—东）

2.陶壶 13M71：4

3.小陶罐 13M71：5

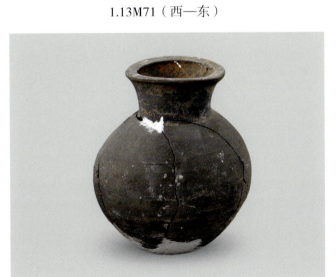

4.陶壶 13M71：1

5.陶壶 13M71：3

彩版九五　三十里堡汉墓 13M71 及出土陶器

1.13M79（西—东）

2.13M79 局部

彩版九六　三十里堡汉墓 13M79

1.13M105（西—东）

2. 陶罐 13M105：1

3. 高领罐 13M105：3

4. 陶罐 13M105：2

5. 高领罐 13M105：4

彩版九七　三十里堡汉墓 13M105 及出土陶器

1.13M121（东—西）

2. 陶罐 13M121：4

3. 盘口罐 13M121：3

4. 小陶罐 13M121：1

5. 陶钵 13M121：2

彩版九八　三十里堡汉墓 13M121 及出土陶器

1.13M122（西—东）

2. 盘口罐 13M122：1

3. 小陶罐 13M122：3

4. 小陶罐 13M122：4

5. 小陶罐 13M122：5

彩版九九　三十里堡汉墓 13M122 及出土陶器

1.13M125（东—西）

2.13M125（西—东）

3.13M125 东南角

4.13M125 西北角

彩版一〇〇　三十里堡汉墓 13M125

1. 陶罐 13M131：2

2. 陶罐 13M131：3

3. 陶罐 13M131：4

4. 陶罐 13M131：5

5. 陶罐 13M131：6

6. 小陶罐 13M131：7

彩版一〇一　三十里堡汉墓 13M131 出土陶器

1.13M135（西—东）

2. 陶罐 13M135：8

3. 陶罐 13M135：10

4. 盘口罐 13M135：5

5. 盘口罐 13M135：6

彩版一〇二　三十里堡汉墓 13M135 及出土陶器

1. 盘口罐 13M135：7

2. 小陶罐 13M135：2

3. 小陶罐 13M135：3

4. 陶壶 13M135：9

5. 陶壶 13M135：12

彩版一〇三　三十里堡汉墓 13M135 出土陶器

1.13M136（西—东）

2.陶罐 13M136：3

3.陶罐 13M136：4

4.盘口罐 13M136：1

5.平底罐 13M136：5

彩版一〇四　三十里堡汉墓 13M136 及出土陶器

1.13M139（西—东）

3.13M141（西—东）

2. 陶罐 13M139：1

4. 陶罐 13M141：1

彩版一〇五　三十里堡汉墓 13M139、M141 及出土陶器

1.13M146（西—东）

2. 陶罐 13M146：4

3. 陶罐 13M146：7

4. 小陶罐 13M146：1

5. 陶钵 13M146：5

彩版一〇六　三十里堡汉墓 13M146 及出土陶器

1.13M150（西—东）

2. 陶罐 13M150：5

3. 盘口罐 13M150：1

4. 小陶罐 13M150：2

5. 小陶罐 13M150：8

彩版一○七　三十里堡汉墓 13M150 及出土陶器

1.13M47(西—东)

2. 瓦棺

3. 折腹盆 13M47：2

彩版一〇八　三十里堡汉墓 13M47 及出土陶器

1.13M27（南—北）

2.13M27 墓室

彩版一〇九　三十里堡汉墓 13M27

1. 陶扁壶 13M27：1

2. 陶扁壶 13M27：2

3. 陶钵 13M27：3

4. 五铢 13M27：5

5. 五铢 13M27：6

6. 铁器 13M27：4

彩版一一〇　三十里堡汉墓 13M27 出土遗物

1.13M29（西—东）

2. 陶罐 13M29：2

3. 铜镜 13M29：3

4. 铜镜 13M29：6

5. 铜扣 13M29：7

彩版一一一　三十里堡汉墓 13M29 及出土遗物

1.13M60（西—东）

2.陶罐 13M60：2

3.五铢 13M60：1-1

4.五铢 13M60：1-3

彩版一一二　三十里堡汉墓 13M60 及出土遗物